裴斯泰洛齐像

新庄

布格多夫

伊佛东

责任编辑：邹海燕
审　　读：陈国红

外国教育名著丛书

裴斯泰洛齐教育论著选
Peisitailuoqi Jiaoyu Lunzhuxuan

夏之莲　等译

人民教育出版社
·北京·

图书在版编目（CIP）数据

裴斯泰洛齐教育论著选/（瑞士）裴斯泰洛齐著；夏之莲等译. —北京：人民教育出版社，1992.1（2020.3重印）
（外国教育名著丛书）
ISBN 978-7-107-10801-3

Ⅰ. 裴… Ⅱ. ①裴…②夏… Ⅲ. 教育理论—文集　Ⅳ. G40-53

中国版本图书馆 CIP 数据核字（97）第 08731 号

外国教育名著丛书　裴斯泰洛齐教育论著选

出版发行		人民教育出版社
		（北京市海淀区中关村南大街17号院1号楼　邮编：100081）
网	址	http://www.pep.com.cn
经	销	全国新华书店
印	刷	保定市中画美凯印刷有限公司
版	次	2001年5月第1版
印	次	2020年3月第8次印刷
开	本	890毫米×1 240毫米　1/32
印	张	17.375
插	页	2
字	数	400千字
印	数	23 001～25 000册
定	价	34.10元

版权所有·未经许可不得采用任何方式擅自复制或使用本产品任何部分·违者必究
如发现内容质量问题、印装质量问题，请与本社联系。电话：400-810-5788

《外国教育名著丛书》再版说明

在人类数千年的教育史上产生过无数鸿篇巨制,尤其是近现代以来,许多教育家、思想家、理论家和实践家,通过对人类教育所进行的长期艰辛的探索和严密的思考、审慎的研究,撰写了不少对人类教育发展产生了巨大而深远影响的伟大著作。即使人类历史进入了 21 世纪,这些著作仍然保持着强盛的生命力。

本着"服务教育、繁荣学术、积累文化"的宗旨,人民教育出版社组织专家学者从这些著作中精选了对世界和中国教育产生过并将继续产生重大影响的作品,汇编成《外国教育名著丛书》。该丛书共 38 种 44 本,自 1984 年陆续出版以来,受到教育界读者的热烈欢迎和普遍好评,一经问世即已售罄。为满足读者对《外国教育名著丛书》的需求,我社决定从这套丛书中精选一部分重印,以解我国教育工作者的燃眉之急,并进一步满足高等师范院校教学需要。热忱希望广大读者对教育名著编辑出版工作提出宝贵意见,以使之更臻完善。

人民教育出版社
2001 年 5 月

《外国教育名著丛书》出版说明

为了发展我国社会主义教育事业，建立具有中国特色的社会主义教育体系，不仅需要研究我国教育的历史和现状，总结我国教育的经验，而且需要研究外国教育的历史和现状，借鉴外国教育的经验。为了给我国教育工作者提供研究外国教育思想的理论著作，并给师范院校提供教学参考书，我社决定出版这套丛书。

这套丛书选收古代、近代、现代对世界、对中国有较大影响的外国教育家、心理学家的有代表性的教育理论著作，包括整本专著、文章汇编或者著作节选。

无庸置疑，本丛书所收选的书既闪耀着人类教育智慧的光辉，又由于作者所处时代、阶级的限制不可避免地存在着糟粕；有的虽非糟粕，但由于地区条件的不同，也可能并不适合于我国。因此，我们在阅读时一定要以马克思列宁主义、毛泽东思想作武器，对书中的内容进行分析，批判地吸收其中有益的东西，而不要照搬照抄。

为了帮助读者阅读和理解书的内容，我们请译者或有关专家为每一本书撰写了前言，有的书还附有年表、图片或其他参考资料。当然，前言只是一家之言，而不是对某书的定评，读者完全可以对这本书进行更加广泛更加深入的研究。

由于我们水平有限，经验不足，本丛书定有不少缺点和错误，欢迎读者批评指正，以便我们改进工作。

人民教育出版社
1984年

总　目　录

中译本前言 ……………………………………………（1）

葛笃德如何教育她的子女 …………………………（1）
早期著作 …………………………………………（243）
见解与经验 ………………………………………（293）
1818年对我校师生的讲演 ………………………（327）
致格瑞夫斯的信 …………………………………（353）
天鹅之歌 …………………………………………（423）

附录 ………………………………………………（479）

中译本前言

一

约翰·亨利希·裴斯泰洛齐（Johann Heinrich Pestalozzi，1746—1827）是19世纪瑞士著名的民主教育家。他一生为教育的改革和教育科学的发展辛勤耕耘，留下了大量著作。研究西方教育史的发展，尤其是近代以来初等教育实践、理论和方法的发展，绝不能绕过他。

我国解放前、特别建国以来的四十多年间，在学习与研究西方近代教育史中，都把裴斯泰洛齐的教育教学理论作为一个重点。但是，所依据的资料主要是西方、苏联及我国有关世界教育史教科书上对裴斯泰洛齐教育活动及理论的转述和评介。裴斯泰洛齐的教育原著在我国的译本较少，至今只有人民教育出版社于1959年出版、于1984年重新出版的《林哈德和葛笃德》这本教育小说是全译本（本书在解放前由商务印书馆于1937年出版了傅任敢的节译本，书名为《贤伉俪》）。此外，1964年人民教育出版社出版、并于1979年再版的张焕庭主编的《西方资产阶级教育论著选》一书中，有裴斯泰洛齐几种教育著作的简短节译。这些译本的出版，对学习、研究裴斯泰洛齐教育思想提供了重要的原著资料，但毕竟是太少了，对全面深入地研究裴斯泰洛齐还是有局限的。

1977年，美国华盛顿市美国大学出版公司出版了由美国乔治城大学教授丹尼尔·恩·鲁滨逊（Daniel N. Robinson）编选的《心理学史上的重大贡献》一书。这是一部巨大的文献资料书，共有28卷。其中有一卷全部编选的是裴斯泰洛齐的著作，包括两大部分：一是1898年出版于叙拉古市，由霍兰德（Luccy E. Holland）与特纳（Frances C. Turner）英译的《葛笃德如何教育她的子女》全书，这是裴斯泰洛齐教育著作中最有代表性的重要理论著作；一是1912年出版于纽约，由英国舍菲尔大学格林（J. A. Green）教授英译并编选的《裴斯泰洛齐教育著作选》，选入了裴斯泰洛齐早期、中期和晚年的几种重要教育著作。

我们认为，要想全面深入地研究裴斯泰洛齐的教育思想，必须更多地阅读他的原著，特别是他的主要理论著作，因此，我们决定把这部选本全部译过来。这就是我们现在译成的这部书。为了简明与醒目起见，我们把这一译本的书名定为《裴斯泰洛齐教育论著选》。

1984年，人民教育出版社决定出版一套世界教育名著，我们这本译著被定为其中的一部。

二

裴斯泰洛齐自幼接近瑞士乡村的贫苦农民，同情他们的痛苦。他在青年时代又受法国启蒙运动和资产阶级革命的影响，形成了他力图解救人民痛苦生活的民主社会观。他真心实意地拥护1798年瑞士资产阶级革命。大学毕业后，他立即开始了帮助农民摆脱贫困生活的社会活动。首先是于1769年购买荒地，建立起模范农场"新庄"（Neuhof），在这里进行新的耕作方法的实验，幻想以此帮助农民学习农业新技术、新方法，从而增加他们的生产，改善生活。然而，当时农民的贫困是原有的封建制度加上新的资本主义制度的双重剥削所导致的,不能把人民大众遭受苦难的原因加给他们自己,他们的贫困不是耕作方法问题。这种客观现实使他所经营的模范农场经过5年的实验归于失败。

1775年,裴斯泰洛齐在"新庄"又开办了"贫儿之家",收容贫苦儿童,把帮助农民解救自己的一般社会改革实验的努力转向教育活动。他想通过教育来发展人的智慧、能力和道德品性,在发展人性的基础上,使人民谋得较好的生活,使社会状况得到改观。从此,裴斯泰洛齐一生为这一理想而奋斗。他办的"贫儿之家"在性质上和内容上都跟当时瑞士存在的同类机构有很大不同。它不是单纯的慈善救济机构,而是培育儿童、发展他们的能力与精神面貌的场所。他要在这里通过文化知识教育和农艺、工艺教育把儿童培养成为有知识、有工艺技巧并且心怀仁爱道德品性的人。裴斯泰洛齐也想通过出售儿童自己的劳动产品来解决"贫儿之家"的经费问题。但是,这在资本主义正在发展的市场经济中是根本不可能的。孩子们的手工制品绝对不能同资本主义工业产品相竞争。"贫儿之家"于7年后被迫停办。

面对这种严峻现实和迭次失败,裴斯泰洛齐开始进入了深入反思和从事理论研究与写作的时期。从1780—1797年的近20年中,他把自己的教育理想和在教育改革方面的探索,通过论文和小说等各种形式写了出来。他的最早时期的教育论著如论文《隐士的黄昏》和教育小说《林哈德和葛笃德》,便是在这段时期写作和出版的。

1798年瑞士爆发了资产阶级革命,在法国革命军事力量的支持下,建立了"海尔维蒂共和政府"(Helvetic Republic)。但瑞士中部的山区农民极力反对法军势力的占领,发生了激烈的战斗。这次战乱遗留下许多孤儿。瑞士新政府派裴斯泰洛齐于瑞士东北部德语区的斯坦兹城建立一所孤儿院来收养他们。裴斯泰洛齐虽迫于贫困而将自己的教育实验停了近20年,但他想通过教育活动提高人民本身的力量以获得正常幸福生活的愿望却毫未减弱。他欣然接受了这一工作,在孤儿院中收容了80名5～10岁的儿童,这使他又得以继续他的教育实验活动了。

在斯坦兹,他的教育实验步伐迈得很大。他把多年孕育的教育理想进行了认真的实验。正是在这里,他提出要对儿童全面进行"心的教育—手的教育—头的教育",并且提出要"使三种教育协同发展,而心的教育是所有教育的基础"。这就是说,他要求教育必须是教给儿童知识并发展他的智力的过程;教育也必须是发展儿童的手艺、活动技巧的过程;教育更必须是发展儿童道德、德性、心性的过程,这三者是不可分离的;而整个教育必须建立在人的德行和善良人性充分发展的基础上。根据这个理想,他进一步发展了从新庄开始的教育内容:进行初步的读、写、算知识的教学和工艺、农艺训练的教育,使儿童生活、学习、劳动在亲子之爱、手足之情的气氛之中。实验取得了很大成绩。裴斯泰洛齐的学校教育家庭化、教育与生产劳动相结合、教学心理化等重要的教育思想和教育原则,都在斯坦兹的实验中或者得到进一步的深化发展,或者开始提了出来。他于1807年曾公开发表了《与友人论斯坦兹经验的信》,总结了他在斯坦兹的实验;论述了他关于使儿童在道德、知识和劳动活动能力各方面应得到全面和谐发展的教育理想;提出了必须依据大自然和儿童心理发展规律进行教育教学的原则;同时深情地描述了他如何以自己对儿童的挚爱与他们甘苦共度的、充满了家庭情谊的学习、活动、生活的感人情景。(我们所译的本书中没有选入这封信,请参见张焕庭主编的《西方资产阶级

教育论著选》一书)

斯坦兹孤儿院只进行了不足 6 个月的活动,1799 年因院址被革命政府改作军队医院而被迫关闭。裴斯泰洛齐痛苦地遣散了孩子们,他自己也离开了斯坦兹。

1800 年,裴斯泰洛齐接受一个朋友也是瑞士新政府的官员的约请,在瑞士德语区的西北部,距首都伯尔尼不远的布格多夫(Burgdorf)城,主办一所小学。他在这里又开始继续他的教育实验了。在布格多夫,他基本上停止了关于教育与生产劳动相结合的系统实验,而把全部精力放到对初等教育改革的深入探索上。这所小学被视作欧洲近代初等学校的正式诞生。这所小学还设有寄宿班,并附有培养初等学校教师的教师训练班。裴斯泰洛齐在一些助手的齐心协力下,开展了近代初等学校教育的系统实验与研究。他的"要素教育理论"、"简化教学方法",以及教授基本的读写算知识所需要的语文、算术、测量、绘画、写字等诸学科的设置和相应的教学课本的编写,教学方法的设想都在这里提出和发展起来了。他所获得的经验是丰富的、深刻的、前所未有的,成为 1800 年以后裴斯泰洛齐发表的教育著作、特别是教学心理化研究的理论著作更为扎实的实践基础。

布格多夫初等学校获得了巨大成功。它通过自然教育、心理化教学带来了良好的实际效果,儿童身心得到了和谐发展,学校中充满了亲子之间、手足之间爱的感情,以及家庭式的融洽关系。学校形成了崭新的新型教育教学工作体系。这一切,引起了国内外的极大注意,各阶层的人士纷纷前来参观学习。德国著名教育家赫尔巴特就曾前来参观,以后写作并出版了《裴斯泰洛齐的直观原则 ABC》和《评裴斯泰洛齐的教学方法》等论著,对裴斯泰洛齐的教学成就给予了很高评价和理论分析,并加以发展。

1804年因瑞士政局复杂多变，布格多夫校址又被收回，学校又停办了。政府曾安排裴斯泰洛齐在瑞士西部的一个小城镇慕亨布西(Münchenbuchsee)的一所旧教堂中重新开办学校。与此同时，在距此不远的霍夫威(Hofway)城，在由瑞士贵族出身的教育家费林别格(P. E. Von Fellenberg, 1771—1844)所开办的学校中，裴氏也曾有机会与他共同继续进行关于教育与生产劳动相结合的农业与工业学校教育实验，但终因二人办教育的宗旨和观点不相吻合，而未能合作。

　　1805年，裴斯泰洛齐带着布格多夫学校的一些教师和学生迁到位于瑞士西部法语区的伊佛东(Yverdon)城，开办了伊佛东学校。比起布格多夫小学来，该校范围更大，学生人数也增加了。学校包括小学班、中学班和师范部。他在布格多夫所逐步明确和系统起来的教育教学方法在这里继续得到新发展，获得了新成就。学校在全欧赢得了巨大声望。许多国家派青年学生来此留学。一些王公大臣、政治家、教育家也都来此参谒请教。德国教育家福禄倍尔曾来此学习裴斯泰洛齐的经验与理论，并在这里任教3年。俄国沙皇及其他6个国家的皇帝都曾颁发给裴斯泰洛齐荣誉勋章。普鲁士的威廉皇帝也曾选派17[①]名青年来此留学，准备学成回国后进行德国的初等教育改革，他们被世人称为"普鲁士17人"。

　　伊佛东学校的实验一共持续了20年，是裴斯泰洛齐一生事业的辉煌时期，尤其是前10年所进行的教育改革，是当时世界范围内教育发展的顶峰。有史料记载，当时欧洲教育的一切改革性实验几乎都在这里进行过。裴斯泰洛齐历经坎坷，终于迈向大道，为世界教育的发展创造了光辉的业绩。但裴斯泰洛齐

---

① 一说选派了11人。

却并不以此感到满足。这个学校的学生主要来自上层社会,这与他想要通过教育来发展广大穷苦儿童的精神能力和个性,提高他们经济地位的初衷是不相符合的。在伊佛东学校的最后几年中,由于他年事已高,精力日衰,又不善于解决学校中出现的一些复杂人事纠纷,再加上国家取消对该校的经济资助,学校遂于1825年停办。之后裴斯泰洛齐回到故乡,写出了他的最后著作《天鹅之歌》。1827年裴斯泰洛齐逝世,终年81岁。

1846年,在裴斯泰洛齐诞辰100周年、逝世20周年之际,瑞士当地人民为了纪念这位60年如一日为贫苦劳动人民的教育事业而献身的伟大教育家,立下了一块纪念碑,碑文中写道:"这里安息着……新庄和斯坦兹穷人的救星,布格多夫和伊佛东国民学校的创建者。一个人道主义教育家、基督徒、优秀公民和真正的人。他毫不利己,专门利人。"[①]

裴斯泰洛齐一生的事业是艰难的,然而也是辉煌的。他的全部教育活动和理论,一方面是对当时欧洲腐朽的旧教育制度和观念的深刻批判;一方面是他对新教育的探索、实验,并提出了一种新的教育观。在他的教育理论中包括两大部分内容:一是深入认识教育对人的发展的本质作用,认为只有教育才能使人的所有潜在能力得到充分发展,使人摆脱只具有自然生命的自发状态和只能忍受腐败环境制约的消极状态,而成为具有自主性、独立性、智慧、实践能力和精神世界得到和谐发展的有高尚道德的人;一是坚信只有在百折不挠的实践的基础上,才能探索、揭示符合自然发展包括人自身的身心发展规律的教学规律,从而确立正确的教学指导原则和教学方法,以便使人的

---

① S. E. 佛罗斯特:《西方教育的历史和哲学基础》,华夏出版社,1987年版,第408页。

个性完善发展成为现实。

三

在这个译本中,我们把《葛笃德如何教育她的子女》和从《裴斯泰洛齐教育著作选》中选译的几种教育著作,作了一些调整和统一编排。由于《葛笃德如何教育她的子女》是一部完整的著作,我们把它安排在最前面,然后是其他教育著作的节选,按写作时间的先后排列。

为了读者阅读方便,下面对各篇著作的写作情况及内容要点作简单介绍。

(一)《葛笃德如何教育她的子女》

1781—1787年,裴斯泰洛齐写了一部四卷本的长篇教育小说《林哈德和葛笃德》,宣传他的教育理想。书中的主人公农妇葛笃德以贤淑的美德规劝她的终日酗酒和沉沦的丈夫改恶从善,她还亲自教育子女及邻家儿童,培养他们在道德上诚实勇敢,在生活上勤劳质朴,又肯努力学习读写算知识,成为品德好,勤于劳作,又知书达理的人。葛笃德的模范言行影响了全村居民,村子里的社会风气与生活状况都有了极大的改善。村里建立了新学校,把过去只"教人耕作而谋衣食"的旧教育,代以"纺织时代"的"适应现代生活"的新教育,采取与大自然发展秩序相切合的教育方法来发展儿童的自然能力,在学习与训练中充分利用儿童的感官,把教育与生产劳动结合起来。这些反映了裴斯泰洛齐以教育为基础引导人民前进并改革社会的社会观和教育观。小说出版后得到了社会的极大称誉,也向社会树立了葛笃德这样一位善良的集母亲、教师、教育改革者于一身的妇女典型。裴斯泰洛齐的《葛笃德如何教育她的子女》一书，便是借助葛笃德的形象，来系统阐述他的教育教学思想的重要理论著作。从1800年元旦开始，裴斯泰洛齐采取给当时苏黎世的一位出版商亨利希·盖茨纳（Heinrich Gessner）通信的形式来阐释他的教育理论见解。一共写了14封信。在1801年公开出版时，其中的第七封信被他的教育思想研究者、也是这组信件的出版者塞法兹（Seyffarth）分为两封，因此成为由15封信组成的专著，书名定为《葛笃德如何教育她的子女》。这15封信是断续写成的，缺乏完整的写作计划与明确的纲目，在内容上多有重复，论述问题也常脱离中心思想。但在这些书信中，裴斯泰洛齐总结了他的经验。他所提出的理论、建议，对当时欧洲资本主义民主教育的发展有重要促进作用，历来被看作裴斯泰洛齐教育理论中最具代表性的著作。

在1898年的英译本中，在15封信之后附录了《方法综述》（以下简称《方法》）一文。这是裴斯泰洛齐在布格多夫向"教育之友协会"所作的一次报告。"教育之友协会"（Society of Friends of Education）由瑞士政府支持，于1800年6月在布格多夫建立。它的宗旨是宣传裴斯泰洛齐的教育思想，并"在编写教材和管理学校方面向裴斯泰洛齐提供充分的帮助"[1]。应协会的要求，裴斯泰洛齐于同年作了《方法》的报告。这个报告是对他的教育活动的最初的系统性总结和理论阐述。其中，他首次提出了他的直观原则。他的"我试图使人类的教学心理化"的著名论点，也是在这里第一次提出的。后来在《葛笃德如何教育她的子女》中，在许多阐述和结论中他都引用了这个

---

[1] S. E. 佛罗斯特：《西方教育的历史和哲学基础》，华夏出版社，1987年版，第414页。

报告。不过,《方法》一文公开发表是在 1828 年,比《葛笃德如何教育她的子女》晚了 28 年。

这 15 封信包含的内容很丰富,可以说基本上反映了裴斯泰洛齐教育理论的全部重要观点。

在前几封信中,他首先阐述了自己从事教育活动的思想基础和对彻底进行教育改革的认识。他提出,要想使劳动民众从知识不足、道德沉沦中解救出来,获得较好的生活,唯一的出路就在于让他们自幼年起进学校受教育,使个性与能力得到充分发展,能自己起来挽救自己。他给自己定下终生为教育改革而奋斗的目标:"我将成为学校的教导者"①。他还指出,教育改革绝不应只是在原有制度上简单修补,其"最根本的任务,不是仅仅减轻那导致欧洲最广大人民衰弱的学校弊病,而是要从根本上进行救治,"② 即必须从教育的观念上、从制度上进行根本改革。

在第二、三封信中,他详细地忆述了他的几名得力助手克吕希(Krüsi)、托布勒(Tobler)和布思(Buss)在他的教育实验中,在"教学心理化"、"简化教学机制"和"要素教育"等重大问题的探索方面所做的贡献,指出正是他们的协作与合作,"挽救"了他,使他的事业免遭"夭折"。

在第四至第十二这 9 封信中,他全面地论述了智育或教学问题,论述了教学原则应与自然规律和儿童心理发展规律相统一,指出教学理论研究的全部任务在于"寻觅人类智力发展就其真正本性而言必须服从的那些规律"③。他详细论述了对智育要素和要素教学艺术的探索过程,提出数、形、词是知识、认

---

① 见本书《葛笃德如何教育她的子女·第一封信》。
② 同上书,第四封信。
③ 同上书,第六封信。

识能力和教学艺术的基本要素,并分别地、具体地论述了数、形、词这些要素的教学,广泛涉及到初等学校语言、测量、算术各学科的教学内容和方法。对于贯串他全部教学论思想的主要教学原则——直观原则,他充分论述了其理论基础,反复讨论了关于教学应使学生由混乱模糊的感觉印象逐渐上升到清晰概念、从而获得知识和发展能力的问题。

第十三封信主要论述实际活动能力的培养问题。他批评旧式学校不重视实际能力培养,儿童只有文字知识而无行动能力,不能克服困难。从儿童个性、能力的协调发展出发,他提出必须重视培养儿童体力活动能力,并指出体力活动蕴含着人的一切复杂实践能力包括各种职业能力的基础。认为必须把培养行动能力作为一个相对独立的教育过程,而且要注意它与道德教育、智力发展过程的内在联系。

最后两封信主要论述道德精神与宗教情感的培养。道德教育的基础是母爱,道德精神的核心是热爱他人,直至对上帝的挚爱,要使道德力量与宗教感情融汇起来。

1820年,在《葛笃德如何教育她的子女》第二版时,裴斯泰洛齐写了序言,谦虚地表示,他在20年前出版的这本书只是通过实验对教育方法的追求,谈不上是哲学理论性的概括,指出其中许多主题和观点因不够成熟,也很可能会发生变化。

(二)早期著作

裴斯泰洛齐从新庄贫儿学校关闭以后,在近20年中对教育问题进行了沉思,并从事于写作。人们一般把他这时期的著作称为早期著作。这里节译了其中的三篇。

(1)《隐士的黄昏》

该文1780年发表,1807年和1815年两次重印。这是裴斯泰洛齐在新庄时以札记、格言的形式写出的,论述了他通过教育发展人性从而改善社会生活的理想和主张,共有180段之多。这一著作所反映的只是裴斯泰洛齐的"模糊的"、"萌芽状态"的教育思想①,但却是他一生教育实践与理论不断深化发展的基础。这里所论述的问题有:教育的基础是使人类本性的发展得以满足;人类发展的过程必须是一种遵循自然发展的过程,不允许有生硬与强制的因素,等等。这表明裴斯泰洛齐在从事教育活动的早期,就已基本上确立了他的自然教育观。

(2)《克里斯托弗和伊丽莎白》

1781年裴斯泰洛齐的《林哈德和葛笃德》第一部出版后,因故事感人而深受欢迎。但人们对小说的道德教育寓意不大注意,这使裴斯泰洛齐深感不安。1782年,他又写了《克里斯托弗和伊丽莎白》一书,内容主要是叙述农民克里斯托弗全家在冬日晚上逐章朗读《林哈德和葛笃德》这本小说,然后一起评论书中人物的正确和错误思想行为,并用以比较和判断实际生活中所遇到的类似问题。这里节译的是第十四个夜晚的谈话。在读完葛笃德在孩子们纺纱的同时教他们学习文化知识这一章以后,全家共同评论,认为儿童随父母的实际行为和教学来学习知识、提高道德认识,要比在学校中由教师强迫儿童死记书本上的单纯文字的教学,具有更大更好的教育效果。

(3)《关于人类发展自然进程的探索》

这是裴斯泰洛齐受德国哲学家费希特(1762—1814)的鼓励而写的一篇重要著作。1793—1794年,费希特曾与裴斯泰洛齐经常交谈社会、政治和教育问题,颇有共同见解。费希特督促他于1797年写成这篇文章。它的中心思想是论述人的发展与

---

① 参阅本书附录2:《裴斯泰洛齐教育著作选》介绍。

社会制约、道德教育的关系。他把人的本性发展分为三个阶段。在原始人阶段，人是自然本能的产儿，物质需要和人性发展是朴实的、纯洁的，人不知道什么是罪恶。但当人们的原始动物欲望不再能得到满足时，便出现了自私与邪恶，于是出现了法律和社会制约，人类开始进入社会人阶段，个人成了社会的一分子。但在社会生活中，人与人之间的不平等与差别日益增加，黑暗的社会制度只是人性发展的枷锁。要使人类本性真正得到充分发展，必须通过教育发展人类的道德力量，从而克服动物性欲望，抵制社会的错误约束，人类进入道德人的阶段，而教育的根本作用也就在这里。

（三）《见解与经验》

裴斯泰洛齐在开始领导伊佛东学校教育工作时期，又采用与盖斯纳通信的形式发表了他的教育主张。1807年，这组信件以《见解与经验》为书名正式发表。这里选编的是其中的第三至第八封信，共6封信。裴斯泰洛齐写这组信的宗旨是准备把它们作为从方法论上对《葛笃德如何教育她的子女》这一著作给予补充或重写的纲要。其主要内容是讨论初等教育的最终目的在于使人的全部潜力得到均衡发展，而在教育方法上则主要讨论家庭、母亲在子女教育中的重要地位和作用。

（四）《1818年对我校师生的讲演》

伊佛东学校开办以后，学校成绩与日俱增。在这所学校里，每周都有全校师生集会。裴斯泰洛齐总是在集会上对师生们作一周讲演，评论一周中发生的重大教育问题。他在1818年这一年的讲演被保留下来并公开发表。这里选入的是其中一些重要问题，如：教育应着重发展人的自然意志；关于人是自然本能、行为锻炼以及道德教育三种作用合一的产物；教育在解救农村贫困中的作用；必须把教育提高到科学水平的要求，等等。

（五）《致格瑞夫斯的信》

詹·普·格瑞夫斯（James Pierrepoint Greaves，1777—1842）是英国人，原是伦敦的一位商人，商业破产后决心献身教育事业。1818年夏来到伊佛东学校，在此停留四年多。对教育新方法的研究有极大的热情，担任过伊佛东学校的英语教学工作。他受到德国政府派青年到裴斯泰洛齐的学校留学的启发，便给英国政府官员写信，建议英国也这样做。他建议裴斯泰洛齐出版著作选集，以便译成英文。他还建议裴斯泰洛齐把自己的生平事业简短而清晰地写出来，以适于在英国发表。裴斯泰洛齐接受了这个建议，于1818—1819年写成了《致J. P. 格瑞夫斯关于早期教育的信》，即这里所选的《致格瑞夫斯的信》。信的内容主要论述他对儿童早期即婴儿期教育的见解。他认为儿童应尽可能早地受教育，最好在一降生就开始。在早期教育中，母亲与儿童的关系最重要。婴儿对母亲养护的反馈，母亲对婴儿需要的响应，都是本能的表现。母亲对儿童的爱是深厚的，从对儿童各种需要的满足，逐步发展为对儿童成长与发展的自觉培养与教育。从本质上说，儿童从幼弱发展为成熟，从生活上依赖母亲发展到能自己独立活动，从只具动物性本能发展为具有人类理性，这一切完全靠母亲与儿童间的天赋的和逐渐转变为有意识的、自觉的关系。在这种认识的基础上，裴斯泰洛齐论述了母亲的爱是形成儿童智力、体力和道德的最重要的力量。因此，他进一步论述了如何把母亲培养为优秀的教育者的问题。他指出，一般说来，在妇女的生活中，常常是感情占主导地位，但要使母亲成为称职的教育者，就必须使她的情感和智力均衡发展,也要把她的诸种能力培养为统一的整体,这是她使婴儿本性得到统一发展的保证。

(六)《天鹅之歌》

1825年,裴斯泰洛齐以80岁高龄回到故乡新庄。第二年即1826年,他写作出版了最后一部著作《天鹅之歌》,总结了他毕生的教育活动和思想。这部著作不能算是新的创作,而是用来系统总结他一生教育改革事业的忆述性著作,包括他对初等教育应是自然教育这一理论更为成熟的阐述;他对自己一生事业成败的重新认识与分析。与早期和中期著作不同,这一著作突出的特点,不是只注重个别问题或方法论的探讨,而是更注重对教育基本问题的综合论述。

《天鹅之歌》是裴斯泰洛齐尝试把自己全部教育理想与经验给以理论化的重要著作,但他并没有完全成功,也就是说,这本书在提供坚实、完整的理论体系方面并不理想。其内容与他前期的一些著作也有较多重复。

上面所介绍的裴斯泰洛齐的教育著作,包括了从他的早期直到他生命最后时期的一些主要论著,篇幅很大,涉及的问题也很多。他一生中的主要教育实践经验和重要教育理论观点几乎全部囊括其中。它既有突破传统教育观的革新意义,又有对现代教育理想的开创与奠基意义,有很强的生命力,是教育领域中一份丰富而珍贵的遗产,是非常值得深入挖掘的。

四

我们阅读裴斯泰洛齐的这部著作,研究他的实践经验和教育理论,首先受到强烈感染和内心深为激动的是他作为一位伟大教育家的精神。他是一位伟大的民主主义者和人道主义者。他热爱人民,特别是贫苦劳动人民,全心全意地为他们谋利益,为此奉献了自己的一切。这种伟大的民主主义精神和人道主义精神在教育事业上的具体体现,就是他全身心地热爱孩子,憎恶腐败的旧教育,矢志为建立全新的教育制度和教育理论而艰苦奋斗,直至生命的最后一息。在历史上和现实中,许多教育家由于种种主客观条件和原因的制约,或者偏长于教育理论建树,或者偏重于实践躬行,从严格意义上讲未免都是不完满的。而裴斯泰洛齐的显著特点之一,就是兼备二者于一身。他进行了长期的教育改革实践和实验,也对教育理论进行了长期的苦苦探索,真正做到了两方面相辅相成,相得益彰,相互促进。中外论者中有人认为他没有什么理论,这种说法是不够确切的。裴斯泰洛齐在教育实践和实验的基础上,不仅作出了大量新的教育理论概括,而且他的教育理论有许多是与历史发展同步的,甚至是超前的,为世界现代教育的发展开拓了不少新的理论领域。他的教育理论在揭示近现代教育的基本趋向、扩展教育工作者的理论眼界方面,都具有显著的历史作用,至今仍闪烁着熠熠的思想光辉和理论魅力。这一切,使有心的读者为之震撼和激动。他的伟大教育家的精神和他的理论贡献,鼓舞了许多教育家去创造自己的新的业绩。

  关于裴斯泰洛齐对教育理论和实践的贡献,多少年来,中外教育家们已经有了很多的研究,在多种专门著作和教育史教科书中,已有全面、系统和具体的论述,这里就不再简单重复了,我们只打算在向读者提供这本译著之际,在介绍他的生平活动、他的这部著作的基本内容之后,对他的教育、教学思想谈一些肤浅的认识。

我们认为,裴斯泰洛齐一生为教育改革而奋斗并取得了重大成就,这固然是他个人锲而不舍的精神和切实实践的结果,但也是他所处时代的社会历史条件和一些重要思想影响的产物。

首先,裴斯泰洛齐所处时代的欧洲包括他的祖国瑞士,当时正处于资产阶级革命时期。资产阶级在政治上经济上都开始取得地位,但封建贵族和天主教会势力还很严重。资产阶级作为新的剥削阶级,既反封建,但又不彻底,它也剥削劳动人民。法国大革命所提出的自由、平等、博爱和理性的口号并未真正实现。人民群众依然处于贫困愚昧之中。但是,资产阶级为了发展资本主义工业,谋取利润,壮大自己力量,又要改变人民群众完全无知无能的状态。当时一种强烈的民主观点认为,如果普遍重视教育发展人性的作用,尽快改革旧的教育制度和方法,确立使普通群众都能享受的教育制度,乃是促进社会发展的主要出路。裴斯泰洛齐的教育实践和理论活动,正是反映了当时社会条件和时代的要求。他在教育理论上提出的一些新见解、新原则,都是和当时社会历史条件分不开的。例如,他重视教育与生产劳动相结合的实验,产生了技术教育和职业教育的萌芽,是适应了当时工业开始发展并需要劳动者提高劳动能力的要求的。他提出的初等学校应设置的学科,也反映了当时对劳动者子弟必须普遍具备基本读写算知识的客观需要。他在教学上提出的机械化的要求,更使人看到他是受到当时机器生产和机械学方兴未艾的影响的。

其次,裴斯泰洛齐的教育实践和理论活动还有其思想渊源和历史继承性。他接受了历史上积淀下来的和当时社会上所存在的诸多思想的影响,具体表现在以下几个方面。

第一,他接受了欧洲资产阶级革命以来的民主主义思潮,尤其是非革命的、温和的、博爱主义的民主思想。他真心实意地想解救劳苦人民并且采取了以改革教育为主要手段,把一生毫无保留地献给了教育事业,无论遭受什么艰难曲折都坚持不懈。这一切都与他的强烈的民主思想分不开。

　　第二,从文艺复兴以来崇尚自然的教育思想,特别是卢梭的自然教育思想,给予他以极大的影响。他不仅接受了卢梭主张教育目的在于发展人的本性、教育过程必须遵循人的自然本性发展的规律的系统观点,并且把卢梭教育思想中一些浪漫的、不切实际的东西更加具体化和合理化了。当然,在后边我们还将讨论到,裴斯泰洛齐以自己的研究和实验,把卢梭的教育思想中的积极方面大大地向前推进了。

　　第三,裴斯泰洛齐接受了德国哲学家莱布尼兹和康德的思想影响。莱布尼兹提出,构成宇宙万物的是单子,单子是一种不能再分的不占空间的能自由活动的精神实体;宇宙万物便是由上帝安排单子互相结合、协调一致的精神上的联系而形成的,具有"先定和谐"的属性;单子的另一属性是具有内在动力,推动它不断地自我发展。裴斯泰洛齐受这一思想的影响,认为人的智慧、道德情感和体力的萌芽先天地结合为统一体,潜存在体内,并渴望得到显露与发展。教育的目的和作用就在于使这种潜在力量得到充分发展。裴斯泰洛齐也接受了康德的影响。康德提出,人的认识过程一开始是"自在之物"作用于人的感官而使人获得感觉经验,但这种感觉经验要由先天的能力(直观形式和范畴)给以整理、综合,才能形成普遍的科学知识。裴斯泰洛齐受这一思想的影响,他在教学理论中,反复论述知识的基础是对事物的感觉印象,但这种感觉印象是混乱的、复杂的,必须与内在的理解力结合起来,才能形成明白的确定的表象,然后再上升到清晰的观念;教学就是要通过各种方法使儿童的感觉印象正确无误地发展为清晰的概念的过程。

依照我们的体会，裴斯泰洛齐对世界教育和教育科学发展的历史贡献突出表现在以下几个方面。

1. 关于教育心理学化的思想理论

裴斯泰洛齐是教育史上第一个明确提出教学心理化（有时也称教育心理化）口号的教育家。他在1800年题为《方法》的报告中，一开始就响亮地提出："我正在试图将人类教学过程心理学化，试图把教学与我的心智的本性、我的周围环境以及我与别人的交往都协调一致起来。"① 他又说："我长期寻求一切教学艺术的共同心理根源。"② "教育应当被提高到一种科学的水平，教育科学必须起源于并建立在对人类本性最深刻的认识基础上。"③ 裴斯泰洛齐所理解的人类本性就是人的心理。因此，他要求教学应以人的心理为依据。研究与掌握教学艺术的最重要的工作就在于寻找和认识它的心理根源。他所说的教学心理化包括两个方面的涵义，一是就教育的目的或结果的意义而言，要求教育教学应使人固有的、内在的能力得到培养和发展；二是就教育教学的活动或过程的意义而言，要求教育教学应与儿童心理发展的特点和规律协调一致起来，使儿童在获取知识、发展智慧和道德情感诸方面，都处于自然主动的地位。用发展儿童内部能力和个性的新教学，去取代那种仅从外部向儿童硬性灌输、压制儿童精神、智慧和个性发展的旧式传统教学。

裴斯泰洛齐提出教育心理化的思想是与资本主义上升时期对人才提出新的要求分不开的。这个时期再不能满足于以往传统教育所训练出来的那种没有真知识、特别是能力和个性得不到充分自由发展的处于消极被动状态的人。卢梭顺应这种历史

---

① 见本书，第198页。
② 《葛笃德如何教育她的子女·第六封信》。
③ 见本书《1818年对我校师生的讲话》。

要求提出了发展人类本性的自然教育思想。但是,卢梭的教育思想主要是从他的社会政治主张推论出来的,他本人没有从事过切实的教育实践。他的发展人类本性的思想具有浪漫主义色彩,关于什么是人的自然本性,以及如何具体实施自然教育的内容和方法来发展人的本性,他并没有明确而切实的论述。这个任务由裴斯泰洛齐的教育心理化的原则加以具体化了。裴斯泰洛齐的以教育心理化为具体内容的自然教育理论,要比卢梭的自然教育理论实际、丰富、深刻得多。他把西方教育史上教育学、心理学、教学论的研究推向了一个科学化的新阶段。

裴斯泰洛齐的教育心理化思想的产生,又是与当时的科学、哲学认识论的新发展密切相联系的。特别是当时的哲学认识论研究发展到了一个新的转折时期,由分别对主客体进行研究,发展到研究主体如何才能正确认识客体即主客体的统一问题,研究人本身的认识能力问题。莱布尼兹的单子论实际上已经提出了人的精神即心理能力的特性及其能动作用过程。康德开始了对人的认识能力进行批判性的考察,论证了人的认识的可能性及其具体过程。这一切对裴斯泰洛齐的教育心理化思想是一个有力的启示。

具体到心理学方面,当时的心理学还很不发展,流行联想主义、机械主义等心理学理论。在裴斯泰洛齐的教学思想中也可以看到这些心理学的影响,因而有时他把教学描述为感觉经验的一点一滴的添加;有时追求教学的机械化原则,等等。但是,由于裴斯泰洛齐汲取了莱布尼兹和康德的思想,他对上述心理学理论的某些方面有了超越,没有完全追随他们。他在心理学研究方面的突出特点就是,他不像后来的赫尔巴特等人那样主要发挥理论思辨的优势,也不像后来的实验心理学家那样经过比较严密的心理实验,这使得他在心理学的理论论证方面显得薄弱，但凭着长期不懈地在教育教学的实际情境中对活生生的儿童进行大量观察和实际分析，他的心理学思想能够超越当时的心理学，提出了在当时是先进的内容丰富的教学心理化理论。

裴斯泰洛齐关于儿童心理发展特点以及怎样具体地使教学过程心理化，提出了许多卓越的见解。

首先，他揭示了心理能力的一些特性和发展心理能力的最基本的原则。依据他的唯心主义观点，心理能力是生来固有的、和谐一致地存在于内心的，它们自身主动要求发展，但又需要加以培养，要借助积极的心理活动和不断运用，通过精心安排的从简单到复杂的一系列练习，才能促进其发展。例如，他说："促进能力发展的练习，随不同的能力而变化，眼睛要看，耳朵要听，双脚要行走，手要抓握，心要去信任和爱，智慧要去思考。人的任何内在能力都具有一种活动性，与一种活动有关。"[①]

第二，裴斯泰洛齐提出了"直观"这个重要的概念。关于这个概念，裴斯泰洛齐用德语 Anschauung 表示。在他的著作中他曾赋予它多种涵义。因此，在英语、俄语和汉语中都缺乏确切对应的词，给翻译造成了很大困难。人们曾作过各种翻译，如在英语中它曾被译为 senceimpression（感觉印象）、instuition（直觉）、observation（观察）或 experience（经验）。对于这一概念的涵义也有多种解释，例如，有的认为它是指通过直接观察客体所获得的"感觉印象"，是认识的结果；有的认为它就是指观察世界的心理活动或认识活动；有的认为它是指一种先天的认识能力或官能；有的认为它是对事物的直觉；也有的认为是指儿童的先天认识能力与客观事物相接触而获取知识和发展

---

① 见本书《方法》。

能力的整个过程，等等。这种不确定性和歧义现象，启发人们从两个方面去思考问题。一方面，说明裴斯泰洛齐自己的思想模糊不清，用语不严谨，但最根本的是当时心理学不发展；另一方面则说明他的这个概念涵义广泛，虽失之笼统，却又很概括。它概括了整个认识过程，兼有作为认识的活动、能力、结果等意思。所以有的研究者认为，裴斯泰洛齐把这个术语应用到他认为形成思想或概念的心理作用的一切方面，即从相对地属于感受的和无意识过程，过渡到完全的精神的和心理活动的转变中，它可以意指感觉印象、观察、注视、知觉、统觉或直觉，等等①。还有的研究者指出，他这个概念的基本精神就在于："促进人和外界的结合，"② 也就是主观能力和客观事物的统一或"观照"。对于这种"转变"、"统一"或"观照"的活动过程，裴斯泰洛齐自己在不同的场合作了很多的描述。总地说来就是凭借自然的力量，"我们的心智由模糊的感觉印象上升到清晰的概念。"他还指出，这种转变和统一就是要由教学来完成。因此，"一切教学的本质"、"教学的任务"、"教学规律的基础"，都不外于此。所以，教学过程必须心理学化。他有一段话对这个过程表述得比较全面而具体："这个世界……呈现在我们面前犹如一个杂乱无章的感觉印象的大海，其感觉印象互相交融。假如我们仅仅通过大自然而进行的发展不够迅速顺利的话，那么教学所做的事情就是消除这些感觉印象的混乱；把对象互相分离开来；在意念中把那些相似的或相互联系的对象结合起来，用这种方法使所有对象都清晰地呈现在我们的面前，同时借助对这些对象完全清晰的了解，产生正确无误的观念。教学首先把

---

① Kate Silber: *Pestalozzi, The man and his work*, p. 138, London, 1976.
② Rush: *Doctrine of the Great Educator*, p. 194, London, 1962.

当前混乱、模糊的感觉印象一个一个地呈现到我们的面前；然后把这些孤立的感觉印象以变化的形式放到我们眼前；最后把它们跟我们早先已有的整个知识系统组合起来。清晰概念就是这样形成的。这样一来，我们的学习就从混乱（confusion）走向确定（definitness）；从确定走向明白（plainess）；从明白走向完全清晰（perfect clearness）。"①这就是裴斯泰洛齐所理解的一个完整的心理过程。依据这个过程并促进这个过程迅速顺利地实现，就是教学过程。这些就是他所说的教学心理化的重要内容。

第三，他提出并论述了关于教学要素（element of instruction）的思想，对教学心理化的起点、内容和方法作了进一步具体的探讨。既然教学的任务在于使混乱模糊的感觉印象上升到清晰的概念，那么，这个任务究竟借助什么手段得以实现呢？裴斯泰洛齐说，他在脑子里长时间地盘旋这个问题，不得要领。有一次，像是一个奇遇，他突然产生了这样的思想："使一切通过感觉印象而获得的认识得以清晰起来的手段，来自数、形和词（即事物的名称——译者）。"② 为什么呢？他指出，儿童在观察事物即认识活动一开始，首先会弄清楚三件事：①他面前的对象是什么？有哪几种？②它们的外貌、形式或轮廓是怎样的？③它们的名称是什么？如何用一个声音或词去称呼它们？正是从这里开始，儿童获得的感觉印象逐渐上升为明晰的概念。他认为，数、形、词乃是一切事物的共同的基本特性，其他的特性则不是共同都有的，而且是包含在数、形、词基本特性之下的。儿童对事物的数、形、词的认识，也是他的三种基本认识能力，

---

① 见本书《葛笃德如何教育她的子女·第六封信》。
② 同上书，第六封信。

而初等学校的教学也就是要以这三种基本要素为出发点和原始的形式。裴斯泰洛齐把这种要素理论具体运用于长期的大量的教学实践中，并构成他的初等教育理论和实践的主体部分。他之所以特别重视算术、测量、语言学科内容和方法的实验研究，原因就在于此。

裴斯泰洛齐的教育心理化思想理论的历史意义是十分重大的。①它开启了19世纪欧洲教育心理化运动，直接为赫尔巴特的理论创造——把教育学建立在心理学的基础上——作了准备，使教育学在科学化的历史进程中迈出了重要的一步，同时，开拓了教育心理学这一新的学科领域。②它把夸美纽斯和卢梭的教育适应自然的思想和直观原则发展到了更高更深的层次。夸美纽斯只着重考虑到客观的大自然，并且认为教育应模仿大自然的外部发展顺序。卢梭前进了一步，注意到人本身的身心自然发展，即他所强调的人的自然本性，并主张在自然条件中来发展人的自然本性。裴斯泰洛齐又前进了一步。他把自然本性具体化了，把人的本性理解为人的心理发展，并比较全面地论述了关于心理的特性，以及教育教学过程与心理过程相一致。他已认识到教育既要遵循自然，又不能完全听任自然的发展。夸美纽斯首创了直观原则理论，卢梭也强调"用实际事物"进行教学。但他们还多半停留在感觉论或经验论的阶段，而裴斯泰洛齐则扩展到了对直观主体的能力及培养，直观的作用及过程等的认识，并难能可贵地开始接触到如何从感觉印象上升到清晰概念的问题。③裴斯泰洛齐可以说是教育史上第一个把培养能力确立为教学任务的人。虽然在他之前的许多教育家在许多场合都发表了这种言论和思想，但从严格意义上讲都不能这样说，因为他们没有提供科学根据和理论论证，而是带有偶然性。裴斯泰洛齐则不同。他重视他那个时代哲学认识论研究主体能力的理论发展，并自觉地吸收、运用其成果，从心理学上具体论证了能力的本质、能力在教学论中不可缺少的地位、培养能力的方法等问题。他对当时欧洲形式教育论的发展无疑产生了重要影响。当时流行的实质教育论只讲知识，不讲能力，不能适应新的时代要求人的能力得到发展的需要。实质教育理论也回答不了这样的问题，即如果学生没有一定的认识能力，那么认识过程怎样完成呢？形式教育论强调教学应主要培养能力，这对克服实质教育论的片面性是有积极意义的，裴斯泰洛齐对此给了有力的支持。不过应该看到，在裴斯泰洛齐重视能力培养的理论中还没有后来形式教育派的那种片面性。他在强调培养能力的同时，十分重视让儿童获取直接的感觉经验，以此作为学习知识的基础。

2. 关于初等教育的理论和实践

裴斯泰洛齐为近现代的初等教育实践和理论的发展奠定了基础。

他的初等教育体系的形成和发展，也是由多种条件决定和促成的。资本主义的兴起逐渐把初等教育的大众化和普及化提到了历史日程上来，但当时瑞士的统治势力和社会发展水平阻碍了这一历史进程。农村的国民学校不仅依然少得可怜，而且依然沿袭中世纪经院主义教育的那一套。对于儿童而言，"这简直是一幅谋杀的图画"。这与他的民主主义思想、人道主义思想是不相容的。他立志改革，拟订了"关于大众教育的计划"，并且亲身实践。从"新庄"时期开始，中经"斯坦兹"时期、"布格多夫"时期，直到"伊佛东"时期，他本人的经历都主要是办小学，教小学。他的教育心理化理论，特别是要素教育思想，是与他的初等教育体系不可分割地联系着的，是为初等教育实践服务的。

裴斯泰洛齐经过毕生努力，创造了一个完整的初等教育体系。他提出了明确的教育目的、多方面的教育任务和基本途径，并在要素教育理论基础上，详细论述了初等学校的教学科目和分科教学法。

首先，裴斯泰洛齐提出，初等教育的目的在于培养儿童的德、智、体诸方面能力和谐发展的完善的个性。本来，关于人的和谐发展的思想，在裴斯泰洛齐以前早就有人提出并论述过。但裴斯泰洛齐在新的时代条件下和他本人丰富的教育实践经验基础上，赋予它许多新内容，提出了更为深刻的思想。例如，他强调要自然发展，整个教育活动要依据大自然和人的自然本性、心理发展规律进行，不可强硬灌输；但消极地适应自然也是不行的，必须重视教育的培养作用。因为在人的本性中还存在动物本能的欲望，如果没有教育的正面作用，这种动物本能的消除将是非常缓慢的。而且，人的各种潜能，还只是一种萌芽，只是一种渴望发展的倾向，只有通过教育才能使它们得到顺利的发展，保证正确的方向，防止错误、有害的倾向。又例如，他还强调要平衡发展，切忌只发展某一特殊方面。如果破坏了儿童能力发展的均衡，儿童的成长将出现偏差，甚至引起某种不可匡正的恶果。他还强调，在完善个性的培养中，道德教育应占有重要的地位，应贯彻在教育的所有方面和全过程之中。因为人与动物的本质区别不在于肉体、本能与感觉欲望，甚至也不在于才能与精力的不同，根本的不同在于人具有道德思想与行为，它是人性完善的核心。在和谐发展中智育也具有重要地位。它开启人的智慧，使儿童获得广泛的知识以引导自己的活动。但是，如果没有相对独立的实践能力的培养过程，如果儿童仅有知识而无行动能力，那也是可怕的，绝不会使儿童得到个性的和谐统一发展。再有，发展体力也是一个重要方面，而且体力的发展还应与儿童的劳动技能训练联系在一起。他把教育看作人民群众提高生活水平的重要途径，因此他尤其重视劳动者子女的劳动技能教育。总之，裴斯泰洛齐对初等教育目的的论述是全面的，也是非常实际的。他不仅从儿童个性发展这个角度，也从当时社会的实际条件这个角度，论述了他提出的教育目的的必要性和可行性，从中反映了他对未来社会的教育理想。

其次，教育与生产劳动相结合作为一种思想主张，不是裴斯泰洛齐第一个提出的，但真正付诸实践，把二者的结合看作和谐发展的基本途径、并在实践中不断深化认识，却是他的功劳。早在新庄时期，他就开始实验，每天既教儿童手工劳动和园艺劳动，又进行初等文化知识如读写算的教学。他在《林哈德和葛笃德》这部小说中描绘了这种情景。不过，当时他只考虑到了贫苦子弟不可能脱离生产劳动单独学习的实际状况，认为学习和劳动两者没有内在联系，只是一种外在的结合，并且主要着眼于经济和物质利益。后来在斯坦兹时期的实验就不同了。他逐步认识并揭示了教育与生产劳动相结合在培养儿童能力全面发展上的意义，并预言二者结合应是未来新教育的基本途径。他已经认识到，由于发展了孩子们的劳动能力和技巧，必然能给他们以后谋生的手段。因此，他更深刻地把教育与生产劳动相结合放在教育心理化的基本原则下来进行，他深信这样一来必将在培养全面发展个性中发挥真正的作用。后来，他在论述体育、实践能力训练时，又提出了劳动能力训练的许多具体形式，如抛、搬、推、摇等等，更加丰富了他的劳动教育理论的内容。裴斯泰洛齐关于教育与生产劳动相结合的思想，为当时瑞士教育家费林别格的职业教育实践活动提供了理论指导，对后来英国欧文的实验也有直接的启示。苏联十月革命初期的教育革命领导人之一克鲁普斯卡雅在其重要著作《国民教育与民主主义》中,对裴斯泰洛齐的教育与生产劳动相结合的实践和理论作了专门介绍与评价。

最后,关于初等学校的教学科目与教学方法的思想是裴斯泰洛齐要素教育论的具体运用。裴斯泰洛齐探索研究要素教育理论,不是为了别的什么目的,而是为了实现其初等教育的理想。他在许多场合反复表明,为了使广大穷苦人都能受到教育,为了教育进行得更有效率,他一生的追求之一就是寻找最简化的教学方法,以便使每一个普通的母亲都可以用它来教育孩子。要素就是最简单、最原始、最根本的东西,要素方法就是最简单、最原始、最根本的方法。这种思想、理论和实践,可说是前所未有的,是裴斯泰洛齐的独创。他的要素教育思想全面贯彻到了德、智、体各方面的教育中,例如,他认为道德教育的要素是母爱,体育的要素是人体的关节活动。但裴斯泰洛齐着重探讨的是智育或教学的要素方法,即数、形、词的教学方法。他说:"儿童的教学应该从这三个基点上着手进行。""教学艺术首先要用来培养基本的计算能力、测量能力和说话能力。"① 他确认数目是算术能力的要素,而数字1是数目的最简单要素或核心要素。通过直观教具如小木棒、小石子、豆子,使学生产生"1"这个数字的抽象概念,又通过简单的运算如 $1+1=2$,$2-1=1$ 等学会加减乘除的计算方法,通过由个位数到十位数、百位数的计算,以及由整数到分数、小数的计算,掌握数量关系。在发展儿童对形状的认识能力方面,他认为直线是构成各种形状的最简单的要素,首先应该让儿童认识直线,理解它在构成各种图形中的意义,让他们通过直观教具如一支笔、一根

---

① 见本书《葛笃德如何教育她的子女·第六封信》。

小木棒，观察直线，然后画直线，再画角、曲线，进而学习三角形、四边形及更复杂的图形，以发展儿童的观测能力。同时，他从实验中总结出，直线、曲线等形状要素也是绘画、写字教学的简单要素，而在绘画和写字的教学中又能促进对形状的认识能力的培养。在语言教学中，词的学习是最简单的要素。他把整个语言教学分为三个阶段。①发音教学。因为发音是词汇的最简单要素。他设计了一系列的发音练习。②在学会发音的基础上进行单词教学。他要求编辑各种各类事物的名称表让儿童学习。③语言教学。他要求儿童认识事物的数目、形状及其他性质，辨别事物间的关系，然后运用各种词类组成的语言将它们表达出来，从而获得各种知识，发展语言及各种能力。这样一来，裴斯泰洛齐对数、形、词的教学要素的理解和做法，达到了两方面的成就。一是改造了旧的国民学校的教学内容和方法，例如，改造了旧的以背诵规则为基础的算术教学；改造了旧的识字教学中字母顺序的教学法。二是扩充、创新了初等学校的教学科目和分科教学法，如扩充了几何初步、测量、绘画等教学科目，在直观原则下创造了许多生动活泼的方法。他始创的算术教学用的"正方形"图形后来发展成为著名的直观教具"算术箱"，得到了广泛的应用。

  裴斯泰洛齐关于初等教育的理论和实践影响非常深远。他在世时和去世不久，欧洲大陆和美国就接连掀起了"裴斯泰洛齐运动"，以后其影响不断扩及整个世界，并影响到现在。他创建的初等教育体系以要素教育理论为基础，突出简化方法的特色，不仅鲜明地体现了人民性和实践性，同时蕴含着重大的科学方法论意义，对现代教育和现代教育科学有重要的启示。规律是简单的，简单也是一种美。现代科学包括教育科学，都把简化作为追求的目标之一。面临新的科学技术革命和"知识爆炸"的挑战，现代教育科学更致力于探寻教学内容和教学方法的新的简化途径和形式。而当前这种新的探索仍有必要参照裴斯泰洛齐业已开辟的道路前进，一方面要进一步科学地探索客观事物、科学知识的新的简单形式；另一方面要更深入地研究学生心理活动和能力的新的简单形式。

3. 其他重要贡献

裴斯泰洛齐在教育史上的贡献，除了上述教育心理化思想理论与初等教育理论和实践这两方面最为突出以外，还有与此相联系的其他许多重要贡献。大致可以归为三类。

第一类是一些重要的教育思想。他在论述教育心理化问题和实施初等教育过程中，涉及到和发挥了许多重要的教育思想。虽然这些思想不像上述两个问题那样鲜明，但也是很宝贵的，并随着岁月的推进而愈显出其意义来。例如，关于自然、社会和教育的关系问题，他继承并发展了夸美纽斯、卢梭等人的思想，克服了机械模仿和消极服从自然的缺点。他对教育和社会的关系的认识比卢梭前进了许多，他不再把教育与社会隔离开来，相反地，他提出生活是伟大的教育者，教育对生活有伟大的作用，他甚至过分夸大了这种作用。又例如，关于教育与儿童发展的关系，裴斯泰洛齐的思想比起他的前人也更具体、更全面。所谓更具体，就是不再停留在人的本性的笼统概念上，而是提出了心理学的论证。所谓更全面，就是既看到了教育要以心理为依据，又看到了教育对心理发展的必要性和作用。裴斯泰洛齐也有了关于学生主体地位和主动性思想的萌芽。这些不仅超过了前人，而且启迪了后人。现代教育思想家们从裴斯泰洛齐的思想中能找到自己思想的胚胎。

第二类是对教育实际方面的贡献。裴斯泰洛齐在创建近代初等教育体系的同时，也对师范教育、职业教育的创建作出了贡献。1800年在布格多夫的初等学校中,附设了教师训练班,招收12名学生,专门学习教学方法。这个教师训练班被认为是欧洲最早的师范学校。1805年,他在伊佛东创办了包括师范学校和小学及中学班的学校。1809年在此专习教学法的师范生达32人,前来参观学习者更多。福禄倍尔先后两次来到伊佛东,第二次还带3名学生一同前来学习。裴斯泰洛齐被誉为"教师的教师"不是偶然的。他对教师也提出了许多要求,在当时欧洲师范教育的发展中具有举足轻重的作用。裴斯泰洛齐对职业教育的发展也是有贡献的。从他关于教育与生产劳动相结合的思想和实践中,人们可以吸取许多教益。他在斯坦兹为贫苦孤儿设立的学校,实际上就是职业学校的性质,因此,有人称之为"近代工业学校的萌芽"。他在最后一部著作《天鹅之歌》中,在"生活教育"这个标题下特意区别了相互联系的两件事:一是人类基本才能的发展;一是这种基本才能的实际运用。他认为,人类基本才能的发展的方法,在各个阶层和各种环境下都是原则上相同的,是不变的;而发展实际能力的方法则是无限多样的,随着生活环境的变化而变化。基本才能的发展为实际能力的训练提供基础;但实际能力的训练必须适应社会多阶层生活的范围、需要、条件等等,并采取不同的方法。这些思想对现代社会职业教育的理论和实践也有一定的启示。

第三类是教育研究方法。历来的裴斯泰洛齐研究者与教育家们对此很少专门论述,评价也不够充分。其实,他在这方面的贡献是巨大的。前面已提到,他是兼实践家和理论家于一身的完全的教育家。从方法上讲,他的研究活动客观上符合了实践、理论、再实践、再理论……这一科学的认识路线。他对教育实验方法的创造和发展也作出了巨大贡献。

最后,我们有必要指出,正如一切历史人物一样,裴斯泰洛齐的教育理论和实践也有其必然的局限，包括历史时代的局限和他个人的局限。

在他身上，资产阶级的阶级局限、唯心主义、特别是历史唯心主义的思想局限，是不言而喻的。他无论怎样同情劳动人民，终究没有超出资产阶级民主主义的范畴。他想以教育来改善社会，这无疑是空想。他把人性和心理能力设想为天生的东西，这当然是不科学的。在认识论和教学论上，他虽然接触到了感觉经验还要上升到概念这一问题，但他仍未达到感性认识和理性认识统一的水平。他并不真正懂得理性认识的本质，也没有真正理解感性和理性的区别和联系及其基础等。尽管裴斯泰洛齐关于教育心理化即把教育学建立在心理学基础上的成就是巨大的，但从心理学本身的内容以及教育学科学化的进程而言，他只是提出了问题，远未解决问题。对他的初等教育体系的成就和局限，基本上也应这样看。

裴斯泰洛齐的整个教育思想体系带有强烈的实际色彩。这既是优点，也是弱点。他的著作缺乏理论逻辑性，文字表达也不完善，常常混乱不清，同义反复，互相矛盾。这些现象随处可见。这些应该说是他个人的局限。

五

这本书除中译本前言外，主体部分是由裴斯泰洛齐的《葛笃德如何教育她的子女》（包括裴斯泰洛齐的自序）一书和《裴斯泰洛齐教育著作选》一书构成的。《葛笃德如何教育她的子女》的英译本为这本书作了 98 处注释，但其中有许多对中国读者是不必要的，因此，我们对这些注释作了删节，注释序号重新作了调整。

D. N. 鲁滨逊教授在编选裴斯泰洛齐的这两部著作即《葛笃德如何教育她的子女》和《裴斯泰洛齐教育著作选》时，写了长篇序言。格林教授在编选《裴斯泰洛齐教育著作选》时，专门就所选入的著作作了介绍与评析。这两篇文章反映了本世纪初至当前西方教育家对裴斯泰洛齐教育活动及思想、理论特征的理解与透视，是对裴斯泰洛齐对西方教育史发展的重要贡献和历史地位所作的比较全面的评价。我们认为，它们对我们学习研究裴斯泰洛齐的教育思想有很大的参考价值，所以也把它们译出来，作为本书的附录。译时对内容作了极小的删节。

　　全书由夏之莲统编。参加翻译工作的有（以姓氏笔划为序）：王策三、许有江、邢晖、徐一多、夏之莲、程永生诸同志。程永生担任主校全书的工作。陈清华也校订了部分章节。全书译稿最后由夏之莲统审。

　　陈泰同志对本书的译、校工作给予了热情支持。因患病辞世，他未能见到本书的译成和出版。但他对这本译著所倾注的心血，我们是不会忘记的。

　　这本书的原文是德文。在英译本中不仅仍有多处德文术语，而且夹杂了一些法语、拉丁语的术语和谚语，给翻译带来了困难。北京师范大学中文系伍铁平教授和教育管理学院安文铸副教授给了我们极其热情的帮助，谨在这里向他们表示深深的感谢。

　　我们在翻译过程中，有关的篇、段参考了国内已有的译文也在此说明，并致谢意。

　　原在北京师范大学留学的瑞士友人瑞古拉·贺哲（Regula Hirzel）女士，向我们介绍过裴斯泰洛齐的生平及主要教育观点，并送给我们多帧裴斯泰洛齐的照片。本书所用的照片，有的就是从其中挑选的。在这里我们也向远在瑞士的瑞古拉女士遥致谢意,并祝中瑞人民的友谊万古长青。

这本世界教育名著的翻译任务虽然完成了,但限于我们的水平,书中定有不少缺点与错误,敬祈专家、读者不吝指正。

夏之莲

1990 年 12 月 20 日

葛笃德如何教育她的子女

目　录

作者序言…………………………………………………（4）
第一封信　在斯坦兹和布格多夫的试验 …………………（12）
第二封信　布格多夫时期的助手…………………………（46）
第三封信　布格多夫时期的助手…………………………（63）
第四封信　教学规律………………………………………（74）
第五封信　知识的三个来源………………………………（82）
第六封信　数目、形状、语言……………………………（86）
第七封信　教学的第一个基本手段——发音 ……………（93）
第八封信　教学的第二个基本手段——形状……………（117）
第九封信　教学的第三个基本手段——数目……………（134）
第十封信　教学的基础——感觉印象……………………（141）
第十一封信　从感觉印象到教学艺术……………………（147）
第十二封信　工作的自我评价……………………………（165）
第十三封信　实践技能的重要性…………………………（173）
第十四封信　道德教育……………………………………（183）
第十五封信　宗教教育……………………………………（192）
补遗：
《方法》……………………………………………………（198）
《方法》的补充材料………………………………………（214）
注释…………………………………………………………（217）

作者序言*

如果这些信件在某些方面可以看成是已经被答复了和部分地已为时间驳斥了，因而看上去是属于过去的而不是属于现在的，如果我的初等教育思想本身有什么价值，适合于将来存在下去的话，那么这些信件就其能说明我心中的想法的萌芽发展而言，将对那些认为教育方法的心理发展值得注意的人，或许有一点现实的价值。

除了对问题的这一总的看法之外，它也确实说明我的思想存在于我的朴素无华的本性与生活之中，它们是从我的暗如黑夜的内心之中涌现出来的。在开始萌发时，它像一团火在我心中燃烧，它显示出一种要去抓住人的心智的力量；但后来，当人们把它看作并说成在其深刻意义上是一种合理的事情时，它不能再保持其最初的生命力，甚至似乎一时之间将要被扑灭了。

即使是在这最初的阶段，伊斯(Ith)、约翰森(Johannsch)、尼德勒(Niederer)①和其他人都强调我的观点的重要性，远远超过我自己所强调的，因而激起了公众的难以承受的注意。哥鲁内尔(Gruner)、冯·图尔克(Von Türk)和查万尼斯(Chvannes)②差不多在同时用同样显著的形式接受了我们的试验的实际结果，并把它作为一种方法的标准而公之于众，在一定程度上，他

---

* 这篇序言是 1820 年在科他 (Cotta)、司图加特 (Stuttgart) 和图宾根 (Tübingen) 等地出版的裴斯泰洛齐著作选集的第 2 版中加进来的。1801 年出第 1 版时没有这一序言。所以只是在这一著作出版 20 年以后，才看到了裴斯泰洛齐在本序言中所表示的观点。

们的这种做法远远超过了我原来对这个问题和它的力量的看法，它们是我的工作的基础。

的确，在我的心灵深处潜藏着一种最高的预见，这就是，可以而且应该通过深刻的内心领悟进到教育的本质，并把这种教育本质的全部意义纳入到我的初等教育思想之中，在我所说的每个字词中也都闪烁着这一思想。但是，在我心中要去为人民寻找和发现人人易懂的简单教学方法的推动力，并非来源于潜藏在我心中的最高预见，相反，这些预见倒是产生于我去寻找这些方法的推动力。

这很快使我自然地、一针见血地看到，易懂的方法作为一种普遍法则必须从简单的起点开始；而且，如果要分级实行这些方法的话，其结果必然是心理学的。但头脑中的这一观点远没有从哲学角度清晰地加以定义，也没有科学地加以联系。当我不能以抽象的演绎法得出一种令人满意的结果时，我要以实践来证明我的观点，并且独创性地用试验来讲清楚我确实希望去做和我能够去做的事，以便通过这一渠道找到达到我的目的的方法。所有那些我为了当时找到和现在争取的，在我心中都紧紧地联系着20年前我在自己的土地上所做的尝试。

但是人们对我的观点评价过高，赞声太大，夸饰太多，我还必须说，它们的提出是如此不负责任和草率，导致在我的学院所实施的教学形式和方法既不真正出于我的本意，也不是出于我周围的人的本意，更不是我的那些助手的本意。于是，我被他们牵着偏离了我自己，而被引入一个生疏的领域，这一领域是我以前所从未涉猎过的。确实，这一梦幻世界，我进到里面如堕入云雾，对我个人来说，不仅是全新的土壤，而且由于我整个身心都有一种与别人不同的古怪性，我又缺乏科学的素养，再加上我那时的年龄——由于这种种情况，使我难以指望哪怕只有半个幸运之星来照耀我的行程。

不可克服的困难看来是阻碍了在这一领域前进并发展为理想成果的希望。这里的困难在于我的助手们的独特性，虽然他们部分地是由于自己无能为力，但对我在这一新领域中的努力本应伸出援助之手。同时，一种踏入这一领域的有力的推动在我们中间形成了。但在不能做的时候就叫喊"我们能够做"，在没有做的时候就叫喊"我们正在做"，这种喊叫声是太高、太响、太多了，这部分地是由那些其身分具有一定价值和值得注意的人们喊出的。但这对我们具有极大的魅力；我们过多地受其影响，而没有考虑其真实的意图。

简言之，当时使我们眼花缭乱。我们一直主动地工作，为的是从实际上接近我们的目标。我们在使一些初等教育科目有更好的顺序，有更好的心理学基础等许多方面获得了成功；而且我们在这方面的努力肯定获得了真正的重要结果。单是实际活动就能保证我们的目的实现，然而这种实际活动逐渐地在我们中间失去了其有效的方式而令人惋惜。毫不相干的事情和与我们的职责相距很远的事情很快占用了我们的时间和精力，对我们原有的单纯、进步、专一，甚至我们原来工作的人性都给以致命的一击。改良世界的伟大理想，产生于我们的这一主题被拔高了的观点，后来很快又被夸大了。这些伟大的思想充斥了我们的头脑，迷惑了我们的心灵，并使我们的手也漫不经心地处理摆在我们眼前的学校的实际需要。

在这种状态中，我们第一次联合的崇高精神的丧失就不可避免了；我们原有的友爱也不同于以前了。我们多多少少地看到了导致我们苦恼的各种弊病，但没有一个人对它们有足够的探索，也没有人在应去寻找的地方去寻找原因——从他本人身上去寻找。每个人都或多或少地责备别人；每个人都要求别人做他自己既不做也不能做的事。在这种情况下，我们的最大的不幸就是我们自己的特别的和片面的努力，引导我们进行深入的哲学研究来寻求帮助，用以反对我们的学校（Our house）*的弊端。

一般说来，我们不适宜于以这种办法来找到我们所要寻找的东西。尼德勒在我们现在才敢于大胆涉猎的领域中独自感到他自己的力量。在这种能力方面他多年来在我们中间独树一帜，因而不但在我周围的人身上，而且在我身上，产生了压倒之势的影响，结果我确实从内心对自己感到茫然，我不顾我的天性，不顾成功的所有可能性，试图将自己和我的学校变成我们应该成为的样子，以便在这一领域获得进展。

尼德勒在我们中间所获得的优势和他在初等教育这个问题上提出的思想，紧紧抓住我并将我引向顺服的屈从地位，全然地牺牲和忘记我自己。正由于我了解自己，我现在能够而且必须清楚地说，如果我写这些信（即《葛笃德如何教育她的子女》一书——中译者）时，他和我们在一起，我肯定会把这些信的全部内容和像在云雾中闪灼的幻觉一样呈现在我面前的初等教育思想，全看作是从他那儿来的，是把他的灵魂导入我的灵魂之中。

为了相信上述说法并自然地、天真地把初等教育的思想看成出自于我，你们必须更多地真正了解我；你们必须清楚地知道我是怎样的一个人。一方面，过去我被这种信念激励到什么程度，而我现在仍然欠缺对这一问题的清楚的、哲学的、明确的想法；另一方面，我对我的朋友的崇高见解的信任程度以及

---

* 裴斯泰洛齐重视家庭化的感情教育，他把自己所办的学校、他的同事、他的学生，统称为"我们的家族"。也可译为"我校师生"。——译者

它对我的影响的程度如何，这种影响是加在我的朦胧的内在思想之上的，因而是不明确的、有局限的。

在我写这些信件时，赫尔·尼德勒（Herr Niderer）没和我们在一起，这倒使我有可能清楚地了解他对初等教育的努力所做的贡献，并了解哪些东西是我自己想出来的。我知道这是微不足道的，但如果我所想到的不会是空洞无物的，或如果至少有些有益的东西是来自我自己，那么有多少至今仍然是需要的。在后一方面，我得到的报偿要比我的贡献多。在任何情况下，对我来说很清楚，赫尔·尼德勒的观点是，我们的工作中所推论出的观点，即跑在实际操作前面的推论，要远远地超出实际，把实际留在后面；而我在这个问题上的观点则出自个人寻求方法的奋斗，要实施这些方法的要求强迫我积极地、通过试验去探索、获得和发掘眼前所没有的和当时我还不知道的东西。

这两种努力开辟了道路，在这条路上我们每一个人都肯定能达到共同的目的，而且，我们每个人都感到了本人特有各自的力量来达到这个目的。但我们没有做到这一点，而且还互相妨碍，因为我们长期地强迫自己太长时间地与对方携手前进，我可以说是和他穿同样的鞋，走同样快的路。我们的目的是相同的；但我们达到目的的途径，由大自然为每个人所指出的途径却各不相同。而我们应该很快认识到，如果每个人完全独立自主地沿着各自的路线阔步前进，每个人便会更轻而易举、更有把握地达到自己的目的。

我们是太不相同了。如果我认为撒在路上的食物碎屑能为我的工作提供一点营养，能推动它前进的话，就能深深地吸引我，我必定将它拣起来，在它那儿停下来，仔细地观察它；而在我用这种办法对这些食物碎屑没有充分了解之前，我不可能把它作为有教益于我的东西，用批判的眼光对待它，但若将它作为一种个别事物的食屑和一切关系联系起来，结合起来，它对我们的工作就会发生影响。我的全部生活方式并未使我具有能力和倾向去急速地追求任何问题后面的鲜明的与清晰的观点，只是由于事实的支持，在我心中才对这个问题有所了解，从而唤醒了某些自信。

因此，直到我葬入坟墓，对我的大多数观点仍将处于某种迷雾之中。但我必须说，如果这种迷雾有多方面的、足够生动的感觉印象的背景的话，它对我来说就是一团圣雾，至善的雾。它是我生活于其中的，或者说是可以生活于其中的唯一的光芒。我在这种特殊的半明半暗之中，长时间地、平静而满足地走向我的目的，正如我走在和平与自由之中。在我追求我的理想时，在我已经达到的地方，我坚定地确信，为获得用字词给一些概念作哲学式的切实定义这方面，我一生中虽然成效甚微，然而用我自己的方法我已发现了一些达到目的的手段。这些手段如果是在我的课题的清晰观点之后做哲学的探究，便不可能被发现了，尽管我有能力这样探究。

因此，我并不完全对我的落后感到懊悔。我不应该懊悔。我应该追求我的试验的途径，这是我生活的途径，我自愿而且乐于放弃渴求之树的果实，它对我和我的个性来说是一种禁果*。如果我继续追踪我的试验的途径，不管有怎样的局限，但我诚实地、忠心地、精力旺盛地通过做来思考，我就成了我现在这个样子，并知道了现在所知道的；我的生命和行动虽然并不完美，但也并不纯粹是在还不真正懂得的试验后面所进行的盲目摸索。

---

* 耶和华神禁止亚当和夏娃吃伊甸园中知识树上的果子，因吃后眼睛发亮能辨善恶。见《圣经·创世纪》——中译者注

我希望不止如此。我希望以我的方法将我的课题的几点哲学地表达清楚，这几点用别的任何方法都不能容易地表达得同样清楚。在我看来，个人的个性是人类天性的最大幸福，而且是最高的、最基本的幸福的一个基础，所以个性必须得到高度的尊重。它们不能被置于我们看不到的地方，每一事物以个性表现它们自己的方式存在时，每一种自私自利力图提出自己的特殊规则，让别人的特殊性屈从于自己的特殊性时，我们看不到个性。如果我们要尊重个性，就必须做到不去分开上帝已经联系起来的东西，也不应把上帝已经分开的东西联系起来。人为地勉强将不同属性的东西联系到一起，从本质上说来，其结果会妨碍个人能力和品质的发展；而个人能力和品质这样不合适地联系在一起，受到妨碍，出现混淆，在任何情况下，都会表现出不自然，强行向前推进的情况；以破坏性的、令人迷茫的、歪曲事实的方式作用在七拼八凑的总体之上，为了这个整体的利益，个人的能力和品质也如此拼凑起来了。

  我知道我的不足之处，因此，可以诚实地说，我不会比我的实际情况好。但为了使用我手中现实的力量，我必须自由地、独立地使用它，不管这种力量多么微不足道，正像有一种说法："赚了钱的就要奖励。"这对我可能是适合的，而另一种说法："没赚到钱的，就连他没有的也要收回。"* 这在我也可能并不是太难于做到的。

  当我现在以这种方法去看待这本书对于我和对于世界的价值时，我必须让它严格按照 20 年前就有勇气写出来的那种样子出现。同时，从那时以来，我已经在我的一些新著作中，对从那以来我们在实践与方法上的教学发展做了必要的叙述。我将

---

* 以上两句话见《圣经·马太福音》——中译者注

继续这样做，特别是在《林哈德与葛笃德》第五部分*，我将比过去更多地阐明这一点。

但是，我在这本书中谈到的涉及历史的与个人的东西，现在也不做更多的增补，我在这方面也做不好。我对着这本书的许多地方发笑。与过去我写它的时候相比，我今天是以不同的眼光看待它了，但在许多地方我却想哭而不想笑。不过我并没有这样做。现在我既谈不上哭，也谈不上笑。我的良心告诉我，我的沉默时刻还没有过去；我的命运的车轮也还没有转过来。笑或哭都同样是过早的；如果不把感情之门锁起来，那是有害的。

在这本书中谈到的许多主题和观点，可能很快会发生变化。也许我会很快在我现在认为应该哭泣的许多地方笑起来；也许我将立刻非常认真地思考我现在一笑了之的那些内容。由于这种情况，这本书我几乎一点没改。时间将会解释书里所说的和我此时所说的对事情的见解之间的差别，并且也会解释那些看来是难于理解的和难于说明的东西，如果有必要的话。但我很难想象会有这种必要。然而，如果它是在我进入坟墓之后仍需解释的话，愿这种解释是温和的，而不是色彩照人的。

裴斯泰洛齐

1820. 6. 1. 于伊佛东

---

* 《林哈德与葛笃德》的第五部分从未发表过，因为其手稿和裴氏其他的一些遗著于1840年送往巴黎约瑟夫·斯米德（Josef Schmid）处出版时被丢失了。

第一封信*

在斯坦兹和布格多夫的试验

亲爱的盖茨纳:

你说现在是我对民众教育问题发表意见的时候了。

现在我也准备这么做。拉瓦特尔(Lavater)③频频致书齐默尔曼(Zimmerman),论述自己的"永恒"观,我现在也准备通过书信向你阐述我的见解。确切地说,我将尽可能地把这些观点向你表述清楚。

我深感民众教育犹如无底的沼泽横在眼前,我在其泥潭中来回蹚涉,历尽艰辛,才弄清其污水的源头所在、受阻塞的原因和可以疏导的可能性。

我现在暂且把你带入迷津,我自己旷日持久,与其说是依靠理智和技能,还不如说凭借偶然的机遇才从其中走出来。

啊!时间真长啊!从青年时代起,我的心就像一股湍急的溪流孤单而又寂寞,朝着我的唯一目标滚滚流动,我看到周围

---

* 这些信件虽已清楚地分门别类,然其序号并非出自裴斯泰洛齐之手。参见1801年伦敦教师协会图书馆出版的奎克(Quick)先生的版本,该书共收书信14封,但塞法尔兹(Seyffarth)把第七封一分为二,就成了15封,因而引起了一些小小的混乱,但在文字上并无改动。这些信都是写给海因利奇·盖茨纳的,他是苏黎世的出版商,是诗人所罗门·盖茨纳(Solomon Gessner)的儿子。他是"爱国社"的成员,该社是1762年由一批年轻人建立的社会团体,其宗旨在于改善人民的境遇。

的人们陷入泥沼，就立志要堵塞那悲惨之源。

　　我致力于目前所从事的事业已有三十多年了。"伊塞林历书"④可以证明，我当年追求的理想和愿望，现在较之过去更为世人所理解了。

　　但是当时我还年轻，既不知道需要计划，也不知道制订计划的注意事项，更不知道实现计划所必需的基本技能。我的理想计划只是深入农村、工厂和作坊。我深刻却又模糊地意识到这三部分工作的价值；把它们看作是实现我的计划的明显的稳当途径。的确，我奋斗一生几乎又回到了我早年计划的基本点，在原来的见解上原地踏步。然而，建立在我的直觉的表面必然的基本真理之上的我的信心，实际上是我的祸因。

　　我的意见的真理只不过是空中楼阁，我的直觉、我对工作基础的确信不过是睡客的梦乡。我在那三个方面进行的试验，只能表明我不过像一个没有经验的儿童。我缺乏精细的、能持久的、一贯的具体方法，只有这些方法才能产生我竭力为之奋斗的理想结果。我对工作的主观上的不能胜任的后果很快就显示出来了。用于我的目的的经费很快就化为乌有，一切比预料的都快，因为我在试验的开始阶段就忽视了应配备得心应手的一批助手。当我开始强烈地意识到需要有一批助手为我提供必不可少的帮助时，我已经耗尽了可能用来聘用这一批助手的现金和存款。这样我的工作很快陷于一片混乱之中，我的计划因此而受挫也是不可避免的了。

　　我的失败是彻底的。与命运的抗争只能是以潜在的弱点来对付日渐强大的劲敌。与灾难抗衡是不会有结果的。然而，我在这无数的抗争中却认识到无穷的真理，获得了无穷的经验。在别人看来，我的主张与努力已彻底地毁灭了；而我对我的主张与努力的原则的真理性比以往更加坚信不疑。我的心朝着我的目标毫不动摇地一往直前。我感到自己现在很可怜,正处在这样的境地,一方面我看到了我的工作实属必要,另一方面我又看到了周围环境与条件对我努力的目标在言行上所作出的真实反应的方式。因而我发现并理解了这些观点的真理性,我以前的努力并不成熟,在看来是令人乐观的问题上是不会从中得到如此深刻的理解的。

现在我怀着对上苍的崇敬和感激之情,甚至在自身的痛苦中愈益深刻地认识到民众的痛苦及其产生的根源,而在没有遭受过我所遭受的不幸的人之中是谁也不会理解这一点的。⑤我经受了民众所经受的苦难,而民众也如实地向我揭示了他们的不幸,他们并没有向别人这样揭示过自己。我长期生活在他们中间。然而有人却反对我,轻蔑地嘲笑我,恶意地奚落我——"你这个可怜虫,你比水平最低的劳动者更难以维持自己,竟幻想帮助民众?"从他们的口中我体会到嘲笑和奚落。就在这嘲笑与奚落之中,虽然我感到孤独与寂寞,但为实现自己一生的目的、为根绝使周围的人陷于悲惨境地的根源而奋斗的那颗充满强烈激情的心并没有因此而受挫。从某种程度上说,我的动力更大了。种种的不幸一次次地教育了我,使我更加认识了我所要达到的目的的真谛。虽然有些事情在别人看来是很明白的,我却迷惑不解;但是,那些在别人看来是难以理解的事情我却不再糊涂了。

我的周围没有人能像我这样清楚地了解民众。他们沉浸在喜悦之中,期望新开办的棉纺业能赢利;使他们的财富不断增长;能有明亮的寓所;有丰裕的收成;甚至他们的教师们实行"苏格拉底"式的教育,以及在下等管家和理发师的子弟中间组织起读书会来,等等,这些都没有瞒过我的眼睛。我看到了他们的不幸;但不幸之根源比比皆是,互不关联,使我如堕云雾之中。虽然我更加洞悉他们的实际处境,而要采取具体措施,拯治这些罪恶,我却无能为力、寸步难行。在书中,我不得已表露了对这种形势的认识,甚至在《林哈德与葛笃德》⑥一书中也是如此,这都证明我的内心世界的无能为力。我就像一块石碑那样竖立在同代人的中间,叙述着人间沧桑,自身却无生命。许多人对我这块"石碑"只投以粗略的一瞥,知音者却寥寥无几。他们不了解我奋斗的目标,也没有人能像我这样认识到实现这一目标所必需的有技巧的具体技能和知识。

我对自己的得失毫不在意,我为巨大的激情所驱使,终日忙于表面工作,当然我至今尚未为这些工作打下坚实的基础。

如果为达到我的目的我曾打好了基础,对于达到我的目的,我的内心本应能踏实得多,本应能迅速地实现我的目的!但由于我的拙劣,未能打下坚实的基础;由于我仅仅从外部来探索,把对真理和正义的挚爱任凭其变成激情,使我颠簸其上,就像一棵被连根拔起的芦苇一样,随着生活的波涛漂泊不定。我自己日复一日地阻碍着我这棵漂泊的芦苇重新扎根于坚实的大地之上,去找到那些对实现我的目标必不可少的养料。希图别人能把这漂泊不定的芦苇从波涛中抢救出来,并将它根植于大地之上,这是徒劳的。我已经延误了种植的时机。

亲爱的朋友!谁要能理解我的苦衷就会知道我不得不深深下陷。至于你,我的盖茨纳,读完此信之前,请先为我的不幸分担些痛苦吧。

极度的不满使我难以自拔。有些在我看来是永远真实的和正确的东西,但在我目前的处境中似乎都是海市蜃楼。有些词句在我的内心已经失去永恒真理性的基础,而我却顽固地抓住不放。因而我日益陷入了对碌碌无为的崇拜,陷入了对现代装腔作势借以拯救人类的那些欺骗喧嚣的崇拜。

然而，这并不意味着我没有意识到自己的沉沦，停止了对沉沦的斗争。三年来，我以惊人的毅力写下了我的《关于人类发展的自然进程》*一书，其中阐述了我一贯的思想，发展了我最得意的观点，使我固有的情感与我提出的关于公民权力、社会道德等观点相一致。但是本著作也同样证明了我内心的无能为力，只是表现了我提出问题的能力，但这也是很不全面的，没有与之相匹配的技能作依靠，缺少必要的努力来采取具体的措施以达到我的目的。我的实践和我的理论之间比例失调的情况有增无已，本身的缺陷越来越明显，我缺乏实现我的目标所必须具备的条件，又无力创造这些条件。

我付出了大量的心血，却没有收到预期的效果。我的著作同我做的实际工作的遭遇一样，对我周围的人们并没有产生应有的影响，没有人能够理解它。我没有发现有第二个人不是这样明确地告诉我说，他们把这本书看作是一盘"炒什锦"*。直至最近有一位相当喜欢我的重要人物用"瑞士人"贯用的直率方式对我说："但是实际上，裴斯泰洛齐，难道你自己没有意识到吗？在你写那本书的时候，你本人也并没有确切地认识到你到底要达到什么目的？"

是的，这就是我的结局，被人们曲解，得不到公正的评价。我本应该对这种冷遇习以为常，但是我做不到。我遭到的厄运，加上人们对我打心底的嘲笑和蔑视，毁坏了根植于我内心深处

---

* 《关于人类发展的自然进程》（Inquiries into the Course of Nature in the Development of the Human Race）这本研究人类演进的专著是根据费希特（Fichte）的建议在新庄写成的。发表于1797年，尼德勒（Niederer，曾是裴斯泰洛齐主持的布格多夫学校的教师，裴斯泰洛齐的合作者）在1801年写信对裴氏说："我认为这本书提出了最有价值的新发现，可以说是你的方法论的基础。"

* 喻为胡说八道，就像菜加肉煮出来的什锦菜，吃不出什么味道。这儿是引用了《冬天的故事》第四幕第三场的一句台词。

的事业的基础,我是应该有这些基础的。我自己的沮丧对我的事业的损害远不是对我曲解、对我蔑视的那些人所能做到的。虽然我并没有背离自己的初衷,但是我的目的明显地受到了伤害,仅靠一种漂泊不定的想象和紊乱的心绪来支持。我愈益强烈地希望能为生长在这块并不神圣的土地上的那棵神圣的人类幸福之树提供营养。

盖茨纳!在《关于人类发展的自然进程》一书中,我明确地提出了这样的主张:公民对公民权力的要求纯属我们动物世界的要求,至于成为这唯一的、符合人类自然天性的事情的实际障碍的有些要求,则把它们看作道德纯洁性的障碍。但我现在正面临着外部势力与内心激情的挑战,期待从民间真理的铙钹的叮当声中找出完美的结论;从我同时代的人那里得到民权思想,除极少数外,他们这些人的生活就在于贪图安逸,就在于饭来张口,衣来伸手。

我的头发已经花白,但我仍旧还是一个孩子,一个内心惴惴不安的孩子。处在这种动荡不安的时代,我向着自己的毕生目标前进;但我的方法比以前更带有偏见了,错误也更多。我现在努力探索一条途径,以达到我的目的,即找到所有的社会罪恶的古老根源;热情地宣传公民的权力及其基础;宣传在为结束人民苦难的革命中已得到发扬光大的暴力精神。但是我早年提出的纯理论的原则对我周围的人们来说只是对牛弹琴,在他们看来,我现在对问题的看法更加荒唐可笑了!他们仍像往常一样,把这种真理也扔进了泥潭。他们如此对待我,我原本应该估计到的,但是我却没有预料到,因为我徘徊在希望的梦境之中,从不考虑自己,也就没识破周围的那些人。我受骗上当不是出于欺诈,而是出于无知。我信任所有接近我、对我说恭维话的人。

然而我比别人更了解民众,我看到了他们的迷茫和堕落。我别无追求,只想堵塞这罪恶之源,以结束民众的疾苦。海尔维沙*的新人们(novi homines)追求的目标很大,但他们并不了解民众,因而感到我不是他们的同路人。他们在这一新天地里就像翻船落水的妇女那样抓住每一根稻草都当作桅杆,好像抓住桅杆,他们的那个共和国就可以安全地到达彼岸,他们轻蔑地把我看作是一根落水的猫都不会抓的稻草。他们不理解也不打算去理解这一点,但他们给了我许多教益,比以前的人们给我的教益多得多。他们使我恢复了本来的面目,他们给我留下的(在修补沉船的意外事故的沉思中)仅是我在他们翻船最初几天里所说的一句话,"我将成为一名教师"。对此我有信心。我确实做了一名教师;并且从那时起,我一直致力于这一巨大的斗争,这是强加在我身上的努力完善我的内在的缺陷,这些缺陷曾使我的最终目标受到过阻碍。

朋友!我将坦率地向你表露我自那以来的想法和做法。我在第一届五人内阁(the first Directory)执政期间,通过利格朗特(Legrand)赢得了人们对我的目标即教育民众的信任,因而当斯坦兹(Stanz)*被毁灭时我在阿伽(Argäu)提出了一个庞大的教育计划,利格朗特立即给了我那个不幸的地方作为我的

---

* 海尔维沙(Helvetia):瑞士拉丁文的译音,原为瑞士的一种地层单元,出现在中新世中期。1789年法国资产阶级革命后,瑞士受其影响,也进行本国的资产阶级革命。为抵制瑞士贵族对革命的反抗,1797年,法国出兵瑞士。1798年法国在瑞士组建"海尔维蒂共和国"。到1803年时,瑞士发展为一个在拿破仑"大陆体制"下的松散的统一国家。——中译者注

* 斯坦兹:瑞士恩特沃敦州(Unterwalden)的一个集镇,1798年9月遭法国军队破坏。琼·鲁·利格朗特(Jean Lue Legrand,1755—1838),与伊塞林(Iselin)和其他改良主义者都是"爱国社"成员。1783年利格朗特成为伯尔尼(Bern)最高市政会成员。1798年出任瑞士五人内阁政府大臣,但任职不到一年。1812年他结识了班德勒劳赫的著名牧师奥伯尔林(Oberlin),1814年移居到其住处附近。晚年利格朗特致力于民众教育事业。

新居。

我到了斯坦兹。为了接近我的目标,我差点走进了深山老林中的洞穴,现在我确实到了那里了。然而请想象一下我当时的处境——孑然一身,没有一点教育手段。我孤身一人,总督、军需官、勤杂工、甚至连保姆都得由我一人兼任。房子还尚未建成,周围到处是愚昧、疾病,一切都是陌生的。学生逐渐增加到 80 名,年龄各不相同;有些孩子虚荣做作,有的沿路乞讨,除了极个别的外,都是无知识的。何等艰巨的工作!要造就和培育这些儿童!多么困难的任务啊!

但我敢于接受这一任务,站在他们中间发音⑦,让他们来模仿。

不论是谁对其结果都会感到惊讶。它就像空中见到的流星一样一闪而过。没有人认识到它的性质,我自己对此也不理解。这是一个简单的心理学思想产生的结果,对此我只是有所觉察,但没有清楚地理解。

这正是我在探求的这种艺术的脉搏。我捕捉到了,像魔鬼那样抓住它不放。一个在观察着的人是不敢这么做的。我很幸运自己是盲目的,不然的话我也不会冒这个风险。我对自己做了些什么并不清楚,但我知道我追求什么,那就是——要么死亡,要么将我的意图贯彻到底。

但是,除了贫困带来的直接后果以外,实现我的目标的手段完全一无所有,我不得不在贫困的条件下来摆脱极端的困境。

我现在不知道,也难以理解我是怎样摆脱困境的。从某种意义上说我在与贫困周旋,贫困造成的困难像大山一样耸立在我的面前,我蔑视它们。我以意志的力量战胜显而易见的物质上的困难,意志只注重直接出现在眼前的事情;但它却能战胜眼前的困难,看来它就是一切,生死在此一着。

于是我一直在斯坦兹工作，直到奥地利军队到达以后我无心工作为止。我当时的心情受到压抑，使我的身体进入了我离开斯坦兹时的状态*。

直到那时我还没有确定关于我的教育过程的基本原理。*我一直在尝试一件似乎不可能做到的事情，但在尝试中，我发现了可能性，这是我没有料到的。我在多年来无人涉足的荆棘丛中披荆斩棘，发现了通向光明大路的足迹，但这条大路多年来无人问津。

下面我将讲些细节。我受命承担了教育儿童的工作，孑然一身，毫无外援，从而学会了在同一时间教育许多孩子的艺术。除了大声朗读以外，我没有其他的教育手段，从而很自然地形成了让学生同时既画画又写字又计算的主意。

孩童们群起仿效，声音嘈杂，使我感到有必要安排时间，抓紧时间，通过上课来强化印象。我完全忽视了教学的全过程而在教学的起始阶段大做文章；同时这也使我认识到完好的起始能获得高度的内在力量，最初也能获得完整的和完善的感情效果。我从未像现在这样清楚地认识到各种知识的最初进程与其整个体系的关系；我也从未像现在这样清楚地意识到两者的脱节将会在知识的各个后继阶段造成混乱和缺陷。

---

* 1799年6月，法国军队被奥地利军队赶出乌里（Uri），撤到恩特沃尔敦。裴斯泰洛齐主持的孤儿院被改作法军医院。1799年6月8日，60名儿童被遣散，只剩下20名。裴斯泰洛齐试图重建孤儿院，但政府不同意，故孤儿院没维持多久就关闭了。

* 第一封《斯坦兹来信》是1799年6月8日至7月底在格尔涅格尔（Gurnigel）写就的，于1807年付印出版。全文见《德盖姆普传记》（De Guimp's Life）第88～95页。现可将这封信与那封信作一对照，当时他是这么说的：在这儿"我没有确定我的教育过程的基本原理。"他在1800年6月27日为教育之友协会（the Society of Friends of Education）所作的关于《方法》的报告中第一次试图系统地阐述他的原则。（参见《方法》的最后一段）

完善早期阶段教学所产生的效果远远出乎我的意料。它很快使儿童意识到了一种从未意识到的力量，特别是对美和秩序的辨别力。他们发现了自己的能力，那种笼罩着普通学校的沉闷乏味的气氛像幽灵一样从我的教室里消失了。他们从想干——尝试——坚持——成功，他们欢笑了。这不是学童们的心声，而是未被发现的能力从沉睡中觉醒的心声，是从心里发出来的，他们心里感到这种力量能够而且必定会引导他们去做什么。

儿童们自己教自己。他们尝试着（付诸实施）我叫他们去做的事情（而且他们常常也能自己从多方面找到完成这些活动的方法。这样的自我能动性，在儿童学习的初始阶段从多方面发展起来，强有力地促进了我的自信心的确立和发展，我深信一切真理、一切教育指令都应该来自学生自身，在他们身上产生出来）*。我之所以这么做是由于贫困所迫。我没有合作的帮手，于是就把有才能的孩子放在另两个能力较差的孩子中间，让他一手拉一个，把自己学到的东西告诉他们，让他们能跟着他学习还没学过的东西。（他们亲密地坐在一起，欢乐和同情使他们的心灵有了生气，相互唤起了内在的活力，从而使他们共同进步，实际上也只能通过这种相互自我激励的途径来引导他们前进）

亲爱的朋友！你已经听到了这群互相合作的学生，看到了他们的勇气和欢乐。请你说一说当你看到这一切时你有何等的

---

* 括弧中的内容是在第二版中加进去的。在第二版中，并非所有的变动都加了括号。有些与原稿有极微小的差别，有些则很难在翻译中反映出来，在大多数德文版中可以看到第二版只是在极个别的句子和段落上对第一版作了删节，其中最重要的删节已在注 5 中作了说明，而最重要的补充要数这一段，从中可以看出裴斯泰洛齐 20 年后的新观点，因而可看作是这部著作的最新辞句。——英译者注

感想。我看到了你的眼泪，我的内心不由激起了对那些人的无比愤慨，他们或许仍然会说，"民众的改良是一种梦想。"

不，这不是梦想。我将让母亲们掌握技巧，让儿童们掌握技巧，让天真无邪的人们掌握技巧；让那些嘲笑我的人哑口无言，不再说——"这是梦想"。

上帝，感谢你赐给我贫困！没有贫困我就永远不可能说这些话，也不可能让那些嘲笑我的人理屈词穷。

我现在完全信服了。这是经历了很长的时间才达到的。我使斯坦兹那些能力还没有被不懂得心理学的家庭和学校的纪律的磨损所窒息的儿童得到了更快的发展。他们成了另一类人。连那些乞儿也不同于镇上的乞丐，甚至也不同于玉米地里和葡萄园里的那些各方面都虚弱的人。我看到了人类天性的能量，看到了它的多种特征和广泛的作用范围。它的不足是身体健康的不足，与错误的和不自然的教学所造成的缺陷有天壤之别——那是没有希望的心智衰退和彻头彻尾的心智摧残。

我看到在没有受过学校教育的无知儿童身上有一种观察能力，以及对那些已知的和已观察到的事物的牢固的概念，而我们的蒙童对于这些知识和观察是完全没有见解的。

我从他们身上懂得了应该去认识实际知识与书本知识的本质联系，如果我不了解这一点，可能我至今还是个瞎子。我从他们那儿也认识到片面的书本知识和完全依赖于单词是多么的有害（没有背景，文字和词汇就只是声音和喧闹而已）。我发现这样的教学对于发展实际的观察能力，以及对于形成周围事物的牢固概念是一个巨大的障碍。

我在斯坦兹就做了这一些。我感到我的试验已经证明民众教育可以建立在心理学的基础之上，可以根据它的基本原则建立起通过感觉印象获得的真正的知识，可以撕掉肤浅的、装腔作势夸大其词的伪装。我感到我所能解决的是那些具有洞察力、没有偏见的人的问题，至于那些为偏见所迷惑的人，他们就像呆头鹅一样，自从离开蛋壳以后就一直被关在笼子里或畜棚里，早已丧失了飞翔和游水的能力。要使这些人聪明起来，我可能永远也做不到，我很清楚地意识到了这一点。

关于这个问题，到布格多夫* 后我得到了更多的教益。

但是请想象一下——你是了解我的——想象一下我是怀着怎样的心情离开斯坦兹的。就像一个翻船落水的人，经历了无数个疲惫、焦虑的黑夜以后终于见到了大地，顿时激起了生的希望，而这时偏偏又遇到了倒霉的大风，他又被刮入无边无际的海洋，他那颤抖的心灵反复地哀叹："我为什么不会死呢？"但他还没有跌入深渊，于是他强睁疲惫的双眼，四处张望，再次寻找海岸，而一旦发现了海岸，他的四肢就紧张得失去了知觉。我当时的心情正是如此。

盖茨纳！设身处地地想象一下吧。想一想我的心情和决心，我的工作和失败——我的灾难，我备受折磨的神经的颤抖和我迷茫的处境。朋友，这就是我离开斯坦兹去伯尔尼时的处境。

费希尔（Fischer）介绍我到了格尔涅格尔的泽海恩德尔（Zehender）*，（由于他的好意）我在那儿过了一段悠闲的日子。我需要这样的生活。奇怪的是我还活着。但那不是我的避风港。它只是茫茫大海中的一块礁石，供我休息以便再游。只要我还活着，我就永远不会忘记那段日子，不会忘记泽海恩德尔。是

---

* 瑞士伯尔尼（Bern）州的一个城市。1799 年 7 月底，裴斯泰洛齐在这儿重新开始了曾被迫中断了的试验。

* 一个风景优美的、人们常去的温泉浴场。从这里到格尔涅格尔山顶有 45 分钟的路程，它在吐尼（Thun）西面九英里处。

它们救了我。但是我活着就不能没有工作。当我站在格尔涅格尔山的顶峰上鸟瞰脚底那美丽的、无边无垠的山谷时（以前我从未曾见到过如此开阔的景色），尽管眼前的景色优美宜人，我还是无心欣赏，我考虑得更多的是那些受到劣等教育的人。我不能、也不愿意胸无大志地混日子。

虽然我在斯坦兹已濒临绝境，但我离开斯坦兹并非出于自愿，而是由于军事上的原因，它使我的计划暂时不能继续下去。于是，那些指责我工作无效、处事最无能的陈词滥调又重新泛滥起来。我的朋友们也说："头五个月里，他还可以摆出奇迹创造者的架式，可是到了第六个月却'此路不通了'。我们早该知道这一点，他完全不可能有所作为。归根结底，他与古代传奇故事中的英雄一样，无补于现实的生活。不过，他总算是个活人。"

他们当着我的面对我说："因为一个人 30 岁时写了些有价值的东西，就指望他到 50 岁时必然能做点什么，那是荒唐可笑的。"他们大声地说，对我至多只能说是构想了一个美丽的梦境，就像所有的白痴一样随时都能用新鲜的词语来谈论我的梦想、我的癖好。很显然，没有人会听我的话。与此同时，人人都所见略同，认为在斯坦兹所做的事情都是错的，认为我做什么事情都不会成功。F 先生报道了一段友好的谈话，它可以证明这一点。事情发生在一次公众聚会上，可惜我不能更详尽地描述出来。

甲："看到了吧，他多么令人讨厌。"

乙："是的，我真为这个可怜的傻瓜感到遗憾。"

甲："我也是，但他是不可救药的。如果说有段时间他曾经发出过一点火花，让人感到他能做点事情的话，那么过些时候他周围又是一团漆黑；走到他身边去的人，只是烧焦了自己。"

乙："可惜没把他自己烧死！他真是死不改悔。"

甲："我的上帝，但愿他早死。"

这就是我在斯坦兹的工作所得到的报答。以这样的规模，在这样的条件下做这样的工作，或许还没有人尝试过，这项工作的内心的结果将我带到了现在的境地。

令他们感到惊讶的是我又从格尔涅格尔山顶走下来了，以原有的意志和先前的目标走下来了，没有别的希望和追求，只想重新拣起我曾经失落的思绪，在任何地方把它们再次连接起来，此外我别无他求。

雷恩格尔（Rengger）和斯泰普弗尔（Stapfer）很高兴。希纳尔（Schnell）法官建议我去布格多夫。几天后我到了那儿，找到了政府首脑的代表希纳尔和格利姆（Grimm）⑧博士。他们知道我们的那些陈腐的学校现在建立在流沙之上，他们认为在这些流沙的下面或许也不是不可能找到坚实的地基。我很感激他们。他们对我的目标给予了很大的关注，从精力和精神上给了我种种帮助，支持我开辟我一直在追求的道路。

但是，这儿并非没有困难。幸运的是人们开始把我也看作与其他平凡的教师一样，四处奔波以求生计。一些有钱人待我非常友好；一些牧师有礼貌地为我祈祷（虽然我不得不说，他们显然是没有信心的），祝愿上帝保佑我的事业；一些谨慎的人认为我的工作或许对他们的子女有好处。所有的人看来似乎都相当满意，都拭目以待，看看我究竟能做出些什么。

但是，我去任职的那所学校是属于那个富有生气的小镇的，由"亨特萨森"（Hintersassen）⑨校长紧紧地把持着。我相信他已觉察到我来教 ABC 最终会使他失去地位、职业和收入。于是，流言蜚语在街坊邻居中不胫而走，说什么《海德尔堡（Heidelberg)》*正在受到威胁。因为对乡村农民教育是忽视的,《海德尔堡》仍然是下层市民阶级年轻人的精神食粮,你知道,他们自小就读这本小册子,一直到他们订婚的那一天。

然而还不仅仅是《海德尔堡》这一件事。人们还在大街上窃窃私语,说我连正确地书写、计算和阅读都不会。

当然,我的朋友,街上的流言蜚语并非总是完全没有根据的。我的确不能完美无瑕地书写、计算和阅读。然而人们往往总是过分地忽视这种流传于大街上的真理。你在斯坦兹已经看到了这一点。我自己不能完美地书写,但是我能够教儿童书写。实际上,为了使我能够最大限度地简化教学方法,为了能建立一种使最无经验的、最无知的人也能用来教育他的孩子的方法,我在所有这些方面的无知恰恰是必不可少的条件。

当时也不能指望布格多夫的下层阶级能够超前地接受各种事物,更不必说要他们相信这一切。他们也没有相信。在一次集会上,他们断然表示,不希望在他们的孩子身上做那些运用新教学方法的试验,上层市民们应该用他们自己的子女来做试验。然而一个偶然的机会,由于我的赞助人和朋友们施加了各种对在那儿实现我的目标所必需的影响,我最终获准到该城北边的一个初级学校任职*。

我感到自己很幸福,然而在刚开始的阶段我还是畏首畏尾。

---

* 《海德尔堡》:或称《巴勒登教义问答》(Palatinate Catechism),是由海德尔堡的神学家查格利亚斯·乌西纳斯(Zacharias Ursinus)和卡斯帕·奥莱维纳斯(Kasper Olevianus)于1553年受命于巴勒登公国君主艾列克特·菲烈特三世(Elector Friedrich Ⅲ),并与其合作共同编写、出版的。这本小册子过去一直是、而且目前仍然是瑞士福音派新教团体学校中进行宗教教育的最普及的基础教材。这一读本充斥了宗教教条,因而它有悖于裴斯泰洛齐的教学。

* 这是由小玛格丽特·丝达莉(Miss Margaretha Stähli the Younger)开设的拼读学校。该校招收了20~25名7~8岁的男女儿童。应该注意,不要与老玛格丽特·丝达莉(Miss Margaretha Stähli the Elder)主持的女童学校相混淆。

我每时每刻都担心他们可能会将我撵出教室。这使我比平时更加笨拙。当我回想起在斯坦兹最初一段日子里的那种激情和那种生活，我似乎自己构筑了一座奇妙的庙宇，而想想目前在布格多夫的我，更是神经紧张，怕丢掉饭碗而唯唯喏喏地受制于人，我几乎不能理解为什么同一个人做出事来却会判若两样。

这儿有学校的纪律，这显然是合情合理的，但没有超脱迂腐矫饰的习气。所有这些对我说来都很不习惯。我一生中从未忍受过这样的约束；但是现在为了实现我的目标我不得不忍受这一切。我日复一日、从早到晚教着我的 ABC，我继续无计划地运用着我早在斯坦兹就已不得不终止使用的、以经验为基础的方法⑦。我不厌其烦地将一行行音节组合起来。我编写了由一系列音节组合的和一系列数目为内容的教科书。我千方百计进行探索，以便使儿童学习缀字和计算的最初阶段变得最为简易，使之规范化，从而能使儿童遵循最严格的心理顺序从学习的第一阶段逐步过渡到第二阶段，在正确理解第二阶段内容的基础上不间断地迅速而稳健地进入第三阶段和第四阶段。我不是让孩子们用石笔来写字母，而是引导他们画角，画正方形，画直线和各种曲线。

随着这一工作的进展，"直观 ABC"*的见解逐渐形成，这一点现在对我来说很重要。在我规划"直观 ABC"的时候，一个适用于各科教学的一般方法的完整体系在我面前出现了，虽然还是朦朦胧胧的。经历了很长时间我才看清它。这在你看来

---

* 我们使用直观（Anschauung）的概念要感谢裴斯泰洛齐。这样就可以将那些"被观察到的事物"、"感觉印象"、"物体的形状"、"物体的大小"、"直觉印象"及其他的含义都包括其中，与裴斯泰洛齐的原意保持一致。正是在他规划直观 ABC 的最初的尝试过程中，形成了统一的方法的完整体系。这儿所用的"直观"概念是广义上的、一般意义上的概念，后来又有新的发展和区分。这一概念的不同意义在本书中出现时会加以相应注释的。

仍然是难以理解的，但它确确实实是真实的。我（数月来一直在研究一种拓路尝试的起点，试图把教学方法分解为它们的基本要素，并且）已经做了各种努力，使它们变得最为简易。但是我不了解它们之间的联系，或者至少说还没有清楚地意识到这一点；不过我每时每刻都感到我在前进，而且是稳步地前进。

当我还处在孩提时，人们就唠唠叨叨地告诫我，从基础做起是一件很神圣的事情；而我现在已经明白了，一个人虽然头发花白，但要创造奇迹仍必须从头做起。我不会创造奇迹，生来就不会⑩——实际上我既不会达到这样的高度，也不想故弄玄虚、装腔作势地模仿（即使有机会，我也不愿意。我知道自己现在的力量是何等的单薄）。然而，如果有人处在我这样的年纪，有健全的头脑和健康的神经，那么他就会或者应该在从事我所正在从事的事业中从头做起。这样他们是会成功的。但是没有这样的人。像我这样年纪的人理所当然地应该在寻求的是他们的带扶手的椅子。我的情况不一样。我在晚年仍然乐于得到机会，从基础做起。我心甘情愿这么做，以我自己的方式去做。我所做的一切努力和尝试都在于探索各种坦途。其好处就在于它们以笔直宽广的路径摧垮了人们常常赖以得到荣誉和赞美的羊肠小道的诱惑。

如果我能够将我努力要做的工作深入地进行下去，那么我只需要对此作一番解释就可以使最无知的人也能仿效着去做。尽管我深信我不可能赢得赞美或荣誉，但我仍然把它看作是我一生中最高的成就；更重要的是，我已经为这一目标奋斗了许多年，在晚年我还在从基础做起。

我日益感到这一工作的优越性。我承担了全部琐碎的学校事务。我不是浮在表面的工作上，而总是不断地工作，从早晨8点到晚上7点，一天仅休息几个小时。自然我也不时觉察到那些可以清楚地说明存在着自然机制法则的事实。根据这些法则，我们的大脑或者会轻而易举地，或者困难地接受并储存外部印象。

我使自己的教学日益适合于这些我所意识到的法则；但是，实际上我并不知道这些法则的原理，直到最近的一个夏天，我向行政会议顾问格雷耶（Glayre）解释我自己工作的意义时，他对我说："你是想使教育活动机制化。"⑪

（我不怎么懂法语。从字面上看，我认为他是想说我正在探索一种方法，将教育和教学变成根据心理学来安排的有序的过程；我是从这个意义上来理解他的话的）他确实说得很中肯，在我看来，他说出了我想说的话，讲清了我的目标和至今所用的全部方法的本质。或许这一法则在我发现以前早已存在多时了，因为我只顾忙于工作而没有慎思自己，完全被那些虽生动却又朦胧的感觉所左右，这些感觉虽然确实使我明确了方向，但却没有能让我理解它。如果没有这些感觉的话，我是不可能做到这些的。30年来我没有读过书。我过去不能、现在也不可能读书。对抽象的概念我没有更多的发言权。我唯有依靠信念，而这些信念是建立在无数的、大多被人们所忽视的直觉意识之上的。

这样，我在还不了解我的工作的原理的情况下，开始详细讲解近似关系。运用这种近似关系，我向儿童解释的种种事物就能很容易地为他们的理智所接受了；所以我自始至终遵循了这种教学方法，同时我又设法回过头来研究、考察那些准备上学的儿童的早期经历。我很快确信，对儿童的教学是从出生时开始的。从他的头脑能够接受大自然的印象的那一刻起，大自然就教育了他。新的生命不是别的，它意味着刚刚被唤醒准备接受大自然的印象；仅仅意味着完美的自然萌芽的觉醒，而现在他们渴望运用自己所有的能力和所有的冲动来求得自身个性的发展。只有这种现实的完美无缺的动物性的觉醒，才可能也必然能成为一个人。

这样，人的全部教育就是促进自然天性遵循它固有的方式发展的艺术*；这一艺术完全依赖于儿童接受的外部印象同他已发展的能力的精确程度之间的关系与和谐。教学给儿童提供的印象还必须有顺序，其开端与其全过程必须与儿童能力发展的开端及其进程保持同步。我不久发现，在人类知识的全部领域中，尤其是人类头脑赖以发展的那些基本点中来探求这种顺序，必定是简易的，而且是唯一的获得各种级别的学习和教学用书，并使其适合于人的天性和需要的途径。我同样很快地意识到，在编写课本时必须根据儿童能力发展的程度，把教学用书划分为若干个单元；认识到在一切教学中⑫必须精确地确定哪些部分适用于哪个年龄阶段的儿童，这样，既不耽误那些已经成熟了的儿童，又不致让那些不够成熟的儿童负担过重，造成混乱。

我很清楚，必须在儿童已经很好地掌握了观察到的事物同有关的词汇之后，才能教他们拼写和认读。我深信，儿童开始在有意识地接受各种事物的感觉印象时，就需要有符合心理学的训练。但是没有艺术的指导，要人们进行这样的训练是不可想象的，也是难以办到的，因而我强烈地意识到应该有一些图画课本。这些书应该作为识字课本的先导，这样，人们用语言来表达的观念就可以向儿童们表达清楚了（可以通过精心选择的实物⑬，可以是真实的事物，也可以是精心制作的模型和图

---

* "艺术"（the Art）一词自此以后经常被提到，用大写字母与"艺术"的一般意义相区别；它是"教育的科学与艺术"，在《教育的科学和艺术》（Science and Art of Education）中，它第一次被建立在心理学和科学的基础之上。

片，让他们来动脑筋）。

一个绝妙的试验出乎意外地证实了我当时还不够成熟的观点（尽管我的手段有限，试验还有错误和片面之处）。一个焦虑的母亲委托我担任她那还不足 3 岁的孩子的家庭教师。我一度每天给他上一个小时的课；我一度感到有一种适用于他的教法。我试着用字母、图片和身边的东西来教他；也就是通过这些手段使他获得清晰的概念和表达方式。我教他正确地说出他知道的事物的名称——颜色、四肢、地点、形状和数目。我不得不将青少年感到最头痛的东西，即令人难以忍受的纯文字的教学抛到一边，除了图片和实物以外，别的都不让他知道。

他不久就能清楚地表述他所知道的事物。他能够在大街上、花园里、房间里找到种种普通的实例；他很快地学会说出最难发音的那些植物和动物的名称，并且自己能将那些他不知道的事物与他已经了解了的事物进行比较，形成这些事物的清晰的感觉印象。这一试验虽然不太重要，而且是当前的猎奇求远作风的不利条件，但对如何让儿童适应他的环境，向孩子揭示在发展自己的能力中自我活动的能力却具有多方面的启迪作用。

然而，这一试验与我当时追求的目标还相去甚远，因为这孩子在我接手以前已经度过了三年未受教育的时间⑭。我深信就是在这个年龄阶段自然也能使孩子确切地意识到无数的事物。要做的只是我们应该用以心理学为基础的艺术把言语同这一知识结合起来，使儿童能在更高的水平上对这些事物有清晰的理解；这样也能使我们把多方面艺术和真理的基础同自然本身给他们的教育联系起来，以自然所教的事物为工具，来解释所有可以与这些事物联系起来的艺术和真理的基本知识。在这个年龄阶段，孩子们的能力和经验都是很了不起的；但是，我们那些有悖于心理学的学校从本质上说只是违反自然的、使人窒息的机器，旨在摧毁自然赋予其活力的能力和经验所产生的全部结果。

我的朋友，你是了解这一点的。但是你自己勾划一下这种谋杀的恐怖吧。我们让儿童在5岁之前充分地享受了自然的熏陶；我们让大自然的每一个印象在他们身上起作用；他们感觉到自己的能力；他们已经完全清楚地认识到无拘无束地自由活动的欢乐和自由的各种魅力。无拘无束的天然爱好，也就是伴随他的发展的那些能让感觉得到快意的最原始的东西，已经成为他们身上最起决定作用的倾向。在他们享受了整整5年幸福的感觉生活之后，我们将他们与大自然分开，让他们周围的一切自然事物从他们的眼前消失；蛮横地终止了他们无拘无束的令人愉快的发展进程；把他们像绵羊一样整群地圈在充满恶臭的屋子里，无情地将他们囚禁起来，一个小时又一个小时，一天又一天，一个星期又一个星期，一个月又一个月，一年又一年，逼他们去注视乏味而又单调的字母（与他们先前的处境绝然不同），逼他们去走使人发疯的生活道路。

我再也描述不下去了，否则我会历数出造成上述情况的更多的教师来。在我们这个时代，成千上万的教师仅仅因为无能，找不到受人尊敬的谋生职业，所以才屈尊俯就于这个苦差使。由于无能，由于找不到更好的工作，他们把教书看作是一种求得温饱而不致于饿死的手段。在这样的处境下，孩子们肯定有吃不尽的苦头；要不，至少也要被糟蹋掉！⑮

朋友，告诉我，这样的教学能发展儿童的心智吗？利剑割断犯人的脖子，将活犯人变成死犯人；孩子们长期享受了大自然美好的引导，继而转向低劣可怜的学校课程。试问，屠刀对犯人身体的影响与这种变化对孩子心智的影响不是一样吗？

难道人将永远处于盲目状态吗？难道人们永远找不到错乱

我们的精神、毁灭我们的天性、扼杀我们的才能以及给我们带来其他种种恶果的根源吗？这一切使所有的人过着不幸的生活，使成千上万的人死于医院，成千上万的人被逼成了疯子。

亲爱的盖茨纳，假如我做出一些能让人们都了解这些罪恶的根源的事，那么即使我将来魂归九泉我也会感到十分高兴。自然和艺术目前被粗暴地分离开来了，假如我能够在普通教育中把它们紧密地统一起来，那么我将来到了九泉之下也会感到十分高兴。噢！我内心深处久久地不能平静。自然和艺术不仅仅彼此分离，而且被存心不良的人们疯狂地撕得四分五裂！

这就像一个罪恶的幽灵给我们这一世纪和这个四分之一的世界保存了一个蓄意分裂的恶人，以便使我们在这个哲学时代变得自欺、自负、傲慢，从而比任何时代的、世界任何地方的人类更为软弱、更加悲苦。

假如我能忘却这样的世界，我将多么高兴啊！我现在处在这样的环境，能生活在亲爱的小路德维希（Little Ludwig）身边，这是何等幸福啊！他的种种奇想激励我比以往更深刻地去认识幼儿启蒙读物的精神实质。是的，我的朋友，在这些书中，它必须而且将给予我们这个时代的愚蠢的教学以最恰当的打击。这种初级读物的精神实质我看得更加清楚了。这些读物必须从人类知识的最简单的要素开始，必须用所有事物的最基本的形式给儿童以深刻的印象；必须在儿童中早早地和清晰地发展关于数（和量）之间关系的初步意识；必须教给儿童有关他们已经掌握的全部知识和经验的词和句子；首先要充分地填满知识阶梯的第一级，凭借这个阶梯自然本身便引导我们通向一切艺术和技巧。

这些课本的缺乏造成了多么大的空白！我们不仅缺乏运用我们的技巧能够获得的东西，而且也缺乏靠我们的技能不能获得的东西。首先我们缺乏精神,大自然无需我们的帮助就用这种精神生活将我们包围起来了。我们身上正缺乏这种精神,我们一方面粗暴地对待我们自己,另一方面,通过那种可怜的公众学校和学校中一成不变的文字教学,扼杀了我们内心尚存的一点炽热风格的最后痕迹,大自然本来是会用这种风格给我们打上烙印的。

但是,我还是回到我自己的路上来。我一方面探索有效方法的最基本的起点,以心理学为基础来发展人的能力和才华,这种方法对促进儿童从婴儿期开始发展可能是行之有效的;同时另一方面我又不得不去教育那些到目前为止已经定型、长大了的儿童,而他们又是在违背这种观点和方法的条件下成长起来的。这样做,在许多方面是和我自己作对,我被迫利用看来和我的原则针锋相对的方法,⑯这些办法尤其与事物和语言知识的心理学顺序针锋相对。根据这个心理学顺序,儿童有关这些事物和语言的观念应当能够得到发展。

我只能这么做。由于当时还是漆黑一团,摸索至今我在儿童身上还难以推测出的能力程度,这是我义不容辞的责任。我通过各种可能的途径开展工作,处处都可以发现,经过深入的工作我已经取得了比我所预料的更大的进展,即使在最无用的糟粕中间也是如此,如果考虑一下艺术的各种知识是何等贫乏的话。我发现人的影响所到之处一派死气沉沉,难以言状;然而在这死气沉沉的背后,大自然并没有丧失生命力。

我现在已经认识到并且可以这么说,儿童(头脑和)心灵中的自然倾向完全被人类的错误和荒谬所窒息是要经历一个漫长的过程的,其历时之长是不可思议的。这是因为上帝在我们的内心根植了一种抵销疯狂的抗衡力量,使我们自己反对自己。我们周围的大自然的所有生命和真理支持着这种抗衡力量,给造物主以永恒的高兴。造物主不希望我们在软弱、天真的时候丧失我们的自然本性的圣洁，而希望所有儿童确定无疑地向前发展，去认识真理和正义；直到希望他们通过自己的错误去认识他们自己，避免丧失内在天性的价值而堕入错误的迷宫和罪恶的深渊。

但是，(当代)民众中的(绝大多数)人几乎都不了解上帝赋予了他们什么，也没有认识到大自然对我们的发展所产生的巨大影响。相反，稍有微小的发明，他们就沾沾自喜，可是这点发明与大自然的杰作相比既十分拙劣又十分愚蠢。在他们看来，一切都是他们的技术所创造的，大自然反倒没有为人类做点什么；然而只有大自然对我们来说才是最可靠的，唯有她清白廉洁、毫不动摇地指引我们径直去获取真理和智慧。我越是准确地遵循她的轨道，我越是努力地将自己的行为与她的行为结合起来，尽力使自己紧紧跟上自然的步伐，我就越觉得与大自然的步伐无法相比。

然而儿童跟随自然的能力也是不可估量的。我不是在别的地方，而是在我自己身上和利用现有的那些艺术中发现了缺陷。我努力去推动本来不需要外力推动就可能运转的东西。唯一可能有效的做法是去引发一个推进机制，这一机制有它固有的动力，靠这一动力它能自行运转（或者更确切地说，我努力去实施的工作，也是唯一可能有所作为的工作，是使儿童内在的力量显示出来，只能促进他们内在力量的发展，而不能向他们输入些什么）。

"这些儿童还不能做这类事情。"——现在我要形成这样的看法总得先考虑再三。"这对他们来说是办不到的。"——我也是在经过反复思考之后才得出这样的结论的。儿童们做了在我看来他们那个年龄是办不到的事情。我让3岁儿童去拼读那些最荒诞不经的无义词,仅仅因为它荒谬得难以拼读⑰。朋友,你已经听到过不到4岁的儿童能拼读出最长、最难以拼读的句子。如果你没有看到这一点,你能相信这是可能的吗?

　　虽然如此,我还是教那些几乎还不能拼读印刷单词的儿童去读整页整页的地理教材,这些教材是用最简略的缩写式字体写成的,其中包含有只用几个字母来表示的最冷僻的单词。但他们能非常准确地读这些教材,而且能轻松自如地把它们记住。这一点你也看到了。

　　我甚至试图向几个年龄稍大的儿童逐步讲解一些复杂的、对他们来说是难以理解的自然科学中的命题。他们通过阅读和复述完全记住了这些命题,也记住了解释这些命题的问题。如同所有的问答教学法一样,在学习的开始阶段,对一些枯燥乏味难以理解的单词他们也只是鹦鹉学舌般地简单重复。但是各单个概念之间的明显间隔、由这些间隔所形成的各概念的有序排列,以及对这些枯燥概念的深入认识和不可磨灭的记忆,由于这些微弱的启发和解释,在他们朦胧的知觉中出现了光芒,使他们逐渐觉察到真理,并洞察了出现在他们面前的主题,对概念的认识也越来越清晰起来,就像一束阳光刺破了重重浓雾,眼前渐渐开朗。

　　通过这些尝试错误的做法,使他们的学习进程和包含我的意图的最明确的观点糅合在一起了,于是这些最初的尝试在我身上逐步形成了我的工作的明确原则。与此同时,我日益清楚地认识到,对于低龄儿童,我们不能运用推理的方法,而必须限制我们自己,使用不超越他们心智发展的方法:

　　1. 不断地、最大限度地扩大他们的感觉印象的范围;

　　2. 使他们牢固地而又决不紊乱地将那些已经为他们意识到的感觉印象铭刻在心;

3. 为他们提供足够的、与那些他们已经意识到的、或者可能部分意识到的自然和艺术的知识相一致的语言知识。

同时，正如我所说的那样，我日益清楚地认识到下面这三个观点，对我来说，它们一天比一天明朗，就像一种坚定的信念逐渐在我身上确立起来一样：

1. 低龄儿童必需有带插图的课本；
2. 需要有确定无疑的方式来解释这些课本；
3. 需要有一本根据这些课本和对它们的解释而编写的有关名称、单词知识的指导书，儿童在学习拼读以前应完全熟悉这些东西。

对于儿童，让他们尽早地、流畅地掌握术语的这种做法，其优点是无法估价的。儿童如对事物名称有了深刻的印象，那么一旦接触到这些事物，他们就能牢牢地记住；如果能根据实际事物和事实真相的顺序把名称串连在一起，那么就可以发展并保持儿童对各事物之间实际关系的认识。这一做法的优点在于它是循序渐进的，只是我们决不能认为，由于某个儿童对一些事物没有充分理解，因而就说这种做法对他无益。无疑，运用并通过这种入门学习，儿童就能自己掌握绝大部分科学术语的语音语调，通过这样的学习，他至少可以得到一个小孩所能享受到的好处。一个生活在家庭里，有许多家务事要做的儿童，从襁褓之中起就可以每天熟悉无数事物的名称。

慈善的费希尔[18]有着与我相同的目的。他一开始就看到了我的工作进程，说它是错误的，说这一做法与他自己的方法和观点相去甚远。他就我的试验写给斯坦因缪勒（Steinmüller）[19]的信最清楚地反映了他在当时对这个问题所持的见解。这儿我附上他的一些观点，并加上我的看法。

"要评价裴斯泰洛齐的教学业绩，有赖于我们对他的构想所赖以生存的心理学基础的认识。尽管这座大厦的外表显得有些粗糙，不成比例，但是仍可以可靠地证明这一点。这些缺陷归咎于作者的经验主义路线、他的外部环境、一些偶发事件，以及他的种种尝试和试验。他如此不屈不挠地从事着他的试验，简直令人难以置信；由于他是在试验之后而不是在试验之前对此进行哲学上的总结——少数主要的观点除外——因而他必定要推广这些试验，而且肯定能获得结果。为了使这些试验在普通的生活中扎根，也就是说要使它们适合既定的观点、环境和人们的需要，他需要一些慷慨而富有同情心的支持者帮助他整理成形；否则，由他自己逐渐去发现它们，通过它们赋予使他富有生命力的精神，就需要很长的时间。他的方法所赖以生存的原则就是以下这一些。"

（以下他把归纳出的五个主要的观点称之为我的方法的原则，其实仅仅是互不联系的观点，是由我为实现自己的目的所做的各种尝试所形成的。作为原则，它们都从属于那些使我形成这五点的基本观点。

然而，我是怀着我的目标而着手工作的，有关这个目标的基本观点在这儿没有说到；也就是说，我希望去医治普通学校教育的弊病，特别是初等学校教学中的弊病，找到没有这些弊病的教学形式的基本观点他都没有说到。）

1. "他想要着力提高心智的能力，而不仅仅是用大量的概念来丰富心理的容量。

"他用多种途径希望做到这一点。他大声地背诵单词、解释、词组和长句子，常常对着孩子们背，并让孩子们跟着背，希望由此（根据每一阶段不同的目的）使他们的各种器官得到发展，锻炼他们的观察力和思考力。基于这同一理由，他让孩子们在反复背诵练习的过程中，随意地在他们的小石板上画画，或用彩色粉笔抄写字母。"

(在那个时候我甚至还允许他们画画,特别是画直线、角和曲线,并记住它们的定义。我用以前在写字教学中已经用过的方法进行教学,所根据的原则是建立在我的经验基础之上的,就是幼龄儿童能学习相应知识和能用好石板笔,但还用不好鹅毛笔,写不好细小的字母。)

"出于这一目的,他发给学生一些透明的角质小薄片,在这些小片上刻着笔划和字母,学生们用它来临摹。如此学生学习起来更为方便,因为他们可以把这些小角片放在他们所画的符号上面,小角片具有透明性,能用来作必要的对比。这样还有一个好处,就是为生活中许许多多事情和各种职业做好了准备,在这些事情和职业中都必须留心观察,需要分配注意力而不致于分散注意力。例如,工业学校就完全建立在这种准备的基础之上。"

(早在 30 年前我就已经在自己的试验中得到了这些最明确的结果。那时我让儿童在纺纱的同时学习计算,而我自己要是没有纸张是算不出来的。不管怎样,所有的做法都依赖于教学形式的心理学基础。儿童必须已经掌握了与学习同时进行的那种劳动的手艺;劳动时的学习任务在任何情况下都必须是在他们已经能做的事情的基础上增加的一点不费力的工作。)

2. "他让他的教学完全依赖于语言。"

(这一点应该说得更正确些,他认为,除了大自然的真实的感觉印象之外,语言是我们人类获得知识的首要工具。我得出这样的结论是遵循了这个原则,即孩子们必须先学习说话,然后才能顺理成章地教他们阅读。然而我把教孩子们说话的艺术同自然赋予他们的直觉观念以及艺术为他们提供的观念相互结合起来了。)

"语言记录了人类进步的成果。因而只需要遵循它的心理学进程去做。"

（必须在语言自身发展的性质中寻找心理学目标的线索。原始人首先为事物命名，然后把它画出来，接着又非常简单地把事物与语词结合起来，在认识了事物的本质以后，事物的性质随着时间和环境的变化而变化，各种词汇也有所变化。为了更精确地区别事物，于是对词语进行加缀和合成。我将进一步展开说明这一观点，通过这样的阐述，我将努力满足费希尔要对语言发展进行心理学研究的要求，我的这本书命名为《语言》。）

"他首先向孩子们提供一系列的单词和词句，让孩子们应用，学会组词成句，拆句为词，然后才向他们作解释。这样，他就用事物感觉印象的简明解释来充实孩子们的思想，教会孩子们描绘他们周围的事物，表达他们的观念，掌握这些观念，因为孩子们开始对那些已获得了的感觉印象有了清晰的意识。"

（关于这一点，我的见解是：为了培养儿童的推理能力，发展他们独立思考的能力，我们必须尽可能地防止他们随意说话，或者对某些事情仅有一些肤浅的了解就急于发表意见。我认为学习的阶段并不是进行判断的阶段；判断的阶段随着学习的完成才会到来；判断来自理性的成熟，为了理性的成熟我们才进行判断或者说必须进行判断。我相信个人作出每一个判断必须具有内在的真理作为支持。出于这个原因，任何推理本身都必须是熟练地、完备地掌握各种知识以后的自然结果，就像完全成熟的谷物脱粒、去掉皮壳一样，任其自然，毫不费力。）

"他通过词形变化练习，使儿童具备了熟练的机智反应和一定的说话技巧。"

（这些词形变化仅限于描述一些已熟知的对象）

"通过这一途径他们获得的智力自由是惊人的。一旦他们学会了，通过许多例子学会了使用某些描述形式，将来就能够将成千上万的事物归纳成同一公式，将清晰的视觉印象印在这些事物的定义和描述上。"

（基于这一目的，我现在努力在数目、测量和语言中寻找首要而一般的基础。）

3."他试图为所有的智力活动提供资料、标题或指导观念。"

（也就是说，他在整个艺术和自然的范围内、在各种感觉印象中、在现实中寻找基本点。由于这些基本点的特征和共性，因而可以用来作为一种富有成效的手段，以便轻易地了解和判断从属于这些基本点并与之相关联的许多事物。所以他给孩子们提供资料，以使他们能观察类似的事物；他为一系列类似的观念加上标题，通过下定义他为孩子们区别各种事物的完整系列，使他们明白它们最基本的特征。）

"虽然他在提供这些资料的时候没有把它们彼此联系在一起，但它们还是有相互依存的关系。有些观念彼此互相印证，正是由于这个缘故，它们激发着求知欲望，通过必要的智力活动，完美而熟练地把各孤立的对象联系起来。"

（标题引导儿童把有待联系起来的观念进行分类；它们使杂乱无章的东西条理化，由此形成框架并促使儿童勤奋地去填满各个层次的框架。那就是地理学、自然史、工艺学等学科标题的价值。在此基础上进行类比，而它在选择思考的主题时起着支配的作用。指导观念存在于某些问题中，它们本身就是、或者可能是整个学科的主题。

当这些问题被分解为各个要素，恰到好处地展现在儿童面前，并和那些儿童已经发现或能容易地发现的资料联系起来，以此用来训练儿童的观察能力时，就可以引导儿童的智力不断地工作，思考问题的答案。有一个简单的问题可以作为实例来说明这一过程。"人可以用自然界三个王国里的哪些东西来制作衣服?"从这一观点出发,孩子们会进行多方面的考察和论证。从这个观点出发,他预料自己能够解答一个技术问题。通过这一途径他逐渐增进了学识。的确,在各种情况下都必须为他们提供材料。命题也属于指导观念,它起先仅作为实用格言来记忆,但逐渐有了力量,懂得了它的应用和意义,其印象就更为深刻、更为牢固。)

4. "他企图简化教和学的机制。"*

"选自教科书的、企图教给儿童的一切东西都应该十分简单,这样就使每一位母亲,以及后来的每一位教师,那怕他们只有很少一点教学能力,都能够掌握、重复、解释并把它们联系起来。他特别希望母亲们通过简易的教学法教孩子们说话和阅读,以便使儿童的早期教育成为令人愉快而又十分重要的事情。正如他所说的,这样一来就可以逐渐放弃对初等学校的需求,而通过改善家庭教育来弥补。他希望一旦他的教科书发行了,他就用这一途径进行训练母亲的试验;希望政府提供一点资金来扶植这一试验。"

(我了解这个问题的种种困难。人们都叫嚷不要劝告母亲们除了擦擦洗洗、缝缝补补以及所有那些〔累人的家务活和生活中分神的事情〕以外,再去承担一项新的工作。我可以按我的想法来回答:"这不是工作,这是娱乐;不需花费时间,相反它充实了许多无聊的空闲时间。"人们想不到这一点,他们反驳道:"她们不愿意做这件事。"卜尼法斯教皇(Pope Boniface)在1519

---

* 在教育中的印象可以以各种形式出现,每个人对这些印象的接受能力不尽相同,这一点是无可争辩的。我找出能最迅速地激发这种接受能力的方法的艺术就是教学机制,每个教师都应在自由自在的自然中发现这种机制,为了他的艺术他应该向自然学习。

年对慈善的兹温黎（Zwingli）说："这是不可能的。母亲们永远也不会和他们的孩子一起读《圣经》，永远不会每天和孩子们一起做早祷告和晚祷告的。"然而1522年他发现她们正是这样做的，所以他说，"要不然我是永远也不会相信的。"我对我的方法充满自信〔我知道、也希望至少在我进入坟墓以前是确信的〕。* 一个新卜尼法斯教皇将像那个1522年的老卜尼法斯教皇那样来谈这件事。实际上我们可以等待。这个新教皇是会出现的。)

5. 第五个原则是与这个观点联系在一起的，"他希望知识得到普及。"

（那就是说，在任何情况下他的目的都在于提高每一个人过独立的、明智的生活所必需的见识程度和思考能力。当然不是把科学当作缺乏面包的贫困生活中的虚妄的玩物；恰恰相反，是用真理和智慧的首要原则来解决无粮之困，使之免受自身的无知和别人的狡诈所玩弄。）

"这要通过教科书的内容来获得。这些教材的单词和命题都是精选的，已经包含了知识的基本要素，这可以说是提供了未琢的石坯，这些石坯将可以轻而易举地垒成石拱。"

（我自己倒想用下面的方式说明我的意思："特别应该简化人类教学的最初级阶段，不间断地发展使每一个人的知识丰富起来的教学，由此来达到上述目的。在任何环境和条件下，教科书本身应该仅仅将一切学科的教学与大自然为人类发展所做的一切巧妙地结合起来。这些书不是别的，只是为人们所需的能力作巧妙的准备，以便人能可靠地利用自然为人类发展所做

---

* 裴斯泰洛齐对母亲们的教育力量的坚信不疑在这一段中表现得很清楚。在第一版中他写道："在进入1803年以前"。这种希望没有实现。但在第二版中他再次表达了这个希望，但这次改成了"在我进入坟墓以前。"

的各种工作。")

"通过教科书的分册和廉价销售会进一步达到这个目的。教科书是简短而易懂的，它既可以分册成套发行，各册内容相互补充；同时各册又有相对独立性，可以单独发行。基于同一目的，他想通过木刻制板，以最便宜的价格来大量发行地图、几何图形等等。他把销售这些教科书的收益在扣除了成本之后全部用于改进他的方法，也就是说将它们实际用于已办起来的学校、学院或孤儿院。"

(这些话有些言过其实了。我还不能向公众贡献全部的收益，而仅仅扣除课本的印刷成本，这些课本是我一生奋斗的结果，也是我为了奋斗作出的经济上的牺牲的结果。但是，尽管我为达到自己的目标已经作出了多方面的牺牲，然而如果政府或个人允许我根据我的原则把孤儿院办下去的话，我还是愿意为此目标牺牲我的时间、我的全部权力，并贡献我的教科书所得的大部分收益，直到我死去。)

"学校教学的益处就在于教师运用某些极小的技巧不仅不伤害、而且能够取得适当的进展。"

(这是实质性的。我相信只要教学程式还没有找到，那么普通民众的教学要前进一步是不可能的，这种教学程式使教师至少在知识的初级阶段是如此。它仅作为一种机械的方法的工具，亦即教学方法的结果是由教学程式的本质决定的，而不是由使用它的人的技巧来决定的。我确信，一本教科书只有当它能使一个未经训练的教师在急需时应用自如（几乎与一个受过专门训练的和有才能的教师一样），它才算是一本好书。它必须基本上是这样编排的，以至使那些未经专门训练的人，甚至连母亲们也能从中发现种种线索，足以帮助他们在技巧发展上始终能比儿童先走一步，由他们来引导儿童逐步发展技巧。没有更多的需求，大量的教师也不能有更多的作为，至少在数百年内是如此。然而，我们却在构筑空中楼阁，并为那些仅仅存在于纸上的理性和自主的观念感到自豪，这些理性和自主的观念在教室里比在裁缝铺中和织布作坊中更为缺乏。因为没有其他的行业比它更为完全地依赖于纯粹的词语；而如果我们考虑到我们长期以来一直依赖这些纯粹的词语，那么把这一错误与产生这一错误的原因联系起来就会使我们大吃一惊。)

"通过下列的途径可以取得更多的效益。如果把许多儿童集中起来进行教育，那么就可以激励他们相互竞争，就可以更容易地在儿童之间相互传递已经学得的知识；那些至今为止加强记忆的迂回做法就可以通过主题的类比、纪律、增强注意力、大声重复以及其他一些练习来加以避免或减少。"

费希尔就说了这些。他的整封书信表明他是一位高尚的人。当真理看来似乎被现实的阴影笼罩的时候，他为了给真理增光甚至不惜给她穿上一件妇女穿的睡衣。他在斯坦兹亲眼看到了我的学生，为此他激动万分；因为耳闻目睹给他留下的印象已经引起了他对我所做的全部工作的真诚关注。

然而没有等到我试验成熟他便与世长辞了，不然的话，他将能在我成熟的试验中看到更多的东西，而远不止他以前实际看到的那一切。他死了，我却开始了一个新纪元。

第二封信

布格多夫时期的助手

朋友，到布格多夫后不久我即感到精疲力尽，就像以前在斯坦兹时一样。如果知道没有他人的帮助你永远也举不起一块石头，那么在没有任何外援的情况下你进行尝试便一刻钟也难以坚持。我已做了大量的努力，远远超过了我所应允的义务，但他们却认为我应该做得更多。我从早到晚被学校事务搅得心神不宁，有再度陷入最坏处境的危险。

值此危难之际，费希尔逝世了，我因之结识了教师克吕希(Krüsi)[20]，通过他我认识了托布勒（Tobler）和布思（Buss），他们数星期后参加了我的工作。他们的合作挽救了我，使我的事业避免了在充分成长起来以前就过早地夭折。当时这后一个危险无比严重，我没有任何其他的选择，只能甘冒各种风险，不仅有财政方面的，而且几乎还可以说有道义方面的。我被逼到了对那毕生为之奋斗的理想感到绝望的地步。因此我心烦意乱，举止失措，近乎疯颠；同时由于环境的压力，加上长期接连地遭到不幸和种种不公正的待遇，使我的工作失去了中心，我的精力受到了牵制，正当我明显地开始真正逼近我的目标时，我却方寸大乱了。

在实现我的目标的全部工作中，我都得到了他们的全面支持，使我在财政方面和道义方面都恢复了元气。我的处境和工作给他们留下的印象，以及他们与我合作的结果，对我的教学方法来说都是很重要的，使这一方法的心理学基础的精神实质更加明了了，因此对他们和我合作的全过程我不能保持缄默略而不谈。

我最先认识的是克吕希。他在青少年时代从事过多种职业，从而学到了许多东西，掌握了各种手工技能。这些较低级的技能通常可以发展成为较高级的智力素养的基础，使童年时精于此技的人成长为有用的全才。

在他仅有十二三岁时，他那经营小本生意的父亲经常差他带上6元或8元钱跑几里路去买东西，同时还兼给别人送信件，代办事情。以后他又织过布，打过散工。18岁那年，他没有经专门训练就在他的故乡盖斯（Gaiss）的学校中任职。正如他现在所说，那时，他甚至连各种基本语法的术语都不知道。他确实也不可能知道那么多，因为他除了进过普通的瑞士乡村学校以外，没有受过任何教育。这种乡村学校只限于读、抄课本，死记硬背教义问答，如此而已。然而，他喜欢与孩子们打交道，希望这一工作能够提高他的文化、丰富他的知识，因为送信时，他深感自己缺乏文化和知识。由于这个地区有蒸馏实验，不久他便被派去采购各种精制的物品，如氯化铵、硼砂和其他许多诸如此类的东西。这些物品的名称他以前还从未听到过，他不敢忽视这一最无足轻重的差使，对采办每一件细小的东西都尽力尽责。这关系到他产生了这样一种认识：必须培养每一个儿童进行阅读、书写、计算以及所有的智力训练，甚至学习说话，正如他自己现在所感到的，从事他目前这个可怜的职业，要是以前受过教育就好了。

在最初的几个星期里，他已经有了一百个小学生。但要控制所有这些孩子,对他们进行合适的教学,使他们秩序井然,他是力不从心的。他不懂得办学的艺术,只会让学生去拼写、朗读、记忆、轮流复述课文。如果学生没有完成这些任务,他就用教鞭威胁他们、惩罚他们。然而,根据他自己孩提时期的经验他认识到,这样来办学,其结果是大部分孩子在上课时会长时间地无所事事地闲坐着,甚至会顽皮淘气;而应该用于教学的宝贵时间却白白地流逝了,学习的收获远不能抵销这种办学方法必然产生的恶果。

席思(Schiess)牧师极力反对这种陈旧的按步就班的教学程式,他帮助克吕希维持了头8个星期的学校工作。他们立即把孩子们分成3个班。这种分班,加上使用新的阅读课本——这些课本后来很快被这个学校所采用,几个儿童就能在一起拼字和阅读,因此,和以前相比更多的孩子被控制住了。

牧师也借给克吕希一些必要的书,以提高他的文化水平,另外还借给他一本很好的习字帖,他照此抄写了上百遍,以形成自己的写字能力。不久他就能够满足家长们的各种较高要求了。但是他并没有就此止步,他希望不但能教自己的学生进行读写,而且还要训练他们的理解能力。

这种新的阅读课本(就是牧师引入他的教区的那本)包括的内容有:传教用的格言和《圣经》故事、自然学说和自然史的某些章节、地理、政治等等。每节阅读课克吕希发现牧师都要根据各段内容向孩子们提一些问题,了解他们是否理解了所读的课文。克吕希也照此办理,这样大部分学生都能熟练地掌握这些阅读课本的内容。然而他也只仅仅成功地做到了这一步,因为就像虔诚的胡伯纳(Hübner)[21]一样,他的那些问题都是按课文中的现成答案来编的;只是完全照书提问,期待毫不走样地照书回答,而没有提出本应对学生提出的问题。因为他没有将真正的理解练习引入这种问答教学，所以他获得了特殊的成功。但这里我们也必须注意，我们称之为问答教学法的这种有创见的教学法远不是真正的智力训练。它只是对出现在孩子面前的杂乱无章的句子进行一些简单的词语分析。这是一种预备性的练习，它可以逐步地理清概念，将独立的单词和句子一个一个地教给儿童，使它们与儿童的感觉印象对应起来。从这个意义上说，这种方法有它的优点。"苏格拉底方法"现在第一次与这种问答法糅合在一起，后者最初只限于在宗教活动中使用。

这位牧师让克吕希用问答法训练学生，为他的成人信徒作示范。但是克吕希后来又（根据这一时代的风尚）试图把（我们称之为有限的语词分析法的）问答教学法与苏格拉底法结合起来。这一结合标志着一种更高级的教学方法；但是这种结合就其本质来说，和一个木刻家手里拿着一把斧子将一块木板上的圆形物砍成方形差不多，这是无济于事的。[22]这个没有受过教育、知识肤浅的人是不可能探索到苏格拉底从中所获得的精神的和真理的深度的；因此他自然不会成功。他提出的问题需要有一种基础，而儿童回答问题也要有背景。他们没有语言来表达他们已经知道的事情，也没有书能为他们已经理解或还没有理解的问题提供确切的口头答案。

同时，克吕希还没有弄清楚这两种相似的教学方法的差异。他还不了解，问答教学法虽具有能把单词和主题分解成可分析的形式的优点，然其本身，特别是对一些抽象观念的问答教学则毫无用处，只能鹦鹉学舌般地重复一些难以理解的语音。苏格拉底法对儿童来说实际上是行不通的，因为儿童既不具备初步知识，又没有表意的工具——语言。关于这一失败，他对自己的估价是很不公正的。他相信失败的原因完全在他自己，认为合格的教师本来是能够对所有的宗教和道德观念提出问题，并使儿童作出正确而又清晰的回答的。

他正赶上这一盛行的苏格拉底方法的时代，或者更确切地说，是赶上了这样一个新时代，在这一时代，这种高尚的艺术（普遍被一种低劣的艺术所同化，并且）被修道士式的方法同教师的问答教学法程式的杂烩所糟蹋和贬低。在那个时代，他们梦想通过这种方法启发才智，从一无所有中创造出奇迹来；然而我想他们现在正从梦境中醒来。

可是，克吕希依然在酣睡，他仍然被蒙在鼓里，要不然我反而会感到惊诧，不知这个阿彭策尔人是否在半清醒的时候也没有看到假如鹰没有下蛋，那么它就不可能在巢里取到蛋。克吕希决定去学习一种艺术，这种艺术看来对他的事业十分重要。当那些向国外移居的阿彭策尔人启程的时候，他有了向费希尔求教的机会，于是对这个问题又有了希望。在他看来，费希尔尽力使他成为一个有教养的教师。不过在我看来，他想让费希尔升入"问答教学法"表面性教学艺术的云端的尝试占了上风，却不重视在进行问答教学时应弄清楚各种实际事物的基础。

克吕希对记忆引以为荣，谈到恩人和朋友时只谈情谊和感激之情。我也倾心于费希尔，但由于热爱真理，我不放过在这个问题上的观点和情况，要将它们弄清楚，这或多或少地有利于发展我的和我的助手们的观点和见解，这些观点和见解使我们现在在这一问题上统一起来了。因此我不能隐瞒这一点，克吕希虽然钦佩费希尔如此轻松自如地为许多课题准备了大量的问题，并希望通过长期勤奋工作积累起充分数量的问题，用来解释人类知识的所有基本课题，㉓但是他也越来越明白，假如一所教师培训学院必须将每一个乡村教师提问题的教学艺术都提高到这种高度的话，那么这种学院的优越性可能就是值得怀疑的。

他越是照费希尔的那一套干，矗立在他面前的那座山就越显得高大，他越感到自己没有能力攀登其顶峰。然而，由于来我这儿访问时他听到了我同费希尔关于人的教育和教养问题的谈话，听到了我明确地反对用苏格拉底法教育我们的学生，即我完全反对让儿童对任何课题进行显然不成熟的判断，相反，这种判断应该尽可能地推迟，直到他们已用自己的眼睛从各个不同的角度、在不同的情况下真正观察到了实物物体，并用非常熟悉的语词来描述该实物的基本特征，克吕希感到自己正是缺乏这样的素质，也恰恰需要有这种我想用来训练我的学生的训练。

然而为了把克吕希领进知识的各个领域，费希尔竭尽了自己的所能，以便使他将来能从事教学工作。克吕希日益强烈地意识到，既然自己缺乏事物和词汇的基本知识，而这些知识或多或少是教书的先决条件，那么，自己的问题就不在书本中了。有幸的是由于他亲眼目睹了把儿童带到人类知识起点这种方法在儿童身上产生的效果，又听到了我耐心地阐述这些观点，他的这种自我认识更为坚定了。这就改变了他的全部教学观，也改变了已经在这些教学观上形成的基本思想。他看到了我无论干什么事都在于发展儿童内在的能力，而不是由于我的活动而产生孤立的结果。在我所有关于发展的教学方法中都体现了这个原则，并产生了效果，这使他深信通过这种途径为儿童的智力及其进一步发展奠定了基础，而这一点用任何其他方法都永远达不到。

与此同时，费希尔试图建立一所教师培训学院的计划遭到了阻碍。他再次被选入教育部长公署。他亲自答应等待更好的时机来办他的培训学院，同时答应指导布格多夫的学校，即使他自己不在那儿。这些学校应该重新改造，确实也有这种需要；

然而由于他本人不在那里，并且由于他的时间和精力受到种种牵制，因而他甚至没顾得上使计划开个头。确实，他身在异地，加上要忙于各种事务，这个计划本来就不能付诸实施。

费希尔不在，克吕希的处境就更为困难了。没有费希尔本人在场，没有他的同情，克吕希越来越感到自己没有能力做到费希尔所期望于他的那些事情。费希尔离任后不久，克吕希向费希尔和我表示，他希望和他的学生一起并入我的学校。然而我虽然极需要帮手，但是我还是拒绝了这个要求，因为我不愿意得罪费希尔，他不断地表露出对他的培训学院的热情，并指望于克吕希。可是不久费希尔就病倒了，临终前克吕希和他谈话，告诉他合并的必要。他充满深情地点了个头，在弥留之际答应了这个请求。费希尔给我留下永远亲切的记忆。他追求的目标与我的目的大致相同，他不知疲倦，情操高尚。如果他还活着，能够等到我试验的成功，那么我们的看法必定会完全一致。

费希尔逝世以后，我自己提出将克吕希的学校并入我的学校，现在我们俩都更多地看到了我们的事业很大程度地变轻松了，可是，我的计划的困难也很大程度地增加了。布格多夫的学童在年龄、教养和行为举止各方面不尽相同，这是我原已有的困难。现在又加上这批来自小镇的儿童，就更增加了这方面的困难。除了有上述类似的差异以外，他们带进我的教室里的是具有自然的独立性的思想、情感和谈吐，这一切又和反对我的方法以及暗讽我在教学中没有良好的组织形式——我的教学仍可看成是纯粹的试验——结合起来，这一切都使我的工作日益不景气。根据我的情况，我需要自主地进行我的试验，然而每时每刻都有个人给我送来苛刻的指令，让我如何安排工作，如何教育那些送到我这儿来的儿童。

长期以来，这个地方的人们已习惯于满足非常琐碎的教育和教学，现在他们要求我拿出一种教学方法，这种方法应包罗人类知识的全部要素，适合于对早期幼儿教学，同时也能对那些已经长到 12 或 14 岁、无拘无束地呆在山里、从不思考问题、因而也不信任一切教学的儿童产生巨大的、万能的、绝对的影响，因而使整个教学变成一种令人怀疑的教学。

我的方法确实不是这样的。他们说既然达不到这样的效果，那么我的方法就没有用。他们把我的方法同对初步的识字教学和书写教学方法的一般改进混淆起来了。我的目标是要在人类技能和人类知识的所有科目中打下坚固可靠的基础；我努力于增强儿童对每一种艺术都能给以简化与概括的能力；我沉着地、表面上若无其事地等待着这些原则能在他们自身逐渐发展起来并得到结果——但这些都是空中楼阁。他们从儿童身上期望不到什么，也不能从儿童的内心看到什么；相反，我把自己的方法建立在儿童的能力之上，而他们在那里看到的却只是空虚。

他们说："孩子们没有学会阅读，"正因为我适当地教了阅读；他们说："孩子们没有学会写字，"正因为我适当地教了写字；最后他们说："孩子们没有学着变好"，正因为我竭尽全力清除学校中阻碍儿童变好的基本障碍，特别是反对认为"海德堡"式的死记硬背是唯一的教学方法的观念，即由救世主来增进人类对上帝的崇敬，并在精神和信念中崇拜上帝的方法。

的确，我已经大胆地说过，上帝并不是那些愚蠢、邪恶、虚伪和口头上说得好听的人所喜欢的上帝。㉔我也已大胆地说过：在向儿童们灌输正面的神学科目之前，在将历来争论不休的神学问题灌入他们的记忆之前，我们要注意教儿童正确地思考、感受和行动，加速培养和利用他们身上的由上帝赐予的信仰和仁爱，以此作为培养他们的才智、进行心灵训练的手段。这样做不会悖于上帝和宗教信仰。然而，我不得不容忍别人对我的误解。他们是出于好意，我也完全能理解这一点。由于我们的教育方法的自我吹嘘，我对新方法的初步尝试和其他革新一样必然会令人失望，人们愿意看到自己的池塘里有一条鱼，而不愿意看到远山的那一面有满湖的金鲤。

我还是走我自己的路，克吕希也越来越坚定地站在我这一边。

他很快就信服了我的原则的要点（还不是成熟的教育真理，只是逐步展示本身的初步见解，然后成为清晰地发展了的教育原则）。它们主要有如下几点。

1. 精心地编一本术语词汇，使之成为永久性的版本，用这种词汇为各种知识打下一般的基础。在此基础上，师生既能逐步共同进步，也能各自步步提高，稳步地获得一切知识领域的清晰观念。

2. 通过我那时已开始使用的直线、角、曲线等练习，为儿童打好获得各种事物的感觉印象的基础，养成动手操作的技能，其结果是使儿童对观察到的范围内的一切事物逐渐清晰、明了。

3. 让儿童开始用实物练习数数，或者至少用小圆点代表实物来数，这样我们就打下了全部算术科学的基础，今后深造时也不会出现错误和混淆。

4. 儿童对走、看、站、躺进行描述，并将这些描述记住。这向克吕希揭示了我的基本原则和我要通过这些原则达到的目标，即逐步弄明白所有的观念。他不久便感到，虽然我让儿童描述的是他们十分清楚地了解了的事物，没有一种试验能比这做得更好了，但是儿童们会想入非非，希望描述他们还不了解的事物，获得简洁、清晰、有见地地描述他们知道的和其观察所及的事物的能力，而这些想法却受到了抑制。

5. 我曾谈过我的方法对克服偏见的作用，寥寥数语给他留下了最深刻的印象。我说：来自感觉印象的真理可以使那些厌人的谈话和乏味的争论显得多此一举了（正如摇铃可以阻挡风暴一样，我这番话差不多也可以防止谬误和偏见），因为这样得来的真理在人身上产生了一种力量，能使人的心灵抵挡偏见和谬误。即使有人在他耳边喋喋不休，这些偏见和谬误在他身上也是孤立的，不能产生在我们这个时代的平庸之辈身上所产生的那种影响。他们由于没有感觉印象，便把真理与谬误一样地与神秘的语言一起抛到人身上，就像通过一种幻灯照射到想象中一样，没有实际效果。

这些话使他相信，要防止错误和偏见，用我的无声的教学法或许比无休止的空谈至今所能办到的更为有效。我们一直在崇尚空谈，或者更确切地说，一直在犯空谈的错误。

6. 去年夏天，我们进行了采集植物的活动，并就此展开了讨论，这一活动尤其强化了他的信念：由感觉产生的知识其整个循环在于我们对大自然的观察，在于我们勤奋地收集、牢固地掌握大自然使我们了解的一切。

所有这些见解，加上克吕希日益认识到要把一切教学方法和学习科目协调起来，使他深信有可能确立一种教学方法，把所有活动和知识原则结合起来，这样教师只需要学会如何使用这种方法，借助于这种方法，教师自己和儿童都将能提高到通过教学所能达到的高度㉕。根据这一计划不需有广博的学问，只要具有健全的人类理解力和运用方法的实践，就可以仅通过简单地运用获取知识的这些方法，就使儿童打下一切知识的坚实基础，使家长和教师提高令人满意的内在主动性。

前面已经说过，克吕希曾当过 6 年乡村学校的教师，教过许多年龄不同的学生；尽管他作出了种种努力，但从未这样发展过儿童的能力，也从未达到我们已经达到的坚实、可靠、全面、自由的高度。

他寻找原因，终于发现了许多。

他首先认识到教学要从最简易的着手，并使之完善，然后再继续发展，在已熟练掌握的基础上逐渐增加新知识。这一原则实际上并没有在学习的初始阶段产生一种感觉和自我意识的力量，而只是在儿童身上保持了它的活力，这有力地证明了儿童的自然能力没有被削弱。

他说："我们决不能逼迫儿童，只能用这种方法引导他们。"以前在他刚刚从教时，他总是对学生说："想想看，不记得了吗？"

例如，在算术教学中这样的情况是不可避免的，他问学生：63 里有几个 7？学生在回答他的问题时由于没有实际的知识背景，必然要搜索枯肠从记忆中去寻找答案。现在根据这种方法，把 9 堆 7 个一组的实物放在学生的眼前，让他数这 9 个 7 放在一起的数，学生对这个问题不必再动脑子就回答出来了；虽然他第一次被问到这样的问题，但他从已经学到的知识中知道了 63 里包含 9 个 7。这样学完全是另一码事。

例如，如果他要学生们用大写字母来写名称，他们总是要忘记书写规则；但是如果他用几页排列有序的词典作为简易的名称阅读练习，那么他们就开始自动地依照他们知道的字母顺序记下这些名称序列。这个试验的先决条件是要能够明辨这个单词和其他单词之间的区别。诚然，这个方法（对儿童来说）在需要用某种方式来激发其思维的地方还不是尽善尽美的。当某种别具一格的练习不能单独起作用时，和儿童已经知道的没有本质联系时，此法就不够完善了。

他进而说，我在阅读课中逐个地拿给儿童看的单词和图片与惯常教学中将词组成套地端到孩子们的面前在儿童脑海中所产生的印象是很不同的。现在他盯着这些短语,发现它们具有这样的特性,即儿童对这些孤立的单词的属性没有感觉印象;而一旦把这些单词放在一起,儿童看到的就不是单纯的已知成分,而是未知事物的令人费解的组合,因而混淆不清。我们用这些东西来引导儿童就违背了他们的天性,超越了他们的能力,使他们带着许多疑惑去掌握他们不但陌生而且不具表达艺术的思想,对眼前的这些东西他们连基础知识也没有学过。

克吕希看到我抛弃了学校常规的糟粕,并像大自然对待未开化的人那样,总是先拿图片给学生们看,然后我再描述图片的单词。他认识到这个简单过程是不让儿童先进行判断和推理,拿图片给儿童看不是作为教条,和正确与错误也没有任何联系,而仅仅作为让其观察的物质材料,作为他们今后进行批判和推理的基础,作为一种指南,他们自己可以进一步循着指南的路子继续前进,把他们早先的经验和今后的经验结合起来。

他越学越多,对这种方法的精髓也领会得越深刻。这种方法就是把所有的分科知识都简化为基本的起点,逐步把一些新增加的内容与每门知识的初始阶段联系起来。他发现这样做的结果可以稳步地增加新的和更多的内容,于是他日益乐意与我合作,共同来实现这些原则的精神。他协助我出版了一本缀字课本和一本算术课本,这两本教材基本上都是根据这些原则编写的。

刚开始与我合作的时候,克吕希希望到巴塞尔(Basle)去一次,以便告诉托布勒[26]关于费希尔的噩耗与他本人目前的情况。他与托布勒的关系甚密。我借此机会向他表示我迫切需要有人帮助我写作,如果托布勒能参加我的工作我将非常高兴。从托布勒与费希尔的通信中,我对托布勒已有所了解。当时我对克吕希说,我的工作正需要这样一位能画能唱的人。

到巴塞尔后他就对托布勒说了,托布勒几乎是满口应承,几星期后就来到了布格多夫。由于克吕希告诉他说我还需要一位会绘画的人,他遇上了布思。布思也爽快地接受了这个工作。他俩在我这儿工作了8个月。我想你一定很有兴趣了解他们在这方面的详情。托布勒曾在一个显贵家庭当了5年家庭教师。

　　托布勒把我的事业同他自己的工作作了一番比较后,用他自己的话对我的工作的性质提出了如下的看法:

　　"经过6年努力之后,我感到自己的教学结果并不符合我的初衷。儿童能力增长的速度同我付出的努力程度不成比例。根据他们的实际知识水平,他们的能力甚至没有提高到应该达到的高度。他们似乎还没有领悟到我向他们传授的孤立知识之间的内在联系,也没有对它们进行必不可少的充分而严谨的思考。

　　"我使用的是我们现今最好的教科书。但是这些课本有一部分用词艰深,儿童难以理解,有一部分充斥了超越他们经验的观念,违背了他们这个年龄的人看待事物的方法,要解释这些难懂的内容就需要花大量的时间和精力。这些解释不断地增加了儿童的烦恼,对他们的实际内在发展没有多大效果,只不过是暗室里或浓雾中的一束光线。这些附有插图的教科书不是深入到了人类最深奥的知识,就是升华到了无尚荣耀的天堂的云端,然而在这以前他们却没有让儿童站在坚实的基础之上,而人类必须站在坚实的基础之上才能学会腾飞或生出双翼借以升腾。

　　"我忧郁地意识到这一点,迫使我去尝试,用实物图片来激发年纪小的学生的兴趣;而对年龄大一些的学生则运用苏格拉底教学法,以使他们获得清晰的概念。最初的结果是那些小年龄的学生掌握了许多知识,这些知识是别的同龄孩子所不具备的。我曾希望把这种教学法同我在最好的教科书中发现的教学公式结合起来；然而所有我想使用的课本都是用这样的方式编写的，即儿童首先要掌握一个前提——语言。因此，我用苏格拉底法教育大孩子时，导致了所有的词汇解释法必定会产生的结果，词汇解释不是以实物知识为基础，而是用语言来表达，而语言不能将明确的观念传达给儿童。他们今天掌握了的知识，过不了几天就莫名其妙地从记忆中消失了。我越是尽力把问题向他们讲清楚，他们似乎就越丧失自己从自然埋藏知识的云雾中探索这些知识的能力。

"所以总地说来，我感到在我工作的进程中有不可逾越的障碍。同社会上的教师和教育工作者们进行了交谈之后我更加确信，尽管我们这个时代建立了许多教育图书馆，但这些教学工作者在日常教学中仍同样感到困惑不解。我感到如果那些初级教师所从事的一种可怜的、浅薄的工作还不致于使他们对困难完全木然的话，那么对他们来说这些困难就增加了一倍，沉重十倍。

"我朦胧地意识到了我在整个教育领域内看到的缺陷，热情地领略了这种意识，并试图尽我的一切可能来弥补这些缺陷。我一方面总结自己的经验，另一方面阅读教育著作，着手收集所有的方法和有益经验，它们或许能够用来克服我所遇到的所有各个年龄阶段儿童教育的难题。

"然而不久我感到我的生命是短暂的，难以达到这个目的。虽然我已经写了整套这方面的著作，但是与费希尔的书信往来引起了我对裴斯泰洛齐方法的关注，使我怀疑或许除了我的方法以外，他用其他的途径可以达到我追求的目标。我想或许我的一套科学教程所产生的难题在他那儿是不存在的；我们当代的教学艺术本身就会产生种种缺陷，而他却不用弥补，因为他既不了解、也未使用过这种艺术。他的许多方法，例如在石板上画画㉑等,在我看来十分简单,但是我不明白为什么我却一直没有想出来。他所利用的都是随手可得的东西,这对我震动很大。他的方法的这一原则格外地吸引了我——对母亲们进行教育以贯彻他的教育法,大自然如此卓越地设计了让母亲们来从事教育——因为我的全部试验都是建立在这个原则的基础之上的。

"克吕希到达巴塞尔后进一步证实了这些看法。他在女子学校中实际演示了裴斯泰洛齐的阅读和计算教学法。法希(Fäsch)牧师和冯·布伦(Von Brunn)根据裴斯泰洛齐方法的最初说明调整了学校的教学和部分的管理工作,那时我们对裴斯泰洛齐几乎还不了解。他们很快发现同时进行阅读和缀字训练给儿童留下了坚实的印象。克吕希仿照裴斯泰洛齐方法进行阅读和计算教学,他随身仅带极少量的材料,外加几本裴斯泰洛齐设计的词典,用来作为儿童的启蒙读本。这一切向我们表明,裴斯泰洛齐的方法有着深刻的心理学基础。所有这些使我立即决定接受裴斯泰洛齐的邀请,参加他的工作。

"我到了布格多夫,看到了这个正在成长中的事业,我发现自己的愿望得到了实现。他的学生具有非凡的多方面的自我表达能力,培养方法简易而又多变,通过这种方法培养了儿童的自我表达能力,这些都使我惊诧不已。他全然无视学校过去的一切常规;他印刷的图片十分简单;他把教学课题的内在部分清晰地分解成各个环节,这些环节必须一点一滴地循序渐进地学习;他抛弃了所有繁文缛节、扑朔迷离的内容;他对儿童先天能力的无声的影响;他紧紧抓住了那些随时要用到的单词;特别是他的力量,凭借着这种力量,他那几种教学方法就像一种新的创造一样,似乎从艺术的要素和人的本性中鱼跃而出——所有这一切极大地开阔了我的视野。

"当然，他的试验中似乎还有一些很不符合心理学的做法，例如重复难懂而又易混淆的命题，这些命题给儿童最初的印象肯定是模糊不清的。但是，当我看到他培养了逐渐弄清观念所要用到的能力；看到了正如他告诉我的，大自然是如何把所有的感觉印象隐藏在混乱的迷雾之中，然后才渐渐地让其明朗时，我就感到已没有更多可说的了。而且当我看到他并不看重自己事业的个别环节，而是尽力地去否定它，我要说的就更少了。通过许多这样的试验，他只是追求提高儿童的内在能力，寻找必须使用这些形形色色的方法的根据和原理的解释。我发现他的一些互不联系的初步试验还有一种令人焦虑的弱点，但是我并没对此发生动摇。我不久就使自己相信他的这些方法的本质决定着渐进发展，我因而也更加坚定了。在计算和绘画中，在语言教学的基本方法中，我确实看到了这一点。

"目前，我日益清楚地看到了他的通过把整体与每一个部分联系起来的特殊方法主要依赖于儿童对每一个部分的感受性。因此我看到，这些方法虽然还不能说是原则，但通过他的日益努力它们将会成熟起来，最终必将会推进他所追求的目的。他一直要等到他的方法几乎已具形体，可以被抓住，其本质不可能进一步简化，其基础不可能再深入的时候，才在他的尝试和试验中运用它们。

"这些措施旨在简化整体，完善个别部分，这进一步证实了一个我以前感到模糊不清的信念，即所有那些指望通过传授复杂的术语来发展人类心智的方法，其本身就为达到自己的目的设置了障碍；自然在人类发展进程中显示出一种自我能动性，我们如果要帮助自然发展这种自我能动性，就必须把所有教育和发展的方法简化为反映它们内在本质的最简单的形式，以及简化为既符合心理学又和谐的语言教学的形式。

"所以我逐渐明白了他把语言学习的过程加以分解的目的，也明白了他为什么要把计算简化为能时刻牢记的原则，即所有的算术仅仅是一种简略的计数方法，而计数也只能是一种简单的方法，这就避免了不厌其烦地进行一加一、加一等于多少的计算；也明白了他为什么要把全部动手能力——甚至还包括清晰地表述实际事物的能力——都建立在画直线、角、矩形和曲线等等能力及早发展的基础之上。

"我每天看到根据这些原则调动和使用儿童的一般能力，在测量、计算、书写、绘画等方面产生了效果，自然这也日益增强了我对这种教学方法具有优越性的信念。我也日益坚信，我上面所讲的目的是可以达到的,这个目的一直激励我的行动,这就是教育母亲们。母亲们是大自然为教育孩子而设计的杰作；而通过这一途径，普通学校教学的最浅近的教材也可以建立在慈母教育所达到的效果的基础之上。我看到一种普遍的心理学方法已经形成，用这种方法可使所有愿意尝试的父母都来教育他们自己的孩子，因而不需照想象的那样，花很多钱在经院和教育图书馆对教师进行长期培训。

"总之，由于裴斯泰洛齐整个工作给我留下的印象，又加上我自己经常遇到类似的情况，我重新确立了那个在我的教学生涯初始阶段我十分热切信奉的信念，然而我们的时代不能提供有益的艺术和帮助，我当时背着艺术和帮助的重负进行工作，差点失去了我的信念——这个信念是：人类是可以改善的。"

第三封信

布格多夫时期的助手

至此你已经读到了托布勒和克吕希对我的事业的评价。下面我将布思㉘的看法寄给你。我对下层阶级的潜在能力的看法你是了解的。布思就是有力的证明！此人在 6 个月内进展如此之快，他给维兰（Wieland）看了他的直观基础教学尝试㉙。我知道任何有利于弄清人类发展过程的东西他都感兴趣。在他的尝试中，他必定能够发现这样的证据，即许多显然被人们浪费、被人们忽视的能力通过耐心的帮助和刺激是可以得到利用和提高的。

亲爱的朋友，世界上到处是有用的人，然而却没有人能使这些有用的人各司其职。在我们的时代，每个人都将自己的人类价值观限制在自己的皮囊之内（或者最多扩大到他的裙带之间）。

亲爱的朋友，请认真地想象一下他们三人，以及我与他们共同做的事。我希望你能更确切地了解他们和他们的生活方式。应我的要求布思本人向你谈谈这方面的情况。

托布勒早年根本没受过教育。22 岁那年他发现自己奇迹般地被抛入了科学界，具体地说是教育科学界。他原想掌握科学，但是他现在看到科学反而掌握了自己。他虽然感到自己没有受过充分的教育,但科学却迫使他深信不疑地走书本之路,而没有遵循自然本身、走感觉印象之路,他已经朦胧地意识到有走这条路的必要。他看到了自己身处险境,细节问题千千万万,逐一看去,都有道理。问题之多,犹如大海,使他茫然不辨方向了。那时他没有发现教育和学校教养的原理,根据这些原理其结果不是产生有条理的词句、合逻辑的书本,而是造就(通过训练有素的推理能力)有理智的人。他悔恨不已。22岁那年,虽然书本还没有削弱他的天赋,但他并没有发现那条他今天30岁时所走的道路。

托布勒深深感到,22岁至30岁之间的8年使他受到了严重的损害。下面的话是他自己说的,这样说他内心感到自豪,对他的方法也同样引以为荣,即那些无知而又没有受过教育的人能比他更容易、更肯定地找到知识的起点,并继续前进。他对自己的信念坚信不移。他的才能保证了他的发展。一旦他克服了简单起点的种种困难,他就将这些知识和先前已有的知识结合起来,就能轻而易举地把他的方法与学校教学的高级目的结合起来,而我们却至今还未达到这个目的。

你已了解了克吕希,也已经看到他在其事业中显示出来的能力,这是非凡的,看到他工作的人都感到惊讶。他在事业上具有独立性,只有那些没有独立性的人才感到不舒服。但他在了解这一教学法以前,除了学校教学日常的机械性事务之外,在其他方面都远不及布思。他自己现在说,如果不了解这种方法,那么争取独立性的一切努力都不能使他站稳脚跟,他便会一直依赖别人的指引;那样做与他的阿彭策尔精神是相违背的。他放弃了一个工资为500弗罗林的职位而仍然安于现状,致力于最令人窘困的工作。这正是因为他感到、也看到在这儿他可以真正地成为一名教师,而在那儿他也可能只是教书,不能使他感到满意。你对他如何会作出这一抉择是不会感到惊讶的。他的单纯使他作出了这个选择；在其方法中他完全迷失了方向。其结果是自然的。正如托布勒一针见血指出的那样："因为他没有教学艺术，所以很容易办到，他准确地获得了艺术，正是因为他除了有能力以外一无所有。"

朋友，难道我没有理由为自己的方法取得了初步成果而感到自豪吗？正如你两年前对我说的那样，难道人们总没有接受这种方法赖以为基础的简单的心理学观点的头脑吗？愿这种方式的成果像这三个教育新手们一样成长。请看一下布思的见解，然后再听我的。

布思说："我的父亲在图宾根一所神学院任职，在那儿有免费的住所。从我3岁起至13岁，他送我去拉丁语学校就读，我在那儿学习了那一年龄阶段所要学习的各种知识。在那期间，每当放学以后，我的大部分时间都是与那些喜欢同活泼的孩子一起玩耍的学生们生活在一起。在我8岁那年，其中有一位学生教我演奏钢琴，但是半年后他离开了图宾根，我的钢琴学习便中断了，于是我就一个人自学。不断的坚持和实践使我有了很大的进步，因而12岁的时候，我就能教一位太太和一个男孩弹钢琴了，而且效果挺好。

"11岁时，我还有幸学习绘画，同时我还继续坚持学习希腊语、希伯来语、逻辑学和修辞学。我父母要我致力于学业，出于这个目的，他们准备送我到斯图加特(Stuttgart)新建的艺术和科学学院学习，或者让我投身于图宾根大学教授们的门下。

"当时学院招收了各个阶层的学生，有些是收费的，有些是免费的。我父母的收入不允许他们为我负担最起码的学费。鉴于这个理由，我向学院寄去了要求免费入学的申请，但是由卡尔(Carl)㉚亲自签名的复函通知我说，我的申请没有获准。根据我的记忆，这件事，加上同时出现的学校对中下层阶级的子女关门的通知，对我影响很大。我又把自己的注意力全部倾注在绘画上，但是不到半年又中断了，因为我的老师因品行不端而不得不离开这个小镇。我没有办法，也没有指望维持我自己的生活，不久我认为有必要立契去当一位装订工人的学徒。

"我的情绪十分低落，近乎淡泊人世。我干这一工作和干其他任何工作一样，都是为了通过不断的体力劳动来磨灭我对少年时期理想的回忆。但这一点我做不到。我虽然干着活，心里却有说不出的难受，滋长着对权力的不平等的愤懑之情。这种权力仅由于我出身于下层阶级就关闭了我的进取之门，杜绝了我实现少年时代花了大量精力去追求的目标的希望和前景。但是我却又升起了通过自己干活来挣钱的希望，以便能丢掉那个不能令人满意的手艺，追回我业已失去的东西。"

"我四处奔波；然而对我来说世界太狭小了。我抑郁消沉，染病在身，不得不再次回家，试图再次改换行业，希望在瑞士凭着自己仅有的一点音乐知识来挣得必要的生活费用。

"我到巴塞尔去，希望找到某种从教的机会。但是先前的身分养成了我的胆怯，影响了我为赚钱而采取起码的措施。我没有勇气说出那些必须说的话，以便从人们那里得到我需要的东西。在这进退两难之际，我偶然遇到了一位朋友，劝说我暂时回到装订书本的工作。我再一次走进作坊。但是自我进入作坊的第一天起，我便再一次渴望随着时间的推移、机遇的改变有朝一日能够找到别的职业，虽然我差不多已确信自己在音乐和绘画方面的那点知识远不能使我获得安稳的独立生活。为了争取时间提高自己的水平，我不久换了住所，每天赢得了两小时的时间供自己支配，同时也结识了一些人，这使我的追求变得更为容易了。

"我结识了许多朋友,其中有托布勒。他很快就看出了我的烦恼,并希望改变我的处境。当克吕希告诉他,裴斯泰洛齐新提出的教学方法需要有一位懂音乐和绘画的人时,他马上想到了我。

"我知道自己在普通文化和绘画素养方面知识平平,然而我希望得到机会在这两个方面有所提高,于是立即决定去布格多夫,虽然有些人向我忠告,说不要与裴斯泰洛齐打交道,因为他有点白痴,而且他并不了解自己的主张。* 这类说法至今还在流传,虽然形式有所改变。说他有一次到巴塞尔来穿着用稻草捆扎的鞋子,因为他把自己的鞋带送给了门外的乞丐。我曾经读过《林哈德与葛笃德》,所以我相信鞋带的事;但是说他傻,我却不信。

"总之,我想去试一试。我到了布格多夫。与他的第一次见面并不使我感到意外。他穿着没有吊袜带的长统袜从楼上的房间走下来,显得很脏,看上去完全被来访的齐姆森(Ziemssen)弄糊涂了。我难以形容当时的心情,几乎近于同情,并伴随着惊讶。

"裴斯泰洛齐!——就是这个样子的!他很慈爱,见到我这个陌生人很高兴,没有自以为是的傲气,他站在我的面前显得很忙乱,他朴实而又随和。这一切一下子吸引了我。还没有人这样触动过我的心灵,也没有人这样赢得过我的信任。

"第二天早晨我去了他的学校,一开始我看到的仅是一片混乱,在我看来是令人不舒服的混乱。但是前一天齐姆森已热情洋溢地谈论了裴斯泰洛齐的计划,这使我事先就有了会激起我

---

* 我很自然地感到公开发表我的这部分见解是不恰当的。但是裴斯泰洛齐希望公开。他要求无拘无束地、坦率地陈述我对他和其他东西的印象。

的兴趣的思想准备，于是我立即抑制了我的看法。很快，裴斯泰洛齐的教学方法的优越性就打动了我。起先我认为花费很长时间来讲解一个问题会把儿童弄得精疲力尽，然而当我看到他使儿童进行他们的基础练习达到如此完美的地步时，我自己少年时期在课堂上所接受的浮光掠影的、浅尝辄止的知识便第一次显得相形见绌了。我想，如果当初让我在基础上多花一些时间，学得扎实一些的话，那么我本来就可以靠自己的力量向更高阶段发展，战胜生活中的所有邪恶和我当时所处的忧郁心情。

"这一想法与裴斯泰洛齐的一个原则是一致的，即运用他的方法能使人们自己奋斗，正如他所说的，因为在上帝创造的地球上没有其他人来帮助他们，也没有人能够帮助他们。当我第一次在《林哈德与葛笃德》一书中读到这段话时，我感到不寒而栗。然而我的生活经历正是如此，在上帝创造的地球上没有人将会、也没有人能够帮助那些不能帮助自己的人。我很明确地认识到，要达到我的目的，存在着无法填补的空缺，其根源[31]是由于我在这个艺术领域所受的教育是薄弱而肤浅的。我现在要在这个艺术领域里工作，但却不了解这个艺术领域赖以扎根的原理。

"现在，我肯定要尽力而为地致力于裴斯泰洛齐需要我帮助他的那部分工作了，但是在很长一段时间内我一点也不理解他关于绘画方面的见解。开始时他说：'直线、角和曲线是绘画艺术的基础。'我还不知道他到底要我干什么。为了亲自向我解释清楚，他对我说：'这儿也是一样，应该将人类从朦胧的感觉印象上升到清晰的概念。'然而我不理解如何通过绘画来做到这一点。他说：'要做到这一点，必须把正方形和曲线分解为若干部分，并且把这些部分分解成可以看得见的、可以比较的单位。'

"我试图探索这样的分解和化简，但是我找不到这种化简的起点。我虽然费尽心血,却感到自己已淹没在一大堆单一的图形之中,这些图形本身确实是简单的,但不能清楚地体现裴斯泰洛齐的化简法则。令人遗憾的是,他自己既不会写又不会画,尽管在这两方面他通过一些难以理解的方法已引导孩子们达到了相当的水平。总之,几个月来我还是不理解他的方法,在这几个月里我不知道用他给我当范例的直线来做什么,直至最后我才感到,或许我本来就应该多做而少去追根究底,或许至少应该放弃我对他的方法的看法和认识,同时完全接受这些简单的起点,我看到它们已给了他我所不能领会的力量。

"那是难以办到的。我看到他坚持在这种起点的基础上训练学生,并使他们取得了显著的进步。这终于使我的看法成熟了,迫使我移高就低,接受了这些起点。于是我用两三天的时间就完成了直观 ABC 的尝试。

"他的艺术是客观存在,但我并不知其所以然;然而我第一次认识到它的存在就对我产生了巨大的影响。在这以前我并不知道这种艺术仅由直线构成。

"现在我看到一个事物,就立即懂得了它存在于勾划其轮廓的直线之间。绘画时我从未把物体的轮廓与物体分开。而现在在我的想象中这些轮廓都脱离了物体构成了可测量的图形,这些图形稍有偏差我都可以清楚地看出来。然而,我起先只看到了物体,现在看到的却唯有直线,同时深信这些直线必须绝对地用于儿童的教学,而且要充分地加以使用,然后才给儿童实物,让他们进行临摹或检测。

"然而,裴斯泰洛齐是把这些绘画规则与他的整个目标联系起来、与大自然联系起来考虑的。也就是说,他不允许艺术的任何一部分长时期孤立地存在于人的意识中。出于这一意图,他要求在儿童摇篮时期就开始给他们看不同系列的图形——有些画在幼儿读物上,有些在确定图形的训练中呈现。用第一套画,他希望通过一系列表达大自然的方式来帮助大自然,并尽可能早地发展儿童的词语和实物知识。用第二套画,他希望通过将图形和实物摆在一起,使儿童在头脑中将艺术的规则和艺术的感觉印象结合起来,增强儿童对纯图形的意识,以及图形所表示的实物的意识。最终逐步获得艺术上的心理发展,因而他们就会根据实物勾划出精确的线条,他们就能利用各种这样的线条,实物的完整图画仅仅是重复他们已熟悉的、可测量的图形。

"我有些担心,用画图形的方法会削弱儿童的感觉印象,但是裴斯泰洛齐却不需要非自然的力量。他曾经说:'大自然没有给儿童直线;她给的唯有实物,给儿童直线仅仅是让他可以正确地观察实物。决不能把实物拿走,只让他看直线。'再有一次,看到让儿童看直线而把大自然抛到一边,他很生气,他惊呼:'上帝禁止我为了我的直线和我的艺术去窒息人类的心智,使之僵化。对自然的感觉印象麻木不仁,就像那些盲目崇拜的教士们一样,他们已用迷信的说教窒息了人们的心智,使之僵化,对自然的感觉印象麻木不仁。'

"最后,我注意到并发现这两本书的计划与大自然的进程是完全一致的,而只有在这个意义上艺术才能使自然影响人类的心智,这种影响对发展人类的才智是极端重要的。

"在此以前我一直处在进退两难的境地。裴斯泰洛齐告诉我,必须教儿童像认识单词那样来看轮廓图,教他们用字母给曲线和角的各个分解部分命名,这样将字母组合起来就可以将这些线段和角的各部分组合在纸上,用词的形式清楚地表达出来。这些直线和曲线就应当是直观的基础,因而也应当是艺术语言的基础,通过它们不但可以最清楚地了解各种形状,而且还可以用词语清楚地将它们表达出来。他不停地解释,直到我懂了为止。我知道我给他添了不少麻烦，我很抱歉；但那是无济于事的。如果没有他的耐心，直观ABC本来是不会被发现的。

"最后我还是找到了直观的入门。我从字母A开始——那是他所要求的，然后一个接一个地进行，于是我再没有遇到麻烦。实物已存在于画好了的图画中了，但是棘手的是我不能表达我实际懂得的内容，也不能理解别人所表达的。

"其实，弥补缺陷也是这种方法的基本结果之一。说话的艺术总是与自然和艺术给与我们的知识牢固地联系在一起的，儿童也能够学会自己表达每一学习阶段的知识。

"我们教师之间通常这样讲，我们不能清晰而又充分地表达已为自己彻底认识了的事情。连裴斯泰洛齐也难以处处找到词语（用以说明他的关于教育目标的观点）来清楚地表达他的意思。

"正是由于缺乏（确切的）词语，我才长期地把握不住我的工作，没有、也不能理解裴斯泰洛齐的原则。

"在我克服了这一困难以后，我日益认识到这种方法的优越性，尤其是看到直观的入门甚至还可以达到这样的程度，即通过教给儿童有关实物和艺术的确切语言，必然能在儿童身上形成恰当而又成比例的、更为精确的感受。我尤其感到，那些已经学会用艺术和注意来谈论周围事物的人[32]，仅仅通过正确地了解事物的名称就能够比那些没有受过这种教育的人更清楚地区别事物之间的差异，更好地认识事物的特性。我的经验进一步证实了我的想法。和那些从小就和测量与绘画打交道的人相比，儿童更能正确地辨别事物的差异。他们在这门艺术方面的进展是如此迅速，与儿童的一般性发展是无法比拟的。

"尽管我看到整个方法只是通过我的那一部分工作及其有限影响为媒介的，但是通过在这有限的天地里所付出的劳动和心血，我逐步学会推测它对其他领域的积极作用，并且看清了它，理解了它。因而，通过绘画教学获得的有限线索我开始领悟到：借助语言心理学，通过从音到词、从词到说话的教学，同时通过从直线到角、从角到图、从图到实物的教学将能够获得清晰的概念。

"我懂得了在算术中也有同样的过程。直到现在，我一直把各个数都看成是一个独立的实体，而没有明确地认识到它固有的价值和内容；正如以前我看待实物艺术却不区别它们确切的轮廓或比例，也就是它们的内容一样。现在我已敏感地认识到任何数字都具有确切的内容，同时看到那些喜欢这种教学的儿童所取得的进步，而且也看到用数、形和语言同时进行教学对每个知识领域都是必不可少的。

"我认识到我所从事的工作的障碍是缺乏语言；同样我现在也认识到技术知识贫乏的缺陷。例如，我看到，如果不能数出来，儿童就不能表达任何图形中各个独立的部分，正如儿童如果不能清楚地了解数字 4 是由 4 个单位组成的，就不能理解这个单一的数字可以分为四个部分一样。我的工作，再加上我自己的努力，使我的认识日益明确了。我逐步确信，这一方法通过它对人类心理的一般影响，能使儿童产生在各个领域进一步自我发展的力量。此法实质上是一个飞轮，只要一滚动，自己就能继续前进。然而，我不是唯一认识到这一点的人。成千的人到这儿看了这里的情况后都说：'此法很灵。'农夫和农妇们也说：'我在家里也能这样教育我的孩子。'他们说得对。

"整个方法谁都可以使用，只要他掌握了其开始的线索，它可以使人不在偏僻的小路上徘徊。只走偏僻的小路就会使人类难以掌握艺术，因为偏僻的小路引导人类离开自然本身，引导人类脱离艺术基础可能建立于其上的地基。如果我们用正确的方法,且仅从自然手里要东西,那么自然是不会与我们为难的。

"我要谈的就是这么一点。了解这一方法很大程度上恢复了我年轻时期的欢乐和力量,并重新唤起了我对自己和对整个人类的希望,这种希望在这以前的很长一段时间里被我看作是梦想,心里虽然渴望实现我的梦,但我还是将它抛到了一边。"

第四封信

教学规律

朋友,你现在已经知道了仍在跟我一起工作的这些人了;可是,初来时还没有他们的帮助,一开始我没有找他们。离开斯坦兹以后,我非常疲乏而且心绪不宁,甚至原来关于民众教育计划的设想,也开始在我心中淡漠起来。那时,我的目标只限于对学校中现存的糟糕状况进行枝节上的改进,而由于我的困难处境,连这一点都做不到。我被迫返回到唯一的道路上,就是去实现我原来的目标。

我工作了几个月,其间,由于我缺乏自信,工作受到了局限。然而事情很奇怪。虽然我无知又缺乏经验,但是,凭着我的理解力和纯朴,我在同一个时间里,既是一名卑微的初级学校的教师,又是一名教育改革者。以这种教育改革为目标的运动,自从卢梭[33]和巴西多[34]开其纪元以来,在很长的一个时期里,已在半个世界开展起来了。

对他们想要做和当时做的事情,我实在所知甚少。我几乎只看到这一点——较高的教学目标,或者确切地说是较高的教学本身,到处都达到完善的程度。它的光辉使我这无知者目眩,就像阳光照得蝙蝠睁不开眼睛一样。我发现中等水平的教学被提高到了大大超过我的知识范围的程度;而且我看到,即使是最低级的教学，也像蚂蚁般辛勤并忠诚地到处进行着，对这种工作的效用和成果，我的判断是不会错的。

当我后来考察了整个教学，或者确切地说，把教学当作一个整体并联系一个个需要接受教育者的实际处境来看时，尽管我很无知，但我所做的那一点点却远比我所看到的人们实际接受到的要多。我越是观察人们，就越发现在乡村或学校教室里所看到的情景：从书本倾泻给他们的洪流般的东西，都消逝在迷雾之中了，那湿乎乎的阴暗的迷雾，给人们的既不是湿润，也不是干燥，带给人们的既没有白天的优越，也没有黑夜的好处。我不能隐讳我的看法，我认为，如我所看到的教学实际一样，这种学校教学对于绝大多数和最下层阶级的人们来说，是完全无用的。

就我所知，这种教学像一座大厦，大厦的上层宽敞明亮，显示了高超的技艺，但为少数人居住。中层住的人就多得多，但没有登上顶层的合乎人道的阶梯；如果有几个人奢望爬上顶层的话，那么随时可以看见他们像动物那样时而用手，时而用胳膊和腿试着向上爬，但这手和腿被一一斩断了。最后，大厦的底层居住着无数的贫民百姓，本来他们与最上层的人们有享受阳光和新鲜空气的同等权利，但是，他们住在没有星光的小屋里，不仅不能摆脱令人难受的黑暗，而且视线受限，双眼变盲，使他们甚至都不能仰望大厦的上层。㉟

朋友，对形势的这种看法很自然地使我确信，最根本的和迫切的，不是仅仅减轻导致欧洲最广大的人们衰弱的学校弊病，而是要从根本上进行救治。所以，在这件事情上采取折衷的办法将变成第二剂毒药，不仅不能抑制原有的影响，而且还会使那种不良的后果加倍。我当然不愿意事情会那样。在此期间，一种意识开始一天天地在我心中发展起来，就是说，如果不能成功地把教学的机制化为永恒的规律,那就绝对不可能从整体上纠正学校弊病。而根据永恒的法则,人类的心智才会从仅仅是感觉的印象上升到清晰的概念。

我的这种意识一天天地坚定起来,使我同时有了统帅整个教育领域的观点。虽然,在我内心深处,我像一只被猫吓坏了的小耗子,不敢朝洞外看一眼。但是,我不能不想到,由于我缺乏勇气,只采取软弱的态度和折衷的办法,不但对满足学校整体的需要无济于事,而且在很容易出现的情况中随时随地会产生这样的后果:使可怜的儿童们甚至在学校院墙内,习惯地服下第二剂鸦片。

我非常恐惧,长年处在死气沉沉、毫无生气及孤寂的学校中,日甚一日地使我生气。我的努力好像一名水手那样,丢了鱼叉,试图用细钩去捕获一条鲸鱼。那当然是办不到的。假如他要平安地上岸,他必须或者手握鱼叉,或者放走鲸鱼。一旦我理解到什么是达到我的目标所迫切需要的东西,一旦我理解到要使教学的原则与自然过程相一致,我就处于和那名水手相同的情况中。大自然对我的工作上的各种要求不再是孤立的了。它们呈现在我的眼前,是一个互相联结的整体;而且像那位捕鲸者那样,假如我想平安地回到家中,我就必须放弃在我的职业中哪怕是最细微的事情,要么必须遵循无论何处都在指导着我的原则——大自然统一的原则。

我采取了后一种办法。我永远委身于大自然的引导。我一直充当一名受冷遇的意志软弱的初级教师,推着一辆只载着基本常识的空荡荡的独轮车,却意外地投身于一项事业,包括创办一所孤儿院、一所教师学院和一所寄宿学校。做这些事情第一年就需要一大笔钱,可是即使是这笔钱的十分之一,我也难以弄到。

但是，我居然成功了。朋友，事业是成功的，而且它应该成功。深刻的经验教育了我：人类的心肠，即使是（在一定环境下）领错了路的政府的铁石心肠，假如它那能够结出果实的蓓蕾已经开出花朵，它就抵挡不住为人类献身的伟大而纯朴的努力，也不会任其无助地枯萎、消亡。而且，盖茨纳，我有几个早年的试验，已经结出了成熟的果实。㊱

朋友，人类是美好的并向往美好的东西；同时也向往自己的美好幸福。假如他是坏人，那一定是使他成为好人的道路被堵塞了。啊！这种堵塞是一种很可怕的事情，但又如此屡见不鲜，以致人类常是不完美的。但是，我还是随时随地信任人类的心，有了这种信念，如今我继续走在那条未经开拓的道路上，如同走在平坦的罗马大道上一样。

我过去希望把你们的注意力引向混乱的概念问题，因为我将通过它努力使自己弄清楚教学的机制及其对人类本性的永恒规律的从属关系。

朋友，为了这个目的，我愿意把6个月前㊲为我的学院的几位朋友写的《我的试验报告》中的几个段落抄给你看看，这几段话大大地有助于理解我的观念的发展。

我在这份报告中写道："人只有通过艺术，才能成其为人。*但是，不管我们创造的这种指导**有多深奥，它必须时刻跟大自然的朴实过程相统一。无论教学做什么，也无论它如何有雄心把我们提高到超越环境条件，甚至超越我们的动物性的地步，它都不能对我们人类能从混乱的感觉印象上升到清晰概念的那种认识形式增添丝毫的东西。教学本来就不应该去另外增添什么

---

* 这里所说的艺术，也就是教学或教育的艺术。——原注
** 原文 Guide，引导（者），此处特指 Art，亦即教学。——中译者注

东西。教学达到它的目的——使人高贵——基本上只是通过这种形式实现的,就是说,正是在这种形式中而不是在其他形式中使我们得以发展的;一旦试图通过其他途径,那就是把我们返置于造物主注定把我们从中拯救出来的非人性状态之中。

"作为我们人类需要的发展形式的源泉的大自然灵魂,其本质是不会动摇的和永恒的。它是、并且必须是教学艺术的永恒而不可动摇的基础。它也极光辉地向每一个透过表面现象看问题的人展示,它很像一座瑰丽的大厦,由不易感觉到的许多小块累积而成,已经在不朽的巨大基石上耸立起来。只要它和基石联为一体,它就会牢固地屹立在上面。但是,如果它和基石的联结稍一破裂,它就会突然倒塌,散成碎片。

"教学艺术本身作为一个整体,其效果是非常大的,而这种教学艺术每一次添加到大自然进程中去的点滴,或者确切地说每一次在自然基础上建筑的东西,又是非常微小和不知不觉的。这意味着,我们智能的发展基本上限于这一点:大自然在我们面前展现的事物是在广阔的领域分散开来的,是混乱的,教学艺术则把它们集中到较窄的范围,使之有秩序地组合,通过相互联系,让它们接近我们的五官,这种相互联系使我们对所有印象的感受便利而有力,因此,在较长时间,逐日增加数量,在愈益精确的程度上来提高我们对世界事物的感觉能力。但是,教学艺术的力量依赖于它的结果和它的工作跟大自然的基本活动方式相协调。它的整个活动与大自然的活动密不可分。

"人啊!模仿大自然的活动吧!大自然使一棵大树的种子首先生出几乎看不见的幼芽,然后,幼芽同样也是不知不觉地分阶段发展,每日每时地,首先长出最小的茎,后来长成树干,长出树枝,又长出末端细枝,细枝末梢挂满细嫩的叶子。用心思考大自然的这种活动——每个部分一生长出来,她是如何照料的，如何使之完善的，如何把每个新的部分与原有的持续生长的部分结合起来的。

"细心地思考美丽的花朵是怎样从深藏着的蓓蕾中开放出来的。思考花朵如何盛开而不久就凋谢了，而果实最初虽然很弱小但却已完整地形成，每天又在原有的基础上添加一些重要的东西。果实挂在枝头上静静地长了几个月，树枝滋养着它，直到所有部分都完全成熟、完善，它就从树枝上掉落下来。

"细心地思考大自然这位母亲如何既培植叶芽，又发展根芽，把树的最重要部分埋到大地的深处；还有，她又如何从根的最中心部分培养出坚固的树干，从树干的最中心部分培养出树枝，从树枝的中心部分培养出枝条。如何培养出这一切，以致于最脆弱的最末梢的细枝，她给予的很多，但却不花费无用的、不相称的、多余的力气。"

（人类）物质本性的机制基本上服从同样的一些规律，在这些规律支配下，大自然物质界广泛地展示其力量。按照这些规律，一切教学都应该把知识课题的最基本部分牢固地灌输到人的心灵中去；然后，渐进地但不间断地把次要部分联结到基本的知识上去，保持课题的所有部分、甚至其最肤浅的部分成为一个活生生的匀称的整体。

我在寻觅人类智力发展就其真正本性而言所必须服从的那些规律。我认为它们一定跟物质自然的规律一样，并且相信从中能找到一条普遍的心理学化的教学方法的可靠线索。当我梦寐以求这种线索时，我对自己说："人，正如你从完整的果实自然成熟中所认识到的那样，是它所有组成部分都完善了的结果。这样看来，人类判断力的成熟也无不表现出是对要判断的对象的所有组成部分都获得了完全的感觉印象的结果；相反，在没有完成整体观察（直观）之前就作出判断，这种判断看上去似乎是成熟的,但只能看成一个被虫蛀了的因而只是外表成熟、不到时间就从树上落下来的果实。

1. 因此,学会将观察加以分类,在进行复杂的观察之前,先完成简单的观察。力图在每门教学艺术中分成循序渐进的知识步骤,其中,每一新概念仅仅是几乎不知不觉地加到前边已知知识上的点滴东西,使其印象深刻,牢记不忘。

2. 其次,把一切基本上互相关联的事物在你的心灵中联结起来,在大自然中它们本来就是互相联系的,使所有非本质的事物从属于本质的事物,尤其是要使教学艺术所给予的印象从属于大自然和现实世界所给予的印象;并且不要在思想中强调那些大自然中同人类无联系的东西。

3. 通过教学艺术使重要的对象接近你,同时使它们通过不同感官作用于你,从而加强印象并使之清晰。为此目的,要学会自然机制的第一条规律,就是它使物质大自然的一切影响力量的大小依赖于与感官接近的远近距离。千万不要忘记,物质距离的远近,对你决定诸如肯定的判断、行为、责任,甚至美德等,都有巨大的作用。㊳

4. 把自然规律的作用看作是绝对必然的,在这种必然性中认识自然力量所产生的结果,正是借助这种力量,大自然为达到她的目的把一些外表上千差万别的材料要素联结到一起。把你通过教学为人类工作的艺术,以及你所追求的结果,都建立在自然规律的基础上。这样,你的一切活动,尽管外表上彼此不同,但都可以成为达到这个主要目的的手段。

5. 但是,教学艺术的丰富魅力及其多样化的自由运用,使自然的必然性或自然规律表现出自由和独立的特点。

当你借助丰富的魅力和多样化的自由运用,试图把艺术和教学建立在自然规律的基础上的时候,让你的教学艺术和教学活动的结果产生自由和独立的印象吧!

人性发展所要遵循的这一切规律都集中朝向一个中心。它们集中朝向人类世界这一中心,而我们自己就是人类世界的中心。

朋友,我现在所具有的,我所希望的,我可能成为的,这一切都来自我自身。难道我的知识就不是从我自身来的吗?

第五封信

知识的三个来源

在上面这些意见中,我已经向你提出了若干条线索,我相信,凭此可以编制出一种普遍的心理学化的教学方法。

我对此并不满足。我感到我没有能力把这些意见所依据的大自然的基本规律简明而完整地叙述出来。就我所知,总体说来,有三个来源。

第一个来源是大自然本身,凭借它的力量,我们的心智由模糊的感觉印象上升到清晰的概念。从这个来源派生出以下一些原理,这些原理应该看作是我正在寻求其本性的那些规律的基础。

1. 一切作用于我们感官的事物之所以是帮助我们形成正确意见的手段,仅仅由于它们的现象呈现在我的感官面前的是永恒的、不变的、主要的特性[39],不同于外表变化或外部特征。另一方面,它们又是错误的和迷惑的渊源,那是因为呈现在我们感官面前的现象是偶然特性,而不是它们的主要特性。

2. 每个感觉印象,当它完善地、牢固地印入一个多少有联系的完整的感觉印象系列,亦即人类的心智的时候,它可能容易地被添加上去,好像是不经心地被添加上去一样。

3. 假如一件事物的主要特性而不是偶然特性以不等强度的

力量印入你的心灵时，你的自然机体⑩就会引导你自己在有关的这个课题上日益把握真理。假如相反，事物的偶然特性而不是主要特性作用于你的心灵，其力量更大一些，那么，你的自然机体就会引导你在这个问题上日趋谬误。

4. 把性质基本相同的众多事物放到一起，你对它们内在真相的洞察就会在主要方面和总的方面看得更宽阔、更深刻和更确切。单个事物特征造成的片面的、偏颇的印象因而就变得微弱了，这些片面的、偏颇的印象跟事物本性应该造成的印象是正相反的。这样你的心智就得到保护，免被事物特征的个别的、分散的印象的孤立力量所吞没；你就不会陷入不加思索地将事物外在特征和本质特征混淆不分的危险；也不会陷入让头脑中充塞大量偶然性材料而损害清晰洞察力的危险。由此可见，一个人越是对众多事物进行本质的、综合的、广泛的观察，融会贯通，局限片面的观点就越不能将他引入歧途而导致对事物本性产生误解。而且，他接受大自然综合感觉印象的训练越少，就越容易在不同条件下，以对某一对象的个别观察搅乱了对事物基本特性的观察，甚至把本质的观察掩盖了。

5. 最复杂的感觉印象是建立在简单要素的基础上的。你对简单的要素完全弄清楚了，那么，最复杂的感觉印象也就变得简单了。

6. 当你对一件事物的本性或外貌进行探讨时，运用的感官越多，你就越能获得对该事物精确的知识。

在我看来这些就是自然机制的原理，这些原理本身正是从我们心灵的本性中导出的。这些原理又是与自然机制本身的普遍规律相联系的。对此，我现在只说："完善是大自然的伟大规律；一切不完善的东西都不是真实的。"

这些自然机制规律的第二个源泉，是与我们本性中情绪方面紧密交织的感觉印象的能力。

这种能力在其一切活动中摇摆于两种愿望之间：一是对各种事物进行学习和认识，二是享受各种事物，这种享受的愿望使学习和认识失去推动力。仅仅作为一种生理能力，我们人类的惰性被好奇心所刺激，而好奇心又被惰性所抑制。但是，无论是刺激力还是抑制作用，都只具有自然价值。然而，好奇心作为我们探究能力的感觉基础有巨大的价值；而惰性作为冷静判断的感觉基础也是有价值的。我们出于自身的本性，通过感官感知知识之树的无穷魅力，借此完成任何一项学习；同时，惰性原则又能够抑制我们从一种感觉印象跳向另一种感觉印象轻易的浮光掠影，从而一个人能够在表达真理之前，可以通过很多途径成熟起来而接近真理。

但是，我们的真理两栖动物们关于这种成熟的规律一无所知。他们在只知道真理的一点影子之前，就哇哇叫喊真理，更不必说认识真理。他们再不能做别的事情。

他们不像四脚动物，有能力稳固地站在地上；也不像鱼，有鳍在深水里游；也不能像有翅膀的鸟那样在云层上飞。他们倒跟夏娃同样，不知还有不带偏见的对事物的感觉印象；当他们像夏娃那样吞下还不成熟的智慧果时，他们便与夏娃有着共同的命运。

自然机制规律的第三个源泉在于我们的学习能力与外界条件的关系。

人是受其居住地方限制的。如果他把住所悬挂于成百条线之上，在它周围划上成万条圆圈，那么，他有什么超越蜘蛛之处呢？蜘蛛不正是把它的巢悬于成千上万条线上，再划上成百个圆圈吗？蜘蛛的大或小有什么不同呢？它们行为的实质在于：它们坐在其所划的圆圈的中心。但是，人所选择的不是去编织中心；他只是学习世界一切现实存在事物的自然面貌。当世界万物给他感觉印象时,世界万物是如何接近他所编制的中心的,他就如何去学习,两方面绝对成正比[在多数情况下,毋需他帮忙]。

第六封信

数目、形状、语言

朋友，你至少看到，为了使你明白我的理论，我煞费苦心。当你感到我收效甚微的时候，就请看在我煞费苦心的份上，予以原谅吧。

我自20岁以来，对于哲学思想这个词的真正意义一直难以理解。

幸好，出于我的计划，我热心于实际工作，一点也不想研究任何令我乏味的哲学问题。我生活在时刻高度紧张的圈子里，在这圈子里工作着。我只顾眼前的工作，不去想明天怎么样，那时思考的只是特别使我感兴趣的课题的现实需要，而且今天我找到了牢固的起点，假如我的想象力把我从这里向前推进一百步的话，那么明天我便又返回一百步。

这种事情发生过上千次。我千百次地相信那时我正在接近我的目的，但又猛然发现这种表面的目标仅仅是我蹒跚攀援的一座新的山头。就这样我继续走下去。尤其当自然机制的原理和规律开始对于我变得越来越清晰的时候，我马上想到它需要的不过是把它运用于教学的一些分科，多少世纪的经验已经运用它来发展人类才能，我认为这些就是一切教学艺术和知识的要素，即读、写、算，等等。

但是，当我试着这样做的时候，经验的增长使我逐渐发展了这样的信念，即这些教学分科不能看作是一切教学艺术和知识的要素，相反，它们肯定是从属于这个课题的远为一般的见解。这一真理对教学十分重要。认识这一真理，是通过在这些分科工作中发展起来的。在过去长时间里，我只是孤立地看待它，后来也仅仅与有关分科联系起来看，把各种分散的经验联系起来。

这样，我发现阅读教学需要从属于说话能力。在努力探寻教学生说话的方法中，我才发现把这种艺术和大自然的顺序结合起来的原则，大自然的顺序是单词由声音发展而来，从单词又逐渐发展到语言。

其次，在致力于书写教学时，我发现需要把这种教学从属于绘画教学，在从事绘画教学中又要联系并从属于测量的教学。再次，进行拼法教学使我产生为早期儿童编写课本的需要，使用这种课本，我确信可以把三四岁儿童的实际知识提高到超过一般学校里七八岁的儿童。我的这些从实践中得到的经验，一方面确实一一地帮助了我的教学，同时也使我感到，我仍然不知道我的课题的真正范围和内在深度。

我长期探寻一切教学艺术的共同心理根源，因为我确信只有通过这个共同的心理根源，才可能发现一种形式[41]，在这个形式中，人类的教养是经由大自然自身的绝对规律来决定的。很明显，这种形式是建立在心智的一般结构的基础上的，依靠这种心智结构，我们的理解力把感官从大自然接受来的感觉印象在想象中结合成一个整体，即形成一个概念，然后，逐渐地使这种概念清晰起来。

我对自己说："每一条线，每一个量，每一个词，都是由成熟的感觉印象产生的理解的结果，必须看作是使我们的概念一步步走向清晰的手段。"其次，一切教学基本上就是这么回事。所以，教学的原则必须从人类心智发展的永恒的第一个形式中引伸出来。

一切都依靠对这个原型的确切的认知，所以我一再开始关注这些起点，从这些起点中肯定会推导出这个原型。

"这个世界"，我一边沉思一边说："呈现在我们面前犹如一个混乱的感觉印象的大海，其感觉印象相互交融。假如我们仅仅通过大自然而进行的发展不够迅速和顺利的话，那么教学所做的事情就是消除这些感觉印象的混乱；把对象互相分离开来；在想象中把那些相似的或相互联系的对象结合起来；用这种方法使所有对象都清晰地呈现在我们的面前，同时借助对这些对象清晰的了解，产生正确无误的概念。教学首先把混乱、模糊的感觉印象一个一个地呈现到我们的面前，然后把这些孤立的感觉印象以变化的姿势放到我们眼前，最后把它们跟我们早先已有的整个系统组合起来，清晰概念就是这样形成的。"

这样一来，我们的学习就是从混乱走向确定；从确定走向明白；从明白走向完全清晰。

但是，大自然在大发展过程中总是坚持这样一条伟大的规律，就是要让我们的知识清晰，依赖于客观对象接触我们感官的远近。接触你感官的周围的一切之所以会混乱不清和难以弄清，在其他条件相等情况下，是与它远离你的感官成比例的；相反地，接触你感官的每一件事物之所以确定和容易弄清晰和弄明白，是与它靠近你的五官成比例的。

你作为一个活生生的自然体没有别的，只有五个感官，因而你的概念是清晰还是含混，毫无疑问，肯定取决于所有外部对象接触五官的近远。你自身就是中心，因为在你身上汇集着你的概念。

你，你自身，就是你所有的感觉印象的中心；你自身也是你感觉印象的一个对象。你对自己内在的一切比对身外的一切更容易弄清晰，弄明白。你对自身内在的一切的感觉是一种确定的感觉印象；只有那些外在于你的东西才可能对你来说是混乱的感觉印象。由此可知，在涉及你自身范围内，你的自我认识的过程是比对来自你身外的东西的认识过程要短一步的。

你对自身的一切知道得很清晰，你自己知道的一切都是你的东西，并且是通过你自身而清晰起来的。因此，这条获得清晰概念之路在这一方向上比其他任何道路上更容易、更可靠；在所有的原理中没有比这个原理更清楚的了，即人对真理的认知，来自他关于自身的认知。

朋友！关于教学要素的活生生而又不明确的思想，就这样在我脑海里盘旋了很长的时间，所以我在《报告》中描绘它们时，还没有发现它们跟自然机制㊷规律之间牢不可破的联系，并且未能肯定地定义我们关于教学艺术的系统见解的出发点，或者确切地说，那时尚未肯定这种形式，借助它，人类通过自身本性能够决定自身的改善。最后，突然地，像机器之神一样产生了这种思想——使一切通过感觉印象而获得的认识得以清晰的手段，来自数、形和词。突然间，我试验着做的事情似乎得到了新的启迪。

在我长期奋斗之后，或确切地说在我胡乱幻想之后，我一心一意地要探明，一个有教养的人当他希望把呈现在眼前的含混不清的任何对象一一区别开来，并且逐渐使自己获得清晰的概念时，他是怎么做的而且如何肯定会做的。

在这种情况下，他将注意三件事情：

1. 在他面前的对象有多少？有哪几种？
2. 它们的外貌、形式或轮廓。

3. 它们的名称；他如何用一种声音或词来称呼它们。

这种人进行这样的观察活动而获得结果，显然意味着他已经形成了下面的能力：

1. 按照外貌而认识出不同的对象的能力和能讲出外貌所包含的内容的能力；

2. 说出这些对象的数目并对自己说出它们的多或少来的能力；

3. 用语言称呼出这些对象数目和形状并且不会遗忘的能力。

我还认为，数目、形状和词一起，就是教学的基本手段，因为任何对象的外部特征的总和，就是由它的轮廓和它的数目组成的，并通过语言为我们的意识所掌握。

那么，从这种三重原则出发，并遵循它进行工作，肯定就是教学艺术的一条永恒不变的规律：

1. 教儿童把眼前任何物体看作一个单位，就是说，看作是从那些互相联系的东西中分离出来的单位；

2. 教他们认识每一物体的形状，就是说，它的大小和比例；

3. 尽可能快地使他们熟悉一切用以描述他们所知道的物体的词和名称。

由于儿童的教学应该从这三个基点上着手进行，那么十分明显，教学艺术首先要用来培养基本的计算能力、测量能力和说话能力，这些能力是一切精确认识物体意义的基础。我们应当用最严格的心理学的艺术来培养它们，努力强化它们，使之强而有力，并且作为发展和教养的手段，使它们达到最简单、最牢固、最和谐的程度。

在认识这些基本点时，我遇到的唯一困难是：为什么经过我们五官认识到的对象的一切特性，并非恰好跟知识的基本点如数目、形状和名称完全一致呢？但是我马上发现，所有可能的对象绝对地都有数、形、名；但是通过五官而认知的其他特点则不是所有对象都共有的。后来我又发现了事物的数、形、名跟其他特点之间基本的和确定的区别。我认为其他特性不是人类知识的基本点。其次，我发现其他特点能够包括在这些基本点之中。因此，教儿童时，所有其他特点必须跟形、数、名联系起来。我现在看到，通过认知任何对象的统一性、形和名，我的知识就是准确的了；逐渐学习了它的其他特点，我的知识就变得清晰了；通过对它的一切特性的认知，我的知识就变得确定无误了。

我进而发现，我们的知识来自三种基本能力：

1. 来自发音能力，语言的本源；

2. 来自形成映象的不确定的简单的感觉能力，一切对形状的意识都是从这种能力中产生的；

3. 来自确定的、不再仅仅是形成映象的感觉能力，统一性的意识以及跟它一起的计算和数学能力，肯定从这种确定的感觉能力引发出来。

我接着想，教导我们人类的教学艺术一定要跟这三种基本能力——声音、形状、数目的最基本和最简单的成果——联系起来；我还想到，这三种基本能力的最简单的成果，假如不被看作是大自然自身所决定的一切教学的共同出发点的话，那么，各个部分的教学就不能在我们本性的整体上得到什么满意的效果。从这种认识得出的结论就是，一切教学的出发点必须符合于这样一些形式，即普遍地、和谐地从这三种基本能力的成果出发，同时这些形式从根本上肯定会促使所有教学稳定地、不间断地发展这三种基本能力，把三者结合起来运用并看作是同等重要的。唯有这种途径才有可能引导我们在所有这三个分科中，从模糊的感觉印象达到精确的感觉印象，从精确的感觉印象达到清晰的表象，从清晰的表象达到确定无误的概念。

最后，在这里，我发现了教学艺术跟大自然之间普遍的和根本的和谐；或者确切地说，发现了教学艺术跟它的原型的一致。大自然通过这种原型使我们清晰地认识世界万物的本质及其极度的简明性。这样一个难题解决了：如何发现所有教学方法和艺术的共同根源以及相应的形式，凭借这种形式，通过我们自身固有本性的实质来决定我们人类的发展。把机械学的规律运用到教学形式的困难排除了，我把机械学的规律看作是所有人类教学的基础，而所谓的教学形式，由于多少世纪的经验已经为人类所掌握，并用来促进我们人类的发展。所谓运用机械学的规律，就是把它们运用到读、写、算等等的教学活动中去。

第七封信

教学的第一个基本手段——发音

于是,教学的第一个基本手段就是:发音(Sound)。

这个基本的教学手段又引导出以下几个教学的特殊手段——

1. 发音教学㊸,或言语器官的训练;

2. 单词教学,或关于单个事物的教学;

3. 语言教学,或我们借以正确表述熟知的事物及其有关知识的手段。

1. 发音教学

这种教学又可分为说话的发音教学和唱歌的发音教学。

a. 说话的发音教学

关于这种说话的发音教学,对于让儿童听到声音的时间早或晚,是组合起来的声音还是孤立的声音,我们不能听其自然。让儿童尽可能早地知觉*全部说话的声音,这是很重要的。

---

* 英语为 consciousness,也译意识。——中译者注

这种知觉应该在儿童说话能力形成以前就完善起来;并且,也应该在开始看到文字形状以前,或开始阅读以前,就已经形成从容地重复发出各种声音的能力。

因此,《拼音课本》㊹必须包括组成言语的一切声音。在每一个家庭里这些声音应该让孩子在摇篮的时候就听到,而且应该通过不断地重复,使之印象深刻,巩固不忘㊺,哪怕在这之前孩子连一个单一的声音都发不出来。

由于没有见过这样的事情,人们想象不到一些简单的发音,如 ba、ba、ba、da、da、da、ma、ma、ma、la、la、la 等等,可以激发婴儿的观察力,并使他们感到高兴;也难以想象,早期熟悉这些发音的知识,儿童能够获得怎样的一种学习能力。

* 在儿童还不能模仿之前就让他们知觉声音和声调,并确信儿童看到的实物和图画跟他们听的声调差不多,由于这一重要原则我已经为母亲们准备了一本书。在这本书里,我不仅用彩色板画描绘最基本的数目和形状,而且也描绘我们的五官明显感觉到的事物的其他最基本的特性。关于许多名称的知识借助各种观察而得到加强和活跃起来。通过这些知识,我为他们将来阅读作准备,使之变得容易,正像学习文字之前就让他们获得声音印象一样,我也为这同一年龄的儿童进行这种学习作准备,使之变得容易起来。我是想借助这本书使儿童能够在发出音节之前就在头脑里熟悉这些声音。

我将配合这种感觉印象画板为早期儿童写一本关于方法的

---

* 后来发现这些打算是多余的,由于对发展的心理过程有了较深刻的认识,并且在我们的知识中有了元音交替的原理,所以不再运用它们了。这整个报告必须看作仅仅是一种对教学方法的模糊的渴望,关于它的特点,我是远不清楚的。——裴斯泰洛齐

书,在这本书里,儿童用以描绘图画所代表的物体的每一个词,都表述得非常确切,即使没有实践经验的母亲,其工作也可以满足我的要求,因为对我所说的话她毋需添加一个词。

因此,依靠这本为母亲们准备的书,不断地让儿童聆听拼音读本中的各种声音,儿童的言语器官一旦形成,他就一定会习惯地一天几次地模仿拼音读本中的几个声音。正是在这种游戏情景中他模仿着无意义的声音,并且毫不费力。

这本书与以前所有书的不同之处在于:它的教学形式普遍从元音开始,而学生自己就能够理解元音。在音节前边和后边,一个一个地加上辅音,显然这使读和发音教学比较容易。

这就是我们的方法。在每个元音的后边,我们依次加上一个个辅音,从 b 到 z,这样就形成了最简单的容易的音节,如 ab,ad,af,等等;然后,把辅音放到这些简单的音节前边,这些音节实际上把辅音带入通常的言语里。

例如——

ab, b, g, sh, st,　　　b, ab,
　　　　　　　　　　　　g, ab,
　　　　　　　　　　　　sh, ab,
　　　　　　　　　　　　st, ab, 等等。

这样,我们就把辅音加到所有的元音前后,构成了最基本的容易的音节,往后则加上更多的音节,构成更加复杂的单词。这个方法保证了简单的声音得到不断的重复,并且从一个共同的基础上,把所有互相类似的音节有秩序地放到一起。这个方法使那些声音给人造成深刻难忘的印象,使学习阅读非常容易。

这本书的特殊优越性是——

1. 帮助儿童进行长时间的拼音练习,这样他们在这个方面的能力就能充分地形成。

2. 用类似的声音，使儿童对同一形式的重复感到高兴，同时，用这种方法很容易形成对物体的不可磨灭的印象。

3. 它帮助儿童一看到任何生词就很快地发出音来，这个生词是把简单的辅音加到已经熟知的词上构成的，用不着专门去拼读它；往后，他们就能在心中拼读这些复杂的词。这种方法使后来正确地书写这些词也十分容易。

在序言里，在关于使用这本书的简短说明中，我要求母亲们在儿童能够发出这些声音序列之前，一天几次地通过不同的方法给他们发音，以唤起他们观察，并使他们习惯这些声音。这种发音必须以加倍的热情进行下去，并且从儿童开始说话时就一再重复，以便引导他们模仿，从而教他们快速说话。

为了使儿童很容易地就认识字母——这些字母必须在教拼读之前教，我已经在书中加了大写印刷字母，这样，儿童就可以较好地观察它们之间的差别。

把这些字母一一分开，粘贴在硬纸上，一个一个地拿给学生看。我们先让他们看印成红色的不同的元音，在我们能够进一步教他们以前，他们对这些字母必须完全认识并能发音。往后，一个一个地指出辅音，但它们通常都与一个元音相连接，因为它们不能单独发音。

一旦儿童部分地依靠这些特殊练习，部分地依靠真正地拼读（我即将说到它）已经开始谈得上认识字母的时候，我们就可以把它们换成三重文字，与这本书配套，在印刷体的德文字母（字体较小）上面，排上德文字母的书写体，在它们的下面则是罗马字母。然后，让儿童用他们已经认得的中间形式（印刷体德文字母——中译者注）拼读每一个音节，同时用另两种形式进行重复，这样，他学读三重字母表就不会费时间了。

拼读的基本规则就是，所有的音节不过是把辅音加到一个元音的原来的声音上形成的；并且元音总是音节的基础。这种元音同样会首先摆出来，或是放到悬挂的板上（板的上下边应该有沟槽便于安放字母，并便于左右移动）。按照使用说明，在这种元音的前边和后边，有次序地加上各种辅音，如 a—ab—b ab—g ab，等等。然后，教师发出每个音节，儿童则跟着重复，直到他们牢牢记住为止。然后，按照原来的顺序或打乱原来的顺序重复字母（第一个，第三个，等等）；然后，不让儿童看音节，而让他们在心里拼出来。

本书的最初几节特别需要很慢地进行，除非儿童对旧的内容获得了牢固的印象，否则决不进行任何新的内容；因为这些旧的内容是所有阅读教学的基础。后边的内容都是建立在这个基础之上，一点点逐渐加上去的。

当儿童们按照这种方式在拼音方面有了一定的准备时，我们就可以改用另外的方法。例如，我们可以将一个单词的字母一个接一个地摆出来，直到摆完这个单词为止，并且先单独念出每个字母来，然后和下一个字母结合在一起念。如 G—Ga—Gar—Gard—Garde—Garden—Gardene—Gardener。然后，我们又回过头去，用同样的方法，把字母一个一个地拿掉，一次又一次地重复，直到孩子们在心中拼读得很完美为止。我们能够用这种方法倒着拼读单词。

最后，单词被分解为音节，按照每个音节的顺序号顺读过来，并倒读过去。学校教学的特殊优点之一，就是儿童们可以习惯地从一开始就能读出整个单词的声音，而同时又能读出每个音节的发音。或者说，儿童们可以按照顺序号依次发出字母或音节的音，这样，所有的孩子发出的声音听起来像是一个声音。这种做法使教学艺术完全机械化了，*并且以惊人的力量作用于儿童的感官。

当在拼读板上进行的这些拼读练习基本上做完时，就可让孩子拿着《拼音课本》作为第一个读本，用它进行阅读，直到他能够容易地并完善地阅读为止。

b. 唱歌的发音教学

关于说话的发音教学只讲这一些。现在要说说关于唱歌的发音教学。由于唱歌本身不能看作是从模糊印象上升到清晰概念的手段，而是一种才能，这种才能必须在另外的时间为着另外的目的得到发展，所以在我对整个教育进行鸟瞰之前，我不打算讨论它。这里我只说一点，即按照一般原则，唱歌教学也应从最简单的开始，完成了这一步，而且只从完成了的这一步才逐渐开始进行新的练习；同时，不要无根据地相信基础的稳固性而阻碍或混淆这些才能。[46]

2. 单 词 教 学

来自发音的能力的第二个特殊教学手段，或发音的基本方法，就是单词教学，或者确切地说，是名称教学。我已经说过，在这方面儿童必须首先从《母亲的书》[47]那里接受指导。这本书是这样安排的，世界上最重要的事物，特别是像种族、人类，包括整个系列的物体，都应该涉及到，并且母亲们应能够使儿童

---

* 在裴斯泰洛齐时代，机械化（Mechanical）一词，其意义是积极的，表明高度熟练和自动化，与"手工业方式"相对，是"大工业方式"在教育思想上的反映。不像今天常在贬义上使用这个词。——中译者注

十分熟悉它们的正确名称,从而使儿童从最早年龄起,就在名称教学方面作好准备;就是说,为第二个特殊教学方法作好准备,使之建立在发音能力的基础上。

这种名称教学由一系列名称组成一个名称一览表,它列出了自然界各部门最重要的事物、历史、地理、人类职业和社会关系等。这种单词表是在学完拼音读本之后作为阅读练习而立即给予儿童的。经验已经向我指明,在形成儿童阅读能力的时间里,让他们用心记住这种单词表是可能的。在这个时间里,儿童获得那么多丰富的关于名称表的广泛而全面的知识,这会极大地方便后来的教学(像造房子那样,先要收集杂乱无章的材料,以后才能建造房子)。

3. 语言教学

建立在发音能力基础上的第三个特殊教学手段就是严格意义上的语言教学。这里我得出了这样一个观点,即这种特殊形式开始显露了自身的奥秘,按照这种观点,教学艺术通过利用人类所特有的特点——语言,能够使我们的发展与大自然的进程保持同步。但我要说什么呢?这种特殊形式自我显露,按照造物主的意志,人借助这种形式应该使我们人类的教学摆脱盲目的无意识的大自然的控制,使它接受自身的长期发展起来的更好的能力的指导。这种特殊形式自我显露,就像整个人类那样它是独立的,借助这种形式,人能够精确地、全面地确定这些能力的发展方向,并促进其发展。为了这些能力的发展,大自然只给了人力量和方法,但没有给以指导。她不能给予他这种指导,因为他是人。这种特殊形式自我显露,人借助这种形式能够做到这一切,但不会破坏自然进程的崇高和纯朴,也不会破坏我们身体发展常有的和谐,也丝毫不会丧失大自然对我们身体发展始终如一的关怀。

所有这一切都必须致力于通过语言教学的完美艺术和高级心理学,使人从紊乱的感觉印象到清晰概念的自然进程的机制,达到完善的境地。这是我远远办不到的,我感到它就像一个在荒原中哭喊的人的声音。

但是,那位最先把弯曲的铲子绑到公牛的角上,教它掘地的埃及人,导致了对犁的发现,尽管他未能使之完善。

我的功绩也不过是弄弯铲子并把它绑到一个新的牛角上。为什么我这样比喻呢?因为我不愿拐弯抹角而愿直率地说出自己想要说的话。

我想使教学从衰老的、结结巴巴的旧的雇佣教师的手中解放出来,同时也摆脱新的软弱无能的教师的束缚,后者对民众的教学也无更多好处,我想把教学委托给大自然完美无缺的力量,委托给上帝点燃并在父母心中保持的长明不熄的灵光,委托给双亲们期望子女接受上帝和人类恩赐而成长的关怀。

但是,要想确定这种形式,或者确切地说,要想达到这种目的的语言教学的不同方法,并助借于这种形式或方法使我们自己一定能沿着这样的轨道,清楚地描述我们自己正在逐步了解的事物和我们可以学会的事物,要想做到这一点,我们就必须问问自己:

1. 人运用语言的目的是什么呢?

2. 有哪些手段?或者确切地说,什么是大自然通过逐步发展说话的艺术而引导我们达到这个目的的进步过程?

答案1. 语言的最终目的显然是引导我们人类从紊乱的感觉印象达到清晰的概念。

答案2. 引导我们逐步走向这个目的的手段,无疑要遵循这个顺序：

ⓐ我们把每一个物体都作为一个整体来认识，或者一般地称它为一个单位——也就是称为一个物体。

ⓑ我们逐步地认识它的各种特性并学会称呼它。

ⓒ我们通过语言，用改变字词本身和它们的排列的方法，获得使用动词和副词来定义事物质量的能力，以及使我们自己弄清楚因条件变化而引起变化的能力。

(1) 我在上边已经说到怎样学会给事物命名的步骤。

(2) 学会给事物命名的步骤本身又分为：

ⓐ教儿童们自己清晰地表述数和形。数和形是所有事物主要的基本特性，是物质自然界两个综合的普遍的抽象，所有其他使我们观念清晰的手段都有赖于它们。

ⓑ教儿童自己精确地表述除了数和形以外的事物的其他质量（我们通过五官而认识的质量和那些不是通过简单的感觉印象、而是通过我们的想象和判断能力而了解到的质量）。

基本的物质世界的普遍概括、数目和形状是我们根据多少年的经验，通过我们的五官，学会从事物性质中抽象出来的，这些应该及早地无拘束地教给儿童。教的时候不应把它们只看作特殊事物所特有的性质，而应看作物质世界的普遍概括。儿童不仅能叫出圆的或方的东西，叫出圆或方，而且能够尽快地形成把圆或方看作一种统一性、一种纯粹抽象的概念。这就使他能够把在自然界中遇到的一切，圆的，方的，简单的，复杂的，跟表达这些概念的精确词语联系起来。这里我们也明白了一个道理：为什么必须把语言看作表述数和形的工具，看作是不同于大自然通过五官使我们认识事物的其他性质的表述工具。

因此，在为早期儿童所写的书里，我一开始就引导他们清晰地意识到这些抽象的概括。这本书包括对常规方法的综述以及使儿童理解数的主要性质的最简单的方法。

朝向这一目标前进的更进一步的步骤,像语言练习,应该留到晚些时候进行,而且应当跟数和形的特殊教学联系起来。这些步骤作为知识的基本要素,必须在对语言练习完全概述之后才加以考虑。

在为婴儿们写的第一本教科书——《母亲的书》中,图解说明作了多样化的选择,通过我们五官认识到的各类事物的性质概括都说到了,母亲们能够使儿童极其自然地获得精确的印象,自己却不会有任何困难。

事物的有些性质不是直接通过五官认知的,而是通过我们的比较、想象、抽象等能力的介入而认知的。对于与这些性质有关的无论什么性质,我都坚持自己的原则,不使人类判断力表面地、过早地成熟;但是,这个年龄的儿童具有某些抽象的词汇,对这些抽象词汇的认知是不可避免的,我使用这类知识仅仅作为记忆训练,和作为发挥他们想象力与猜测力的便利材料。

另一方面,就能够直接通过五官认识的物体而言,我采取下面的方法使儿童自己尽可能快地表述它们。

名词与通过五官认知的事物的鲜明特点有区别,我把名词从字典中挑出来,而把表示它们的形容词放到紧跟其后的位置上。例如:

鳗鱼	滑溜的,像爬虫一样的,表面有皮的
腐肉	死了的,发臭的
晚上	安静的,明亮的,寒冷的,下雨的
车轴	强有力的,脆弱的,油滑的
田野	沙质的,含肥土的,施了肥的,肥沃的,可收益的,不可收益的

然后，我把这个程序反过来，找出描述五官感知事物显著特征的形容词，接着把形容词描述其显著特征的名词放到其后。例如：

圆的　　球，帽子，月亮，太阳
轻的　　绒毛，羽毛，空气
重的　　金子，铅，栎木
暖的　　火炉，夏天，火焰
高的　　塔，山，树，巨人
深的　　海，湖，地窖，墓穴
软的　　果肉，蜂蜡，黄油
有弹性的　　钢制弹簧，鲸须，等等。

无论如何，我试图用这些图解的完整性不削弱儿童个人思想的自由发挥，而仅仅给以例证性的事实，使其心灵受到激励，并且立刻发问*："你们还知道别的类似的东西吗？"在大多数情况下，儿童们在他们的经验范围内能找出一些新的事实，有些常常是教师没有想到的。这样的方法使得他们的知识领域比较宽广而且比较确切，胜过那些流行过的教义问答法教学，或者仅仅通过无数次辛苦训练的方法。

在一切教义问答法教学中，儿童是被束缚着的。这种情况部分地由于他受到反复盘问的精确概念有许多局限性；部分地由于那种他受到反复盘问的教学形式；最后，肯定是由于教师的知识有限，更多由于教师小心翼翼地不让教学超出他的知识范围。朋友！这对儿童是多么可怕的障碍；而用我的方法，这些障碍就完全排除了。

这样做了以后，儿童通过多种途径获得对世界事物的认识，

---

* 这一问题，在第一版中反复讲过。

我进一步试图通过使用字典使儿童对他目前为止已认识到的事物更加清楚明白。

为此目的，我把从前的知识分为四类：

1. 描述性的地理；
2. 历史；
3. 物理科学；
4. 自然历史。

为了避免不必要地重复同一个词，并且为了尽可能缩短教学的形式，我又把这四大类分成40个子类，仅教给儿童这些子类中的事物的名称。

接着，我考虑我的感觉印象的主要对象，我自己，或者确切地说，用语言表示我自己的一系列名称。这时我就把古代人的伟大知识、语言、关于人的描述归于下列各项：

1. 人被看作一个纯自然体，属于动物界，语言是怎样描述他的呢？

2. 他通过群居状态，奋发向上，直到独立于动物界，语言是怎样描述的呢？

3. 他通过爱心、心智、技巧的力量奋斗向上，使自己比动物有更高的境界来看待自身和环境，语言是怎样描述的呢？[48]

我把这三项划分成40个子项，只把这40个子项中事物的名称呈现到儿童面前。*

在这些系列中，包括人和物质对象两部分，首先应该简单地按照字母顺序排列，而不要去管它们的意义。为了使事物逐渐清楚，应简单地使用它们，把相似的感觉印象和得自感觉印象的概念放到一起。

---

* 所有这些打算随后都放弃了，因为它们是不成熟的意见。——裴斯泰洛齐注

这样做了之后，当古人的知识已经这样用来把那些所有现存的东西都列入按字母排列的顺序中的时候，第二个问题就随之提了出来。

经过更仔细的检查后，教学艺术以后如何安排这些东西呢？于是，一个新的工作开始了。纯粹按字母排列的相同的词汇系列，孩子完全可以认十七八行。这些系列现在必须以新的方法呈现给儿童，在所有这些子项中以及在所有更细的人为划分的子项中，重新展示；必须使他能够自己把这些字词理出顺序，并仿照下面的计划进行排列。

各种物体分别归入不同的类别，类别摆在每一竖行之首，并用数字、缩写符号或其他便利的符号标明。

在第一堂阅读课上，儿童必须彻底地学习主要分类的不同类别，然后，如果他在各种词汇序列中找到各个词所属的类别符号，他便能一眼就瞥见物体所属的类别，并且自己就能够把被字母顺序排列的名词表，变成分门别类的名词表。

我不知道是否需要举一个例子来使这个问题更明白一些。看上去它几乎是多余的，但是，由于这种形式新颖的缘故，我愿意这样做。欧洲的具体国家之一是德国。现在，首先使孩子们完全熟悉德国分为 10 个区域。然后，在它们面前列出各种城市的名称，阅读时，首先按字母顺序读，然后每个城市用它归属的区域为顺序号标明。他们很快就能读出这些城市的名称。他们能认识到这些数字跟主要类别标题的具体项目之间的联系。在几小时内，儿童就能按主要类别标题的具体项目排列德国城市名称的系列。

例如，假如他看见下列德国城市名称和它们的顺序号：

Aachen, 8.　　　　Allenbach, 5.　　　　Altkirchen, 8.
Aalen, 3.　　　　　Allendorf, 5.　　　　 Altona, 10.

Abenberg, 4.	Allersperg, 2.	Altorf, 1.
Aberthran, 11.	Alschaufen, 3.	Altranstädt, 9.
Acken,	Alsleben, 10.	Altwasser, 13.
Adersbach, 11.	Altbunzlau, 11.	Amberg, 2.
Agler, 1.	Altena, 8.	Ambras, 1.
Ahrbergen, 10.	Altenau, 10.	Amöneburg, 6.
Aigremont, 8.	Altenberg, 9.	Andernach, 6.
Ala, 1.	Altenburg, 9.	
Alkerdissen, 8.	Altensalza, 10.	

他会这样来运用它们:"Aachen 是属于 Westphalian 区域的;Abenberg 在 Franconian 区域;Acken 是在 Lower Saxon 区域,"等等。

这样,儿童能够一眼看出顺序号或符号所属类别的标题,判定这个系列的每一个词属于哪个类别。正如我说过的,他们能够把按字母顺序排列的名词表变成分门别类的名词表。

我发现自己处在一个界线上,这儿既是我自己工作的终点,也是儿童能力已经达到的一个点,这时,他们应该能够独立地运用其爱好引导他们所学到的各类已有的知识来作为帮手,而这些知识具有这种性质,即到目前为止,只有少数特殊的人才能运用。

我渴望做到这一步,并不求更多。我过去不会现在也不希望讲授什么世界艺术和世界科学;我对它们毫无所知,但过去和现在我的确希望使普通人民的学习在一开始就容易一些,他们是被遗弃而变得粗野的;我希望向大陆上的穷人和弱者打开雄伟的艺术之门;假如我能够做到的话,我希望放火烧掉这一障碍物,它使欧洲地位低下的公民们的作为一切真正教学艺术基础的个人能力,远远落后于南北方的野蛮人,因为,在我们的大吹大擂的受人重视的普遍启蒙运动当中,它把十分之九的人关在门外,否认他们的社会权利、受教育的权利,或者至少排除了他们运用那些权利的可能性。

愿这些障碍物在我的坟墓上燃烧起熊熊的火焰。现在我确实知道我只是在潮湿的草中投下了一小块煤,不过,我看见风已不太远了,它会来煽这块煤的。我四周的湿草会渐渐地干燥起来,会变暖,会点燃和燃烧起来。是的,盖茨纳!现在我周围的草不管多么潮湿,它总会燃烧的,总会燃烧的。

但是,当我看到自己在语言教学的第二种特殊方法中迄今的进展时,我发现我还未接触到第三种方法,这第三种方法将会引到教育的最终目的——使我们的概念清晰。

  c. 教儿童通过说话清楚地区别物体在各种不同的数目、时间、比例条件下的相互联系,或者确切地说,使所有物体的特点、性质和力量更加清楚,这些物体我们已经通过名称教学熟知了,并且通过把它们的名称和质量放到一起,在某种程度上弄清楚了

这里显露了真正的语法应该建立于其上的基础,用这种方法,将会朝着教育的最终目的——使概念清晰——前进。

这里,我通过用一种极简单但却合乎心理学原理的语言教学,也为孩子们的第一步做了准备。不用让孩子对形式和规则说什么,而是让母亲在孩子面前首先仅仅重复一些简单的句子,就像练习一样。为了训练说话器官和为了练习句子本身,这些句子都应该同样多地被模仿。我们必须清楚地区别这样两个目的——练习发音和学习作为语言的单词。第一种练习应单独进行,独立于第二种练习。当意义和发音都被理解了,母亲就应

该重复下列的句子：
　　父亲是和蔼的。
　　蝴蝶有鲜艳的翅膀。
　　牛吃草。
　　冷杉树有很直的树干。
　　当儿童经常说这些句子，以致重复对他们来说是很容易的时候，母亲可以发问：谁是和蔼的？什么有鲜艳的翅膀？然后反过来问：父亲怎么样？蝴蝶有什么？等等。接着，她继续发问：

谁或是什么？

　　肉食兽是吃肉的。
　　雄鹿的脚步轻盈。
　　树根向四周伸展。

谁或有什么？他或它有什么？

　　狮子有力气。
　　人有理性。
　　狗有灵敏的嗅觉。
　　大象有一个很长的鼻子。

谁或有什么？他们有什么？

　　植物都有根。
　　鱼都有鳍。
　　鸟都有翅膀。
　　牛都有角。

谁希望？他希望什么？

　　饥饿的人希望吃东西。
　　债权人希望偿还债务。
　　囚徒希望成为自由人。

　　　　谁希望？他们希望什么？

聪明人希望得到正确的东西。

愚昧的人希望得到他们幻想的东西。

儿童们希望玩耍。

疲劳的人希望休息。

　　　　谁或能什么？他或它能做什么？

鱼会游泳。

鸟会飞翔。

猫会攀援。

松鼠会跳跃。

牛会用角挑。

马会用蹄踢。

　　　　谁能？他们能做什么？

裁缝能缝纫。

驴能叫。

牛能犁地。

猪能咕哝。

人能说话。

狗能吠。

狮子能吼。

熊能嗥叫。

云雀能唱歌。

　　　　谁或肯定要什么？他们肯定要什么？

耕牛肯定要被套上轭具。

马肯定要供人坐乘。

驴肯定要负载货物。

乳牛肯定要被挤奶。

猪肯定要被宰杀。

野兔肯定要被追猎。

正确的肯定要做。

法律肯定要遵守。

　　谁或必须做什么？他们必须做什么？

雨点必定降落。

戴上镣铐的人们必须一起行动。

被战胜者必定要屈服。

负债者必须还债。

　　这样，我继续进行变格变位练习，把第二步跟第一步紧紧相连结，按照我下边的安排，着重练习动词：

动词和宾语简单地联结

　　注意　教师讲的话

　　呼吸　通过肺

　　砍倒　一棵树

　　捆　　一捆，等等。

紧跟着进行第二步练习，把动词放到一起。

　　照料（To tend）。我照料羊。我专注（attend）地听教师讲话，专注地关心我的职责和我的财产；我专注地关心我的职责和我的工作。我反对（contend）错误。我不装假（pretend）。我想要（intend）买一所房子。我必须监督（superintend）那些人。儿童给予注意（attention）某事时，要么专心（attentive），要么不专心（inattentive）。

　　呼吸（Breathe）。我困难地、轻快地、迅速地、慢慢地呼吸。假如我已经失掉呼吸能力并又恢复了，我又呼吸了。我呼吸空气。这个快死的人呼吸了最后一口气。

　　然后，我继续用逐渐延续增加词汇的方法来重复这些练习，

并使之变为更复杂、更带描述性的句子,例如:

我将。

我将保护。

我将不用别的方法保护我的健康。

我遭受痛苦之后将不用别的方法保护我的健康。

我遭受疾病痛苦之后,我将不用别的方法保护我的健康。

我遭受疾病痛苦之后,我将不用别的方法而通过有节制地生活来保护我的健康。

我遭受疾病痛苦之后,我将不用别的方法而通过最大限度地、有节制地生活来保护我的健康。

我遭受疾病痛苦之后,我将不用别的方法而通过最大限度节制地和全面有规则地生活来保护我的健康。

所有这些句子还应当用动词的所有人称加以分别地重复,例如:

我将保护。

你将保护。

他将保护,等等。

我将保护我的健康。

你将保护你的健康,等等。

这些同样的句子,还应当以另外的时态*进行重复。

我已经保护。

你已经保护,等等。

当学生对这些句子获得深刻印象之后,我们用心选择那些特别有教学作用的、启迪学生的和适合于特殊情况的句子。

与此同时,我举出描述真实物体的例子,以便增强学生通

---

* 德语的动词随着人称和时态变化而变位。——中译者注

过这些句子练习而获得的能力，使他们运用这些能力。

例如：

钟是一个宽大的、厚厚的、圆形碗状物，下端敞开着，通常自由悬挂着，愈向顶部愈细窄，上边圆得像一个鸡蛋，它里边的中间有一个垂直的自由悬挂着的钟舌，它从这一边到那一边敲打，使这个碗状物晃动，产生我们所说的钟声。

走就是一步一步地移动。

站立就是依靠腿，身体挺立着或垂直立着。

躺就是倚在某物上，身体处在一种水平位置。

坐就是依靠某物，身体形成两个角的姿式。跪就是倚在双腿上，两腿在膝间形成一个角。

行礼就是弯曲膝盖，放低身体。

鞠躬就是直立的身体向下弯曲。

攀援就是手和脚攀紧，上下移动。

骑就是坐在一个动物身上。

驾驶就是被一个机动装置运载。

降落就是一物由自重的力量由高向下移动。

挖掘就是用铲子把土往上挑。

我愿意把这份语言练习作为一种遗产在我身后留给小学生们[49]。在这份遗产中，我编入了我认为有意义的动词，这些动词在我生命的最关键时期特别引起我对它们表述问题的注意。借助这种练习，我试图把这些动词和生活的真理、从感觉印象得到的活知识，以及有关人类发展和经历的一切触目惊心的思想联结起来。例如[50]：

呼吸，人啊！你的生命系于呼吸。当你像一个疯人那样老打鼾时，当你将大地上纯洁的空气像咽毒药那样吸进你的肺里时，你所做的不过是加速你自己的喘息，解救了受你打鼾之苦的人们。

改良土地，为了改良土地，耕地早被瓜分了。于是有了财产，财产权仅在瓜分土地时才有，财产权与瓜分土地永远不能相抵触。但是，如果国家允许财产或它自身具有压制人性的力量，而反对财产权，那么，恶感就会在被伤害的大众中发展起来，其不良后果，只能靠明智地恢复对财产权的原来的限制精神才能扭转。为此缘故，上帝自由地给人的耕地，被人们分成了特殊的小块。

表达，你一定会因为常常不能表达自己想要表达的东西而生气。不必生气，变聪明是要花时间的，哪怕你不愿意。

不过，现在是我结束这个问题的时候了。

我已花了很多时间谈论语言是逐渐使我们概念清晰的手段。它真正是最首要的手段。我的教学方法在这一方面特别显出特色：把儿童从模糊的感觉印象上升到清晰的概念，比起以往的做法，它更加利用语言作为手段。我的教学方法也因这一原则而显出特色，就是在最初的基础教学中，排除以语言的实际知识或语法为先决条件的词汇组合。

谁要是懂得大自然只引导人们从弄清个别事物到弄清一般事物，谁也就懂得儿童必须先弄清一个个单词，然后才能让他弄清放在一起的词组。谁懂得这一点，谁就会立刻丢掉以前一切此类的基础教学用书，因为它们都假定在教给孩子以前，孩子已经都有了语言知识。是的，盖茨纳，非常明显，即使是过去一个世纪最好的教材，它也忘记了孩子必须学会谈话之后，我们才可以和他谈话。这种失察是明显的，但却是真的。自从我明白了这个道理，我就不再感到奇怪。我们不能把孩子培养成我们不能培养的人；因为我们迄今忘记了古人的名言和善行，但同人们谈论［如此多种多样的事情］之前，他们必须会说话。

语言是一种艺术——一种无限制的艺术,或者确切地说,它是我们人类所有艺术的总和。在特定意义上,它是大自然作为一个整体作用于人类所产生的一切感觉印象的反馈。因此我运用语言,并通过语言发音产生的联想,试着把这些声音在人类身上唤起的和形成的同一感觉印象再现给孩子。说话这个财富本身是无限的。它发展得越完善,就日益变得更伟大。大自然需要许多年代才能给予人类的东西,语言却可以在很短的时间内给予孩子。我们拿牛来说,假如它知道它的力气,它将是什么样的呢?拿人来说,假如他(完全地)知道他的说话能力并会(完全地)运用这种能力,他将是什么样的呢?

在我们称之为人类文化的混乱中,已经出现了很大的缺陷,因为我们自身迄今忘记了我们不仅没有教会地位低下的乡下人去说话,而且使说话能力差的人们在一些抽象概念上虚度时光,当我们让他们记忆空洞的词汇时,我们已经在教他们相信用这种方法能够获得关于事物的真正知识和真理。

可以肯定,印第安人这样做就足以使其最低阶层人民保持永久的偶像崇拜,那样下去就足以繁衍一个作为偶像牺牲品的退化种族。

你可能对事实持有不同的看法[我们最低阶层不会说话,而且被他们有说话才能的外表引入歧途];我向牧师和行政官员们呼吁,向所有生活在人民中间的人呼吁,人民完全无人过问,遭受着压迫,用一类可怕地歪曲了的、以父系为主的、貌似细心的方法来教他们说话。让生活在这样人民中间的人出来作证,假如他对于把任何概念灌入这些可怜的人们头脑是多么困难还不曾体验过的话。但是任何人都同意这一点。"是的,是的,"(51)牧师们说:"是这样的,当他们到我们这里接受教义时,他们不懂得我们所说的话，我们也听不懂他们的回答。他们记住我们的问题的答案之后，我们才能跟他们进一步打交道。"

行政官员也这么说；他们说得十分正确；要使这些人们理解他们的正义是不可能的。当他们走出乡村时，城镇上饶舌鬼对这些人缺乏说话能力十分惊讶，并且说："在他们开始懂得用语言作出的指令之前，我们必须让他们在家呆上几年。"会说一些话并在柜台后边饶舌的城里人，尽管他们自己可能有点愚笨，但他们仍认为这些人中最聪明伶俐的人也比他们实际上要笨得多。这些人一事无成，做着鬼脸怪叫："这样好，这是我们的运气；如果不这样，买卖就糟了。"

朋友！生意人和各种人们，他们在本地跟乡下的低层阶级经常打交道，为了生计，他们在这个问题上持相似的态度。我几乎可以说，高贵的人们在我们高级喜剧剧院的包厢里或楼座里也同样这样议论着生活在水深火热之中的人们。他们不能不这么说，因为在这方面，处于水深火热中的人民在很大程度上被忽略了。我们不能欺骗我们自己，我们欧洲大陆上的低层基督徒们在许多地方必定陷入这些深渊,因为在其低下的学校里，在一个多世纪里，一直赋予空洞的词语以人类智慧的分量，这不仅阻碍了对自然印象的注意，而且甚至破坏了人类对这些印象的内在敏感性。

我再说一遍，当我们这样做，并把欧洲的下层阶级降低为"字词—铃舌人"*时，这在以前几乎是没有过的，我们从没教他们说话。所以毫不奇怪，本世纪我们欧洲大陆上的基督徒就成为现在这种样子。相反，尽管"字词—铃舌"学校错误百出，而良好的人性还保存了很多内在力量，就像我们常在低层阶级人

---

* 即只记住字词，不知其意义，不敲不出声的人。——中译者注

民中所看到的那样，这真是奇迹。感谢上帝！当谬误达到我们能够忍受的极点的时候，所有的愚蠢和模仿行为终于在人性本身找到了补偿，并停止对我们种族的进一步伤害。愚蠢和错误在任何外衣中包藏着衰败和死亡的种子，唯独真理在任何形式下，其种子自身都孕育着永恒的生命。

第八封信

教学的第二个基本手段——形状

根据教学性质，产生人类一切知识的第二个基本手段是——

形　　状

形状教学要在儿童对具有形状的事物的感觉印象有了意识之后进行。为了实现这一教学目的，人为地描画事物的形状时，一方面必须依据自然的观察力，另一方面必须依据教学本身的既定目标。

我们的一切知识来源于——

1. 我们的五官偶然接触到的每一件事物所留下的印象。这类感觉印象是不规则的、紊乱的。其进程非常缓慢，范围十分有限。

2. 通过教学艺术的干预以及父母和老师的引导而带给我们感官的一切感觉印象。这类感觉印象自然是或多或少地根据[儿童各自的]父母和老师的见识的深浅和精力的盛衰，合乎心理学的要求而安排的；同时也更为全面、更为连贯。儿童也是朝着这一目的和目标——清晰的概念——前进的，其进步同样地或多或少是迅速的、牢靠的。

3. 我的意志［这种意志是以我的一切官能的自我活动为基础的，并且通过这种自我活动使之经久不衰］；我获得观念、知识和能力的强烈欲望；以及欲求获得感觉印象的自发努力。这类通过感觉印象而获得的知识给予我们的观念以内在的价值，并且通过在我们身上形成一种独立的活力来取得感觉印象的结果，使我们更接近于合乎道德的、主动的教育。

4. 在职工作和一切活动的努力的结果，不只是以获得感觉印象为目的。这类获得知识的方式把我的感觉印象和我的环境与地位联系起来，使其结果与我对义务和德行的努力相一致。通过其必然的进程和所产生的结果，对我的洞察力的准确性、连续性与和谐性产生最重要的影响，也对我的努力目标——使概念明晰起来——产生最重要的影响。

5. 最后是类比。由感觉印象所得来的知识教我认识我的感觉印象尚未接触到的事物的特性，它是通过同我已经观察过的另一些事物进行类比而得来的。这种观察（直观）形式改变了我的知识发展，它作为实际感觉印象的结果，不过是从我的感官活动，上升到我的心智及其一切能力的活动。因此，我有多少种感觉印象，就会有多少种心智。但是这里所说的"感觉印象"比通常所说的感觉印象具有更加广泛的意义。它包含着同我的心智的真实本性密不可分的整个的、一系列的情感。

为了从上述两种类型的感觉印象中抽象出适合于每个人的法则，了解它们的区别是十分重要的。

下面，我再回到我的话题上来。

从我对事物形状的感觉印象的意识中产生出我的测量艺术。然而，测量艺术的产生直接依赖于感觉印象的艺术（直观），感觉印象的艺术必须与获得知识的简单能力区别开来，也必须与简单的感觉印象区别开来。一切测量形式的划分及其结果，都来源于这些成熟的感觉印象。但是就连这种感觉印象的艺术也会通过对物体之间的比较，引导我们超脱测量艺术规则，进行按比例的自由摹仿，也就是达到绘画艺术。最后我们把通过绘画艺术培养出来的能力用于书写的艺术。

测量艺术

测量艺术以形状 ABC（直观 ABC）为前提。也就是说，以下面的艺术为前提，即通过对观察者看来不相等的物体的准确区分，来简化和解释测量原理。

亲爱的盖茨纳，我要再次提请您注意这个经验的进程，我的关于这个问题的观点就是在这个经验进程的基础上产生的，为此，让我从我的《报告》中摘录一部分，以资说明。我当时说："如果承认感觉印象是一切知识的基础，那么准确的感觉印象就必然是准确的判断的基础。"

"但是，显而易见，在艺术教育中绝对准确的观察必定是通过测量所要判断（或所要摹仿）的物体而得来的，或者来源于领悟尺寸比例的能力。领悟尺寸比例的能力是通过培养而得来的，有了这种能力以后，才不再需要测量。由此可见，在我们人类的艺术教育中，正确测量的能力紧紧跟在观察（直观）的需要之后。绘画是对形状的线性定义，只有通过完整的测量，才能对形状的轮廓和表面进行合理而精确的定义。

"测量各种物体的练习及其能力的培养应该先于绘画的练习，或者至少应当与之同步，这一原理是很明显的，然而却广泛地遭到忽视。通常，我们的艺术教程是从不准确的观察和歪曲的构形开始的，然后推翻这些构形，再歪歪斜斜地重新构起。如此一次又一次地重复下去，直到最后，领悟尺寸比例的感觉才迟迟地成熟起来,于是,我们终于获得本该早已开始了的测量㊾。这就是我们的艺术教程。古埃及人和伊特拉斯坎人比我们早几千年,可是他们的绘画都依靠完善的测量,或者说实际上只不过是这种测量［的简单的陈述］。

"现在问题来了:既然测量是一切艺术的基础,那么在这个基础上,即在让孩子对他看到的一切物体进行正确测量的艺术基础上,我们用什么方式去教育儿童呢?显然是用方块的再分部分进行一系列的测量。这些部分是根据简单、安全、清晰的法则划分而来的,其中包含着一切可能的感觉印象的总和*。

"的确,现代艺术家们尽管没有进行过此等测量,但是,他们在长期的艺术实践中已经习得了一些方法,用这些方法,已经多少获得了把任何物体摆在眼前,并根据其在自然中的情况真实地把它画下来的能力。但是不可否认,许多人是通过艰苦的、长期不懈的努力才获得了这种能力的。通过最混乱不清的感觉印象,他们才领悟了尺寸比例,从而使实际的测量成为多余的。

"但方法因人而异,人几乎各有其法。谁也没有为自己的方法命名,因为谁也不能清楚地知其所以;因此他就不能把自己的方法合适地传授给小学生。学生的情形也和教师的情形一样,他不得不通过极大的努力和长期的实践摸索出自己的方法,或者说得更恰当些,摸索出某种方法的结果,并获得正确的尺寸比例感。因此,艺术总是掌握在那些少数幸运者手里,他们悠闲、安逸,能通过迂回曲折的途径去获得艺术感觉,所以,谁都不把艺术看作是一般人能干的事,不把艺术修养称作是一般

---

* 新版评论。和其他段落一样,这一段所谈的只是关于初步实验中所探索的不成熟的、尚未定形的见解,是仅对初等教育从整体上进行模糊构思的一种想法,它现在只是在这个意义上才具有意义,但由于它揭示了初步的经验进程,所以吸引了我和我的同伴们。——裴斯泰洛齐

人的权利。

"然而这只是一个方面。假如有人认为,在有教养的国度里,人人都有学习读和写的权利,那么至少不能否认他的观点。很明显,如果我们不想再伤害儿童的话,那么就必须用比教他们读书更为高明的艺术和更大的气力,把在儿童身上自然地、顺利地(针对他在学习读书和写字时所付出的劳累而言)发展起来的绘画愿望和测量能力恢复起来。

"但是,绘画作为使概念清晰起来这个教学目的的辅助手段,在本质上是和对形状的测量联系在一起的。如果把某件物体拿给某个孩子去画,他绝对不可能使用他本该使用的艺术,而这种艺术在其一切教育中,是使模糊的感觉印象上升到清晰的概念的一种手段,直至他能够描绘出这个形状的尺寸比例,表达他对比例的看法为止。他的艺术即便与教育的宏旨相协调,也不可能具备它可能、而且应当具备的那种真正的价值。"

因此,为了创立绘画艺术,我们必须使之服从于测量艺术。角和弧源于正方形的基本形状及其线性切分。我们必须尽力把正方形分解成角和弧,以作为确定的量格(measuring forms)[53]。做到了这一步,我认为就已经组织起一系列的这类量格了。利用这些量格就使学习测量和一切形状的比例关系容易理解,如同声音 ABC 使学习语言容易起来一样。

然而, 这个形状 ABC (直观 ABC)* 就是把正方形等分成

---

* 这里,我必须对直观 ABC 作点说明。它也许是正确理解事物形状的唯一的基本、可靠的方法。但是, 时至现在, 虽然我们在算术和语言教学中有过许许多多的方法,我这个方法却一直完全遭到忽视和冷遇。况且, 缺少这种关于形状教学的方法, 将不仅是人类知识结构中的一个欠缺, 也是一切知识根基中的根本欠缺。在我看来,这是在语言和数目应当从属于形状教学的关键点上的一大知识欠缺。我的直观 ABC 将会弥补这个缺陷,它为教学打下基础,其他教学方法也必须建筑在这个基础之上。我恳求那些自己感到有评判资格的德国人把这一点看作是我的方法的基础。我的尝试是否有价值, 取决于这个基础的正确与否。——裴斯泰洛齐

确定的量格，因此，需要准确地认识这种形状的垂直线和水平线。

用直线对正方形进行这些切分，便得到某些形状，用这些形状便能测量所有的角、所有的圆和弧了。我把这整个体系称为"直观 ABC"。

这个 ABC 应该用下面的方法教给儿童。

我们向儿童演示直线的性质：互不相连，各自独立，条件多样，方向各异且任意确定。让儿童清楚地认识它们的不同的样子，而不考虑其进一步的用途。接着，我们把直线命名为水平线、垂直线和倾斜线，然后再向儿童解释倾斜线分上斜线和下斜线，进而分出左或右上斜、左或右下斜。接下来，我们把不同的平行线命名为水平平行线、垂直平行线和倾斜平行线，把由这些线相交而成的主要的角命名为直角、锐角和钝角。我们以同样的方法教儿童认识并且命名所有量格的原型：正方形，由两角相连而成；教他们认识和命名把正方形两等分、四等分、六等分等等而得到的形状；进而教他们认识和命名圆和它的变体——拉长了的圆，及其变体的不同部分。

所有这些定义都应该在目测的基础上教给儿童。将在这一进程中的量格命名为正方形、水平或垂直长方形（或矩形）；将曲线命名为圆、半圆、四分之一圆；全卵形[54]、半卵形、四分之一卵形、二分之一、三分之一、四分之一、五分之一卵形，等等。这些都必须以目测的形式进行。我们必须引导儿童把这些形状作为测量的手段，引导他们学习比例的性质，通过比例构成这些形状。达到这个目的的首要手段有——

1. 力求使儿童认识和命名这些量格的比例部分。
2. 使儿童能够独立地利用这些比例部分。

《母亲的书》已经为儿童达到这一步打下了基础。许多物体都已拿给儿童看过——方的、圆的、椭圆的、宽的、长的、窄的。不久以后,直观ABC的划分部分就在硬纸板上剪下来:四分之一、八分之一、六分之一正方形等,并向儿童演示。接着,再剪下圆、半圆和四分之一圆,以及卵形、半卵形和四分之一卵形等,同样向儿童演示。

用这种方法,儿童在获得清晰的概念之前,一种模糊的意识就将产生了。随后必须通过学习艺术表现和使用这些形状来获得清晰的概念。为此目的,《母亲的书》同样为儿童奠定了基础,因为这里面含有关于形状的明确的语言ABC,也含有以测量为前提的数目ABC。

因此,我们要引导儿童通过直观ABC这一关,因为《母亲的书》使儿童对语言和数目产生了模糊的意识,而语言和数目这门艺术的方法已在直观初步中清晰起来,并为进行精确的测量作好了准备。这样,就使儿童能够清楚地表达关于每个形状中的数字和尺寸了。

3. 达到上述目的的第三个手段是通过画这些形状本身。利用这种方法(结合上述两种方法),儿童不仅能够逐渐获得关于每个形状的清晰的概念,而且也能够获得用每个形状作业的准确能力。为了达到这第一个目的,我们也向儿童演示形状的比例部分。在第一个过程中,我们把这些形状看作是水平和垂直的矩形,在第二个过程中则把它们描述为诸如:"如果水平矩形2的长是高的两倍,那么,垂直矩形2的高就是其长的两倍,"如此等等,将所有这些划分都过一遍。下面也是如此,为表达不同的方向,由倾斜线构成的几个矩形必须用比的眼光来看待和描述,例如:"水平矩形$1\times 1\frac{1}{2}$,垂直矩形$1\times 2\frac{1}{3}$、$1\times 3\frac{1}{4}$、$1\times 1\frac{1}{6}$"等等。鉴于同样的目的,以倾斜线构成的不同的角,无论锐钝,都必须用比进行解释;对圆所进行的切分,由切分矩形而生成的椭圆也必须用比来解释。

测量能力就是这样通过辨认这些确定的形状而在我身上发展起来的。它使我的模糊的观察力上升到一种从属于明确的规则的艺术,一种正确理解一切形状的能力便从这一艺术中产生出来,我称这个能力为感觉印象的艺术。这是一个新的艺术,它应该成为那些惯常的、过时的、人所共知的文化艺术观念的先导,应该作为它们的普遍的、根本的基础。用这种手段,就能最简单地使每个儿童根据每个实际物体的外部* 比例和这个比例同其他物体的关系,进行正确的判断和清楚的描述。儿童通过这种艺术引导,每当他看到某个图形时,就不但能够随时描述它的高与宽之间的比例,说出其名称,而且能够描述这个图形偏离正方形的每一点偏差比例,不管这种偏差是斜线的还是曲线的;并且能够运用在我们的直观 ABC 中表示这些偏差的名称。

获得这种能力的手段依赖于测量的艺术,并将会通过绘画艺术,尤其是画线的艺术在儿童身上得到进一步发展。这样就会使儿童达到熟知量格,使量格成为一种直觉的地步。初步练习完成以后,他们就不再需要把量格放到眼前,来作为测量最复杂的物体的实际工具了。此时,虽不用〔特殊的〕测量作为辅助手段,他仍能够描绘这些物体的所有比例,清楚地表达自己的意思。

我们不敢断言这种发展了的能力会把每一个儿童,甚至是最弱智儿童培养到什么程度,但谁也不能说这样做是一个梦想。我已根据这些原理引导了我的孩子们。在我看来,我的理论完

---

* 此处第一版是"内部的"。

全是我的决定性的经验的产物。谁都可以来看一看。当然，我的孩子们刚刚开始受到这种指导，但是时至今日这些起步表明需要有一种特殊的人站在我的孩子旁边，并且不会被他人所说服。这确实是很反常的。

绘 画 艺 术

绘画艺术就是向自己再现感觉印象的能力。任何物体，其轮廓和包含在轮廓内部的特征都给人以感觉印象。绘画就是通过类似的线条，用准确摹仿这些线条的能力，向自己再现感觉印象。

利用这种新的方法，绘画艺术就会变得无与伦比地容易起来，因为无论从哪个方面看，它似乎都是轻松地运用那些儿童已经观察过了的形状，况且，通过摹仿练习，儿童已经发展了真正的测量能力。

绘画艺术的教学用下述步骤进行。直观 ABC 是从水平线开始的，儿童一旦能够轻松、正确地画水平线，我们就设法从看到的和表现出来的全部无秩序的物体中，挑选出一些图形来。这些图形都是由儿童熟知的水平线构成的，如果有偏差，至多也只是一些感觉不到的偏差。

接下来，我们继续教画直线，再画直角，等等。当儿童通过轻松地运用这些形状而更加稳固起来时，我们就渐渐地变化图形。绘画艺术的这些步骤（这些步骤与自然机制规律相吻合）所产生的效果与用于测量艺术的直观 ABC 所产生的效果同样显著。用这种方法，儿童在进行下一步学习之前，就能成功地画出每一幅画，连起步时的第一幅画也是成功的了。与此同时，他们在起步时就对形成了的能力有了意识。伴随着这个意识，一种臻于完善的努力和坚持达到圆满的毅力也就发展起来了。而不懂得心理学的人和不符合心理学的艺术教学方法的蠢行和混乱则大哄大嚷，于是决不会、也不可能进行上述尝试。

用这种方法教授儿童，不仅在发展他们动手能力方面奠定了进步的基础，而且也为发展人类本性的内在能力奠定了进步的基础。量格练习课本接着又提供了循序渐进的手段，利用这种手段，结合使用合乎心理学的艺术，遵循自然机制的规律，这种努力就使儿童一步一步地提高到我们已经讨论过的水平。此时，已不再需要把量格摆放在眼前作画了，艺术指导中使用的线条便都成了艺术的本身了。

书 写 艺 术

自然本身将这门艺术从属于绘画艺术，而使绘画艺术在儿童身上发展和达到完善的所有方法，又必须自然地、特别地依赖于测量艺术。

书写艺术和绘画一样，开始之前要对所测量的直线进行事先的锻炼练习，否则就几乎无法起步和进行下去。这不仅因为书写是一种特殊的线性绘画，而且字形方向固定，不能有任何偏差；还因为绘画要求儿童具有适用于画一切形状的灵活性，如果在这种灵活性充分而稳固地建立起来之前，即在学习绘画之前，就使他们自发地书写起来，那么，就必定使他们的手腕由于书写特定的笔画而变得僵硬，从而毁坏他们（绘画的）手的灵活。绘画应该先于书写，更重要的还有：这样做更容易使儿童正确临摹字母的形状，节省因为反复练习歪歪扭扭（并且是不正确的）的字母而浪费大量时间。儿童在他们的整个教育中如果得到了这种有利的训练，便在书写艺术一开始就意识到完善的力量,从而在学习书写的一开始就有决心,而不会给先前已经达到某种准确、精密和完善程度的起步带来任何不和谐、不正确、不完善的因素。

书写同绘画一样,应该首先用石笔在石板上练习,一直到他们成熟了,能用石笔把字母写得比较准确为止——这种年龄教他们用钢笔是极其困难的。

其次,我主张书写和绘画先用石笔,再用钢笔,也因为无论何时,一出错就可以从石板上方便地擦去。相反,一个写错的字留在纸上,常常会导致一连串比第一个更糟糕的错误。该行或该页开头出现的错误偏差,几乎会从头到尾,明显地一错到底。

最后我还认为,这个方法还有一个根本的好处,那就是儿童也从石板上擦去完美的杰作。人类在受教育中不应该骄傲自满,不应该过早地虚估自己所做的事情。这对于人类来说是十分重要的。如果有人还不懂得这一点,那么,他是不会相信上述方法是多么重要的。

因此,我把学习书写分成两个阶段。

1. 在这一阶段里,让儿童熟悉字母形状及其组合,与钢笔的用法无关。

2. 在这一阶段里,让儿童使用合适的书写工具——钢笔,来练习写字。

在第一阶段里,我把字母按大小比例给孩子们写出来,同时事先准备好一种习字帖。利用这种字帖,儿童只要按其整套方法及其优势进行练习,几乎就可以独自培养书写能力,而无须更多的帮助。这种书写课本的优点是:

1. 重点放在开始,用充足的时间讲解字母的基本形状。

2. 逐步把组成字母形状的各部分连在一起。这样,书写比较困难的字母就成为把新的部分渐渐地加到已经练习过了的简单字母上。

3. 从儿童能够正确摹仿一个字母开始,就训练他把几个字母组合到一起,逐步发展到组合单词。这些单词都是由他此时能够正确摹仿的字母组成的。

4. 最后还有个优点。这种课本可以按行被剪成单条,摆在学生面前,将要用眼和手摹仿的各行放在抄本各行的紧上方。

在第二阶段里,应该引导儿童使用专门的书写工具——钢笔。此时,他们已经就字母形状及其组合受过训练,并且基本上达到了完善。教师无需做更多的工作,只需把他们用钢笔画这些字母的形状的能力培养起来,使之成为真正的书写艺术。

与此同时,还应该把儿童的进一步训练和先前的练习衔接起来。他首次用钢笔书写,只是用石笔书写的翻版。首次使用钢笔,所写的字母应当写得和用石笔写的字母一样大。只有通过逐步练习,才会书写正常的小字母。

各种门类的教学,都要求从根本上对其方法进行心理学的分析。哪种方法可以,而且应该用于哪种年龄的儿童,应该有一个确切的规定。由于我在各门学科的教学中实行这一原则,在书写方面也是如此,始终遵循着它;由于我对四至五岁儿童使用石笔摹本,我已经得出了这个结论。即便是一个糟糕的教师,或是一点也未受过训练的母亲,用这种方法也可以在一定程度上教儿童写一手准确、漂亮的字,而她自己则无需具备这个能力。我的方法在这儿或其他地方的根本目的是使在家庭教育方面受到忽视的人们又有受家庭教育的可能;并逐步提高每个疼爱自己孩子的母亲的水平,使她最终能够自己照着我的初级训练方法去训练她自己的孩子。要达到这一点,无论何时她只需比自己的孩子超前一点就行了。

我心潮激荡，对上述见解抱着极大的希望。但是，亲爱的朋友，自从我开始发表这类建议以来，人们便从四面八方向我喊叫："这个国家的母亲们决不会这么做。"不用说平民百姓，就连教育人民的人，传授基督教的人，也轻蔑地责备我："你可以跑遍我们的村庄，你找不到哪个母亲会照你说的去做。"〔他们说得对，事实正是这样。但情况不应当这样，永远也不应当这样。提出这种反对意见的一百个人当中，几乎没有一个知道为什么情况该这样，更没有人知道如何去改变这种状况。〕

与此同时，我可以极其心平气和地回答这些人，"我会用手中的方法，使远在北方的异教母亲们照着我的办法去做。无论何时，假如稳健的欧洲的基督教母亲们——我们祖国的基督教母亲们，真的不能像野蛮的北部的异教母亲们那样为我所说服"，那么，我要对这些目前如此诋毁我国人民的绅士们——他们及其父辈们迄今一直在教导、教育和指导我国人民——大声疾呼："你们应该洗手不干了，应该响亮地宣告：'我们对稳健的欧洲的人民的可怕的愚昧无罪，我们对欧洲最善良、最温驯的人民——瑞士人民的可怕的愚昧是无罪的。'你们应该响亮地说出：'我们和我们的父辈们已经做了我们应该做的事，来从我们的国土、我们的祖国消除愚昧这个难以形容的不幸，来防止道德规范和基督教的最基本原则在我们的国土和我们的祖国遭到难以言状的破坏。'"

我要答复那些竟敢这么说的人："跑遍整个国家，这块国土上的母亲们也不愿意，或者不想愿意照你的办法去做。"我还要说："就像耶稣有一次向耶路撒冷呼喊一样，你也应该向我们祖国的这些母亲们呼喊：'母亲们啊，母亲们！我们本想把你们聚集在智慧、仁爱和基督教的双翼之下，如同母鸡遮护它的小鸡一样，可你们却不肯。'"

假如他们敢于这么做，那么，我便无言以对，只好相信他们所说的话和他们的经验，而不相信这块国土上的母亲们，不相信上帝放进她们胸膛里的那颗心。反之，假如他们不敢这么做，我就不相信他们，而相信这块土地上的母亲们，相信上帝放进她们胸膛里的那颗心。我要揭露这个可怜的说教，他们抛弃这块土地上的人民，仿佛人民是造物主的低级产品。这是诽谤人民、诽谤自然、诽谤真理的说教。

我坚持走我的路，就像一个流浪汉一样，听到远处的风声，但无动于衷。我坚持走我的路，对这一切奇谈怪论置若罔闻。我一生见过、听过许多这种耍嘴皮的人。他们一无所知，对人民漠不关心，但张口闭口的是体系和理论。在这个国度里，在教育问题上极尽污蔑人民之能事的个人远多于我所了解的其他人。这些人自认为自己在高山之巅，人民在低谷。可是，他们全错了。他们就像可怜的、目光短浅的猿猴，其孤芳自赏的本质使他们不能正确地判断真实的动物能力的价值，或者说真正的人类才能。这些耍嘴皮的人的生活方式反常，其堂堂仪表使他们无法看清自己已被架上了高跷，要像他人一样稳稳当当地站立在上帝的土地上，他们必须从那可悲的木腿上走下来。

我可怜他们。我听到这些可怜的耍嘴皮人带着尼姑般的无知和犹太教博士般的智慧说过许多。他们说："对老百姓来说，什么能比《海德堡问答教本》和《诗篇》（指基督教《圣经》中的《诗篇》——中译者注）更美妙呢？"即使在这儿，我还是应该从仁慈出发，追思这种谬误的根源。

是的，朋友！我会原谅他们这种人类思维上的谬误的。这种谬误历来就有，今后还会有的。人本类似，而犹太法学家及其信徒们也犯错误。于是，我沉默了，不再去抨击他们那社会教条的烦琐和客套的鼓噪了，也不再去抨击他们那少爱多愚的思维框架了，这是他们本性的产物。然而，对曾经宣称真理、人民和爱的事业定会战胜犹太法学家们的谬误的最伟大的人们，我只说这么一句："上帝啊，宽恕他们吧！因为他们不清醒自己的所作所为。"

话再说回来。第三，我以为学习书写有几分像学习说话。它在本质上不过是学习说话所特有的训练。

在我的方法中，书写被看作是形状训练。正像它与测量、绘画联系在一起，这种联系使它受益于早先发展起来的测量和绘画技能的一切有利条件一样，它似乎又是一种特殊的学习说话形式，因此也就与说话训练联系在一起，而发展说话能力的训练从儿童的婴儿期开始就一直在进行。

《母亲的书》《拼读和阅读课本》已经使儿童的言语能力发展和巩固起来，因此他也同样受惠于在其言语发展过程中已经具有的有利条件。

用这些方法教授的儿童几乎能背诵拼读和初级阅读课本。他懂得了拼读法的基本原理和语言乃一大整体。通过使用石笔，通过进行初级的书写训练，他已经熟悉了字母的形状，并且对字母及其组合的各自特点也十分熟悉，因此，在进行下一步写作训练时，就不再需要专门的拼读课本了。此时，由于他能够熟练地讲话和正确运用拼法，他心里就有了拼读课本的本质内容，能够根据自己的经验，按照拼写和阅读课本的样子，写出许多系列的词语来。通过这些词语，他巩固自己的语言知识，运用自己的记忆力和想象力。

把这些分级书写训练与用于学习讲话的训练联系起来，尤其具有下列优点：

1. 使儿童已经具有的语法知识更加巩固，使他对语法原理留下不可磨灭的印象。这是肯定的，因为在阅读课本中，名词、动词、形容词、副词等分别排列在各自的栏目里。儿童按照读本的要求去做，就练习了将这些单词各就其位。这样，很快便学会了每个所给的词应属于哪个栏目，从而找出适用于这些秩序的规则来。

2. 儿童获得清晰概念的能力一般能以同样的方式由言语巩固下来（也是根据上述方法）。作为一种书写训练，他能按照各种事物的关系，借助词典列出词语的类别名称，标出自己整理出来的类别和概括来。

3. 通过书写训练而获得清晰概念的手段是巩固的，因为书写和说话一样，不仅训练儿童把名词、动词、形容词组合在一起；而且，通过这些练习，他便会获得发现能力和把自己的知识和见解加到许多知识系列上去的能力，因为许多这些知识系列的主要内容已经为他们在学习讲话时所掌握。

譬如，儿童在书写训练中，不仅增加了他在阅读课本中学会的那些称之为高而尖的东西，而且高高兴兴地学习思考，并将自己的知识范围内所具有的这种形状的物体加进去。

我举个例子来说明儿童发现这些例证的能力。

我给学生三个角的这个词，他在一位乡间小学教师的帮助下，把这个词用在下面的物体上：

三个角的：三角形、测锤、半块手帕、细木工人的界尺、一种锉刀、刺刀、三棱柱、榉果、雕刻师的刮刀、水蛭咬的伤口、剑刃、荞麦种子、罗盘上的指针、鼻子的下端、藜的三角叶*、菠菜叶、郁金香子房、阿拉伯数字4、牧羊人钱袋的内囊，等等。

他们还从桌子上和圆形玻璃窗格上发现一些三个角的图

---

* 藜的学名为 Chenopodium，又名 Bonus Henricus 和 Goosefoot（鹅掌）。

形，但不知道这些东西是什么名称。

把形容词加到名词上时也是这么做的。例如，他们不仅把从阅读课本中学到的所有形容词加到鳗鱼、腐臭尸体、傍晚等名词上，还把那些自己的经验表明适合的形容词加到这些名词上。这样，他们就通过最简单的方式，通过整理事物的特性来认识和熟悉自己知识范围之内的一切事物的特性、本质和属性。动词也是用同样的方式处理的。例如，如果想通过加名词和副词的方式来解释"观察"这个动词，他们不仅会从阅读课本中找到一些名词或副词，来解释或证明这个动词，还会像以前那样，从自己的经验中找出合适的词来。

这些训练具有深远的意义。儿童已经记住的词语，诸如铃、走、站、躺、眼睛、耳朵等是他们的确定的总向导。这些训练使他们能够清楚地表达每一个可能出现的、其形状或实质不是通过口头就是通过笔头为他们所认识的事物。当然，应该明白，这样的效果并非是通过孤立的、专一的书写训练获得的，而是把这些训练和使学生逐渐获得清晰概念的一系列手段联系起来而实现的。

在整个书写教学过程中都必须明白，我所说的使学习书写达到完善的地步，不仅是说把它作为一门艺术，也是说把它作为一种职业。用这种方式便能够使儿童像使用言语一样，轻松自如地用写作艺术表达自己的思想。

第九封信

教学的第三个基本手段——数目

获得知识的第三个基本教学手段是——

数　　目

如果说声音和形状通过几种从属的方法使我们达到通过这几种方法所要达到的目标——清晰的概念和独立的思考能力，那么，算术却是唯一的、与其他从属手段不相联系的教学手段。通过使用算术的基本能力我们清楚地认识到，在见到的一切物体（直观）之间多少都有些关系，它们使我们能够无比精确地描述这些关系的比。无论何处，只要运用算术，它都表明只不过是这种基本能力的简单结果。

声音和形状自身常常夹杂着谬误和诡骗的种子，数目却永远不会。数目可以独自引导出确定无疑的结果。如果说测量也可以达到同样的结果，那么它只能借助算术，与算术结合起来才能实现。就是说，算术是可靠的，因为它要计算。

所以，算术应被看成最直接地达到教学目的——清晰概念的手段，是一切手段中最重要的手段。因此，很明显，对这门学科的教学应特别仔细、特别讲究技巧。深奥的心理学和自然机制的永恒规律的系统知识给教学提供了许多有利条件,我们应当能够以充分利用这一切有利条件的形式进行教学。这样做是十分重要的。

所以,我不辞劳苦地使算术作为这些规律的最明晰的结果,明白地呈现给儿童的感觉印象。我不仅试图简化算术的诸要素,使它们在实际的、自然的感觉印象中呈现出来,而且把后来的步骤和一切变化与起步时的简单形式准确而不间断地联系起来。我深信,算术这门艺术尽管极其严密,但是只要以符合自然本身的进程的方法,从最初的起点开始,循序渐进地使其在人类心智中揭示开来,那么,它就会成为真正的启蒙手段(也就是获得清晰概念和正确洞察力的手段)。

算　　术

算术只不过是把若干个单位集合起来和拆分开来的产物。因此,其基础正如我所说的,在本质上是这样:一加一得二,二减一剩一。不管什么样的数字,都只是自然的、原始的计数方法的简化。但是,这种关于数字起源的意识,不应该因为算术简捷方便而在人们心目中受到削弱,懂得这一点是十分重要的。我们应该非常谨慎地使这种意识影响着算术教学的一切方法。因此,对存在于一切计算深处的事物的真正关系的意识,应该深刻地保留在人们的心目中,一切后来的算术教学步骤也都应该建筑在这种意识的基础之上。假如做不到这一点,这个获得清晰概念的直接手段就会退化成我们的记忆和想象中的游戏,对它的根本目的来说,也将毫无用处。

情况不可与之相反。例如,假如我们只记住"三加四等于七",然后就以这个七为基础,似乎真的理解三加四等于七了。

事实上,我们在欺骗自己,因为七的内在真相没有为我们所理解,我们并不知道这个七的背后的含义,仅这个七就会使我们将一个空洞的词认作真理了。人类知识的各门学科都是如此。绘画也是这样,如果不同其基础——测量联系起来,就会失去其存在的内在真实。而只有通过这个内在的真实,它才能成为引导我们获得清晰概念的一种手段。

在《母亲的书》里,我着手努力将数字关系的印象作为实际的数目变化教给儿童。这些变化能够以实物形式摆在儿童的眼前。在这本书的开头几个表里包含了一系列实物,这些实物使儿童对1、2、3,等等,一直到10产生清晰的感觉印象。然后,我让儿童寻找那些在表中用单个单位、成对单位、成三单位等表示出来的物体。

接着,我让他们使用自己的手指,或者用豌豆、石子或其他手边的物体,来找出同样的数目关系。我每天无数次地更新这个知识,因为我在拼词板上把单词划分成音节和字母时,便提出这样的问题:"这个词有几个音节?第一个音节是什么?第二个、第三个呢?"如此等等。用这种方式,计算起步就在儿童心中产生了深刻的印象。他们也就熟悉了计算的简化形式,熟悉了数目,在眼前没有感觉印象背景而使用数目之前,他们就充分意识到数目的内在含义了。

用这种方式使计算成为清晰概念的基础,其好处姑且不论。对于儿童来说,通过感觉印象而奠定的这种坚实的预备基础,会使这门艺术本身变得那么容易,简直令人难以置信。经验表明,早期阶段的教学之所以困难,只是因为这些[必要的]心理学方法本应该得到广泛的应用,而实际上却没有。因此,我在这里应该对需要采用的方法作稍微详细的阐述。

除了上面讨论过的手段之外,还可以利用拼词板来计数。在拼词板上放上字母板，一块为一个单位。当儿童开始书写时，我们同时开始让他们学习数目关系。拿起某一块字母板问他们："有许多块字母板吗？"他们回答："没有，只有一块。"接着，我们再加一块问他们："一块加一块——有几块？"他们回答："一块加一块是两块。"我们就这样做下去，一次只加一块。后来一次加两块、加三块，等等。

当孩子准确无误地理解一加一一直加到十，并且能够绝对轻松地表达自己的意思时，我们就以同样的方式把字母板放在拼词板上，但是改变了提问的方式，问道："假如你有两块字母板，它们是一块的多少倍？"孩子看看，数数，正确地回答说："假如我有两块字母板，我就有了一块板的两倍。"

通过对这些物件进行准确的、常常是反复的计算，儿童已经清楚地知道了这些基础数字中各有多少个单位。此时，我们便再次改变问题的形式，借助类似的处理字母板的办法问学生："1的几倍是2？几倍是3？"等等。接着再问："2里面包含几个1？3呢？"等等。

当儿童熟知了简单的初步加法、乘法和除法，并且完全熟悉了通过感觉印象进行这些计算的性质时，我们就尽力使他们认识和熟悉初步的减法，还是以相同的方式，还是通过感觉印象。

减法教学是这样进行的。把10块字母板拿到一起，去掉1块问学生："假如你从10块中拿走1块，还剩下几块？"孩子数一数，发现是9块，便回答："假如我从10块字母板中拿走1块，就剩下9块。"然后，我们再拿走第二块问："从9块中再拿走1块，还有几块？"孩子再数一数，发现是8块，便回答："9块拿走1块，是8块。"我们就这样减下去，直到最后。

这种算术解释法可以用下列横行形式画出来说明：

| | | || || 等等

| ||| ||| ||| 等等
| | ||| |||| 等等

每数完一个横行以后，再以类似的方式，把该行中各组字母板拿走。例如：

如果以 1 加 2 得 3，3 加 2 得 5，5 加 2 得 7 的方式，一直加到 21，我们接着就拿走 2 块字母板问："21 去掉 2 得多少？"就像这样拿下去，直到拿完为止。

对物体多与少的意识是通过摆在儿童面前的、可挪动的实物而产生，再通过计算表格而得到巩固的。这些表格以点、画形式向儿童展示类似的关系序列。它们同实物一样，可用作计算的向导，如同拼写课本用来指导在拼词板上拼词一样。

当儿童习惯于用实物计算时，一旦用点和画，即用这些表格（这些表格完全建立在感觉印象的基础之上）来代替这些实物，他对数目的真实关系的认识就会稳固起来。这样，虽然使用日常的数目计算而不通过感觉印象，这些简便方法对于儿童来说也会容易得难以置信，因为他不再因为混乱、脱节、估猜而分散心力（就做算术而言）。从特定意义上看，我们可以说，这样计算是训练推理能力，而不是训练记忆力或机械劳动。它是最清晰、最准确的感觉印象的产物，是获得关于数目关系的清晰概念的可靠途径。

但是，一切物体的增减不仅意味着多一些或少一些单位，而且还包含着将单位分解成数个部分。于是，第二种计数方式便产生了，或者说，又开辟了一条途径。按照这条途径，每个独立的单位本身都可以作为无限分解的基础，都可以作为它所包含的单位的无限分解的基础。

在第一种计数方式中，也就是说，用增加或减少整个单位来计数时，我们把数目 1 看作一切计算的起点，看作感觉印象艺术及其变化的基点。同样,在第二种计算方式中,我们必须找到一种图形。这种图形要发挥数目 1 在第一种计算方式中的作用。

我们必须找到一种图形,这种图形要能无穷地分解,而且分解的部分要和它本身的图形相似。这个图形或作为整体中的部分,或作为独立的、未经划分的单位,都可以给予无穷分解的感觉印象。它必须把部分和整体之间的每一种关系都清楚而准确地展示在儿童面前,就像在简单算术里所使用的方法——清楚而准确地解释数字 1 包含在 3 当中,3 正好是 1 的 3 倍一样。

除正方形以外,没有别的图形能做到这一点。

我们利用这种图形,合理地让儿童看到单位或部分的分解比例,从一切增加或减少的概念的普通起点——数字"1"开始,循序渐进,如同我们向儿童演示增加或减少未经分解的单位一样。我们制作了一张分数感觉印象表,这张表由 11 个横行组成,每行有 10 个正方形*。

裴斯泰洛齐的繁分数感觉印象表

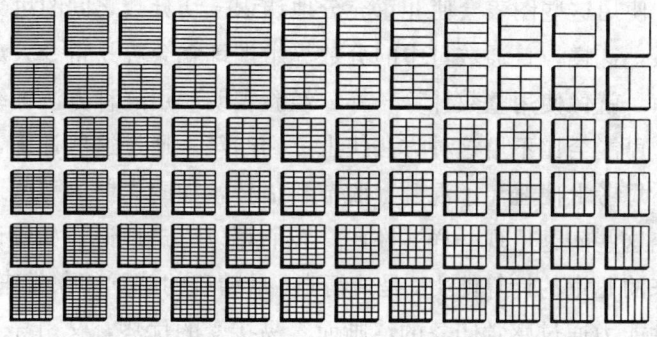

---

* 为此目的,裴斯泰洛齐用了三张表。(1)单位表:此表在这里没提到。它由 12 个横行组成,每行有 12 个长方形空白。在第一行的每个空白里画了一道线,在第二行的每个空白里画了两道线,如此继续下去,一直到最后一行,它每个空白里画了 12 道线。(2)简单分数表。(3)繁分数表:即此处描画的表。它是第三张表的左半部分。这三张表放在一起,登在普勒写的《裴斯泰洛齐的智力或直观算术》(伦敦,1821 年)上。

第一行里的正方形没被分解。第二行里的正方形分成二等份，第三行里的分成三等份，如此一直分到十。

继这张简易分解表之后，又画了第二张表。它还是以一目了然的、简易的形式分解的。其分解秩序是：在第一张表里二等分的正方形，在这里则分成2、4、6、8、10、12、14、16、18、20个部分；接下来的一行被分成3、6、9、12等部分。

直观ABC由量格组成，而量格一般又是通过对正方形的十等分得来的。因此，很明显，我们可以把直观ABC的基础——正方形，用作算术ABC的基础。或者具体地说，我们已经把形状要素和数目要素协调一致起来了。所以，我们的量格可以用作数目关系的首要基础，反过来，数目关系的首要基础又可以用作量格。

于是，我们得出了这个结论：用我们的方法教儿童算术，只使用狭义的[55]、与最初用作直观ABC完全相同的ABC，也就是说，只需要使用用作测量、绘画和书写基础的ABC。

使用这些图表会使儿童充分地认识一切分数之间的可见的关系，这样，普通数目中的分数算术训练就会容易得令人难以置信，就像使用整数计算一样。经验表明，用这种方法训练儿童，可能会比不用这种方法快上三到四年。通过这些训练，儿童在思考上便避免了混乱、脱节和估猜，如同先前的那些训练防止这些问题出现一样。在此，我们可以肯定地说，如此训练出来的儿童的计算能力，是最清晰、最精确的感觉印象带来的，这种能力通过感觉印象的清晰而容易接受的优势，又引导儿童认识真理和掌握真理。[56]

第十封信

教学的基础——感觉印象

朋友，当我现在回顾和自问我到底为教育本身的存在做了些什么时，我发现我已确立了一个最高的教学原则，即感觉印象是一切知识的绝对基础。除了所有特殊的教学，我一直谋求发现教学本身的性质和原型，根据这些性质和原型，自然本身已确定了我们人类的教学。我发现我已将整个教学简化为三个基本的手段，并寻找到特殊的方法。毫无疑问，这些特殊方法将使这三个方面的全部教学获得结果。

最后，我发现我已使得这三个基本手段相互协调；我已使这三个方面的教学以多种形式不仅自身相互协调，而且与人的本性相协调，我已使教学接近人类发展的自然进程。

但与此同时，我也发现了我们国家的教学情况，虽说它是大众的和普遍面向民众的，但却完完全全地忽视了作为教学最高原则的感觉印象，它全然没有对知识的原型给予充分的注意，在这些原型中，我们的本性本身的必要法则确定了我们民族的教育；相反，它牺牲了全部教学的基础而代之以专门事物的孤立教学的喧喧嚷嚷，并且通过提出各种支离破碎的真理而扼杀了真理的精神实质；它消灭了人类民族中依赖于它的自我活动的能力。我发现这种情况明如白昼，即这种教学没有将其特定的方法简化成初步原理，也没有简化成初步形式。因为忽视了作为全部知识绝对基础的感觉印象，它不可能通过任何互不相关的方法达到教学的目的——清晰的概念；它甚至不能使它谋求的唯一的有限结果绝对有把握。

＊处于这种教育㊼状况的人在欧洲至少有十分之九，第一眼看上去这种状况和他们所欣赏的教学的实际质量就几乎令人难以置信，但这不仅在历史上是正确的，而且在心理上也是必然的，不可能与之相反。具有民众教育体系的欧洲必然会陷入错误或荒谬，欧洲实际上就是在这种错误和荒谬的基础之上。一方面欧洲已达到专门技术和科学的巨大顶峰，然而另一方面却又失去了整个人类的自然教育的一切基础。没有哪个国家像它那样一方面如此登峰造极，另一方面却又如此沉沦。就像预言家的塑像一样，欧洲用其特殊的艺术和科学的金色头顶接触到云端，但是应当作为其金顶的基础的民众教育，却好像巨大塑像的脚，是最破旧、最脆弱、最无用的泥土。

上层社会享受特权，下层社会遭受苦难，这种贫富的不协调毁坏了人类的心灵，或者说导致这种严重失调的开端是印刷术的发明。在最初受到这个新的和巨大影响的震动时，因为它使文字知识变得方便了，我们的国家便有点头昏眼花，大吵大叫，相信了印刷术巨大作用的普遍性。对于这一发明之后的第一代人来说，有这种现象是自然的，但是在若干年以后，国家仍处于同样的昏然状态，而且让其发展到神经质似的狂热的地步，损害了灵魂与肉体却毫无病感！的确，这种现象只会发生

＊ 善良的拉瓦特尔（Lavater）很关心世界的这种实际状况，还没有别人这样做过，但是他也懂得并承认这一点。他回答了这个问题：为教学艺术，特别是为观察一切事物，能找到什么样简单的要素呢？他知道没有，而且欧洲的（教育）艺术如此无基础，简直令人难以置信。——裴斯泰洛齐

在我国。

然而，它需要的另一种影响是由僧侣的、封建的、耶稣的和政府的系统交织而成的，为的是通过这种艺术产生曾经影响过欧洲的结果。面对这些周围的环境，确实不仅可以理解印刷术在艺术和民众教育领域中为什么要占据一个确定的地位，甚至很清楚在既定的环境中，与实际产生的情况相比，这种印刷术只能产生出不太坏的艺术和不太好的教育。印刷术是如何被迫缩小这个国家的五个感觉，特别将感觉印象的器官——眼睛束缚在新的学问、文字和书籍的异教徒的祭坛上，这一点是很清楚的。我几乎可以说，这种万能的知识工具被迫变成了单纯的认字眼，并把我们变成了单纯的认字人。

宗教改革［是宗教的原初精神的减弱、僵死的形式和思想的神化的必然结果］完成了印刷艺术新开创的事业。印刷术并没有潜心于僧侣或封建世界的明显愚昧之中，一般来说仅仅是张开嘴来表达抽象的概念。这就更加剧了世界的内部衰退，使人类变成了认字的动物；并且使之达到了如此地步，以致在这种环境中产生的错误不能通过真理、仁爱和信仰的进步来消除。与此相反，更危险的错误，如信仰不诚、漠不关心和目无法纪等看上去可以消除，其实只能更加严重。

因坍岩堵截了河道的灾难性的洪水泛滥，改变了流向，将其灾难一代传给一代。同样，欧洲的民众教育由于两大事件*的影响，曾经摒弃了感觉印象这个康庄大道，普遍走上了一种没有基础的、空想的道路，使人类的灾难一年比一年、一代比一代更严重。

多年以后，现在这种情况终于以对我们知识的普遍的字词

---

* 指印刷术的发明和欧洲 16 世纪的宗教改革。——中译者注

歪曲而告终。这就（导致了不信教的字词歪曲。这种字词和梦想的深深罪恶是根本不适于我们提高信仰和爱的智慧的，相反却适于导致虚伪和迷信的文字曲解，和对词句曲解的漠不关心或麻木不仁。在任何情况下，都不可否认，我们的文化的这种为词句和书本所吞噬的本质）已使我们达到了这种境地——我们再也不能保持我们本来的样子了。

它不可能是别样的。由于我们用根深蒂固的艺术和更加根深蒂固的方法来支持错误，剥夺所有感觉印象的知识、我们的教学方法和我们获得感觉印象的能力，我们的文化的金光灿烂的、令人眼花缭乱的头，除了它实际地站立之处以外，不可能站在任何脚上。没有其他的可能。我们文化中的漂流不定的、盲目的方法，在任何学科里都不能达到公共教学的最终目的，不能达到清晰的概念和完美的能力，这些概念和能力对于人们了解和学习所有这些课程是完全必要的。

甚至这些方法中最好的方法——在这些情况下教授算术〔数学〕和文法的最有帮助的方法，也必定失去力量，因为它们没有为所有的教学找到任何其他的基础，它们忽视了感觉印象。因此，这些教学手段——词、数和形，由于没有有效地服从于所有知识的唯一基础——感觉印象，必然误引我们这一代，使我们在错误和欺骗之中不适当地、表面化地和无目的地夸大这些教学手段。而且通过这种夸大，不是强化和培育我们的内在能力，而是削弱了我们的内在能力。通过同样的力量和同样的机制（organism）* 的作用我们必然会蜕化到谎言和荒谬中去，被视为可怜的、软弱的、不守规矩的、话语不清的呀呀学舌者。与此同时，牵着自然之手的艺术也会把我们提高到真理和智慧

---

* 在第一版，机制是"mechanism"。

的高度。

即便是通过观察（直观）获得的知识，也是通过我们的环境和事务而强加于我们身上的，是不顾我们的愚笨的（因为艺术上的任何错误无法从人类身上完全夺走这种知识）——就连那种独立的知识也成了片面的、幻觉的、自私的和偏狭的。在这样的指引下，我们被迫反对那些与这种偏见的、偏狭的观察（直观）相对抗的一切，并且被迫变得不明智地对待所有真理，而这些真理可能超过了我们缺乏训练的器官的有限范围。对此没有丝毫的帮助。在这些环境中，我们被迫一代一代地更深地沉陷于非自然的俗套、心胸狭窄的自私之中，由此便产生了无法无天、野心勃勃的粗暴状况，我们现在正处于这种状态之中。

亲爱的盖茨纳！因此我们再没有别的办法来解释在上个世纪里，我们是如何陷入一种梦境般的或者说是醉心的、没有基础的、幻想的、推测式的处境的，这种幻想在后半叶达到了登峰造极的地步。这阻碍了我们所有的关于真理和正义的观点。由于屈从于野性的、盲目的自然感情的粗暴骚乱，我们沉没了，普遍流行的带有颠覆性的激进的共和主义精神，以这种方式或那种方式占据了我们大家的思想。结果，它必然造成所有纯洁自然情感的内在瓦解，所有那些依赖于纯洁的自然感情的、有助于人性的手段的内在瓦解。这将导致所有人性从政治制度上消失，也导致几个已不再讲人性的政治制度的解体。但不幸的是，这一些并没有为人性作出贡献。

亲爱的朋友，这是我对最近一些事情的粗略想法。因此，我解释罗伯斯庇尔（Robespierre）和彼德（Pitt）两个人的方法，上层议员和普通人民的行为。每次我一考虑到它，我便回到我的这一认识上去，即欧洲教学的缺点，或者更确切地说，教学的所有自然原则的人为的颠倒，已将这部分世界推到了现在这个局面。除了从我们的民众教学的肤浅性、不完善性和轻率的状况中悬崖勒马,并认识到感觉印象是所有知识的真正基础之外,已经没有对当前和未来社会、道德和宗教的其他补救办法。换句话说,必须承认,所有的知识产生于感觉印象并又可追溯到感觉印象。

第十一封信

从感觉印象到教学艺术

朋友！被看作一切教学的起点的感觉印象，必须与感觉印象的艺术区别开来。感觉印象的艺术教给我们所有形状间的相互关系。感觉印象是所有三种基本教育手段的共同基础，它先于感觉印象的艺术而出现，就像早于计算和谈话艺术而出现一样。如果我们与感觉印象的艺术对比，单独地考虑感觉印象，就其本身来讲，它只不过是摆在感觉面前的外界客体，它引起了人的感官对感知产生印象。通过感觉印象，自然开始了一切教学，婴儿乐于其中，母亲将它给予孩子。

但是为保持与自然同步，艺术在这儿起不到任何作用。母亲为了向自己的孩子展示自然世界，便把最漂亮的景色漫不经心地展现在他的眼前，与这个景色相联系，艺术没起一点作用，艺术确实没对人们起一点作用。

亲爱的盖茨纳，这里我将为你引用一段话，它表达了一年多以前我关于艺术的这种看法[58]。

"母亲怀抱婴儿，就开始教这个孩子。大自然幅员辽阔，五彩纷呈，扑朔迷离，母亲将这些东西带到他的感官附近，让他接受感觉印象，从感觉印象得来的知识对孩子来说是轻松愉快的、赏心悦目的。

"一个弱女子未经训练,在没有帮助和指导的情况下,依自然行事,她并不清楚自己在做什么。她不是有意识地教学,她仅想使孩子安静,使孩子听话,她按照自己纯真朴素的方式做这一些,虽然她不知道通过她自然干些什么,但她却走上了自然的理想之路。通过她,自然做了许多事情。用这种方法,她把自然世界展现在孩子面前,使孩子具备了使用感觉印象的能力,为他的注意力和观察能力的早期发展准备了条件。

"现在如果真地利用了自然的理想之路;如果可以与之联系起来的都与之联系起来;如果这个有益的艺术能使母亲心领神会,对正在成长的孩子继续明智地、自由地做她本能地为婴儿所做的事;同样,如果父亲的心怀(和气质)也用于这个目的;如果这个有益的艺术能使父亲把孩子的气质和环境与他所需要的全部活动联系起来,以便通过对其最重要事情的妥善管理来使其一辈子从内心中满足自己,那么帮助提高我们的民族和每一个人将是多么轻而易举啊!不管他们的情况如何,这些人即使是在充满困难的恶劣环境中,或者是在遭逢厄运之时,都易于提高并保证他们具有稳定、安静与和平的生活。噢,上帝!人类将会得到什么样的好处啊!但是,我们远远不如阿彭策尔妇女那样先进,她们在孩子刚出生几个月时就在摇篮上方挂一个五彩缤纷的大纸鸟,这就清楚地表明了一个起点,这时候艺术应开始把自然界的物体坚定地引入孩子的清晰的意识之中。"

亲爱的朋友!无论谁,看到两三个月的婴儿向这个鸟伸出手脚,他都会认为通过一系列这种可见的代用品,艺术会很容易地在孩子身上建立起艺术和自然的一切物体的感觉印象。然后这些代用品可以一步比一步更加清晰、更为扩大——考虑这一切的人,无论是谁,都不会不感到自己置身在那种本世纪的僧侣教育方式之中,我们已经浪费了时间,直到我们憎恨这种教育为止——的确，孩子们的黄金时代被耽误了。

我看待阿彭策尔鸟就同埃及人看待牛一样，把它尊为神圣的东西，我尽力使用与阿彭策尔妇女相同的方法来开始我的教育活动，我更进一步。无论是在初始阶段，还是在教学方法的整个系列中，对自然、环境和母爱，我听其自然，让它们在孩子会说话之前就感觉到了。我已经尽了我的一切努力，以便能通过排除偶然的性质，而使通过感觉印象所获得的最基本的知识让孩子在那个年龄之前感觉到，使他所获得的感觉印象不会忘掉。

《母亲的书》第一部分仅仅是一个尝试，旨在把感觉印象本身上升为一种艺术，并通过所有知识的三个基本要素，即形状、数目和词句，引导孩子全面地意识到所有的感觉印象，感觉印象的更明确的概念将成为孩子们后续知识的基础。

本书不但收进了我们最必须知道的那些物体的插图，也选收了这类物体的连续系列的材料，这些材料在初步感觉印象阶段，能使孩子们获得对这些物体的多种关系和共性特征的感觉。

从这一点上看，《拼音课本》与《母亲的书》起到了相同的作用。只是把声音传到耳朵里引起一种通过听觉器官而产生的印象，对于孩子来说，这同把一个物体放在他的眼前一样，也是感觉印象，也是通过视觉器官而产生的印象意识。基于这个道理，我对《拼音课本》做了这样的安排，第一部分全部是简单的感觉印象，它完全建立在这种努力的基础之上，即将后来必定成为语言基础的那一系列音节接触到孩子的听觉器官，并确保由这些声音所产生的印象的持久性。同时，在《母亲的书》中，我把一些可见的自然物体展现在孩子们的视觉器官面前，对于这些物体的清晰感觉必然成为孩子进一步获取知识的基础。这两种感觉印象在孩子的同一个年龄进行，不早不晚。

这种将感觉印象上升为一种艺术的原则，在我们知识的第三种基本手段同样也有一席之地。没有感觉印象作基础，数目本身只能是头脑中虚幻的概念印象。对这种印象，我们的想象力必然以一种虚幻方式保持着，而我们的理智不能将其当成真理那样牢牢地抓住。在可能出现教学关系的每一种形状中，孩子必须学会正确地了解其内在本质，然后才可能将这些形状中的某一个形状作为理解几个或许多形状的清晰感知的基础[59]。因此，在《母亲的书》中，我已将头10个数在这个年龄印入孩子的感官，其形式多种多样，有手指、脚趾、树叶、逗点及三角、方块、八边形等等。

我已经在三个方面完成了这项工作，已经确立了感觉印象为所有实际知识的绝对基础。之后，我再次在这三个科目上把感觉印象升华为感觉印象（直观）艺术，也就是说，把感觉印象的所有物体看作为锻炼我的判断和我的技巧的物体。

以这种方式，我用知识来源的第一种基本手段——形状来引导孩子。我先让他读《母亲的书》，熟悉物体的多重感觉印象和物体的名字，然后把他引向感觉印象（直观）的艺术初步。因而他便能够描述物体的形状，他在《母亲的书》中已区分开来了，但还不十分清楚地了解。这本书将使孩子们通过比较物体对四边形的关系，在一切物体形状的基础上建立清晰的观念，以便用这种方式，在所教学科范围之内找到一整个系列的方法，通过这些方法，孩子可以从模糊的感觉印象上升为清晰的概念。

对于知识的第二个主要手段——数目，我的做法还是同样的。我用《母亲的书》让孩子们在数数之前就对头10个数产生概念意识，以后，我再教他几个或许多东西的这些表达方式，其做法是一步一步地把"1"个单位增加到另外一个上，让他明白"2"的性质、"3"的性质，如此类推。因此，我把全部计算的开端变成了孩子的最清晰的感觉印象，同时让他们牢牢地熟悉这些数目的表达方式。

总地来说，我是把算术初步变成一个序列，这个序列只是一个心理的、确定的、不间断的、以感觉印象为基础的、从印象深刻的判断开始渐进到逐步增加的新的感觉印象而已。但只是一个从1到2，从2到3的增加过程。这条道路的结果为经验所证实，只要孩子们已经全部弄懂了任何一种计算的初步，不用借助于进一步的帮助，他们就能自己继续下去了。

人们一般都会注意到，这种教学方式倾向于使孩子们明了每一门学科的原则，因而他们能够完成学习的每一步骤，结果在每一种情况下，只要他本身经历了这个过程，他就可以绝对地被看作（或当作）弟弟妹妹的老师。

为简化和演示数目教学，我所做过的最重要的事就是，我不仅通过感觉印象使孩子意识到全部数目关系范围内的真理，而且把感觉印象的真理与数量科学的真理结合在一起，并且确立了四边形作为感觉印象艺术和算术艺术的共同基础。

知识的第三个基本手段——言语，被看作是我的原则的一种应用，它能最大限度地延伸。

如果形状和数目的知识应先于言语知识（后者部分地产生于前两者），那一定是文法的进展快于感觉印象（直观）的艺术和算术的进展。

通过形状和数目作用于感官而产生的印象先于言语的艺术，但感觉印象艺术和算术要产生在言语（文法）的艺术之后。我们人类本性的最大特殊性和最大的特点——语言，起源于发音的能力。从发音到清晰吐词，再从清晰吐词到语言，步步改进，使语言逐步发达起来。

大自然花费了千百万年的时间才将我们人类提高到具有完美的语言能力的地步，然而，尽管自然为此花费了千年万年，我们在几个月内就学会了这门艺术。[在教我们的孩子说话时]我们必须不走样地走自然造就人类所走过的那条路，我们不敢有所违反。毫无疑问，她是从感觉印象做起的。甚至人们用来表达对一个物体的印象的最简单的声音，也是一种感觉印象的表达。

　　我们人类的言语长期以来仅仅是根据有生命和无生命的自然声音进行模仿而成的仿效和出声的一种能力。从仿效和出声发展成符号文字和一个一个的词，然后经过很长时间他们给特定的物体起了特定的名字，语言的形成在《摩西》首卷第 2 章第 19 句和 20 句中有神圣的描述*："上帝赐予亚当地球上的全部走兽和天底下的全部飞禽，他可以识别它们并为它们起名字。因此，亚当给每一种走兽一一起了名字。"

　　从这里开始，言语不断地发展。首先人们观察到他们命名的那些物体之间的明显差别；然后确定这些特殊的名字；接着又为物体活动和作用力之间的区别命名。多年以后，就发展了一词多义的艺术。单数、复数、大小、多少、形状和数目，最后通过形态变化和构成合成词的方法，清晰地表达由于时空变化而产生的物体的一切变体和属性。

　　在所有这些发展阶段中，言语对人类来说就成为艺术手段，它不仅代表借助发音的能力使复杂概念（直觉知识）清晰化的实际过程，而且代表了使印象永存不忘的实际过程。

　　因而，语言教学就其本质来讲，无外乎是一种表达印象（感情和思想）的心理方法的集合；是把印象的转瞬即逝，难以

---

*《创世》第 2 章第 19、20 句。引文略有出入。——校者

言传的微妙变化用言词的方式使之言传神通，流传长久。

人类本性长期难移，这可以通过在语言教学和起源过程之间的谐合来实现，通过起源过程自然本身已把我们说话的本能发展成现在属于我们的那种艺术。也就是说，所有的语言教学都必须以感觉印象为基础。而感觉印象（或观察）的艺术和数目教学，必定使仿效成为多余的，必然会用一系列常规的声音取代对有生命和无生命的自然音的模仿。因此，它必然渐渐地从发音教学开始，或者更确切地说，从普遍使用一切人类的发音器官的训练开始，到教词、名物、教言语，再到语法上的变格、变位和作文。但是在循序渐进的过程中，孩子必须按部就班，对这种方法，自然在人类文法的发展中已经作了预示。

现在的问题是：自然和经验把语言的发展划分为三个阶段，即语音教学、单字教学和语言教学。我是如何在这三个阶段中坚持自然进程的呢？我是如何把在这些科目中我所用的教学方法的形式与上述的三个阶段协调起来的呢？

我已提出了能进行发音教学的最佳方案。首先确定和区分元音，把元音看作声音的特定基础，然后依次在元音前后加上辅音。通过这个方法，我使摇篮里的孩子意识到了所有这些言语及其排列顺序。通过这种教学方法，我向孩子揭示了语音符号的随意性。我甚至使婴儿身上的内部感觉印象出现在外部感觉印象之前。用这种方法，我确保作用在耳朵上的印象和作用在眼睛上的印象同时开始。

再者，我把这本书里的语音按这样的顺序排列：每一个后续音尽可能与前一个音相近，它和前一个音的区别仅仅是多一个字母。因此，我使这门功课更容易教授。我完全熟知从音节发展到单词教学，到名物，在第一读本中，在《词汇课本》中，按语音顺序排列教给孩子一个词，语音顺序排列尽可能地利用共同点,以使读本的后续阶段容易进行。由于对这个词已有很深的印象了,并且在那些熟悉的字母上不断增加新字母的练习,使之变得熟悉,所以,多方面的感觉印象就成为《母亲的书》的基础,成为语言教学和孩子们不得不说出的单词教学的基础。

通过感觉印象——自然在孩子的最初阶段使之意识到的——而获取的知识是漫无边际的。在这本书里,按照心理原则进行了安排和集中,近的东西在孩子身上产生的印象总比远的东西更加牢固。至高无上的自然法则,物体的基本本质比其变化多端的属性在孩子身上产生的印象更加深刻,这两者结合起来对于教学同样是重要的。在这本书里,通过对物体、对漫无边际的言语和通过感觉印象获得的知识进行集中的和符合心理的排列,使得孩子们很容易获得总的印象。自然界中分散的物体是无数的,但它们的基本特点却不是无数的。所以,只要根据这些物体的特点进行排列,就能使孩子们很容易地得到总的印象。

我让语言教学服从这个原则。我的⑥⁰文法只不过是一系列方法,这些方法能使孩子们准确地表达由感觉印象所获得的所有知识,及其与数目和时间的关系。为了这个目的,我甚至运用了书写艺术,就这种艺术可以视作语言教学而论。为了同样的目的,我还试着应用了自然和经验赐予我的用来澄清概念的全部手段。

我设计出的经验的尝试已基本上表明,中世纪的经院式的教学由于忽视了所有的心理学因素,不仅使我们在所有的学科中达不到最终的教学目的,而且丢掉了自然赐予我们的那些方法,用这些方法,无需借助艺术的帮助,就可以澄清我们的概念;并且,由于这些手段对我们的头脑会产生不利影响,使得这些手段无法被我们利用。

朋友，这种违背自然的经院主义的教学，对我们国家实际力量的摧毁和它的不连贯教学的全部损失是令人难以置信的。同样不可思议的是，通过感觉印象上升到真实知识的全部自然手段和为达到这一目的而增强我们自身的全部吸引力，都在我们中间消失了，其程度十分严重；因为这种不连贯的教学，使用颇有吸引力的语言便把我们弄得头晕目眩。我们讲话时，概念脱口而出，却没有建立在这些概念的感觉印象基础之上的知识。我重申，我们大多数的公立学校不仅没给我们带来任何好处，相反却压抑了我们人类无需接受教育便具有的、一切野蛮人类都具有的东西。对于这些东西，我们在一定程度上不能形成明确的观念。

这是一个除了人之外，再不可能应用于世界上的其他任何地方、任何时期的事实。一个接受了经院主义教育的人谈吐迂腐，对于真理比野蛮人表现得更为迟钝，更难于接受自然的指导，更难于对自然活动因势利导以澄清我们的概念。这些事实使我深信，整个欧洲学校教育这匹马车不仅应该驾驶好，而且应该调转方向，行驶在一条崭新的道路上。根据经验，我对此坚信不疑。我确信它的基本错误、我们时代的空谈、我们片面的〔表面的、无思想的、无意义的〕莫名其妙的话都应被处死，被送入坟墓，然后，才能用教育和语言使我们的民族获得真理和新生。

的确，这是一种尖刻的说法，我要说："谁能听呢？"但这种说法有其试验基础。试验基础使我确信，在初级语言教学中，我们必须拒绝一切不完全的措施，对那种认为孩子在学会说话前就能说话的假设，及以这种假设为基础而编写的教科书（有关这个科目的），必须弃置一旁。所有的教学用书，在其词尾、前缀、构词以及在短语和句子构成中体现了完整语法的东西，都

· 155 ·

不利于在孩子心灵上清晰地发展原因和手段的意识,而原因和手段构成了语法的完整性。因此,假若我真有影响力的话,我将在学校图书馆里对这些教科书采取显然是无情的措施,否则就放弃把语言教学与自然进程协调起来的尝试。

亲爱的朋友!众所周知,在人类语言发展的初级阶段,自然对完整语法的复杂性和人为的组合完全不闻不问,孩子们与原始人一样,对这种组合一无所知。只是不断地通过简单组合的练习,他才获得了理解复杂东西的能力。因此,我的语言训练一开始便撇开只有借助完整语法的一切科学和知识,来研究语言的基本要素;用大自然使人类形成言语这一完全相同的循序渐进的方法,教给孩子形成言语的先进手段。

亲爱的朋友!是否有人在这一点上对我也产生了误解?会不会甚至有一些人期望我能成功地抑制和制止对单词——这些词由于学科的性质,也由于它们人为的结构与组合,打上了对孩子来说是难以理解的印记——疯狂信赖?由于没有感觉印象,凭其腹内空空来办事,会不会导致人类精神的荒芜?通过语言教学本身我能使噪音变得无足轻重吗?并且再次确立感觉印象应有的占优势的影响吗?仅仅依靠感觉印象,语言就可以成为精神文化和一切实际知识以及来自一切实际知识的判断力的真正基础吗?

是的,朋友。我知道在很长时期内,没有误解我的人寥寥无几,他们认为梦幻、声音和噪音对于精神文化是绝对无价值的基础。其原因是多种多样的,根深蒂固的。热衷于喋喋不休与对所谓上等社会的崇拜,与自命要发展民众的文化,尤其是与我们之中的千千万万人的生活是紧密相联的,因而必定要用很长很长时间,在我们这一时代的人们才能将长期以来使他们变得麻木的真理和爱一起注入他们自己的心田。

但我将继续说：所有的科学的教学都是由那些还没学会如何按大自然规律来思考和交谈的人口授的、解释的和分析的；所有科学的教学似乎都是把定义魔术般地灌入像机器之神的孩子的头脑之中，或者像舞台提词员那样把这些定义吹入孩子的耳朵，这样做，必然陷入一个可怜的教育滑稽剧中。因为在这种教学中，不触动人类思维的基本能力而使之处于睡眠状态，单词被填鸭式地灌到睡眠的能力上，我们造就的就是做梦人。他们不自然地、不连贯地做着梦，因为填入打着呵欠的人们的这些词汇是一大二玄，于是学生们梦想着世界上的一切东西，只是他们没有熟睡和做梦而已；但是，在他们周围醒着的人们却意识到了他们的全部假想，理解最深的人们把他们看做是夜游神，这是对做梦一词最完备、最清楚的解释。

人类发展的自然进程是不可改变的。在这方面，没有也不可能有两种好的教育方法，只有一种——这就是那种完全建立在自然的永恒法则基础上的教育方法。至于坏的方法，则多得无限；每一种坏方法，由于其偏离自然法则而变得更坏，由于其倾向于遵循这些自然法则而变得稍好。

我深刻地认识到，这个唯一的好方法既不在我手里，也不在其他人手里⑥；我们只能接近它，但是它的完成和完善必定是这种人——他把人类教育建立在真理的基础上，因而合乎人性并满足人性的本能要求——孜孜以求的。从这个观点出发，我声明我将用我拥有的全部力量去追求这种教学方法。我有一个判断自己的活动以及所有为此目的而奋斗的人们的活动的尺度——尝其果方知其味。人的力量，母亲的智慧和常识，对我来说是衡量任何一种教学的内在价值的唯一证据。任何表现出学习者完全窒息了的自然能力的缺乏感觉印象和母亲的智慧的面貌的教学方法，尽管它可能有其他优点，但都会受到我的指责。

我不否认，这类方法会培养出优秀的裁缝、鞋匠、商人和士兵，但我否认它们能造就出在裁缝和商人这些概念意义上的人。

唉！如果人们认为一切教学的目的只是，也只能是通过和谐地培养人的能力、才华和提高生活的果断力来发展人性那该有多好。唉！要是他们能在教育和教学的每一阶段都问问自己"它有促进作用吗"那该有多好！

我现在将再次探讨一下清晰的概念对于人类发展的重要影响。对于孩子来说，清晰的概念仅仅是那些用他自身的经验不能清楚理解的东西。这个原则首先确立了将要发展的能力和才能的顺序，按照这个顺序就能渐渐地获得全部清晰的概念；其次，确立了教学对象的顺序，由此可以使孩子们开始接受定义的训练并使其继续下去；最后，它规定了准确的时间，在这些时间里，对孩子来说各种定义都包含了实际的真理。

显然，在我们确信他能够理解这种训练的结果——清晰的概念，更确切地说，是理解以词的形式构成的概念叙述——之前，我们必须通过教学培养儿童的清晰的概念。

获得清晰概念的方法在于使所有物体都按恰当的顺序清楚地呈现在理性面前。这个顺序又在于与所有艺术的和谐，通过这些艺术，使孩子能够清楚地自己表达出一切事物的性质，特别是任何东西的大小、数量和形状[62]。按这种方式，而不是别的方式，能够使孩子了解到每一物体的全部特性的综合知识，使孩子对物体进行定义，也就是说，用语言对每一物体特性进行清晰的叙述，仅仅在儿童对该物体的感觉印象具有清晰的、生动的经历时，对他来说它们才包含了基本真理。在对将要定义的物体缺乏完全清晰的感觉印象时，他只知道用词来玩耍；来欺骗自己；来盲目地相信那些其声音不能为他表达任何概念，或除了说明他刚发出的一个声音外，再无其他意义了的词。

HINC ILLE LACRYME*

　　在阴雨天里，粪堆上的毒菌迅速生长。相同的道理，没有建立在感觉印象基础上的定义，同样很快地产生一种毒菌般的智慧，在阳光下，它也会同样快地消失，因而它把晴空看作自己的毒药。对这种无根基的智慧进行无根基的炫耀，就会产生这样的人：他们认为自己已达到了全部学科的目的，因为他们的生活就是一种令人讨厌的关于这一目的的唠叨。他们从来没有真正地达到这种目的，也没有追求过它。因为在他们的一生中，这个目的对于他们的观察力（直观）并不具备迷人的诱力，一般说来，迷人的诱力对于产生非凡的努力才是必要的。

　　我们这个时代充满了这种人。他们厌烦一种引导我们用既定的方法达到知识的目标的智慧，如同跛子在跑道上一样，不先医好他们的脚，他们是不能将比赛的目标变成他们的目标的。描述的能力通常要先于定义。我可以描述对我来说是很清楚的东西，但是由于上面的原因我却不能下定义。也就是说，我能够准确地说出它有什么样的性质，但却不能说出它是什么东西。我只知道这个物体，这个单一的个体，但我不能指出它的关系或它的种类。对于那些我还不清楚的东西，我无法确切地说出它具有什么性质，更说不出它是什么东西了。我不能描述它，更难给它下定义。对于一个清楚某事的第三者来说，当他教我说什么事时，他能向具有和他同样背景的人讲清楚这件事，但却不能对我讲清楚，只要别人的话对我来说不像对他自己——他自己的想法的准确表达——那样，那么他讲的东西就是而且将

---

　　* 原意为"亨克·伊丽爱的眼泪"。——中译者注

依然是他所清楚的东西，而不是我的。

　　用心理艺术并根据人们的生理机制规律将人们引向清晰的概念，引向对概念的表达和定义时，要求下定义前对现实世界的叙述进行分级。这种分级要从单个物体的感觉印象开始，然后对它们命名，从命名到确定它们的特性，这就是描述能力；接着，从描述能力到列举能力，这就是定义能力。指导感觉印象的智慧显然是一个起点，获得清晰概念的一连串手段都依赖这个起点；显然，最后的果实，一切教学的归宿，所有概念的清晰，基本上取决于其初始萌发的全部能力。

　　在自然活动的整个周期内，任何开始就不完善的东西，都已失去了在完全成熟时达到完善的力量。一切一开始就不完善的东西在生长时，在其各部分向外发展时都会受到损伤。你心灵的产品与你花园中的产品一样真实。通过感觉印象获得的单个概念，其结果就像成熟的卷心菜的条件一样真实。

　　防止人类教育中的混乱、不连贯及表面化的最重要的手段，在于当事物开始与我们的感官接触时，要仔细地使事物最初的感觉印象成为我们最必须了解的东西，并尽可能使它清晰、正确和易懂，以便引起注意。甚至在婴儿摇篮时期，我们就要冲破盲目的和嬉戏的自然来训练我们的人类，使这种训练掌握在一个更好的力量手中，这个力量是世世代代的经验教会我们从自然的永恒规律中抽象出来的。

　　人们必须大体上区分出自然规律和自然进程，也就是区分出自然的单一活动和关于这些活动的陈述。就自然的规律来说，它是永恒的真理，对于我们来说它是所有真理的永恒标准。但在它的变化中，它的规律应用于每一个个体和每一种情况，它的真理并不能使我们人类满意和高兴。任何个别情况的条件和环境的确实真理，都把永恒的规律当作人类天性本身的共同规律而要求必要的共同权利。因而，如果让它们满意地适用于人类的话，这两种规律必须协调一致。珍惜这种协调统一是我们人类之本。偶然性就其存在的结果看，它同永恒性和不变性是同样必要的；但就其开始存在和必然结果看，它必须通过人类意志的自由与人类本性上的永恒性和不变性达到和谐一致。

大自然作为偶然性的存在和结果的必然规律的基础，似乎仅关注总体，而忽略它正从外部影响着的个体。从这方面来说，自然是盲目的；而且由于这种盲目，它不是那种协调或能协调人的视觉、精神和道德本质的自然。相反，它仅仅是一种简单的、道德的本性，这种本性能够使自己与物质世界相和谐——它能这样做，也应该这样做。

根据我们的自然本性的基本要求，我们的感觉规律必须服从于我们的道德和精神生活的规律。没有这种服从，我们的本性的物质部分就不能影响我们的教育的实际的最后结果，即培养人性。人类仅通过其内心的和精神的生活而成长为人。通过内心的和精神的生活，人变成独立的、自由的和知足的。仅仅是物质自然不能将人引到这种境界。这种自然从本质上讲是盲目的，它的道路是黑暗与死亡之路。因此，我们人类的教育必须摆脱盲目的感觉上的自然的掌握，摆脱它的黑暗和死亡的影响，将其掌握在我们的道德的和精神的人类手中，掌握在它的神圣的、永恒的、内在的光明和真理的手中。

你漫不经心地丢给外部盲目的自然的所有东西都沉沦了。这对于无生命的自然和有生命的自然来说都是如此。在你漫不经心地将土地丢给自然的地方，土地就生出杂草和蓟。只要你把人类的教育丢给自然，它就只停留在感官的混乱印象上，如此而已。这种混乱的印象不适合人的理解能力，也不适合用最好的教育所需的方法来教育你的孩子。

为了用最确定的方法引导孩子获得正确的和完美的关于一棵树或一种植物的知识,无所用心地把他带到树林或牧场,那儿的各种树林和植物生长在一起,这样做根本不是最好的方法。这里的树木和植物都不是有意识地出现在孩子的面前,不是有意让他观察它们的特性和关系,也不是有意识地让他通过初步印象而获得这一事物的一般知识。为使孩子通过最简捷的途径达到教育的目的——清晰的概念,你必须非常谨慎地把物体显而易见地并且有区别地摆在孩子眼前,这些物体(每一门学科中的)都应有它们所属学科的最基本特点,这些物体又都应适合于把基本特点而不是可变化的性质映入孩子的眼帘。如果你忽略了这一点,你就会使孩子在初次观看物体时把偶然的性质当成基本性质,因此,至少延误了孩子对真相的了解,丢弃了一条从模糊的感觉印象到清晰的概念的最简捷的途径。

但如果在你的教学方法中避免了这个失误,如果在你所教的所有学科中,事物是以这样的顺序作用于孩子的感觉印象,即一开始就这样安排,在第一次观察(直观)一个物体时,对其基本属性的印象开始超过对其偶然性质的印象,那么孩子一开始就学会把一个物体的偶然性质隶属于它的基本性质。毫无疑问,他在一条安全的路上前进,在这条路上,他的能力日益发展,他把物体的一切偶然性质以最简单的方式与其对一切物体的基本属性和其内在真理的充分认识联系起来了,因而把整个自然当作一本露天的书来阅读。

假如一个孩子放任自流地窥视世界而又不思考它的道理,摸索着前进,发现了支离破碎的知识而不得其解,于是他就错上加错,日渐沉沦;相反,一个在襁褓之中就被引向安全之路的孩子将会愉快地成长,对真理愈来愈明。这一切都是存在的,或至少在他的经历范围内所出现的一切会与孩子身上已存在的能力清楚地、广泛地结合在一起，在他的观点后面是不会有差错的。对任何一种错误的偏见在他身上都没有人为地和系统地组织起来，毫不大惊小怪，迄今一直被认为是上了年纪的人所享有的特权，由于这种训练，也成为天真的小孩和年轻人的一份特权。已经到了这一步，如果他具备了相当于中等的能力，那么这个孩子将必然达到教学的最终目的——清晰的概念，就目前来说，如果这些使他得出我们什么都不知道或无事不知的结论，关系都不大。

为了达到这个最高目的，为了组织这些方法并巩固这些方法，特别是赋予物体的最初的感觉印象以广泛性和准确性——对避免基础的不足和差错、对组织在真理的基础上获取知识的方法的顺序是不可少的，我已经在《母亲的书》中对所有这些目的作了充分的论述。

朋友，我已经成功了。至此我用此书证实了我的通过感觉获得知识的能力，我预见到用它培训出来的孩子可以扔掉书本，在自然和周围的一切事物中找到比我教给他们的实现我的目标的更好指南。

朋友，这本书还没有问世，但我已看到它被其自己的行动所接替。

新 版 说 明

《母亲的书》从未问世，此信是对它所做的梦呓般的描述。当时我以为完成它是很容易的。它之所以没能问世，可以用我当时怀有错误的观点来解释。这从侧面说明，对我当时所获得的关于我的大胆设想的真实性的确切程度，要进行更严密的推敲，也说明由于不成熟的判断所造成的严重缺陷。这些话距今已有二十多年了，我现在还很难对这里所表达的观点进行清楚的解释。我必须问自己："就这些理想来说，你这20年是怎样过来的？"我很高兴我终于能说：不管那时它们看来好像妨碍了我当时已有的模糊观念的试图，但它们实际上同样程度地推动了这个发展，根据我的性格，这个发展当时是可以得到的。时间已经泯灭了我的希望，我也不会再像保姆怀里的婴儿那样，伸手从天上摘取月亮了。

第十二封信

工作的自我评价

亲爱的朋友！我上一封信中的最后论述是重要的，现在我再强调地重申一遍，为了达到我刚才所说的教学目的而进行的训练，仅仅是让自然的进程适用于那个目的；但是有一种可以达到这个目的的最高级的方法，即一种适应了的自然进程的完善，一种纯粹推理的进程。纯粹推理的一种训练是可能的。使我的本性把人类感觉印象中的一切捉摸不透的东西提高到最明确的真理是可能的。使我的本性将感觉印象本身从感觉中的印象源的捉摸不透的东西中区分出来，使它成为我本身的最高能力的杰作，即我的推理也是可能的。大自然的手使艺术变得高尚，我们能使艺术将野蛮人的现行的观察能力变得高于感觉的纯粹机制，能在这种活生生的观察能力的基础上加上我们的推理能力。把这种活生生的观察力的恢复同我们人类最高尚的研究，即绝对正确的真理的研究结合起来也是可能的。

亲爱的朋友！假如我的生命还有一点价值的话，那就是我将正方形（square）提高到感觉印象教学体系的基础的地位，而感觉印象教学体系是人们从未提出过的。通过方块，我已为我们的知识基础准备了一系列方法，如以前仅存在于语言和数目教学的方法，这些方法只是教学手段，从属于教学。这些方法从来没有为用于形状本身而研究出来。这样一来,我便把感觉印象与判断、感觉机制与纯粹推理的进程互相协调起来;同时,利用这种方法,我摒弃了成千上万的支离破碎的事实所造成的斑驳陆离的混乱,使教学真正回到真理上来*。

朋友!二十多年来,我几乎不了解《林哈德与葛笃德》前言中的这段话将导致什么结果,"我不参与人们之间不同意见的争论,但一切使他们美好、勇敢、真实、诚实的东西,一切把对上帝的爱和对邻居的爱注入心田的东西——我认为这些都高于一切争论,并为了我们大家而注入每一个人的心田。"

目前,我的尝试使我看到这对于那种教学是非常正确的,我正为这种教学的知识和介绍而努力奋斗。在这方面,我也不参与人们的一切争论。纯粹作为发展我们能力和才华的一种手段,按其本性,它没有将它的影响和结果扩大到不可争辩的范围之外。纯粹作为发展我们能力的一种手段,它不是教支离破碎的事实,而是教真理。它不是同错误进行斗争,而是从内部发展与错误相对立的道德和精神的能力。它纯粹是一种辨别真理和谬误的能力的指南。这种努力究其本质,仅仅是将这种能力的培养建立在心理基础之上,并提供它的一切需要。

朋友!我不仅看到了这种方法的深远意义,而且也看到了与它的差距很大。我只想到这些方法的思路,按照这些思路会达到作为整体的目的。然而,在我的心灵中,我相信能实现这一目的,这一信仰是活着的、难以泯灭的。但是我不知道以什么方式,在什么时候,通过什么人能够或将会实现我的预言。我心里没有自以为是的想法。我的全部努力所产生的结果使我有了这些想法,在我的全部努力中,我追求的仅仅是使教育最下

---

* 这个开头在第二版中被略去了,大概是疏漏了。

层阶级的方法变得更加简单易行。我看到,由于受到了错误的训导,这些人是不幸的、不满足的、危险的。从年轻的时候起,我就喜欢进行这种努力。从年轻的时候起,我就获得了难得的机会,了解到了人们的道德、精神和家庭的堕落,以及与此紧密相连的该得的或不该得的灾难。你可以相信我和人民一起吃过苦头,受过冤屈。

我说这些是为我的某些显然是大胆的主张进行辩解,因为在我的内心深处,存在着帮助人们从水深火热之中解脱出来的热切愿望——根本不是自以为是,也没有能实现它的打算。我祈求你们,应该在这样的背景之下来考虑我全部的显然是大胆的说法。

例如,当我清楚地指明所有人类能力的发展都始于其行为绝对肯定的有机体时,我并不是说这种有机体的法则已为我所知,也不是说我已了解了它们的全部内容。当我指出教学中有一个纯粹推理的过程时,并不是说我已完美无缺地证明且实践了这些法则。在我对我的做法进行叙述的整个过程中,我只试图将我的原则的真理性讲清楚,而不是使我的有限的行动达到为了人类的利益在充分发展原则的基础上可能产生并必将产生结果的标准。我不了解我自己,我日益感到我是多么不了解我自己。

在我全部的叙述中,一切理论和推断都不过是一种有限的、辛劳的结果,以及我不得不加上一系列很少成功的试验结果。我不应该,也不愿意隐瞒,如果一个人在很久以前就陷入了疲惫不堪的状态,成了一个可怜巴巴的困倦的家伙——直到头发灰白,他仍然会被那些有实践的人看作是处处没用的人——他最终不会成为一个成功的学校教师。如果没有布斯、克吕希、托布勒的办法来帮助他结束在一切艺术和活动中的完全无援的状态，而这又是我从未奢望过的，那么我在这个问题方面的理论就会在我的内心消亡，就像一座燃烧着的但找不到出口的火山的闪光一样。我将同一个做梦的蠢人一般掉进坟墓，得不到仁慈宽厚的评价，只会为好人所误解，为坏人所唾弃。

我仅有的功劳、理想，我日益增长的拯救人民的愿望，我的辛劳岁月，我的一生的奉献，我对自己的摧残，都会遭到那些无聊者的嘲讽。如果没有朋友敢于针对别人给我的轻视说句公道话，我就不能自我保护，我就办不到这一点。那么我就已消沉地死去了，我会抱怨自己，对我自己和人民的悲惨命运感到绝望。朋友！如此沉沦，我只能保留住悲天怨命的可悲力量。我本应该——我不得不这样做——独自承担因失败而引起的内疚。我生活中一些可怕的理想似乎早已浮现在我的眼前，一片昏暗，没有一丝光线。

朋友！想象一下我的感情、我的绝望、我的阴暗的理想和这样的想法——如果我毁灭了，我生活的目的也就毁灭了；肯定地，由于我的过失，我应该丧失我生活的目的。我像孩子一样，一次又一次地失败，有时解决问题的办法已送到我手里，但也失败了。唉！长期以来没有人像我那样办事，我遇到的事情与别人遇到的也不一样。我完全缺乏发达的实际技能，我的宏图大志与我的有限能力完全不相称，从儿童时代起，这一能力就阻碍着我实现这个目标。不仅如此，我一年比一年更不适应真正有助于明显实现我的目标的一切，越来越不适应那些对于明显能实现我的目标的必不可少的东西。

我在生活上经常碰壁，虽然不至于心灰意冷，却不能继续前进一步。这是我的过错吗？关心幸运者或至少还算幸运者的一切迹象早已在我的心中荡然无存，就像大陆沉入海底一样不留痕迹，这难道是我的过错吗？我周围的人们，这样长期不离左右的人们，他们看到的我只是一个血淋淋的家伙，他被压得粉碎抛在路旁，没有意识。他生活的目标，就像一棵长在荆棘丛中和沼泽芦苇里的谷穗，很缓慢地抽芽，经常处于垂死和窒息的危险之中，这也是我的过错吗？我一生的目标就像洪水中的一块光秃秃的岩石，水流冲掉了覆盖其上的每一点美丽的泥土，这难道也是我的过错吗？

是的，朋友，这是我的过错。我不仅深深地感觉到了，而且也认错了，但不是在那些像被捅了窝的马蜂那样在我周围嗡嗡叫的坏人面前认错，而是在我自己的理想面前、在我可能提高到的内在价值的理想面前认错。在我凄凉生活的漫漫长夜里，如果超越了我的命运，超越了恢复并提高已消失了的人的本性的可怕岁月的话，我是会认错的。与此同时，一切模糊的和诋毁我的内在价值的东西，在我的周围经常不停地向我袭来，以其全部分量压在我心灵的虚弱之处，并且在我的头顶上找不到顶得住袭击的支撑。

可是朋友，这是我的过错。我的所有不幸都是自己的过错。我本来能做到这一点也是应该做到的；我也能说我曾决心做到它。我曾下决心去超越我的命运——如果能够把它叫做一个决心的话，但我并没有付诸实施，这是事实。我已经老了，在我的神经还没有紊乱到使我完全失去平衡之前，在我内心的最后反复中还没有最终抛弃对人类的同情心之前，我那可悲的蹉跎岁月就已经将我带到了坟墓的边缘。

朋友！妇女比任何男人都要伟大——在不幸（这种不幸远远超过了我的悲观）的生活面前她变得更为高大，并且决不因此消沉。她在很久以前就看到了我丧失了信念，对我那一句神经错乱的话"这没有关系"给予了回答："噢，裴斯泰洛齐，如果一个人发出绝望的声音，那就只能有上帝来帮助他了！他自己再也不能自助了。"

当她说上面这些告诫的话时,我看到了隐藏在她眼中的悲哀和忧虑。朋友,如果在更健康的我最后消失的时候没有犯别的过错,只是能听到却又忘记了的这一句话,那么我的罪过就比所有那些从未看到这种美德也没有听到这种话的人的过错更严重。

朋友!让我暂且忘记我的行为和我的意图,让我自己完全屈服于压倒我的悲哀之情,因为我虽然活着却已不再是我自己。我已失去了一切,我已失去了自己。但是,上帝啊,你在我的身上保留了我生活的心愿;你没有在我的眼前毁灭我惨淡经营的事业,就像你已在千百人和我面前毁掉他们的愿望一样,因为他们毁坏了自己的进取心,你在我的沉沦中保留了我毕生的事业。在我无望和衰老之时,你又投来了一道晚霞;这可爱的美景补偿了我生活中的痛苦。上帝啊,我辜负了你给我的仁爱和信任。你,唯独你,怜悯我这个被压垮的可怜虫。唯独你没有使受伤的芦苇折断,你没有毁灭尚存的一线希望。直到我死,你也没有放弃你的关注,这也是我从童年起就希望去为那些世上被抛弃的人做的但又始终未能做到的事!

新 版 说 明

我怀着沉痛的心情读了这封 20 年前写的信。它表达了我生活里程中的沮丧和绝望以及心愿的破灭,其时恰逢通向我的目标的一条全新的有生机的道路刚刚开通。我无法形容我的激动心情,我那长久被压抑的情感又一次被激发起来,这种现象又恢复了。自我指责之情刚刚震动着我的心。每平息这些指责我的心就被搅乱。20 年后,当我再读这封信时,我又看见了通向自己目标的全新的有生机的路,我高兴得差点跪下祈祷。读者们,我感到无比欢欣鼓舞。这么多年以后,我又回到了我曾经历过的处境,我必须重申,谈到我的努力和希望,如果没有上帝奇迹般的帮助,如果没有朋友的合作(我在他们身上发现英雄般的气魄),毫无疑问,对于我度过的日夜操劳的岁月,不顾性命地拼搏和对家庭的牺牲,今天必将被一群无知者所讥笑。

读者们,这么多年之后当我又读到下面的这段话时,我增添了新的勇气。"朋友,想象一下我的感情、我的绝望、我的阴暗的理想和这样的想法——如果我毁灭了,我生活的目的也就毁灭了的想法。"接着,读者,你可以想象我对上帝的感激之情该有多么强烈,是上帝在我身上保留了我一生的愿望,他没有在我的眼前完全毁灭了我惨淡经营的事业。

然而,读者们,如果我真地已经沉沦,不仅近于绝望,而且完全被它所战胜,我今天仍将证明——正像在那封信里一样——有一半埋怨我的不幸,并将让忍耐、宽恕、感激和爱沉入坟墓。可是,读者们,当我像20年前一样能说"上帝帮助了我"的时候,我的心情是多么的激动。"上帝啊,你在我的身上保留了我生活的愿望;你没有在我的眼前毁灭我惨淡经营的事业,像你在千百人和我面前毁掉他们的愿望一样,因为他们毁坏了自己的进取心。在我无望和衰老之时,你又投来了一道晚霞,这可爱的美景补偿了我生活中的痛苦。上帝啊,我辜负了你给我的仁爱和信任。你,唯独你,怜悯我这个被压垮的可怜虫。你,唯独你没有使受伤的芦苇折断,你没有毁灭尚存的一线希望。你没有否定为了穷人和在这块国土上被抛弃的人,我从童年起就应该做一点但又从未做到的牺牲。"

读者们,请原谅我在同一页里重复同样的话,因为埋藏在我心里的强烈愿望不允许我抑制这种被拯救的和幸福的情感，我必须说出并写出我 20 年前已写过的话，我必须重温它们，用今天的话来表达我此时此刻的心情，我想你们能够原谅我的这些重复。

第十三封信

实践技能的重要性

在上封信中,我的心境容不得我说太多,我只好搁笔。我是对的。当我的心情沉浸于忧郁绝望之中,或者在极度狂喜之中升腾到云霄之上的时刻,我说些什么呢?

朋友,如果不谈这极度狂喜或绝望的心情,我又说些什么呢?

在人类最庄严的特征——语言这个永恒的虚无之中,在其庄严的力量之中,我看到了它的外壳的永恒的限制标记。我的精神受其限制,在里面萎缩了。我在其中不但看到了人类丧失了的纯真的观念,也看到了羞耻的观念。只要我并非毫无价值,这种已失去的羞耻的观念就总是提醒着我。只要我尚未堕落得很深,这种心情就时时在我心中复苏着我把失去的东西挽回来的力量,复苏着我从毁灭中自救的力量。

朋友,只要人类无愧于他的最庄严的特征——语言,只要人类怀着使自己更加高尚、更加优越的纯真的愿望,把它作为强有力的表意工具和保持人类优势的工具来使用,那么它便是一种高尚的、神圣的东西。可是,人类一旦不再配得上这个特征,不再将它作为表达自己优势的工具来使用,丢掉了使自己优越的愿望,那么,它只不过是自然界中一种永不枯竭的、幻觉的源泉，使用它则会导致人们失去人的尊严，变得颓废，变得野蛮。它将成为人类首要的、最有力的彻底毁灭道德和精神本性的工具，成为人类内部的不幸、国民中的不良行为和不应有的灾难的首要根源。社会犯罪也就随之而起。

与此同时，人类最巧妙地用语言掩盖所有这些败落和罪恶。简直无法估量我们语言的腐败堕落传播得有何等广泛、对当今世界各个方面影响得何等深刻。在上流社会、宫廷、法庭、书本、戏剧、杂志、报纸等里面，到处都可以找到它。简言之，它尽其涣散之力，存在于我们生活中的各个角落。儿童在襁褓中就受到腐败堕落语言的刺激，在学生时代又受到其鼓动，于是便终生地巩固起来，这种局面现在比过去任何时候都更广为人知。我甚至可以说，上自布道讲坛和国会大厅，下至旅馆和酒店，人们到处都讲它，到处都可以听到它。人类的堕落与纵欲的所有根源都源于其中，并在其中同恶相济，然后滋生蔓延。

用这一点，仅仅只需要用这一点，我们就能解释这样一个可怕的事实：语言的腐败与人们的堕落齐头并进。它使不幸者更加不幸，愚昧的更加愚昧，坏人的犯罪活动有增无已。朋友！无补于事的空谈使欧洲的犯罪活动加剧。它与过度的文明有关，其结果正影响着我们的情感、思想和行为的基础。它同我们的奴性的广泛增长有关，同我们的独立心的同样广泛的丧失密切地联系在一起——在这个国家里，不仅普通的下层阶级失去了独立心，我们所谓的绅士、贵族、名人们也是如此。它还与我们中产阶级的日益增长的颓废联系在一起，而这个阶级则被认为是一切真正的政治力量和人民幸福的中流砥柱。

日见增加的出版物的目录只是我们时代里极大罪恶的小小的症状。可是，贴在墙角上的政府和私人的招贴广告，在数量上和规模上也与日俱增，常常比膨胀了的出版物目录表现出更加明显的罪恶。总之，我们难以推测，在我们这部分世界的许多国土上，已经达到如此地步的一代人，由于他们懦弱、混乱、凶暴和不协调，将会被语言的叽叽喳喳的颓废引向何处。

我还是回到原话题上来吧。我在对这个问题的实验研究中，一开始根本没有明确的教学想法，一点也没有，我不过这么问自己："假如你希望在一个孩子身上培养出他所需要的全部知识和能力，通过明智地照管他的基本事务来达到内心的满意，你将做些什么呢？"

我现在发现，我在写给你的一系列书信中，只考虑到问题的第一部分，即对儿童的判断力和认识力的训练，而没有考虑到对他们的行动能力的训练。这些行动能力并不只是通过教学〔指知识和科学方面的教学〕来培养的。然而一个人通过行动而达到自己内心的满意所需要的行动能力，实际上并不局限于教学性质迫使我涉及的那几个课题。

我不能丢下这些空白不管。一个恶魔般的幽灵带给这个时代的最可怕的礼物是：有知识而没有行动的能力，有见识而没有实干或克服困难的能力。这正是可能而且易于使我们的生活与我们的内在本性协调一致的能力。

人！需求甚多，向往一切。你欲满足你的需求和愿望，就须认识和思索，为此，你就必须（而且能够）行动。而且，认识与行动又如此紧密地联系在一起，以致一方停止，另一方则随之。⑥然而，只有将行动的能力〔没有行动能力，就不可能满足你的愿望和需求〕与你对需求与渴望的对象的观察力，以同样的教学艺术在你身上培养起来，而且提高到同样完善的程度，方能使你的生活与内在本性协调一致。所以，这些行动能力的培养与认识能力的培养有赖于同样的机制法则（Organic laws）。

活着的植物、动物和人的自然机制（Organism of Nature）是完全一样的。动物的本性仅仅是肉体的，人的本性也是肉体的，但是人有意志。自然能够在我身上产生出三重结果，但自然始终依然故我。自然法则以物质形式影响着我的肉体本性，亦以同样的方式影响着整个动物界。其二，只要自然法则决定我的判断与意志的感觉方面的基础，它们就影响着我。从这方面讲，自然法则是我的意见、爱好和决心的感觉基础。其三，自然法则影响着我，使我能够掌握实践技能。我通过本能感觉到需要这种实践技能，通过洞察力识别它，通过意志掌握对它的学习。然而就此而论，教育艺术必须摆脱大自然的主宰，教育我们人类，或者更确切地说，摆脱自然对每个个人所持有的偶然的态度，将其置于知识、力量和方法的掌握之中，因为知识、力量和方法是自然长期以来为了人类的利益而教给我们的。

诚然，人们从来也未丢掉在日常生活所需要的活动中必须接受培养的想法，即便在华而不实的人为训练*所造成的极其衰退时期也是如此，个人更没有丢掉这种意识。

一切道德、智力、实践等方面的天性，驱使人类尽力进入生活的道路。在生活的道路上，这种需要的意识又逐日增长和发展。这在各个方面都有助于人类摆脱盲目的自然的主宰而改善自己，有助于人类摆脱与自然的盲目性密切相联系的片面的、华而不实的、人为的感觉训练，并把它置于长期以来一直提高人类的智慧力量、方法和艺术的掌握之中。

然而，无论何时，人组成的团体总是屈从于感觉本性的要求，屈从于对感觉本性的华而不实的、人为的训练。这一点大

---

* 德文为 Abrichtungsverderbern，意思是人为的或马戏场式的训练所造成的衰败。此种训练是可能的，但同受训者的真实本性不相协调。

大超过了个人。政府也是这样。政府作为团体、群体或者集团，对感觉本性的要求以及感觉本性的退化的屈从大大超过对个人、乃至集团中的单个成员的屈从。父亲轻易不会冤屈自己的儿子，老师轻易不会冤屈自己的学生，这是肯定的，但是政府却会很轻易地冤屈其公民。

上述情况不大可能相反。人的本性以更大的温和与更加纯真的力量作用于每个人，而作用于群体、集团和邻里则不然，不管它们是何种类型的群体、集团和邻里。人类初始的、共同的天性保留在个人身上，要比保留在任何集团中或邻里间更加无比纯真，更加有力。天性能够、并且实实在在地激励着个人，但却不能同样地激励任何群体或集团。它丧失了可能、并且应该产生和发展对人类整个能力范围的影响的和谐的基础。不可否认，凡天性中圣洁的、神授的东西，都会通过其对自然力的和谐的影响而在个人身上表现出来。然而，无论在何种情况下，天性中这种圣洁的、神授的品质，一旦影响到以集团身分出现的群体或集团，就会残缺不全、丧失效用（不管它单方面以何种形式出现），并且通过这种影响在群体或集团中产生带有僵死力量的团体精神。每一种人的联盟都在其自身中产生僵死的力量，天性则以同样的僵死力量影响着一切类型的人的群体；哪里有这种情况，天性对真理和正义的影响，进而对民族的启迪和民族幸福的影响，就必然受到阻碍。

分清天性对个人和团体的作用是极端重要的，应该受到更多的注意。一旦分清了这一点，我们就会确切地理解许多人类生活的现象，尤其是许多政府的行动，否则这些行动就无法为人理解。这也说明我们为什么不能过多地指望政府来关心个人，关心公民的教育，以及有关公共福利的一切事情——这些事情唯独个人能完成。

不。以个人的生命力和精力能够做好的事情，也就是人民能做好的事情，而政府却做不到。这是一条永恒的真理，很容易用人类的本性来解释，整个世界历史也表明了这一点。我们不能指望政府，更不能强制它。唯一可能要求它做的就是：它不应该让个人陷入既无权力又无意志的境地，应该努力防止个人在为推动公共利益发展方面本可以有所成就、有所贡献的事务中的无权现象。为了让每个个人能够为公共利益出一份力量，政府决不应该忽视他们在智力、气质和能力的培养方面的需求。

然而，我深感痛心地说，我们时代的政府却没有充足的力量和生机来获得实现这一目标所需要的实际技能。不可否认，我们这部分世界上的公民，在培养他们的智力、气质和能力方面，得不到每个人所需要的实际帮助。公民如果有了这种智慧、气质和能力，一方面可以通过对自身事务的精明的处理而获得内心的满足，另一方面又可以方便地提供并且确保国家所需要的一切。为了得到许许多多人的支持和帮助，国家只有让这些人具有良好的品德、智力和实践能力的修养。这样，国家才能维持。

（这里有一大段省略去的文字）*

一个受过教育、心地高尚的人需要掌握的一切能力，有赖于他的知和行的能力。人类所需要的智慧和知识不是自发地产生的，同样，他所需要的一切能力也不是自发地产生的。培养

---

* 我一直很想，并且决定不改动本书的原版，让我当时的观点和思想如同溪水，自由地淌去，但我还是删去了一大段表达我当时有感于人民和我们国家地位的文字，尽管在第一、二版之间的二十年内发生的那些可怕的事件从多方面证实了这些看法。我不得不删去它们。我现在与其说凭借热忱，倒不如说带着悲痛的心情看待人民的境况。我更倾向于以悲痛的态度，而不是以青年人的热情洋溢的雄辩对待昔日弊端的医治，因为不管持有什么样的爱、真理和正义，用慷慨激昂的词句只会熄灭而不会点燃神圣的、永恒的、内在的爱的本性。——裴斯泰洛齐

智力和技能需要有适合于人类本性的、符合心理学规律的一套循序渐进的方法。同理，培养这些行动的技能也取决于一个基础牢固的教学艺术初步的机制，也就是说，要遵循教学艺术的普遍规律。根据这些规律，儿童可以通过一系列从最简单到最复杂的训练而得到教育。这种训练的结果必然会使儿童在他们需要教育的所有方面，获得日益得心应手的技能。

但是这个教学初步并没有找到。我们很少发现没有人寻找的东西，这是很自然的。然而，假如我们以在金融市场上追求任何微小的利益的那种热情去寻找它，就很容易找到它。一旦找到了，它将会大大地造福人类。这个教学初步必须从体力的最简单的表现形式开始，因为人类最复杂的实践能力的基础就蕴含在其中。打击与搬运、刺戳与投掷、拖拉与旋转、绕圈与摆动等等，都是我们最简单的体力表现形式。它们自身虽各不相同，但是或合或分，都蕴含着一切可能的行动的基础，乃至蕴含着构成人类的各种职业的最复杂的行动基础。因此，很明显，这些基本动作的训练，必须一律从根据心理学原理安排的早期训练开始，单项训练和综合训练无不如此。当然，这些基本的四肢操练必须同基本的感觉训练协调合拍，同所有的机械思维练习协调合拍，同形状训练和数字教学协调合拍。

但是，如同我们比阿彭策尔民族的一个妇女和她使用的纸鸟初步直观教学艺术还落后许多一样，我们在基本活动（即体育）教学方面，在打击与投掷、刺戳与拖拉等技能的教学方面，也远不如这个最不开化的民族。

我们需要有一套分级训练，从最简单的开始，直至最高级的完善程度。也就是说，要训练最微妙的神经功能，因为它使我们能够准确而又形式多样地进行刺戳和回避、摆动和投掷等活动。我们还需要从相反和相同的方向训练手脚的活动。所有这些，就流行的教学而言，都是空中楼阁，没有基础。我们只有识字学校、写字学校、问答式（海德尔堡式）教学学校，而我们却需要培养人材的学校。

但是，对于那些主张任何事物都要完全任其自然的人，这些都是没有用的,他们用任其自然的观念支持那些营私舞弊、伤天害理的事；对于那些热衷于人所不齿的自由放任的畏首畏尾的绅士们也是毫无用处的〔我差不多忘记了我是从那儿开始讲的〕。

活动机制和知识机制的发展过程是相同的。就自我教育而言，活动机制的基础也许具有更加广泛的影响。要想有能力，你就得行动；要认识，你就必须在许多情况下保持被动；你只能通过看和听。因此，谈到你的活动，你不仅是活动的教养中心，而且在许多情况下，你也决定着它的最终用途——总是在自然机制法则范围之内。在无边无际的无生命的自然里，它的状况、种种需要和关系决定各种物体的特性；同样，在促使你的才能发展的无边无际的有生命的自然中，你的处境、种种需要和关系也决定着你特别需要的那种能力。

上述看法使我们懂得发展我们的活动的方式，有助于了解发展了的活动的特性。在我们的能力和活动的发展中有一个中心点，人终生有义务要做的、要忍受的、要照管的、要提供的等等一切事情的个人责任心，就建立在这个中心点之上。一切使我们背离这个中心点的影响，都必须看成有悖于明智的人类教育的影响。一切影响，如果它以使我们背离这个中心的方式，引导我们运用能力和活动，因而削弱或者剥夺我们的义务所要求我们的特定性质的活动，或者使我们与这些活动不相协调，或者以某种方式使我们无力为同胞和国家服务，那么，这种影响都必须视作偏离了自然法则的、与我自身和我的环境不相协调的影响。因此，它是我的自我修养、职业训练和义务感的障碍；是一股欺人的、毁己的力量，它使我的生活关系脱离对我的真实品质的纯洁美好的依赖。

各种教学或教育，各种生活，在生活中对受过训练的能力和才能的各种运用，只要其自身带有诸如教育和活动之间、我们人类的真实品质、我们的关系和我们的义务之间不一致的种子，都应该受到一切把自己子女的终生心安理得地放在心上的父母的防范。因为我们必须在这种错误中找出那些罪恶多端的、无稽的伪启蒙的和悲惨的伪变革的根源，二者无论是在教学中，还是在受过教育和未受过教育的公民的生活中，都有一席之地。

很明显，我们必须十分注意按照符合心理学的方式发展和培养我们的行为能力，也必须十分注意进行心理训练来发展认识能力。而发展我们认识能力的这种心理训练，要以初步的直观为基础，它必须用这个基本线索引导儿童获得最纯正的明晰概念。德行是以行为为感觉基础的，对于这种行为的培养，我们必须探索一套发展这种能力的初步教学方法，并在此过程中探索感觉培养，即对我们人类履行人生义务所需要的那些能力和行动的身体灵活性的培养。我们必须把我们人类的人生义务当作德性培育所里的牵引带，一直到这种训练使感觉高尚，不再需要这个牵引带为止。

用这种方法，一种适合于人类的、适合于为履行人生义务而需要的那些实践能力的普通教育可以发展起来。就像智力教育要从完整的感觉印象开始，发展到明晰的概念，进而用语言表达这些概念和给这些概念下定义一样，这种普通教育要从完整的行为能力开始，进而发展到对规律的认识。

因此，如同定义先于感觉印象会使人们自以为是地高谈阔论一样，对德性和信仰的口头说教，如果先于生动的感觉印象的现实，就会把人们引入歧途，造成混乱。不可否认，这些混乱不清的自以为是以亵渎和不洁为基础，深藏于一切想当然之中，通常会导致有德行的信徒干出自以为是的恶劣行为。我还以为，早期的德行感觉培养上的缺陷和早期的认识感觉培养上的缺陷会带来同样的后果（在这一点上，经验更有说服力，必然如此）。

但是，我感到自己刚刚开始接触一个更大的问题，它比我自以为解决了的那个问题要大得多。这个问题就是：

一个自具本性的孩子，他所处的环境和关系是变化不定的，就此而言，他需要受到怎样的训练才能在其生活的进程中不费气力地满足需要、履行义务呢？而这些又如何在可能的情况下成为他的第二本性呢？

我看到了刚刚开始的一项工作，即把身穿童装的小女孩培养成令人满意的妻子、丈夫的贤内助、善良能干的和出色的贤妻良母；把身穿童装的小男孩培养成令人满意的丈夫、强有力的和对妻儿尽职尽责的父亲。

多么了不起的工作啊，我的朋友！这种工作要把儿童未来的职责精神培养成人类下一代的第二本性！更为重要的是，要在追求物质欲望侵袭到血脉以致使德性和才智不可能发展之前，把促进发展德性和才智的心理气质的感觉手段融入他们的血脉之中。

朋友！这个问题也解决了。发展我的认识的感觉基础的自然机制法则，也同样是促使我培养德行的感觉手段。但是，亲爱的朋友，此刻我不能详细地阐述如何解决这个问题，下次再谈吧。

第十四封信

道德教育

朋友！如同我以前所说，详细地阐述培养实践能力所依赖的原理和法则，会把话题扯得太远。但是，我不愿意丢下我的整个教育体系中的关键问题不谈就结束写信。这个问题是：宗教情感同我认为普遍适合于人类发展的那些原理是怎样联系起来的？

这里，我还是从自身的体验中来寻找问题的答案。我想知道：上帝的观念怎么会在我的心灵中萌发？我是怎么会信仰上帝的？我是怎么会投入上帝的怀抱的？我在爱他、信任他、感激他、跟随他的时候，又是怎么感受到他的恩典的？

我很快认识到，热爱、信任、感激和乐于服从这些情感肯定已经在我内心里发展了，然后才能用来侍奉上帝。我必定首先热爱人、信任人、感激人和服从人，然后才能渴求热爱、感激、信任和服从上帝。任何人如果不爱自己已经见过的兄弟，怎么能爱未曾见过的上帝呢？

于是，我问自己：我是怎么会热爱、信任、感激并且服从人的呢？人类的爱、感激和信任等感情是如何在人的本性中产生的呢？人的服从的行为又是如何产生的呢？我发现，它们主要来源于婴儿与其母亲之间的关系。

母亲出自动物的本能不得不照料孩子，喂养孩子，保护孩子，使孩子高兴。她就是这样做的。她满足孩子的需求，排除任何使孩子不快的事情。孩子无力自理，她就来帮助他。孩子得到母亲的关怀便感到快乐。爱的情感便在他的心里萌生。

如果把一样孩子从没见过的东西放在他面前，他就会惊奇、恐惧，于是，他就哭。母亲把他紧紧地搂在怀里，爱抚他，转移他的注意力，孩子就不哭了，可是他的眼睛还是潮湿的。当那件东西再次出现时，母亲把他搂到怀里，微笑地看他。这次他便不再哭泣，他会用清澈明亮的眼睛回答母亲的微笑。信任的情感便在他心里萌发。

孩子需要什么，母亲就赶忙来到摇篮边。孩子饿了，母亲就出现在他身边。孩子渴了，母亲就给他喝的。听到母亲的脚步声，孩子就安静下来。看见母亲，他就伸出双手。他的眼睛盯着母亲的乳房，他满足了。在他看来，母亲和满足完全是一回事。他感激了。

爱、信任、感激的萌芽很快成长起来。孩子分辨得出母亲的脚步声，看到她的身影就微笑。他爱那些像他母亲的人。在他看来，像他母亲的人都是慈爱的。他笑盈盈地望着母亲的脸，笑盈盈地望着所有人的脸。他爱那些同母亲亲近的人，拥抱她所拥抱的人，亲吻她所亲吻的人。人类爱的种子，兄弟爱的情感便在他的心里萌发了。

服从的行为究其根源是和动物本性的最初心向相对立的。它的培养依赖艺术。服从不是纯本能的简单结果，但同本能密切相关。它的最初阶段明显是本能的。有了需求才有热爱，需要营养才产生感激，得到关怀才产生信任；同样，有了强烈的请求才会产生服从。孩子等急了就哭。他先是不耐心，后来才服从。耐心在服从之前得到发展。只有通过耐心，孩子才变得服从。这种德行的最初表现形式仅仅是被动的，一般是由于意识到了只有服从才能满足需要而产生出来的。但是这种德行也是在母亲的怀抱里发展起来的。孩子必须等到妈妈为他解怀，等到妈妈把他抱起来才能有奶吃。主动服从的发展要晚得多，而认为服从母亲对自己有好处的意识更是后来的事。

人类的发展是在为满足物质需要的强烈欲望中开始的。母亲的乳头使儿童对物质需求的最初激情平静下来，于是增长了对母亲的爱，不久以后惧怕感又产生了。母亲的怀抱消除了孩子的惧怕感。这些行为产生出对母亲的爱和信任感的结合，使儿童对母亲的感激发展起来。

孩子跃跃欲试，大自然却无动于衷。孩子敲木头和打石头，而大自然却不动声色，于是他就不敲不打了。现在，对孩子的非分欲望，母亲也无动于衷了。他时而大发脾气，时而大声喧哗，母亲仍然不动声色。他不哭了，渐渐习惯于使自己的意志服从于母亲的意志。耐心的种子萌发了，服从的种子也萌发了。

服从和爱、感激和信任二者结合在一起就萌发了良心。对爱自己的母亲发脾气是不对的，这种初始的模糊感觉产生了；母亲生活在世上不纯粹是为了他一个人，这种初始的模糊感觉产生了；这个世界上的一切东西并不都是为了他才存在的，这种初始的模糊感觉也随着产生了。同时，也萌生了这样一种感觉：他自己在这个世界上不仅仅是为了自己。初始的、朦胧的权利和义务感萌发了。

这就是道德的自我发展的基本原理，这些原理是在母亲和孩子之间的自然关系中展现出来的。然而，在这种母与子之间的自然关系中，还存在着人类特有的心理状态，即人类依赖于造物主的自然萌芽的全部实质。也就是说，人类通过信仰而依赖上帝的一切情感的萌芽，从实质上说同婴儿依赖于其母亲所产生的情感的萌芽是一回事。这些情感的发展方式也是一模一样的。

幼儿聆听、信任和追随母亲与上帝,然而,此时他并不知道自己相信的是什么,也不懂得自己做的是什么。同时,就在这个时期,他的信仰和行动开始失去其初始的根基。孩子的独立能力逐渐增长,使他抛开母亲的手。他开始意识到自己的个性,心中产生一种秘密的想法:"我不再需要我的母亲了。"母亲从孩子的目光中察觉到他这种思想在滋长,把自己的宝宝更紧地搂到怀里,用他未曾听到过的声音说:"孩子,你不再需要我了,我不能再保护你了,但有上帝,你需要上帝,他会把你抱到他的怀里的。在我不能给你欢乐和幸福的时候,上帝能给你欢乐,为你造福。"

于是,一种难以言表的东西在孩子心中升起,这是一种神圣的情感,一种信仰的欲望,这使他超越了自我。他一听母亲讲到上帝,就为有上帝而感到欣喜。在母亲的怀抱里发展起来的爱、感激和信任的情感扩展了,发展到把上帝奉为父亲,奉为母亲。服从的实践有了更加广阔的天地。从这个时候起,孩子就像信赖自己的母亲一样信赖上帝,他为了上帝的缘故做正当的事,就像过去为了母亲的缘故而做正当的事一样。

由此可见,母亲试图通过对上帝的信仰倾向,把孩子初始的自主性和新近发展起来的道德感结合起来。这种纯洁、善良的初步尝试向我们指明,如果教育和教学确实旨在使我们获得崇高的品德,就必须注意这些基本原理。

如果说爱、感激、信任和服从的萌芽是母子之间本能情感的吻合的简单结果,那么,进一步发展这些萌发了的情感便是人类的崇高的艺术。但是,如果你有片刻看不清这些网络的来龙去脉的话,你就理不出这门艺术的头绪。这对儿童来说危险性极大,并来得很早。他口齿不清地喊着妈妈的名字,爱她、感激她、信任她、追随她。他也口齿不清地呼喊着上帝的名字,爱他、感激他、信任他、追随他。但是,只要他不再需要母亲了的念头一出现,那种感激、爱和信任的动机便随之消失。现在,他周围的世界以新的面貌出现在他的面前,并用享乐来引诱他,对他说:"你现在是我的了。"

儿童经不住这种诱惑的声音。于是,幼儿期的本能在他身上熄灭了,并为成长中的力量的本能所取代。这样,在幼儿期特有的情感中刚刚萌发出来的道德萌芽,也突然地枯萎了,而且,这种刚刚开始跃动的道德本性的高级情感可以说是他的生命的线头,如果此时没有人把它接到创造物的金色纺锭上,这一道德的萌芽就必定要枯萎。

母亲啊,母亲!世界现在正开始从你的怀里夺走你的孩子。如果此时没有人把他的高尚的本性同现实世界的新的启迪联系起来,那他就全完了。母亲啊,母亲!你的孩子从你的怀里被拉走了。新的世界成了他的母亲,新的世界成了他的上帝,物质享乐成了他的上帝,随心所欲成了他的上帝。

母亲啊,母亲!他失去了你,失去了上帝,也失去了他自己。爱抚在他心里消失了,自尊的萌芽在他心里枯死了。他正走向毁灭,只去追求物质享乐。

人类啊,人类!随着儿童开始意识到独立于母亲之外的世界的魅力,幼儿期的情感就消失了。在这个过渡时期,萌生最高尚的本性情感的土地在儿童的脚下晃动,在他们看来母亲不再像过去那么重要了。对具有新意的世界的信任开始在他们身上萌芽了,新颖的大千世界的魅力开始窒息和吞没他们对母亲的信任,使他们认为母亲不再像过去那么重要,而大千世界的魅力也开始窒息和吞没他们对未曾见过的、陌生的上帝的信任情感，如同毒苗的盘根毫无节制地窒息、吞没高尚的植物的纤纤须根一样。人类啊！就在儿童对母亲和上帝的信任情感向着对具有新意的世界和世界上一切东西的信任情感过渡之际，就在这个叉路口上，你们应该用你们的一切艺术和能力，让爱、感激、信任和服从的情感洁白无瑕地保留在儿童身上。

上帝是在这些情感之中，而你的道德生活的全部力量在本质上是同这些情感的保留联系在一起的。

人类啊！此时，由于物质的原因使幼儿身上萌生的这些情感停止了发展，你们的艺术就应该千方百计地使用新的方法去激发这些情感，使世界的吸引力仅仅与这些情感联系起来，呈现在儿童面前。

现在是你开始不能信任自然的时候了，你应该千方百计地摆脱自然的盲目控制，让从历代人的经验中得出的原理和力量来做主宰。出现在儿童眼前的世界不是上帝初创时的那个样子；它是一个由于人们单纯地追求感官享受而使其内在本性的情感受到糟踏而毁坏了的世界，这个世界充满着为满足私欲而进行的战争，充满着矛盾，充满着暴力、空谈、谎言和欺诈。

不是上帝初创时的那个世界，而是这个世界把儿童诱骗到令人眼花缭乱的旋涡的深渊，其深处是萌发无情无义的温床。不是上帝的创造，而是残忍的力量和自取灭亡的邪术把今天这个世界呈现在儿童面前。

可怜的孩子，你住的房间就是你的世界，而你的父亲离不开他的工作，你母亲今天烦恼，明天家里有客，后天又想入非非。你厌烦，你提出问题，而你的保姆却不愿意回答。你想到外面去，但却去不了。于是你同姐妹吵着争玩具。可怜的孩子！你的世界是多么不幸，多么无情，多么腐败！但是，你就是坐在金色的马车上，在林荫道上兜风，那又怎么样呢？你的向导欺骗了你的母亲。你虽然受苦不大，但却比所有的受苦者都糟。你得到了什么呢？你的世界对于你已成为比任何痛苦更为沉重的负担。

由于自然法则被本末倒置，遭到粗暴残酷的对抗，留下一片废墟，使这个世界摇摇晃晃。在昏昏入睡的废墟上，大自然再也无意作为保持人类内心纯洁的工具了。相反，在我们人类处于天真无邪的关键时刻，它就像无情的后妻对待继子那样冷漠无情，而这种冷漠百分之九十九会毁掉、也必然会毁掉使我们民族变得高尚的最后一种工具。

儿童在这个时期没有能力抵制这些世界现象和这些现象带给他的片面的感觉印象的诱惑。这些现象虽很片面，然而却很活泼，因此世界概念的形成比存在于提高我们人类的道德和精神基础之上的体验和情感印象更占有决定性的优势。从此，就为自私和堕落开辟了无限的、无比生动的天地。另一方面，通往儿童智力和启蒙能力发展所依据的心智状态的通道丢掉了，通往德行的小窄门给堵住了；因此，使他的天性中的全部感觉必定走上一条理智和爱相分离、心智的提高和忠于上帝的激情相分离的道路——一条多少会使自私成为他的一切行动的动力的道路，从而决定了他的教养结果导向他自身的毁灭。

让人不能理解的是，为什么人类不认识这个造成毁灭的普遍根源。还不能理解的是，为什么人类的教育艺术的普遍目标不是阻塞这个根源，即不是使我们人类的教育服从于不毁坏上帝的创造、不毁坏婴儿期已经发展起来的爱、感激和信任情感的那些原理。上帝亲自把我们的道德和精神的提高根植在我们的本性之中，在这种危险的时刻，这些原理应当特别关心使我们的道德和精神的提高结合起来的手段；应当特别注意一方面使教育和教学同自然机制法则相协调的手段，因为按照这些法则行事,我们的上帝就把我们从模糊的感觉印象提高到明晰的概念;另一方面,这些原理还应当特别注意使教育和教学同我的内在天性的那些情感相协调,通过这些情感的逐步发展,提高我们的心智,使之认识并尊重道德法则。

令人不能理解的还有,为什么人类没有开始提出一套完善的、循序渐进的方法来发展心智和情感,这些方法的根本目的应使用教学及其机制的那些有利条件,来保持道德上的完善;并通过保持心地纯洁,丢掉错误和片面性,来防止思想方法上的自私;更为重要的是,使我的感觉印象服从信念,欲望服从仁慈,仁慈服从正义的意志。

使上述这种服从关系成为必要的原因深深地存在于我的天性之中。随着我的自然能力的增加,这些能力的优势根据我的发展规律必定消失,也就是说,它们必定服从于更高一级的法则。但发展中的每一步,都必须在其完成之后才能服从于更高一级的发展。这一步完成了,又服从于将要完成的下一步。这种一步步的服从关系,首先要求紧紧地抓住所有知识的起点,从这些起点逐步发展到最终结束,要有最严格的连续性。这种连续性的首要法则就是:对儿童的早期教育绝不是发展他们的才智或理智,而是发展他们的感觉、心地和母爱。

接下来的第二个法则是:人类教育要从感觉训练慢慢地过渡到判断训练,先要长时间地训练心地,然后才能训练理智。它在起初的很长时间都是妇女的职责,然后才开始成为男人的职责。

我还有什么要说呢?母亲啊!说了这些话之后,永恒的自然法则又把我带回到您的手里。母亲!我能够保持住我的纯洁无瑕、我的爱和服从,能够使我在世界的新的印象面前,保持更高尚的天性的美德,所有这一切都只以您为转移。母亲,母亲！您还在支配着我，关心着我的时候，不要让我离开您。如果没有人教您了解那个我被迫去了解的世界，那么，我们就一起去了解它吧，因为您应当了解它，我必须了解它。母亲，母亲！在新的世界现象把我从您、从上帝、从我自身夺走之际，在我陷入这个险境的时刻，我们不要彼此分手。母亲，母亲！我从您的爱走向这个世界，请用您的爱的力量，使这个过渡成为神圣吧！

朋友！我应该停笔了。我的心被感动了，我也看到你的眼中饱含了泪水。再见！

第十五封信

宗教教育

朋友,我现在进一步问自己:从宗教观点来看,我在同终生侵害我的邪恶作斗争中做了些什么呢?朋友,如果从某种意义上说,我通过努力,在通向我始终追求着的目标的道路上做了些准备工作的话,即使人类教育摆脱盲目的自然的主宰,摆脱盲目的自然感觉上的毁灭性影响,使之从不幸的教学的陈规陋习中解放出来,而让我们的最崇高的本性力量来控制,这种力量的灵魂就是信仰和爱。如果我多少能够使这种教育艺术得以在家庭这块圣地上实施,使现在的家庭教育略有改观,并将新的生活从家庭的温情生活中输入到我们人类的宗教本能的话;如果我竟能部分地做到使我的同代人了解智力和精神教育的枯萎的根源,并把教育艺术与最高尚的心地和心智力量协调起来的话;如果我做到了这一点,我的一生将会是幸福的,我将会看到我的最大愿望实现了。

我想就这一点再多谈一点。我的教学方法的全部精神实质,与萌生宗教和道德的基本情感同出一源。它完全是从存在于母子之间的自然关系开始的,根本上依赖于把从婴儿期开始的教学与这种自然关系联系起来的艺术,并且用循序渐进的艺术把它建筑在好似我们人类依赖于造物主的那样的心理状态之上。

当儿童对母亲的物质依赖开始消失的时候,我的方法就是用一切可能的手段,来防止曾从这种依赖关系中生长出来的较高级情感的萌芽枯死掉。当物质原因不复存在时,它就提供新的活力资源。

在儿童对母亲和上帝的信任情感开始与依赖世界现象的情感相分离的重要时刻,我的方法就是运用一切可能的力量和艺术,使世界的新现象的魅力,总是同儿童天性的高尚情感联系起来,出现在他的面前。

我的方法就是用一切力量和艺术,使这些世界现象以上帝初创的形式出现在儿童的眼前,而不是作为一个充满谎言和欺诈的世界。这种方法以刺激对母亲和上帝的依赖来限制世界新现象的片面的诱惑。它限制无止境的和毫无收敛的自私心,这种自私正是那些毁灭性的世界现象诱使我的动物本性所导致的,而且这种方法不允许我的理智的发展和心地的发展绝对地分割开来,不允许我的心智的提高把我与我对上帝信仰的激情截然分开。

我的方法的全部精神实质,不仅更新由于物质原因而松弛了的母子之间的纽带,而且还让母亲掌握一套井井有条的手段——这是一种艺术,用这些手段,她可以持久地维系她的爱心与她的孩子之间的关系,直到使德行容易表现的感觉方法与获得知识的感觉方法结合在一起,并且通过训练使儿童在一切权利和义务的事务中能够独挡一面的能力成熟为止。

我的方法已经使每一个同自己的孩子的感情上息息相通的母亲感到,她不但在这个关键时刻能不费气力地避免孩子脱离上帝和爱的危险,使孩子的灵魂免遭可怕的枯萎,防止孩子自己陷入不可避免的困惑之中,而且,在儿童用以接受纯洁、真理和爱的印象的那颗心还没有为这个世界的谎言和欺诈所糟塌之前，她就用爱的手和纯洁、激励、高尚的情感，把他引进上帝的最佳创造中。

如果母亲用我的方法教育孩子，她的孩子便不再被限制在她自己那可怜的、有限的、现有的知识范围内。《母亲的书》摊开在她的面前，为她的孩子展现出一个属于上帝的世界。最纯洁的爱使母亲教孩子讲话。孩子看到了什么，母亲就讲给孩子听。她曾怀抱婴儿，教他口齿不清地呼喊上帝的名字。现在她给他指出，在升起的太阳和潺潺的溪流里，在树木的枝叶间，在艳丽的花朵上，在甘美的露珠内，有那至爱的上帝。她给他指出，在他自我之中，在他的目光中，在他的关节的屈伸里，在他说话的语调中，在一切事物中，上帝无所不在。每当他看到上帝，他的心就激动；每当他在这个世界上看到上帝，他就爱这个世界。喜欢上帝的世界与喜欢上帝交织在一起。他以毫无二致的感情看待上帝、世界和母亲。那扯断了的母子纽带重新结合起来了。此时他比躺在母亲的怀抱里时更爱自己的母亲。

现在，他站在更高一个台阶上。世界还是那个世界，但是，现在他被提高到了新的高度。要不是从母亲那里学会了认识世界，他就已经陷入了困惑之中。那张从他出生之日起就经常在他面前出现的微笑的嘴，那个从他出生之日起就给他带来快乐的声音，现在教他说话了。那双曾经把他搂在胸前的手，现在把他常常听说过名字的实物图片拿给他看了。一种新的感情在他心里萌发起来，他懂得了代表他所看到的事物的字词。于是，他迈开了使他的精神和道德并行不悖地提高的第一步。是母亲领着他迈开了这一步。他学习、认识、叫事物的名称；他希望认识更多的事物，叫出更多的名称；他硬要母亲同他一起学习，于是她就同他一起学习了，两个人的知识、能力和爱与日俱增。

接着，母亲试图同他一起学习艺术的要素和基础，即直线和曲线。孩子很快就超过了她，两个人同样感到高兴。新的力量在他的心中发展起来。他画画，测量，思考。母亲曾指给他看上帝的世界，现在又向他指明，在他画画、测量、思考以及他的一切能力中都有上帝的存在。现在他看到了上帝存在于自我完善之中。这个自我完善的法则就是他的训练法则。他在成功地画第一幅画时，在画第一条直线或曲线时，就认出了这个法则。是的，朋友，当他第一次画好一条直线时，当他头一次发对了某个词的音时，那高尚法则的初始认识——"愿你像天父一样完美无缺"——就在他心中发展起来。由于我的方法根本上在于通过不断的努力，使事情一件一件地臻于完善，它从儿童的婴儿期开始，就有力地、不断地发挥作用，把这个法则的精神实质深深地印在儿童的心里。

促使你内在完善的第一个法则与第二个法则相联系，它们在本质上交织在一起。这第二个法则就是：为人在世不只是为了自我，人只有通过他们同胞的完善，方能使自己完善。我的方法似乎恰好适合于把这两个法则结合起来，使之在儿童几乎尚分不清左右之时，就形成他们的第二天性。用我的方法教育出来的儿童，在他不太会说话的时候，就能成为他的弟弟的老师、母亲的助手。

朋友！离开我的方法的全部精神实质，就没有别的方法能更紧密地连结起真正崇敬上帝所依赖的情感纽带了。我用我的方法使母亲常在孩子身边，使母爱持久地影响孩子。我用我的方法把对上帝的崇拜与人类的本性结合起来，并通过刺激心中萌发的信仰激情来确保对上帝的崇拜和保留人类的本性。通过它，儿童对母亲和创世者、母亲和守护神的情感成为一体。借助它，儿童就能更持久地做母亲的孩子，更持久地做上帝的孩子。通过它，儿童的心智和心地齐头并进地逐渐发展，更长久地以萌发心智、心地的纯洁的起点为基础。

发展儿童的人类之爱和智慧的途径，以亲切、高尚的形式开通了。我沿着这一条途径，成了穷人的父亲，不幸者的支柱。母亲丢开健康的孩子，守护着病儿，加倍关照可怜的孩子，因为，作为母亲，她立足于上帝的位置上，她应该这么做。如果说母亲以上帝的身份对待我，我也应该像她那样对待孩子，因为上帝让我有一颗母亲的心。

一种母亲般的感情驱使着我。人类就是我的兄弟，我用爱拥抱整个人类。但是我紧贴在不幸者的身边，我更是他们的父亲。像上帝那样做成了我的本性。我是上帝的孩子，我信任我的母亲，她的心使我看到了上帝。上帝是母亲的上帝，他即是我心中的上帝，也是她心中的上帝。我不知道别的上帝。我想象中的上帝是个怪物。除了我心中的上帝，我不知道有别的上帝。只有信仰我心中的上帝，我才感到自身的存在。我头脑里的上帝是个偶象，崇拜他就要毁掉自我。我心中的上帝就是我的上帝。我沐浴着上帝的爱而完善自己。母亲啊，母亲！您用命令使我认识了上帝，而我在自己的服从中找到了上帝。母亲啊，母亲！我忘记了上帝，就忘记了您。如果我爱上帝，我就以您的身份对待您的幼儿。我紧守着您的那些可怜的孩子，那些哭泣着的孩子们躺在我的怀抱里，如同躺在他们的母亲的怀抱里一样。

母亲啊，母亲！正因为我爱您，所以我爱上帝。义务就是我的最高利益。母亲啊！忘记了您，就忘记了上帝。这样，可怜的孩子们就不再躺在我的怀抱里，我就不再以上帝的身份对待那些受难的人。忘记了您，就忘记了上帝。假如是这样，我就如同猛兽一般为自我而生存，为自我而自信地用自己的力量，为自我去反对自己的民族。那么，我的灵魂中就没有做父亲的观念了，也没有上帝的观念来使我的服从圣洁化。这样，我的表面上的义务感只是一种无用的欺骗。

母亲啊，母亲！我爱您，也爱上帝。母亲和服从，上帝和义务，对于我来说完全是一回事。上帝的意志和我能想象出的最好的、最高尚的东西对于我来说也完全是一回事。因此，我不再为自我而生存；我为了我的同胞，为了上帝的孩子，而忘记自我。我为上帝而生，他把我送进母亲的臂弯，又用父亲的手使我超脱尘世间的纷扰，沐浴在他的爱抚之中。我愈是爱他——永恒的上帝，就愈加崇敬他的戒律；我愈是依赖他，就愈加忘记自我而臣服于他，我的本性就愈加神圣，我就愈感到我与我的内在本性，与我的整个民族相协调。我愈是爱他，追随他，就愈加听到来自四面八方的上帝的声音："勿惧，吾乃汝之上帝，誓不弃汝；遵循吾之戒律；吾之意愿乃汝之救。"我愈是追随他，就愈加爱他、感谢他；我愈是信任永恒的上帝，就愈加认识到他现在、过去和将来永远是我的再造之主，我就愈加超脱。

我已从自我中认出了上帝，我看清了主的道路，我已在尘埃中领悟到了全能的上帝的戒律，我已在我的内心中寻找到了上帝的爱的法则，我懂得我该信仰谁。通过自我认识，通过由此而产生的对道德世界的法则的洞察力，我对上帝无限地信任。无限与永恒的观念交织在我的本性之中。我盼望永生，我愈是爱他——永恒的上帝，就愈加向往永恒的爱。我愈加信任他，就愈加感激、追随他。我对他的永恒的德行愈信仰，就愈加坚信不移，就愈能证明我的永生。

朋友！我又沉默了，用什么话来表达发自内心的坚定信念呢？一个才智和心地都值得尊敬的人已经用下面的话表达了他的感情，我还需要说什么呢？他说："单从知识里看不到上帝，真正的上帝仅存在于信念——童稚般的信念之中。
　　　　　　慧眼看不清，
　　　　　　童稚反分明。"

"因此，只有这样的心知道上帝，这是一颗超脱了肉体凡胎、拥抱人类——整个人类或者人类的一部分的心。

"这个纯洁的人类之心需要并创造人类之爱、服从、信任和崇拜——一种人格化了的顶峰，一种高尚的、神圣的意志，这种意志作为整个精神世界的灵魂而存在。

"问问善良的人，为什么把义务看成他的最高利益？为什么信仰上帝？如果他拿出证据，那只是学校正在教给他的。聪明一点的人就把这一切证据推翻。这会使他稍有震颤，但是他的心否认不了圣灵。他重新回到上帝的身边，沐浴着幸福和爱，如同回到了母亲的怀抱一样。

"那么，善良的人对上帝的信念从何而来？它并非来自理智，而是来自无法用词语表达的，也无法用推理来理解的激情。这种激情使他置身于更高尚的、不朽的整个存在之中，为之增辉，使之不朽——不是我个人，而是同胞；不是单个人，而是全人类。这就是心灵深处的神圣的声音的毫无保留的表达，只有高尚的人类本性才能理解和信奉它。"

补遗：

《方　　法》

我正在试图将人类的教学过程心理学化；试图把教学与我的心智的本性、我的周围环境以及我与别人的交往都协调起来。

我从无确定形式的教授出发,并径直地问自己:

"如果你希望给一个孩子以他所需要的全部知识与实际技能,并由此而谨慎地利用他得以发展的最好的机会,使他能够达到内心的满足,那末,你将怎样做呢?"

我想得出这样一个结论,即整个人类也确实需要有与这个个别儿童一样的东西。

我进一步想到,穷人的孩子比富人的孩子需要有更为精致的教学方法。

确实,大自然为人类做出了很多,但我们却偏离了她的轨道。穷人被驱逐出了大自然的怀抱,而富人却仰仗大自然丰满的乳汁闲荡、挥霍,从而毁坏了自己。

现实的画面是严峻的,但从我学会观察的时候起,我看到的画面一直是这个样子。正是由于这种看法才唤起了我内心的激情,不仅想摧毁使欧洲人精神衰退的学校弊端,而且想从根本上将其治愈。

但是,如不让所有教学形式服从那些永恒的规律,上述的愿望就不可能实现。通过这些永恒的规律,人类的心智从感觉基础上的自然的印象发展为清晰的观念。

我曾经试图根据这些规律去简化人类所有知识的要素,把它们融入一系列的典型的范例之中。这些典型范例将传播对大自然的广泛认识,将使人们普遍地清晰地了解心智中的最重要的概念,并使人体的主要机能得到强有力的锻炼,即使最低下的阶级也是如此。

我清楚我所从事的事业。但无论是前进中的困难,还是我的技巧和见识上的局限,都不能妨碍我将我微薄的力量贡献给欧洲如此需要的事业。先生们,这些劳动花费了我的毕生精力,在我将这些劳动成果摆在你们面前的时候,我只请求你们做一件事，这就是：将我的那些无可争论的论断，与我的那些可能有疑问的论断区别开来。我希望将我的结论完全建立在充分信服的基础之上，或者至少建立在人所熟知的前提之上。

我的最基本的出发点是：

对大自然的感觉印象是人类教学的唯一真实的基础，因为它是人类知识的唯一真实的基础。

继感觉印象之后的一切都是感觉印象的结果，都是对它加以抽象的过程。因此，哪儿的感觉印象不完善，哪儿的结果就既不会明确、可靠，也不会有把握；在任何情况下，只要感觉印象不精确，虚假和错误就随之而来。

我从这一点出发，并提出问题："为了真实地在其影响所及的范围之内向我展现世界，大自然本身是怎样做的呢？这就是说，她用什么方法把我周围的重要事物的感觉印象发展到完满的地步来满足我呢？"我发现，她是通过我周围的事物、我的需要和我与其他人的关系来做到这一点的。

通过我周围的事物，她限定了我接受什么样的感觉印象。通过我的需要，她激励我去行动。通过我与他人的关系，她扩大我的视野并将其上升为洞察力和预见性。通过我周围的事物、我的需要、我与他人的关系，她奠定我的知识、我的工作和我的正确活动的基础。

现在我问我自己："教的艺术*的普遍方法，这个为人类掌握了的用以增强大自然在发展我们人类的才智、能力和德行的影响的历代经验，有哪些内容呢？"我发现，这些方法就是言语以及绘图、书写、计算和测量艺术。

当我对所有这些人类艺术追根溯源时，我发现它们存在于

---

* 教的艺术：我们的教育科学与艺术。

我们心智的一般基础之中。借助心智，理解将五官从大自然那里接受来的感觉印象联结起来，将其作为整体，即作为概念表达出来。

由此推来，很明显，在任何情况下，只要系统训练与大自然的现实的感觉印象相脱节，教学艺术由于其急于求成地对人类心智施加影响就变成自然衰退的根源，它必然要产生片面性，判断就会歪曲、肤浅和谬误。而每一个词，每一个数，都是由成熟的感觉印象所产生的理解的结果。

但是，物体的感觉印象作用于五官，逐步变成清晰的概念，最后达到智力的本能活动，它独立于感官之外，其发展过程与自然机制的规律并行不悖。

模仿先于象形文字；象形文字先于有教养的语言，正像个别事物的名称先于门类总称一样。

再者，正是通过这种过程，与感官的机制并行不悖，文化把各种现象交织在一起的混杂的现象（直观）的海洋呈现到我的面前，开始是明确的感觉印象，然后由这些感觉印象形成明晰的概念。

由此看来，人的所有的教学艺术实质上都是心理的自然机制规律的结果，其中最重要的规律有下列这些：

1. 把自然界中本来就彼此联系的事物在你心中联系起来。
2. 使所有非本质的事物从属于本质的事物，特别要使教学艺术所产生的印象从属于大自然和客观现实所产生的印象。
3. 你的思想不要夸大大自然中和你的民族中的一切事物的分量。
4. 根据相似之处来排列世上一切事物。
5. 让重要的事物通过你的各种感官来影响你，以加深对它们的印象。

6. 在一切学科中尽力循序渐进地安排知识结构，其中，每一新思想将只是在印象深刻难以忘怀的早期知识的基础上增加几乎难以觉察的点滴的新知识。

7. 学会完善简单的知识之后再去学习复杂的知识。

8. 认识每一正在成熟的水果必然是对整个完美水果各个部分成熟认识的结果，同样，每一个正确的判断必然是对一个要判断的物体感觉印象各部分都臻于完善的结果。不要把虫蛀成熟的苹果外表看成是真正的成熟。

9. 所有自然界的作用都是完全必要的，而且这种必要性是大自然的艺术的结果。大自然为了达到自己的目的，借助艺术把表面上相异的物质力量联成一个统一体。模仿大自然的教学艺术必须遵循同样的途径才产生效果。在这同时，教学艺术为了达到目的，把它的各种力量联合成一个统一体。

10. 大自然丰富的魅力和它的多变的作用所引起的必要性带有自由与独立的烙印。这里，教学艺术也必须模仿大自然的进程，通过丰富的魅力和多变的作用，努力使教学艺术的结果带有自由与独立的印记。

11. 尤其重要的是，要学习自然机制的首条规律，即我们的感官与物体的有力的、广泛的联系存在于二者距离的远近适当与均衡相称之中。千万不要忘记，你周围所有物体的远近对决定你的正确的感觉印象、实际技能，甚至德行，都有巨大的影响。

然而，就连你的这种自然本性的规律也作为一个整体朝向另一个规律聚拢，朝着我们整个人类的中心靠拢，而我们自己就是这个中心。人类啊，永远不要忘记这一点！你现在的一切，你所希望的，你将来的一切，都来自你自己。在你的自然感觉印象中一切都必须有一个中心，而这个中心仍然是你自己。教学艺术所做的一切，其实都不过是把这一点补充到大自然的简单进程中去。大自然摆在我们面前的东西是分散的，它分布在辽阔的领域上，而教学艺术通过联合，把它们又聚拢于较窄的范围之中，使它们靠近我们的五官。这种联合能促进记忆力，增强五官的敏锐性；并通过日常生活实践，容易地使呈现在我们面前的东西数量更大了，时间更长了，更为精确了。

作为一个整体的大自然的机制是既伟大又简单的。人类啊！模仿它吧。模仿这个伟大的大自然的行动吧。它从一棵大树的种子长出几乎察觉不到的幼芽，然后，不知不觉地、每日每时地、一点一点地露出了幼芽的茎，然后长枝出叉，在极为纤细的嫩枝上挂着脆弱的嫩叶。

仔细地考虑大自然的这种活动：每个个别的部分一经长出，她就关照它，使其臻于完善，并把每一新的部分连接到已有的永久的生命上去。

仔细考虑一下漂亮的花朵是怎样从深藏的花苞中萌发出来的，花朵的最初的艳丽是怎样很快地香消玉殒的。果实开始嫩弱，逐渐长大成熟，每天在已有的基础上增加更为重要的东西。果实静静地长上几个月，挂在抚育它的枝头上，待到各部分成熟，就从树上落下来。

考虑大自然这位母亲如何一边使树抽芽，一边使其生根，并把树木最高尚的部分深埋在地下；然后又如何从根的中心生长出结实的树干，从树干中心长出大树枝，从大树枝中又长出小枝条；又如何给予所有的部分，甚至最脆弱的外围的嫩枝以足够的力量，而不给任何部分无用的、不成比例的力量。

人类的自然本性的机制，基本上是服从于大自然通常赖以发挥力量的规律的。根据这些规律，所有的教学都应当把本科目的最基本部分坚决地、牢固地移植到人的心智的实体中去；然后，把不大基本的内容逐渐地、不断地联系到最基本的内容上去；并且，使学科的所有部分，甚至最外围的部分也保持在一个有生命力的均衡体中。

现在我进一步问到：欧洲是如何把自然的机制运用到普通教育的所有问题上去的呢？在把人类求取知识的初步方法，即那些经过多年实践为我们掌握了的方法，与人类心智的实际的自然本性以及与自然的机制规律相和谐方面做了哪些工作？这一代人在教学机构的体制中，在它教儿童说、画、写、读、计算与测量时，又是如何运用这些规律的呢？

我什么也没看到。在这些机构的现存体制中，至少就它们影响较穷困阶级儿童的教学来说，就注重整体和谐与上述规律所要求的心理发展的顺序而说，我连一点影子也没看到。

没有。这是尽人皆知的。在民众教育目前所用的方法中，这些规律不仅被忽视了，而且普遍遭到粗暴的反对。

我再次问：粗暴地轻视这些规律的确切后果是什么呢？我不能哄骗自己，那种体力衰退、片面性、判断歪曲、肤浅、以及塑造了这一代人傲慢虚荣的特征，是由于轻视了这些规律而进行的孤立的、非心理学化的、无根据的、无组织的、不系统的教学的必然后果，这种教学是可怜的人民在低等学校中所接受的。

于是，我必须要解决的问题是：如何把一切教学艺术的要素与我心中的自然本性和谐地结合起来，即要通过心理机制规律使它们和谐起来，通过心理机制规律，我的心智从自然的感觉印象发展成清晰的概念。

大自然有两个主要的和一般的手段，指导着人类有关艺术培养的活动。在教学中必须利用这两个手段。即或不是把它们放在优先地位，至少也要把它们和各种特殊的方法并列使用。这两个手段就是唱歌和对美感的培养。

妈妈唱着歌哄她的宝宝入睡，但在这儿，和在一切其他事情中一样，我们却未遵循大自然的规律。孩子不到一岁，母亲的歌声便停止了。到这时，一般说来她对这个断了奶的孩子来说不再是妈妈了，就像对所有的别人来说一样，她只是一个心烦意乱的、负担沉重的妇女。啊！是这样的。为什么世世代代的教学艺术没有教给我们把托儿所的摇篮曲和那些民族歌曲结合在一起呢？这种民族歌曲在村舍茅屋中产生，从温柔的摇篮曲到庄严的赞美诗都有。然而我只能指出这一点，而不能填补这个缺口。

美感教育也是如此。整个大自然布满了宏伟的和可爱的景色，但是欧洲的教学没有唤醒穷苦人得到这些景色的美感，也没有安排他们通过对大自然的美产生各种印象，以便能发展他们自己的美感。太阳徒然为我们升起，徒然为我们落下。树林和牧场、高山和翠谷徒然在我们面前展示它们的无限妩媚。它们似乎和我们没有关系。

这方面我也无能为力。但是如果民众教育的粗俗、荒谬不再继续下去，并使它与我们的自然本性协调起来，这种美感的贫乏就会得到补偿。

我暂且放下这些指导教学艺术的一般方法，转而谈谈运用教育的特殊手段来教说、读、画和写的形式。

在儿童能发出声音之前，他对自然界的实物内心里已经多方面地意识到了，这是他对周围认识的经历的起点。例如，他感觉到了小石子和树木有不同的性质，木头与玻璃不同。为使这些模糊的意识清晰起来，必然要说点什么。因此，我们必须教他以他所知道的各种事物的名称，同样要使他了解事物的性质。

所以，我们要使儿童的说话与他的知识学习联系起来，并使他的知识通过说话来扩展。这样就能使各种接触他的五官的形象的意识清晰起来。整个教学通常所做的工作就是促使这样的意识变清晰。

这个过程可通过两个途径做到。或者我们引导儿童通过事物名称的知识来认识事物，或者通过认识事物来了解名称。后者就是我的方法。我一直希望让感觉印象先于字词，明确的知识先于判断。我希望在教学中，不让字词和谈话在人类的心智上处于重要的地位，而偏重于对实际对象的生动印象（直观），这样能形成一种抵制仅仅是声音和无词义的语音式的教学。我希望就从这一早期的发展将我的孩子领到他周围的大自然的整个环境中去；我愿用一批天然的事物组织他的说话教学；我愿早早地教他从个别的实际物质中抽象出物质的共性，并教他用言语表达出来；我愿以事物的有形的共性取代那些抽象的共性，我们是用抽象共性来开始人类教学的。等到人类的知识（对大自然的感觉印象）基础完全打好，并巩固之后，我才开始单调、抽象的书本学习。

但是，就连我教 ABC 字母的课本也只是一套简易的故事。用这套课本，借助字母的发音，每个母亲就能使他的孩子熟悉他自己周围的物质世界中的重要事实。

补充材料 1 就包含有 ABC 教本中的字母 T 的教法。

在儿童通过视觉认识字母形状之前，在他的发音器官开始发出声音之前，我在他正在成长中的发音器官前经常仔细地重复所有德文音节的词根，好让他容易地、清晰地学习和模仿。在此之后，首先让他看单个字母，然后两个或三个字母一起看，一边看字母，一边听发音；当他牢牢地记住字母的排列顺序时，他就把两个、三个或四个字母连在一起发出一个音来。

进行这种练习的实例系列写在补充材料 2 中。这里我也信赖完整的自然效果，并赋予这一阶段的感觉印象以从未有过的完整性。

把单音节词或多音节词一个字母一个字母地排列在黑板上。以 Soldatenstand 为例，我们首先写字母——

    S 并问儿童怎么读？   回答:S
然后再写 O 并问儿童怎么读？现在 回答:SO
然后再写 L 并问儿童怎么读？现在 回答:SOL
然后再写 D 并问儿童怎么读？现在 回答:SOLD
然后再写 A 并问儿童怎么读？现在 回答:SOLDA
然后再写 T 并问儿童怎么读？现在 回答:SOLDAT
然后再写 E 并问儿童怎么读？现在 回答:SOLDATE
然后再写 N 并问儿童怎么读？现在 回答:SOLDATEN
然后再写 ST 并问儿童怎么读？现在 回答:SOLDATENST
等等。

用同样方法进行每个词的反复拼读，这对形成儿童认识完整字词形状的结构和学习字词的拼读能力是非常需要的。

当孩子们能容易地组成单词并发出声音时，必须让他看单词的音节，并让他们仿读，直到他们自己确实弄清楚了黑板上的那些字母各属于哪个音节为止。我标出音节的序号，问他们：哪个是第一个音节？哪个是第二个？第三个？等等。然后再打乱它们的顺序，问：哪个是第六个音节？哪是第一个？第四个？等等。然后，我首次让他们拼读这个单词。然后变化一个要拼读的单词的字母顺序，从词中拿掉一个或几个字母，加上几个字母，并把这个词分成错误的音节等等，以此加强孩子们的观察力和他们逐渐增长的能力，就能使他们自己去重新排列最难读的单词。

用这种方法，单词的结构对儿童来说就变得明白了，他们的发音器官就练习得能轻而易举地发出最难读的单词的音了。

在很短时间内他们在这方面达到了惊人的水平,而这种训练往往是令人疲乏的;同时,常常能从一个词的学习中学到一大批其他的独立的词,正如上例所示。

最后,我们依照字母系列的系统的数的关系,用单个字母作为开始学习数学的基础,见补充材料3。

虽然有混乱和错误,但是大自然还是把她的全部财富放在没有经验的儿童眼前,而儿童在大自然的宝库中,在还不具有任何一个单词的观念的时候,听到了全部语言财富。声音和音调给他以深刻的印象,他每天听到的那些字词间的关系很快会使他模糊地感觉到它的意思。

在这一方面,我也模仿大自然的进程。我给儿童的第一本读物就是字典:我们祖先已证明了的所有存在物的总和。语言,作为一个伟大的整体就在这一读本中,通过一系列的重复和难于觉察的方式增加语法知识,这个读本就成了一种百科全书式的事物的一览表(encyclopedic register of facts)。补充材料4中有一段保留了其原来的简单的读本样本。补充材料5即是增加的简单语法知识的一个实例。

补充材料6包含了按照单词的近似意义关系进行的分类。

补充材料7含有语言教学练习和动词与名词结合使用的练习。

书写只是一种线条性的绘画,应用于一些任意的形状,也必须服从于线状绘画的一般规律。大自然也证实了这一原则。孩子在能自如地使用那微妙的工具——笔之前的两年,就能掌握线状绘画的基本要素。所以,我让孩子们还没想到写就先去画画,让他们用这种方式构成字母要比他们在这一年龄用别的方法写得更好。

成功完全依靠非常简单的原则,不管是谁,只要能准确地分割一个角和在它的周围画上一个弧，他就已经有了精确的画出所有字母的基础了。

下面这个图就包含着带有书写艺术特征的各种线条*。

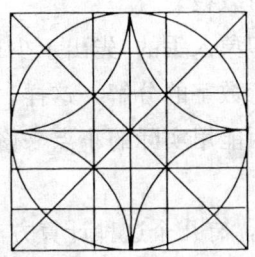

角、平行线和弧构成绘画的整个艺术。能画出来的每个物体只不过是这三种基本形状的确切应用。我们可以想象出由这三种基本形状而产生的最简单的系列来。在这最简单的系列中能发现用于一切绘画的绝对标准，一切形状的审美价值都能从这些基本形状的性质演变而来。

补充材料9包含一些数学的和美学的绘画。

补充材料10包含所有字母的基本形状的数学定义。

补充材料11包含用石板、石笔进行的分级书写练习，几何的初级学科与这些练习紧密相联。

补充材料12包含我试图使儿童的视觉敏锐起来的做法的实例。

---

* 塞法兹删去了上面这句话和图：他可能有充分的理由这样做。这个图被认为是布思的《直观原则ABC》一书中所载的——形状。参阅本书注释㉙。这个图如确实出现在原版本中的这个地方，就必然是裴斯泰洛齐画的，因为当裴斯泰洛齐写这个报告时，他还没有遇到布思。但我也不能令人满意地查出这个图形的由来。拜贝尔把这个图称为形状字母表，并用它来图解布思的叙述。他说"这个图从未发表过，而且很快被废弃了"。他显然是不知道尼德勒已于三年前发表了这个图。虽然他是通过克鲁思和尼德勒获得信息的，但我们仍相信罗塞尔的说法。塞法兹显然认为这个图形是尼德勒加上去的，所以把它省略了。——英译者注

补充材料13包含使儿童对这一科目的原则清晰了解的尝试。

数字是度量的抽象，所以必须使几何的要素先于算术的基本原则，至少也应同时教授。

这里我是从感觉印象入手的，先出示少量或较多的实物，然后用一组组小点来进行数字的分解，这样，儿童就不会任意地把形状看作是数字，而能用实际的小点来修正或检验数字的实际关系。

在补充材料14中，有几个这种计算方法的实例。

先生们，我试图在进行这种基础教学时遵循人类赖以从感觉印象上升到清晰概念的机制规律。

整个大自然受这种活动的进程的束缚，她必须从最简单的起点开始，一步一步发展起来。

我追随大自然的轨道。如果一个儿童了解了简单的物体——空气、地球、水、火——我就向他演示这些元素对他已了解了的物体的作用。当他了解了几种简单物体的特性以后，我就给他演示某一物体与另一物体相结合而获得的不同反应，并总是通过从感觉印象的简单进程开始，将他引向高级科学的边缘。一切东西都必须化成形状，形状使聪明的母亲能够方便地根据此法来进行教学。但是我也希望用这种方法教过的儿童们不要被学校教师的傲慢无知引入歧途。

我主张用我的方法引导他们早在七岁时就去追求做某门知识的主人，并能独立而自主地对这门知识做出判断。

但我们既不懂得教育是什么样的，也不懂得儿童是什么样的。

人的知识赖以发展的感觉印象的细节本身是难以察觉的。这些细节未经整理就委于大自然了，因而是杂乱无章的。但是在这种混乱中的重要部分,在每一局部中却又是很小的,并且,当准确地予以调整后,它们就能很容易地被全面地理解。另一方面,儿童的理解力如从心理学的角度来运用,则是无限的。但我们必须在所有的学科中使用我们前人的成果,它不仅通过语言把我们的感觉印象的细节引到接近我们的意识的境地,而且整理了它们庞杂的细节,给它们以明确的目的,把它们带入有条理的次序之中。

  显然,我们不能忽略前人工作的成果,好像我们都是猿人,从未打算变成真正的人那样。这里我的进程上升到了儿童将来命运的高度;但我是在自然机制范围之内来看待我的进程的,我将探讨自然机制的范围,力图在其范围内行事。我再次发现我自己遵循大自然的规律,我的感觉印象、我的努力和我的目的紧紧地与我对物体的自然的远近相联系,或说是与决定我意愿的物体对象的距离相联系的。

  的确,一个孩子奔波一小时寻找长在他家门前的一棵树,那他是永远不会认识一棵树的。孩子在自己的家中找不到激励发奋的动力,在广阔的天地也难以找到;在自己妈妈的眼中找不到人类之爱的动力的孩子,走遍天涯也不会从人类同情之泪中发现动力。

  一个人利用自己身边的自然的动力激发智慧和德行,这个平凡的人就变成了天使。当他疏忽这些动力,舍近求远,漫游千山万巅去寻找动力,他就会变成恶魔。这是必然的。当世界上的物体从我的感官前搬走时,那么在一定程度上,这些东西就是欺蒙、错误,甚至是罪恶的根源。我再说一遍,这个自然的机制规律环绕一个高级的东西转;环绕着你整个存在的中心,这就是你自己。那么,自我认识就是这个中心,从这个中心起,整个人类的教学开始了。

但这里有一种双重性。

补充材料15表示，(1)我用了多少有关我的自然属性的知识作为人类的教学基础。

(2)我用了多少我的内在个性的认识；用过多少增进自己幸福的良知；用过多少关于确定我的真实见解的认识。在儿童本身的实际体验中是不存在很多构成他的立场的动力的。所以，大自然已鼓励孩子信任母亲，在这种信任上建立起他们自愿的服从，在服从的范围内养成习惯。具有这种习惯，履行生活的义务就容易得多了。

儿童靠母亲的乳汁养大，理解她每一瞥的爱，生活中的一切需要都依靠她。最早的服从是儿童身体的需要，服从的举动是一种容易完成的义务，而服从的结果则是使儿童获得快乐的根源。

甚至大人也是如此。他发现，在生存的漩涡中和物质的经验中，人只让自己服从于本人生活所要求于他的义务，但这种服从的动力是不足的。

为了弥补这个缺陷，大自然把对上帝的信赖与忠诚灌输到他的心中，并在这种信赖之上建立了他对上帝的自愿服从。在这种服从的范围内，他便日复一日地养成了习惯，只要具有这些习惯，他就能持久地努力培养内心的高尚精神。他也受大自然的哺育，坐在大自然的膝上寻找他的一切欢乐；而且也只是依靠于严格的需要。所以，对人来说，对真理与正义的服从，对不需要他又决定他存在的造物主的服从，追根求源也是由他的身体需要所决定的。做到服从他便能容易地完成大自然所赋予他的职责，而服从的结果是他的全部欢乐的源泉。

于是，我把我的教学的基本原理建立在敬畏上帝的自然动机的早期发展之上。虽然我彻底地相信宗教作为儿童理解练习和教学课程使用得很糟糕,然而我同样相信宗教作为人的心灵中的重要的事务,它是我的本性的需要,即使在幼小的时候也是这样。正因如此,宗教信仰什么时候被唤醒、净化和提高都不为时过早。从摩西①到基督,所有的先知者们曾经试图把这种思想感情与孩子般心灵的天真联系在一起,并通过整个大自然的感觉印象予以发展和培育。

我追随这些先哲们的道路。我的全部教学,只要我还没有使其退化变质,就只不过是我的本性的智慧和一系列的例证。

通过由教学艺术的广泛训练而打开的眼界,我向儿童展示了世界,他不再梦想上帝了,他看见了上帝。他生活在上帝的注视之中(直观)。他向上帝祈祷。

补充材料16包括一个动词系列的例子。从这一简单的组合中,大自然的每一发展过程和活动,特别是涉及到人类的,都表现得很清楚——他的哪些活动与无机的大自然相象,他的哪些活动与动物相像。

我认为不可能找到这样的实例,表示自然人一定能提高到崇拜上帝、尊重自己和自身的价值。这也是我诚恳的希望,即把我的教学建立在人类安宁的基础上。由于我相信一个儿童没有对上帝的信赖便长大成人,那就等于是一个没有母亲的流浪儿;一个儿童如对上帝的信赖三心二意,就是一个失去了母亲的爱心的不幸的女儿。

现在我该结束这一报告了。先生们,这是我的教学原则和方法的第一次概述,请大家自由地批评。

裴斯泰洛齐
1800年6月27日于布格多夫

---

①《圣经》中所载传说中的犹太教最早的领袖。——中译者注

《方法》的补充材料

本文删去了那些不必要的补充材料，因为从《葛笃德如何教育她的子女》一书中可以将那些补充材料的特点推断出来。这里也没有列出裴斯泰洛齐所举的全部例子*。

补充材料 2 像一组几乎完全相同的单词，这些单词，由于增加了个别字母而发生了一系列的变化。这对准确拼读肯定有影响——用其他方法几乎难以如此容易地取得这一效果。所有符合文法的字母组合，已被用作音节和字词系列。例如：

ein	eint	eine	einen	einet	einern
bein	meint	deine	deinen	meinet	beinern
dein	neint	meine	meinen	weinet	steinern
sein	scheint	seine	seinen	scheinet	kleinern，

等等。

这些字词在语言中的应用可以同时学习，其做法是使儿童感到轻松愉快，适合他们的智力水平。

例如，将 ine（ein）作为主音放在黑板上，然后，我一边增加字母一边说："我买到的东西是什么？"回答是："地雷"（m-ein）。加上一个字母 w，我问："我们从葡萄中榨出什么？"回答是：葡萄酒（w-ein），等等。

补充材料 3 是根据既定的步骤教数目间的关系的一种指

---

* 裴斯泰洛齐在《方法》一文的补充材料中列举了 16 个例子，说明如何具体地运用心理学原则进行数、形和发音等各科教学。1898 年在叙拉古市出版的英译本对裴斯泰洛齐提出的补充材料作了删减。

南。

数学系统的各种关系必须使用实物教学法使儿童牢记其感觉印象。我发现写在阅读板上的字母是最方便的实物。

首先我把一个字母放到板上，并问"上面有多少？"孩子们说："1"。我又加上一个，问：

1＋1＝？　　　2
2＋1＝？　　　3
3＋1＝？　　　4

开始只需要几个字母，直到通过这种很容易的练习，儿童的能力提高了，逐渐要求练习更多的字母和不同的数目。那时我们把加上去的字母一个一个地拿掉，并问：

比 20 少 1 的数是多少？　　　回答：19
比 19 少 1 的数是多少？　　　回答：18
我接着问：1＋2＝？　　　回答：3
　　　　　3＋2＝？　　　　　　5
　　　　　5＋2＝？　　　　　　7，等等。
然后又回过头来问：99－2＝？　　回答：97
　　　　　　　　　97－2＝？　　　　　95

然后：1＋3＝？　　4
　　　4＋3＝？　　7　直问到 100，然后再回过头来问：
　　　2＋3＝？　　5
　　　5＋3＝？　　8　直问到 100 等等。
然后：1＋4＝？　　5
　　　5＋4＝？　　9　直问到 100 等等。
然后：2＋4＝？　　6　等等。
然后：3＋4＝？　　7　等等。
然后：1＋5＝？　　6　等等。

我再进一步问：

2+2=？　　4　几乘以2是4？
4+2=？　　6　几乘以2是6？
6+2=？　　8　几乘以2是8？

这样一直问到100，然后回过头来问：

100-2=？　　98　几乘以2是98？
98-2=？　　96　几乘以2是96？

以同样的方法我接着问：

3+3=？　　6　几乘以3是6？
4+4=？　　8　几乘以4是8？等等。

补充材料4：

Gold-finch（金翅鸟）　　Silver-gilt（银币）
Gold-mine（金矿）　　　Silver-mine（银矿）
Gold-dust（金粉）　　　Silver-ware（银器）
Gold-fish（金鱼）　　　Silver-plate（银盘）
Almond-tree（杏树）
Almond-scent（杏味香水）
Almond-flavor（杏味）
Almond-oil（杏油）

（从很多例子中选出来的。）

补充材料8 用符号表示不用文字而用手势表示理解事物，如：

延伸就是让其变得更长。
拉长就是让其变得更长。
摊开就是让其变得更宽。

（所有其他例子，如"走"等，见第七封信）

注 释

①翟·冯，伊斯（J. Von，Eth），写过《关于裴斯泰洛齐学院和新教学方法的正式报告》，1802 年发表于伯尔尼（Bern）与苏黎世。它是首批发表的关于介绍布格多夫新方法的著作之一。

约翰森（Johannsen）出版了一本《裴斯泰洛齐方法的评论》。1804 年出版于耶拿（Jena）和莱比锡。

尼德勒（Niederer）是裴斯泰洛齐著作集的编者，也是裴斯泰洛齐在伊佛东时创建的教育理论的主要追随者，对裴斯泰洛齐有很大影响。他的第一部著作《裴斯泰洛齐学院与人民大众》由裴斯泰洛齐写了前言，1811 年出版于伊佛东；他写的《裴斯泰洛齐的教育事业与当代文化的关系》两卷本，1812—1813 出版于斯图加特（Stuttgart）和图宾根（Tübingen）。

②格鲁内尔（Gruner）出版了《来自布格多夫的谈裴斯泰洛齐的方法及其学院的信》，1804 年第 1 版，1806 年第 3 版于法兰克福（Frankfort）。

冯·图尔克（Von Türk）出身于德国北部的名流世家。他放弃了在奥登堡的重要职位，而到伊佛东学习裴斯泰洛齐的工作与方法。著有《关于德国初等教育情况的贡献》和《关于裴斯泰洛齐及其教育方法——来自慕亨布西（München-Buchses）的信件》，共两卷，1806 年出版于莱比锡。他被任命为波茨坦（Potsdam）州的顾问，并热情地宣传、应用裴斯泰洛齐的教学方法工作了 30 年。

查万尼斯·德·阿(Chavannes D. A.)写有《裴斯泰洛齐初等教育的报告,及这一著名人物的著作、学院、原则与合作者》,1805年在巴黎出版,1809年再版。

③约翰·卡斯帕尔·拉瓦特尔(Lavater, Johann Kasper),苏黎世人,1741—1802。1799年9月22日法国军队入侵苏黎世,他上街帮助抢救伤员,不幸中弹受伤,死于1802年元月2日。他是一位传教士、哲学家、诗人、散文作家。他以观相术著作闻名于世。他是"爱国社"的成员,裴斯泰洛齐的挚友。他于1768年在苏黎世出版的《论永恒》是以给齐默尔曼(Zimmerman)的书信的形式撰写的。

约翰·乔治·齐默尔曼(Zimmerman, Johann Georg),阿尔高州布鲁格市(Brugg, canton Aargaü 人, 1728—1795)。内科医生,哲学著作家。以他的《漫话孤独》而闻名。

④伊塞林·艾萨克(Isaak, Iselin),巴塞尔的作家和出版商,1728—1782。出版了名为《人类历书》(Ephemerides of Humanity)的杂志。1776年,裴斯泰洛齐在这本杂志上发表了《恳请朋友们和人类慈善家们支持国内建立为贫穷儿童提供教育和就业机会的机构》(A Prayer to the Friends and Well-wisher of Mankind for Kind Support of Establishment for Giving Poor Children Education and Work in the Country)一文。伊塞林热情地支持了这一呼吁。裴斯泰洛齐的《隐士的黄昏》也首次发表在这个刊物的1780年5月号上。伊塞林格外提请《人类历书》的读者们注意裴斯泰洛齐的努力,力图从各方面支持裴斯泰洛齐。对此裴斯泰洛齐感激备至,铭记不忘。"在那些极度忙碌的日子里,我显然已快精疲力竭了,风尘满面,汗流浃背,但他是我唯一可以依靠的人,是可以使我在苦恼中挣脱出来的人。噢,我的朋友!如果没有你,我可能已深陷困境而终身不

能自拔。"

⑤在本书德文第一版中没有"但是我当时还不成熟"等话，而是以下面几句经常为人引用的话开头的，这些话在第二版中没被采用。"我长年累月生活在五十多个乞儿中间。贫困中我与他们分享我的食物。为了了解如何使乞丐们像正常人那样生活，我像乞丐那样生活着。"

⑥这部著作的第一卷于1781年出版，是一部很成功的作品。裴斯泰洛齐用小说的形式说明了如何通过教育改造坡那镇（Bonal）的居民。葛笃德，一位泥瓦匠的妻子，七个孩子的母亲，是故事中的教育家。不过这些情节都是一种比喻：坡那镇就是整个世界，葛笃德是典型的母亲教育家。裴斯泰洛齐写著作喜欢前后连贯，这本书中葛笃德的名字和他先前的著作中的名字一样，只是一个进行教育工作的理想的母亲。我们有时候可能会忘记，或许裴斯泰洛齐自己也会忘记这部书是《母亲教育子女的指导书》。很少有能承担教育子女的全部责任的母亲；但是母亲是孩子的第一位教师和向导；她的由母爱和同情心所推动的自然的教学方法适合于幼儿，一般说来，母亲的影响比任何其他人都更为有力。"母亲虽未受过训练，但是她能以纯真朴实的方式跟随自然，她虽然不知道大自然通过她做了些什么，但是大自然通过她却做了许多事情。她把世界展现在儿童面前，她使孩子作好了使用知觉的准备，为孩子发展注意力和观察力打好了基础。"据说葛笃德的原型是两个女佣人，一是巴贝丽（Babeli），她是裴斯泰洛齐母亲的女佣。另一个是伊丽沙白·纳厄夫（Elizabeth Naef），她是裴斯泰洛齐的女佣人，她感到新庄（Neuhof）过于混乱，因而卖力地帮助裴斯泰洛齐和他的家庭。裴斯泰洛齐曾这样评价她："她就是一个葛笃德的形象。"

⑦赫尔巴特（Herbart）早在1801年5月应朋友哈勒姆（Halem）之邀为正在筹办的文学杂志《和平女神》（Irene）写一篇关于裴斯泰洛齐的文章。和这篇文章一齐寄出的信签署的日期是1801年9月24日，但公开发表此文是1802年初。

赫尔巴特第一次遇见裴斯泰洛齐是在苏黎世。"在苏黎世，我既没有见到拉瓦特尔，也没有见到黑格尔，但是却有机会结识了著名的裴斯泰洛齐。"（见1798年1月28日的信函）

他第二次拜访裴斯泰洛齐是在布格多夫。裴斯泰洛齐说，在那儿"他每天从早到晚教他的ABC，继续推行以经验为基础的教学方法，"即斯坦兹所遵循的方法。赫尔巴特说："我在他的教室里见到了他。在晚上一个别人不太使用的时间里，12个孩子——5岁到8岁不等——被召集到学校。我担心这些孩子会不耐烦，我跑到这儿来将要看到的这个试验会失败。但是这些孩子都来了，没有任何勉强的迹象，活动自始至终十分活跃。整个学校一起说话的喧闹声——不，不是喧闹声——是令人舒适的词汇的和声，相当清晰，有节奏，就像一组合唱，是那样的有力、那样的整齐，显然是通过学习才达到了这一步。我也不由自主地忘记了自己是一个旁观者和观察者，而变成了一个学生和孩子。我在他们中间来回踱步，想看看有没有人不张口，有没有人在漫不经心地朗读，但一个也没有发现。这些孩子的发音让我感到悦耳，虽然他们老师的嗓音是世界上最难以听清的，他们的话语也没能受到过他们的瑞士父母的很好的训练。"（见赫尔巴特《教育学论文集》，1880年版第1卷第88页）

赫尔巴特的《裴斯泰洛齐的直观ABC之观念》一文于1804年在哥廷根（Gottingen）出版，1898年在纽约出版了该书的翻译本。

⑧艾伯特·雷恩格尔（Rengger, Albert, 1764—1835），受过神学家的教育，曾做过伊曼纽尔·冯·费林别格（Emanuel Von Fellenberg）的家庭教师，后来又研读医学。在国外生活数年后于1789年到伯尔尼定居，1798年出任内务大臣。

菲利普·艾伯特·斯泰普弗尔（Stapfer, Philipe Albert, 1776—1840），是伯尔尼的哲学和历史比较语言学教授，担任过艺术和科学大臣。在裴斯泰洛齐离开斯坦兹时，唯有他仍一如既往支持裴斯泰洛齐的事业，并努力寻找可供裴斯泰洛齐继续试验的场所。斯泰普弗尔有志建立一所教师学院。费希尔向他递交了几份计划，于是斯泰普弗尔向政府提议把布格多夫城堡腾出来办学。1799年7月，费希尔赴布格多夫出任由他组建起来的那些学校和学院的总监。斯泰普弗尔在布格多夫为裴斯泰洛齐的工作开辟了新的天地。1799年7月23日，他向政府递交了一份报告，就在同一天，政府拨房让裴斯泰洛齐去布格多夫城堡居住，并委派给他一个固定的教师职务，工资760里佛尔斯（Livres）。1800年6月他建立了教师之友协会。1800年7月，由于斯泰普弗尔的努力，政府又同意裴斯泰洛齐可以根据需要更大范围地利用布格多夫城堡，此外还拨给他一座庭园和一片森林。1800年9月他出任驻巴黎大使。在共和政府执政的后期，他于1803年引退开始过隐居生活，在法国住了37年。

J. 希纳尔（Schnell, J.），布格多夫的行政长官。1800年10月左右他出版了一本小册子，全面阐述了裴斯泰洛齐的思想，这可能是第一部介绍裴斯泰洛齐的专著。1888年在苏黎世又重新出版了这本书，书名为《论裴斯泰洛齐》。第一版《葛笃德如何教育她的子女》引用了希纳尔博士一封书信中的一段话。

格利姆（Grimm）博士是布格多夫一位有影响的人物，是裴斯泰洛齐的热心的朋友。

⑨ "亨特萨森"（Hintersassen）或称亨特赛德勒（Hintersedler），指自治市的非自由民，他们除了住宅之外还有一块园地或一小片土地。又叫郊区小生产农民。他们的孩子在一个受人尊敬的制鞋匠塞缪尔·戴斯利（Samuel Dysli）开办的学校里上学。塞缪尔·戴斯利不论在业余时间还是在教育孩子们的时候都继续从事他的制鞋业。他的教学只是让孩子们机械乏味地朗读，听他讲《新教教义问答》（Heidelberg Catechism）。房子属于他私人所有，他也在里面制鞋。他的教具就是菲贝尔（Fibel）编写的《缀字和名称课本》、西格弗里德（Siegfried）编写的《基督教教义入门》、《海德尔堡教义问答》，以及常用的基督教《圣经》中的《诗篇》。这个学校有 73 名不同年龄的学童。

莫尔夫（Morf）从一份官方的问卷调查表中了解到许多关于裴斯泰洛齐那个时代恶劣的教育条件和瑞士教师非常缺乏文化素养的状况。这份表格要求教师必须书面回答下列这样一些问题：他们的亲属，以前的职业，将来的工作，他们被任命的情况，等等。有一位叫舍夫勒斯多夫·迈尔（Meyer of Schöfflesdorf）的教师由于"不能流利地书写"而不能回答这些问题。另一位叫克洛滕·迈尔（Meyer of Kloten）的教师其情况是这样的："夏天，无书可教，就当泥瓦匠谋生。他以前是镇上的敲更人，目前在一家果园里工作，以制绳子为业。"

"我们几乎没有发现有一个像样的教室。选择教师往往不是看他的能力，而只是看他有没有房子。房子作了教室后，教师的全家仍然居住在里面，在上课时照样干他们的家务。邻居们也常常带着他们的手纺车来这儿干活，他们觉得这儿比呆在家里更暖和、更热闹有趣。……朗读和背诵是学童们唯一的工作。年龄大一些的孩子在大声地朗读，于是学校里总是吵吵嚷嚷，也从不考虑分班教学。有一份报告说：'家长们爱虚荣，希望自己的孩子表现得聪明一些。一个孩子要是能一字不差地大声背出全部教义问答,那么他就被认为是一个聪明的孩子。如果他知道《圣经》中第 119 篇圣诗,或者能够说出《圣经》中的某些章节(不管是否理解了),那么他就是奇才了。能读《圣经》是最高的目标。'"

这类学校不仅限于瑞士。有些学校或许至今仍然存在,形式上或许有些变化,但基本原则却没有变。赞美诗和教义问答是不用了,但是仅靠文字记忆方式的学习却依然存在。

⑩德文版第一版第 30 页的写法是:"我不会创造奇迹,命运注定我做不到这一点。我与奇迹无缘,不论是真实的还是冒牌的。"

⑪德文版第一版第 32 页的写法是:"'你是想将教育机制化'(Vous voulez méchaniser l'éducation)。他一矢中的,说出了我想说的话,精确地道出了我的目标的本质。"裴斯泰洛齐后来很快发现他并没有真正理解格雷耶。

在德文版的第二版中,"机制的"(mechanical)一词有时被改成"有机的"(organic)。裴斯泰洛齐随着思想和认识的日益清晰而变动这个词,就像科学术语随着知识的增长而变化那样。"机制的"有时成了"心理学的"(psychological),后来又用"有机的"。在《直观 ABC》一书中,他沿用了最初使用过的词义,但是这个词已引伸和包含了多种意义。德盖姆普斯(DeGuimps)说,不论在什么情况下他所说的"机制"(mechanism)都是指"有机体的机制"(organism)。"人的精神和心灵同他的身体一样都是根据有机体的法则发展的,这确实是他的学说的基本原则;"但是,他有时用"机制"这一概念是有其自己特定的含义的。

⑫德文版第 1 版第 35 页的写法是:"以及全部三个分支。"

这是一个有趣的疏忽。裴斯泰洛齐提前使用了数、形、语言这三个要素，以后才对它们作了阐述；在德文本第二版中他作了更正。

⑬德文本第 1 版第 36 页的写法是："运用精心选择、精心制作的图片使儿童能够事先清晰地理解人们将用语言向他们传授的那些观念。"

裴斯泰洛齐在这儿用了"图画"一词，在德文第 2 版中写为"实物、模型和图画"。这一段表明了他所作的修正。"直观"或"图画"课本应该作为识字课本的先导，这样可以运用经过精心选择的"实际"事物使儿童清晰地理解观念。他首先向儿童展示大幅的图片让他们观察和描述。这就是他的"直观 ABC"的含义之一。拉姆绍尔（Ramsauer）说："我在被称为直观 ABC 的教学中取得了很大的进展。"德盖姆普斯补充说："让儿童谈论摆在眼前的实物的种种练习，"就是我们的"实物教学课"（object-lesson）。在布格多夫，这样的"直观 ABC"是所有学习的基础。观察、思考和表达都是儿童们的工作；而我们的实物教学课是孤立的，从这个意义上说，它几乎是陈腐的。我们告诉儿童应该看些什么，想些什么，说些什么。我们有时也用"观察"这个概念，这样的"直观 ABC"就要用语言来表达，由孩子们将他们看到的和想到的用语言表达出来。

在布格多夫，有一天，学童们正在看一幅关于窗户的图画，有一个孩子说："我们为什么不用真正的窗户来学习呢？"又一次，其他的孩子也提出了同样的问题。裴斯泰洛齐说："孩子们是对的，"于是他拿走了图画，直接用实物来学习，当然他并没有排除利用图画。

有人很自然地认为，既然实物是观念和知识的源泉，就只该用实物来学习绘画。在比利时，"他们绝然反对用模仿原作进行绘画的练习方式。……一旦儿童能够画线条,就马上要求他们画几何图形,如水平表面和立体图形。"[姆·科弗勒(Couvreur, M.),《1884年国际会议备忘录》第2卷第259页]但是必须考虑儿童的天性,儿童更喜欢照着样子学画画,哪怕是普通的旧画样。最理想的样图是由他们现在的教师或者自己的母亲画出来的。用历史的观点来看,直接临摹实物是后来的事。不管怎样,图画具有与实物相同的价值。如果图画可用来临摹学画,那么同样也可以用来帮助观察事物。

⑭德文本第1版第37页的写法是:"不久就掌握了布封(Buffon)所著的《自然史》中那些不常见的动物的最难发音的名称,能注意到它们的明显特点并将它们区别开来,同样的,也能注意并区分植物和人类的各种特点。但是,这种试验对教学起点来说并不是决定性的。这孩子在我接手以前已经度过了3年未受教育的时间,我深信这一点。"等等。

⑮德文本第一版第39页的写法是:"我再也描述不下去了,免得我再勾划出学校教师们的状况,再现这些教师们的性格、行为、地位和悲惨境地与可爱的大自然之间的可怕的对照。但是,我的朋友,请告诉我。"等等。

⑯德文本第1版第42页的写法是:"一方面我在寻找儿童的所有教学的最初起点,它能运用于那些将要受教育的呱呱落地的婴儿,以及与这一方法相一致的所有能力的最基本要素;另一方面我又利用我手中的学龄儿童进行试验,这些儿童还没有因受到与我的原则直接抵触的教育而成形。"等等。

⑰裴斯泰洛齐在许多地方都陷于自相矛盾的境地;在应该"引发"的时候,他却力图"灌输"。他说,自然的方法是唯一正确的方法,而接着他又提出这种违背自然的做法,鹦鹉学舌般地重复那些"单调的、难以理解的单词,或者是最荒诞不经

的无义词，它们荒谬得难以拼读，非常复杂，完全不能理解。"我们应该时刻记住他只是在这一年中才真正地确立了他的原则体系的清晰概念，并且这种自相矛盾是不足为怪的。他的生活习惯和生活的意识并不是马上改变、马上更新的。无疑，他对于这样的试验练习也可能说些有利的话。

⑱费希尔(Fischer, 1772—1800)曾是莎尔茨曼(Salzmann, 1744—1811，德国泛爱主义教育家)在斯纳庇妥(Schnepfenthal)办学期间的学生。1798年被斯泰普弗尔任命为科学艺术部秘书。1799年他经斯泰普弗尔同意，试图在布格多夫城堡组建一个训练教师的培训班，但是最终未果。1800年他从布格多夫返回，继续担任秘书职务。1800年5月4日去世。

费希尔的信是写给斯坦因缪勒(Steinmüller)的，后来全文发表在斯坦因缪勒的《瑞士乡村教师丛书》第1卷第216页，1801年此书又为圣·加伦(St. Gallen)续编。

⑲斯坦因缪勒对裴斯泰洛齐产生了浓厚的兴趣，要求费希尔让他更多地去学习裴斯泰洛齐的教学方法。1799年12月费希尔答应了这一要求。同年12月31日，斯坦因缪勒写信感谢他，说："教师如果不是按心理学知识去教学，那么，他的工作就会像老妇行医那样糟糕，这是千真万确的啊！"1803年，斯坦因缪勒在一本名为《裴斯泰洛齐教学方法刍议》的小册子中对裴斯泰洛齐的观点和方法提出了批评。特别是反对言过其实地赞扬他的方法，对裴斯泰洛齐声称自己观点是标新立异的说法也提出了质疑。

莫尔夫在伯尔尼瑞士档案馆借来了裴斯泰洛齐给费希尔的信，汇编成册出版，该信集总结了裴斯泰洛齐一生的经历。

⑳克吕希从一个供人差遣的童仆到成为裴斯泰洛齐的合作者，这一经历在正文中已有叙述。他在盖斯(Gais)供职时需要

做大量的工作,每周收入 2.5 盾*。为了提高自身的修养,他积极地学习巴西多(Basedow)、莎尔茨曼等人的著作,并努力在学校工作中将所学到的和对自然和生活观察、体验到的知识运用于教学。他是一位活跃而有思想的教师,具有讨人喜爱的气质,人们不久就认识到了这些素质的作用。1799 年,根据斯坦因缪勒的建议,他带着孤儿们从盖斯来到布格多夫,投奔费希尔。费希尔死后,他又和裴斯泰洛齐合作,共同创立了词汇和数目感觉印象教学法〔语言和计算教授法(Sprach—und—Rechenunterricht)〕。他随同裴斯泰洛齐从布格多夫迁到慕亨布西(Münchenbuchsee),随后又迁到伊佛东。1817 年他怀着遗憾的心情与裴斯泰洛齐分了手,并创建了自己的教育机构,不久就闻名于世。1822 年他在托鲁根(Trogen)担任了汉斯·卡尔·泽尔威格(Hans Karl Zellweger)学校的管理工作。1833 年他又任盖斯教师训练学院的校长。他在盖斯的业绩卓著。1844 年 6 月 25 日在盖斯逝世。格伦纳(Gruner)说,他"为人谦和,怀才不露,这均为其阅历深广所致。他性情温和,沉着冷静,不知疲倦,活跃坚毅。他熟悉他的学生,了解一般孩子们的自然天性,知道应如何去对待孩子们。"

他的儿子赫尔曼·克吕希(Hermann Krüsi)从 1862 年至 1887 年期间曾在切姆(Cheam)梅约博士办的学校、伦敦的孤儿院和殖民学校、奥斯威哥师范学校等处任教。

㉑约翰·胡伯纳,1688—1731,汉堡修道院院长,1714 年编写了一本圣经史——《圣经故事精选 104 个》,每一个故事后面都附有一些"简单的问题"。这些问题是根据故事中的词语来编制的,只能用同样的词语来回答。裴斯泰洛齐称之为问答教

---

* 德奥两国以前用过的金银币。——中译者注

学法,以别于苏格拉底教学法。他指出了这二者之间的显著差别。"问答教学法纯粹鹦鹉学舌般地重复枯燥而不解其意的单词;苏格拉底方法则是通过提问来发展思想、智力和表达方式。"他反对费希尔的苏格拉底法,因为它不是为感觉印象或对物体的观察而设计的,也不是以此为前提,因而这样的问题对儿童来说是完全陌生的。"没有一个人类的判断可看成是成熟的,如果这个判断不是清清楚楚的被判断事物的各方面完整的感觉印象的结果。"他宁愿让儿童在亲眼看到实际事物、并能够在不同的背景下从各个角度由自己来表达他所观察到的事物以前不去进行判断。然而,他甚至到现在还坚定地信赖苏格拉底法。"我发现缺陷正是在我们自己身上以前和目前正在使用的艺术上。儿童身上的东西只能发挥出来,只能有待于发展起来,不能输入什么东西,而我却力图向他们强行灌输一些东西。"后来他和费希尔一样支持苏格拉底法。"一切正确的、一切真正的教育都必须来自儿童本身。"

㉒德文本第1版第74页写为:"后来克吕希试图把苏格拉底法和问答教学法结合起来。但是这种结合就其本质来说和一个木刻家将圆砍成方块差不多。"等等。

㉓德文本第1版第77页为:"通过长时间的勤奋工作,很容易地可以就许多课题提出许多问题。"

㉔德文本第1版第84页写为:"我已大胆地说过,在我们用正面的神学事务和其永无止境的争论充塞儿童的记忆以前,让儿童形成清晰的观念,努力教他们说话,这样做并不违背上帝或宗教的宗旨。"

㉕德文本第1版第88页写为:"所有这些见解,加上我的教学方法与自然之间的和谐日益清楚地显示出来,使他充分相信一切知识都在于将这些方法结合起来,因而教师只需要学会如

何使用这些方法,凭借师生自己的努力就可以将自身和学生提高到教学所能达到的知识水平。"

㉖约翰·乔治·托布勒(Tobler,Johann Georg,1769—1843),生于奥塞尔荷登的阿彭策尔(Appenzell,Ausserhoden)的托鲁根(Trogen),1792年到巴塞尔,接受了准备从事神职的专门教育,但是不久就放弃了神学,改行搞教学工作。他当了5年家庭教师。1799年任巴塞尔一所女子学校的校长。1800年他的朋友克吕希把他引荐给裴斯泰洛齐,以后就与裴斯泰洛齐一起工作了7年。1807年他在米尔豪森(Mühlhaussen)建立了一所工业学校,不久那儿就有了600个学生;1811年学校关闭。1812年他在格拉鲁斯(Glarus)一所私立学校任教,1817年因饥荒而离校。嗣后又当了3年家庭教师,后来他又在自己创办的一所学校中当校长;1831年他把这所学校交给了长子。他在巴塞尔度过了晚年,死于巴塞尔的小儿子家里,这个儿子在尼昂(Nyon)办有一所男子学校。托布勒帮助裴斯泰洛齐著书立说。他写就的著作主要是儿童读物和通俗读物。

㉗石板。现有的有限教具促使裴斯泰洛齐使用了石板和石笔。这是个非常实用的发明,它有利于在同一时间让儿童就教学中的共同课题进行写字、画画和计算训练,而不必再使用价格昂贵的纸张。在布格多夫他首次提出使用石板,他们在实际教学中起了很大的作用。但是他却从未提及这一发明和它们的实际运用是他自己的功劳。托布勒的这段话现在得以公开提出,可见已为裴斯泰洛齐所认可。当时粉笔也已被使用了。

㉘布思,图宾根人,在正文中介绍了他的历史。后来他到伯尔尼教绘画;因此格伦纳说,"布思具有非凡的才华,特别是艺术才华。他生来就是用感觉印象进行教学的,他有不知疲倦的热情、活力和技能。像克吕希一样,他对学生有绝对的权威,

很善于管理学生,在教学中表现出一种令人钦佩的耐心。"

㉙德文本第1版第107页:"给维兰看了他的直观ABC,同时问他是否曾发现过能更有力地证明有被荒废了的才能的存在。"

维兰是《仙境之王》(Oberon)的作者,曾赞助过裴斯泰洛齐的事业。他在1801年12月出版的《德国信使》期刊首次介绍了《葛笃德如何教育她的子女》一书的内容,热情地向读者推荐这本书。他在文章中说:"裴斯泰洛齐作出了许多许诺,而根据摆在我们眼前的初步结果来看,他是一个守信用的人。"

布思的直观基础是基本图形和基本线状图形。他在正文中向我们阐述了提出直观图形基础的意图。"儿童可以像辨认单词一样来辨认事物形状的轮廓,并且用字母给它的各个部分、曲线和角命名,所以构成事物轮廓的直线与单词一样都可以用字母来清楚地表达出来。"他实际上没有做到这一点。为了更好地理解他所说的意思,拜贝尔画了一个图,并指出:"这个图一直没有发表,因为它不久就为更成熟的工作所代替。"但是,1828年尼德勒发表了这个图(见本书,第209页),它被编入了他的《教学方法集》翻译本;然而,如果这就是布思的直观基础的话,那么在裴斯泰洛齐编写《教学方法集》时,这个图还不可能已经画成。在第八封信中提出了椭圆形(见本书,第123页),但是在这儿连提都没提。从此,以后用作教具的小形正方体或方格子图成了形状教学的基础。幼儿园中的小方块教具就是由此而来的,现在英国学校中也用它进行各种图形教学。他力求以把零碎知识统一起来的教学来代替他坚决反对的支离破碎的教学,后来他把这种方法运用于他自始至终认真建立的手工训练。

㉚符腾堡(Würtemburg)的卡尔·伊恩根(Carl Engen)公爵1771年在梭里图德(Solitude)城堡建立了一所军事训练学校

——"卡尔学校"。1775年迁到斯图加特,并扩大了规模,后变成了科学院。席勒(Schiller)曾在那儿受过教育。

㉛德文本第1版第119页的写法是:"我在艺术方面所受的教育是薄弱而肤浅的。因此我没有掌握其原理。我尽力而为地致力于裴斯泰洛齐需要我帮助他的那部分工作。"

㉜德文本第1版第126页写为:"人类有了语言就能更方便地根据他们对物体名称的了解将物体彼此区分开来。"

㉝让·雅克·卢梭(Rousseau, Jean, Jacques, 1712—1781)。

上个世纪的大革命开创了一个崭新的时代。它不像文艺复兴那样,回到旧的文明,回到旧的文学和艺术,而是返回自然。新的信念逐渐生长起来,感到需要培养理智,而不是让理智去屈从教士的权威。这是一场追求思想、言论和探求的自由的斗争。卢梭受时代影响,受过特殊教育,有特定的思想情况,为这场斗争做了准备。莫尔利(Morley)先生说:"正是他的著作,而不是任何其他人的著作,使法国从衰败中清醒过来,获得了不可抵挡的力量。"卢梭说他自己"十二年来,追求人类未来幸福的思想和为之奉献的荣誉,使我心潮激奋。"正如莫尔利先生所说,他写的那些著作,"给欧洲增添了一部新的福音书"和一种新的教育学。这些著作中最杰出的一部也许要数《爱弥儿》。卢梭认为爱弥儿应受的教育正是他自己通过某种方式获得的教育,即自然教育。他一生不受文明清规的束缚,正如奎克(Quick)所说,他是个"未经驯化的自然人",一个流浪汉。

由卢梭创立,由裴斯泰洛齐、福禄倍尔等人实行了新的教育。十分奇怪的是,它与文艺复兴时期的儿童的教育是一致的,都具有下列主张:要教育儿童,我们就应当研究儿童,研究儿童的本性。"我们应当通过服从自然来征服自然。"利用儿童的活动。让他通过事物而不是通过书本来学习。他是观察者和实践者。自我活动帮助自我教育。知识来自心智活动而不是来自别人的讲述。真正的教师在自己的内心。要教给儿童获得知识的方法。运用智能,并通过运用来发展智能,等等。

㉞约翰·伯纳德·巴西多(Basedow,John Bernard,1723—1790)是最早受卢梭影响并运用其教育原理的人之一。康德说过,教育需要的是革命,而不是改革。对此,巴西多也作了尝试。"一切顺乎自然"便是他的伟大教育原理。要把儿童作为儿童来对待。儿童喜动和好闹,这是自然本性的提示。即使在玩耍的时候,儿童也可以学习到事物的名称(在这点上,卢梭、巴西多与福禄倍尔持相同的见解)。他们应当首先通过感觉印象来熟悉世界——应该向自然本性学习。要减少纯粹记忆性的劳动。要教育儿童的全部身心——通过体育来锻炼身体;通过对事物的学习来培养心智。强制的方法是错误的;儿童应当自由。要培养他们的自然本性的愿望和引导他们,千万不可压制。1774年他在德骚(Dessau)办了一所学校,称为泛爱学校(Philanthropin)。起初这所学校很成功,后来由于和同事们闹纠纷,他于1778年退出,到了马德堡(Magdeburg),在那儿当私人教师,一直到1790年去世。他的教育方法在德国颇有影响。

㉟德文本第1版第134页的写法是:"但是,他们粗暴地阻挡那些胆敢抬头偷看最上层壮观景象的人们的目光。"

㊱德文本第1版第138页上的写法是:"可是,盖茨纳,我的试验深入下去了,这些试验成功了,并且结出了丰硕的果实。"

㊲这篇《报告》的全文见本书第198页至213页。

裴斯泰洛齐在这篇报告中首次陈述了他的伟大的直观基本原理。起初,他的目的只限在改进现存学校的教学细节上。离开斯坦兹时,他在信的一开始就写道:甚至原来的关于民众教育计划的设想，也开始在我心中淡漠起来了。但是，这篇报告标志着他的新时期的开始。这时，他已成为一位教育改革家，而不再是教学的改良者了。他在斯坦兹观察到的东西，已经萌发并发展了，他在布格多夫所采用的方法的最初文字表述，就是这篇报告。接下来，他又写了《葛笃德如何教育她的子女》。

㊳德文本第1版第145页写为："物质距离的远近，决定着你的感觉印象、你的教学训练、乃至你的品德的一切的确实性。"

㊴裴斯泰洛齐多次使用"本质上的"（wesentlich）这个词，是由于那些科学的和哲学的观点现在不再坚持了。从柏拉图以后，物体的性质就划分为两类：本质的和非本质的。从某种程度上说，这与穆勒（Mill）把物体性质分为内涵的和非内涵的两类相当，即那些有助于确定物体类别、因而用以定名的性质（内涵），和那些不能做到这一点的性质（非内涵）。

㊵德文本第1版第150页为："你的本性的这种机制"。

本段有两处在德文本第1版中使用"机制"（mechanism），在第2版中则已改为"机体"（organism）。

㊶形式（form，亦译形、形状）一词，是康德哲学的关键词之一。简言之，我们思维的方式是由我们心智的自然本性决定的。除非在一定的时间和空间里，我们不可能思考任何事物。因此，时间和空间不是外部世界的属性，而是唯一的能够借以思考的形式。虽然裴斯泰洛齐没有严格地按照康德的意义使用这个词，但是他使用这个词带上了自己的色彩。依据格里姆（Grimm），我们获得了这些意义，它们对在《葛笃德如何教育她的子女》中使这个词颇有影响。

1. 形体、形状的外部轮廓。
    "对一切形状的精确鉴别。"（裴）
2. 与物质相对而言。

3. 制做一件工艺品的器具或模具。
5. （技术意义上的）嵌入活字的框架。
  （形 Metaph）"必须使适合框架。"
6. 某一法律程序的形式。（与 2 有关）
  "最佳形式的矛盾。"（康德）
  最佳形式的矛盾。
8. 方式的总称。
  "然而，凡是纯粹形式存在的地方，
  这些地方是如此的晴朗，
  以致悲哀的混浊气流不再发出沙沙的声响。"

——席勒

9. 显形，现象的可感觉的表达。
  "上帝的王国可用教堂的可见形式来表达。"

裴斯泰洛齐赋予这个词的特殊意义，与上述诸义无一能准确对号，尽管这些特殊含义是建立在上述诸意义的基础上，这些特殊含义有：

(a) 模式、类型。Urform，原型。

"一切的形都独立地展示自己，就像人类一样。"（裴）

"一切教学就是这么回事；就是从人类发展的原型形式中导出的。"（裴）

"一切取决于对这种原型的确切认知。"（裴）

(b) 人类本性所产生的方法。

"艺术对我们的引导正是那种形式的精神，即借助这种形式，人类从模糊的感觉印象上升到清晰的概念。"（裴）

"形式，或者确切地说，教语言的各种方法。"（裴）

㊷写《方法》时他尚未谈到"要素"原理。

㊸他在斯坦兹时的自然教学手段就是普通的说话的声音。

而在这里,他从声音而不是从名称或字母的形状开始。儿童首先重复声音,轻松自如之后,才把形状放到眼前。语音学此时尚未谈到。"时刻把一个辅音和一个元音连起来教,因为辅音不好单独发音。"塞法兹说道:"在这里我们看到,裴斯泰洛齐的方法是从声音开始的,而不是从更加困难的拼词开始的。"

㊹《拼读课本》。《拼与读教学的提示》,出版于1801年。裴斯泰洛齐称之为《拼读课本》。它是由音节和单词组成的,通过在这些音节或单词的前后添加新的字母或音节,便可构成其他单词。"但是,裴斯泰洛齐在充分地了解了拼读方法以后,感到这个拼读课本有缺陷,不自然,于是试图加以改进。在拼读教学过程中,他加进了与实物有关的句子,训练儿童听力拼写,然后教他们书写符号,逐渐训练他们把字母组合起来。在他的影响下,活动的字母粘到卡片上的做法推广开来。但是,他此时犯了一个错误:他把几个字母以最复杂的方式组合在一起,而不考虑这样组合起来的词在一般说话时是否使用,因而助长了学生只注意语音而不注意词义,而这又是裴斯泰洛齐极力反对的。例如,他把OTIN以下列形式组合起来:nito, tion, into, onit, toni, tino"。

㊺德文本第1版第171页上写的是:"这些应当由正在学习拼读的儿童天天在摇篮的婴儿面前重复,这样,通过不断的重复,摇篮中的婴儿便会逐渐注意这些声音,"等等。

㊻唱歌。这种方法很快被纳吉利(Nägeli)和普费佛尔(pfeiffer)应用于唱歌。在英国,裴斯泰洛齐的影响更大。或者说,与在其他学科中相比,裴斯泰洛齐的方法更有效地用在唱歌教学中。唱名记谱法的创始人约翰·柯温大师(The Rev. John Curwen)在教育协会举办的一次关于裴斯泰洛齐的讨论会上说过:他特地出席会议,来证实他从裴斯泰洛齐的方法中

受益深广。J. S. 柯温夫人告诉我，她随时随地都承认，她在打算教声乐之前，就熟悉并使用裴斯泰洛齐的方法了。

㊼《母亲的书》从来就不存在，裴斯泰洛齐是这么说的（见本书，第161页）。也就是说，不是他所构想的那本书。在他的初级教育读本中，有一本名为《母亲的书》或《对母亲教儿童观察与谈话的书面提示》，发表于1803年。但是这本书几乎全部由克吕希所写，同时该书的基本思想——在感觉印象的最新几课中以人体为基础的思想——克吕希是从巴西多那儿引入的。该书从第一部分至第六部分为克吕希所写，第七部分和绪论为裴斯泰洛齐所写。全书计划写成十部分，但只出版了七部分。各个部分在该书中均被称为"练习"，它们分别是：

1. 观察与身体各个部分的名称；2. 它们的位置；3. 它们的联系；4. 哪些部分是单的，哪些部分是双的，等等；5. 各个部分的特征；6. 各部分的比较；7. 功能。

余下的三个练习计划写为：

8. 人体管辖什么，必需管辖什么？9. 五个特殊部分（五官）的用途；10 总结与描述。

裴斯泰洛齐似乎以为同事们更理解他的思想，因而比他自己更能付诸实施。但他后来看到事实并非如此，正如第十一封信的那个注释所指出的那样："我们太不一样了，"他说。没有一个人有过他那样的经历，没有一个人热心地按他的实验与观察的方法去做。所以，这并不是他的《母亲的书》的设想，这只是他提议的一个部分，而且还不尽如人意。他时常指出他的《母亲的书》的设想，特别是在第十一封信中，他写道："《母亲的书》的第一阶段就是要把感觉印象上升为艺术，通过形状、数目和谈话引导儿童建立一切感觉印象的全面的意识，对感觉印象的更加明确的概念会构成他以后的知识的基础。""我已经让孩子得到前10个数的感觉印象了。”等等。所引的这些话表明，《母亲的书》的设想和已经出版的那部分内容是不同的。

这本书比他的其他初级读本受到了更加强烈的抨击和批评，也许这些抨击和批评是对的。然而，很可能它启发了福禄倍尔写成他的《母亲与儿歌》。但是，裴斯泰洛齐自己的《母亲的书》的思想却几乎全部体现在他的《论早期教育——给格瑞夫斯的信》里。这部书信集最早出版于1827年，1898年又在美国重印。

㊽德文本第1版第196页上写为：“有理性的人，奋发向上，为争取精神上的独立和自我高尚而奋斗，对他能说什么呢？”

㊾“遗产”。裴斯泰洛齐留下了一部手稿，称之为《自然的老师》，写于1802年至1805年间，其中包含了几篇此处所谈到的几个这类练习。他把这部稿子交给了克吕希，克吕希于1829年把它出版了，或者出版的这部稿子与其他一些著作的选集一起题名为《一位前辈关于词的惯常用法的教程——先辈裴斯泰洛齐留给他学生的遗产》。

㊿德文本第1版第212页：“我们应当尽力把真理——正确的感觉印象和纯洁的情感同每一个描述人类活动和状况的词语联系起来。”

(51)德文本第1版第217页写道：“……我们这部分世界上的基督教民之所以沉沦得如此低微，是因为一个多世纪以来，在我们的低劣学校里，人们始终只教空洞词语，认为它对人类心智有重要作用，不仅压制了对自然印象的注意力，甚至毁掉人们感受自然印象的敏感性。我再说一次：人们这么做，使欧洲的基督教民堕落成了夸夸其谈的民族，再没有别的民族被退化到如此地步了。他们从未教人民说话。本世纪这块土地上的基督教显得如此无力，这并不奇怪。相反，令人赞叹的是，尽管我们的'词语—铃舌'式的学校试行着一套拙劣的教学艺术,而善良的人类本性却仍然维系着我们在人民中间随时看到的那种大量的内在力量。更要感谢上帝!这些类人猿式的愚术最终还是在人类本性自身中得到了补偿。一旦它们的愚蠢达到极点,以致令人无法容忍,就不再危害我们的种族了。……"

现在常常有人说我们已超过裴斯泰洛齐了,不再需要他的方法了,即使如此,卡尔·里德尔(Karl Riedel)对此的评论是值得一提的:

"很少有人像裴斯泰洛齐那样,怀着崇高的义愤,大胆、直率地批评一切的词语式教学法、学校教学的一切弱点。父母、教师、教师的培养者、督学们时刻不应该忘记,裴斯泰洛齐的感觉印象和自我活动原理,避免了使用一切不理解的或多余的词语,只有通过建立在这个原理基础上的教学,才能够把'词语—铃舌'式学校抛到一旁。经常重复这种说法是怎么也不过分的。"

㊾ "测量"。和鲁思金(Ruskin)教授在论述公立学校的美术教学体系时所说的话比较一下。"该体系的首要错误就是禁止准确的测量,强制学生练习估测物体的尺寸。……因此,学生绘画始终不准确,在整个绘画过程中,头脑里对每一个错误的轮廓习以为常。这种练习不能仅说成是有害的——而且是灾难性的。"然而,裴斯泰洛齐又把测量推向极端,以致丢开了形状。裴斯泰洛齐的方法的优点之一是他主张我们应该遵循人类的自然发展过程来教授儿童。裴斯泰洛齐的原理被认为是美术教学的基础,但不是普遍公认的,采用的人更少。

㊿ 在布思(Buss)的形状ABC(见本书,第209页)里,这些量格(measuring-forms)就是方块,"对正方形测量的分解部分"是一般形状的潜在基础。儿童应该熟悉这些量格,使之成

为他的直觉。然后他们就不再需要这些量格了，可以丢开它们而重现一切比例关系，并且清楚地表达这些比例关系。福禄倍尔采用这些测量方块帮助儿童摆脱创作时的测量难关，但我们没听说他后来放弃了这种做法。

(54)“全卵形，半卵形”等。在第三封信中，卵形或“拉长了的圆形”根本没有提到。裴斯泰洛齐所说的“卵形”的意思是不清楚的。但赫尔巴特对此作了解释：“裴斯泰洛齐在其直观ABC中也已经提到过椭圆，但他称之为卵形，不够正确”(赫尔巴特，《教师书写》，第2版第142页)。裴斯泰洛齐没有理解或者没有弄懂这种形状或它的同类形状，也没有理解或弄懂它的各部分。他把该形状说成是“拉长了的圆形”便证明了这一点。他提到过它，却又丢下它不管了。

(55)裴斯泰洛齐的“狭义”的内涵似乎要更广一些。他只把形状简化为正方形，始终没有看到卵形或椭圆形的价值。他可以利用这些量格教授数目，但是不能反过来用它们教授形状，也无法用数目和单词来教授形状。他的要素没有“直观、心理学和原型”的同样基础。他的“要素”的价值在于这些原理，而不在于他所力图建立的这些要素之间的和谐。

(56)德文本第1版第271页：“在这里，我们还可以肯定地说，这种计算只是训练推理能力，决非记忆性的劳动，对于学手艺来说，亦无机械性的帮助。它是最清晰、最明确的感觉印象的产物，通过简单的迹象，轻松地使儿童认识真理。”

(57)“教育的”，在此应是“教学的”。

除这种情况之外，我们将“授课”(unterricht)译成“教学”。这是裴斯泰洛齐的常用词。他提出的“教养”(erziehung)现在成了流行词，但是它常常没有表达出他的原意。这个词的意义经常指“填入”(cramming in)，而不是“引

出”(drawing out)。(裴氏教学理论的重点在于“引出”。——中译者)

(58)如果这一段话引自《方法》一文，这在尼德勒出版的那一版本中找不到。他在报告中谈到第一封信时说“六个月前”，这里又说是“一年多前”，可是《葛笃德如何教育她的子女》到1801年才发表。

在这封信即第十一封信中我们已说过“感觉印象(或观察)的艺术”，以区别于感觉印象，可裴斯泰洛齐仅使用“感觉印象的艺术”的说法。约·亨·费希特说：“裴斯泰洛齐的意思是只有这种艺术才能成为学生的甚至是人类的真正的精神财富，这种精神财富为自己提出了完全清晰的智力的图画(直观)，即通过他的头脑的自我活动已经深思熟虑过的，从自己的知识中在自己身上再生的东西，只是在这时，它才与自己的意识合为一体，它对他来说变成了明白的、真实的信念，这个信念在他生活的任何时刻都在理论上和实际上听从他的使唤。”(《德文季刊》第127期，1869年)“这是裴斯泰洛齐使用的感觉印象的艺术一词的本意，”里希特(Richter)补充道。

(59)德文本第1版第289页：“同样，数字本身如没有感觉印象作基础，它在我们的头脑中就是幻影。孩子们必须先认识形状，然后把它看成是一种数目关系，即把它作为数的少与多的清晰意识的基础。”

(60)德文本第1版第301页：“我的文法只不过是一系列方法，它通过每一种单词组合或变化，引导孩子从模糊的感觉印象上升到清晰的概念。”

(61)德文本第1版第307页：“我深知一个好方法既不在我手里，也不在其他人手里；可是我依靠我拥有的一切力量，试图接近这个正确的(方法)。”

㉒德文本第 1 版第 310 页:"按这种方式而非别的方式,能使孩子们学会定义,而定义使孩子获得被定义物的概念。因为定义仅仅是清晰概念的最简单、最明白的表达,而对孩子来说,它些定义仅仅在有了清晰的、生动的感觉印象背景时才保留其实际的真实性。"

㉓德文本第 1 版第 335 页:"思索和行动应当紧密相联系,就像泉源和泉流,源塞流止。"

早 期 著 作

目　录

1. 《隐士的黄昏》……………………………（245）
2. 《克里斯托弗和伊丽莎白》………………（262）
3. 《关于人类发展的自然进程》……………（266）

1.《隐士的黄昏》

人实质上是什么？舍其地位的不同——国王和村民——他们所共有的人性是什么？我们的智人们为何不思考这个问题？难道农夫不研究自己的牛群？难道羊倌不考虑羊的本性？

你们教导人们把你们当作他们的牧师，你们能像农夫对待自己的牛群，羊倌对待自己的羊群那样，尽心地理解你们的人民吗？你们伸手要人民的尊重，是因为你们特别了解人类吗？你们的声望建立在你们引导人民所使用的启蒙方法之上吗？无论如何，你们应当如此。对于自谓为牧师的人来说，认识人类的内在本性，了解人类的需要，了解怎样使人类提高，怎样使人类堕落，显然是必要的。的确，人人都应当知道这些，不管他们的地位多么卑下。

无论在哪里，人们都感受到这种需要。无论在哪里，人们都在艰难地、拼命地奋力向上。然而，一代又一代过去了，这个目标仍遥遥无期。唯一的结果只是再把不足的人生明白地讲述给后人。对于这些人来说，结局不是人生的秋实，硕果累累，并适时地接着冬日的安息了却平生。

那么，人类为何如此不停地盲目追求真理，为何不致力于寻找人类的根本需要——生活的欢乐与幸福的基础呢？真理会使人类的内心深处得到满足，使人类的能力得到发展，使人类的时光变得明媚，给岁月带来福泽，人类为何不去追求它呢？

人类的内心得到满足,共同的人类本性得到力量和纯洁,人类的生存得到福泽——这些并非梦幻！追求和寻找这些东西无疑是人类的真正职业。至少我自己的心愿的归宿就在其中，我的全部本性驱使我投身于对它们的追索。

人类本性得以满足的手段——教育的基础

人类本性的完善依赖于真理。人类应当在何处探索真理呢？人类在需求的驱使下，最终会在自身的内在深处找到它。

人类获得幸福的能力既非依赖于谋略，亦非取决于侥幸。它蕴藏于人类自身，与人类的基本才能联系在一起。我们必须首先认识这条真理，它比一切都重要。

生活作为个人自身所过的日子，其本身就是一本自然的书籍。这里面蕴藏着开明的教育力量的秘诀。学校如果不把它的工作建立在这个基础之上，就会误入歧途。

快乐的乳婴就这样地懂得了母亲对他的意义。因此，他在丝毫不明白"义务"和"感谢"之类词语的意思之前，爱和感激就作为现实扎根于他的心灵。同样，儿子吃父亲的粮食，烤父亲的火，自然会通过履行孝顺义务而得到幸福。

人在本质上没有两样，获得幸福的途径也只有一条。真理源于人们共同本性的深处，它迟早会广为人知，从而把千百万人团结在一起，虽然这些人目前正为着非本质的问题而发生分歧。

人类本身对人类力量的认识，才是自然教育所要关心的问题。

教育的宗旨和范畴

每个人,即便是最低下的人,都应当获得这起码的、最朴素的人类智慧,这便是普通教育的宗旨。通过实践训练,使这种智慧有益于特殊的生活环境,则是职业教育的目标。但是,后者必须始终服从于前一个大目标。

智慧和力量以人生的质朴为基础,因此不管人生的地位如何,不管它多么卑下,智慧和力量都具有神圣的影响,这些品质在统治阶级中也同样是必不可少的。教育旨在为使世界上的人们能谋到一个特定的工作,人的任何丰功伟绩都离不开它。一个人缺少了最基本的教育,他首先就不是一个全部人性都得到了充分发展的人。在一家之主和一国之君之间,在为贫困而忧心忡忡的穷人和或许为地位而更加烦恼的富人之间,在无知的母亲和著名的学者之间,在无所事事的懒汉和举世闻名的天才之间,有一条不可逾越的鸿沟。但是,世上的伟人们如果因为逐渐高贵起来而失去朴素的人类情感,那么,他虽然高高在上,阴暗的乌云也会在他的四周翻滚,而有教养的村民的人性则沐浴着真正的人类价值的阳光——高尚、惬意和纯洁。

因此,一个君主如果极欲公正地对待违法乱纪的人,就应当慷慨地赏给其金钱,以保护法律。假使君主欲使其法官们断案英明,像人民的父亲那样对待做了坏事的人,那么,就让他在军委会上和贵族院里鼓励更加仁慈的观点,让他自己的王室里充满家庭的气氛。不然的话,谈论开明的法律就像在无情的人们中间谈论人与人之间的爱一样,不过是一句空话。

君主啊,真理的恩赐也许离你太远。你寻求真理,但徒劳一番。与此同时,在你统治下的尘世间,父亲们正以贤明的方式对待自己的淘气的孩子。他们夜间含泪守护着孩子，白天肩负着养育孩子的重担。君主啊，学一学吧，怎样贤明地对待那些有过失的人。请把生与死的权利交给在同一条路上寻找智慧的人们吧。君主啊，人世间最神圣的理论莫过于仁爱精神。只有通过仁爱精神，法律才能在人民中间有效地传播光明、智慧和幸福。

人类发展中自然必须遵循的进程

人类的能力需要顺乎自然，任何开发人类能力的方法都必须公开而易行。教育旨在引导人们掌握真正的、宁静的智慧，它必须简单，必须具备广泛的适应性。

培养能力的自然方法是使用能力，给以锻炼。

使用知识、天赋和才能便产生力量，怎样使用它们则是自然的人类教育的秘密。

因此，具有朴素品质和洁白无瑕人生的人默默地、勤奋地、恭顺地充分利用自己的知识和优秀的能力，因为他受到合乎自然的教育。相反，通过削弱自己的需求的质朴性和适应能力，而在心里搞乱自然法则的人则变得不配享受真理的福分。

父母不应当硬要自己的子女去做与他们的直接兴趣毫不相干的事，而应当首先让他们获得力量，这种力量是通过有效地处理身边的事务而产生的。力戒严厉和过度的压力。父母如果预先给子女拟定常规的发展进程，就会降低孩子的能力，严重地扰乱其本性的平衡。下面就是这种情形：在儿童尚未通过同真实事物进行实际接触的训练之前，教师就急于让孩子学习主要涉及识字的课程。然而，智慧和真理是从同真实事物的实际接触的经验中发展起来的。这种教学程序不是把智力和能力的增长的基础建立在通过与现实接触而产生的真理之上,而是把它建立在空洞的词语上。

自然的教学顺序虽然缓慢,但顺乎自然;人为的教学方法重视词序,而不重视自然的教学顺序。这种方法或许会使人们表面上有才华,但却掩盖着他们缺乏天然的能力和像我们那样的令人满足的时光。

反常而又筋疲力尽地追求绝对真理的幻影;希望谈论没有真正意义、毫无实际用途的真理;把发展青年人的能力的希望寄托于那些观点片面而僵化的教师们;采用种种手段教词句——当今教育的基础,所有这些都表明我们偏离自然的方法是多么的可悲。

然而,自然的方法不含一丝生硬和强制的因素。不然的话,片面就会随之而生,真理就不会轻松而自在地降临,也不会深入到人性的深处。假如真理深不可及,那么,即便得到它,它也不会温驯地服务人性,也不会造就出善良、温柔的母亲,而善良、温柔的母亲的喜悦与智慧恰恰为孩子们的幸福所必需。

自然力尽管通达其最终目标(即真理),可是,它在发挥作用时却没有一丝生硬(或困难)的表现。夜莺的歌声在黑暗中荡漾,一切自然的客体无拘无束地运动——没有一丝干扰、强制的迹象。

人的心智如果强制地追求某个目标,他就会依其强制程度而丧失能力的平衡,丧失智慧的力量的平衡。因此,自然的教学方式是非强制性的。

智 力 教 育

将人们引向真理只不过是训练他们认识自己,认识自己就带来平静。

或 者 说

将人们引向真理（引向现实）就是教育他们的本性，使之获得带来平静的智慧。

假如人们探寻如同自然所定义的那样的真理，那么，人们就会找到它，因为人们由于自己的特定的观点和特定的职业需要真理。正因为人的平静和安宁需要真理，正因为真理是人类眼前事务的引路明星，正因为真理是人类生活的真正支柱，所以，真理充满着福佑。人各有各的职业，不可能利用一切领域里的知识。他处在自己的地位上受知识的恩惠，但这个知识的范围是狭窄的，在其初始阶段更加狭窄，全部围绕着他自己和他的紧邻。这个知识的范围渐渐地扩大，但是每扩大一点，都与上一个起点密切地联系在一起，从而从中得到用处。

对现实的直接感受只是在那些狭窄的圈子中形成的。真正的人类智慧以对最接近的环境的深入认识和恰当地对付这个环境的应变能力为基石。

应我们特定情势的需要而发挥作用的智慧提高和增强我们的效益，它所产生的那种心智是质朴和敏锐的。由于它是通过与不折不扣的现实的实际接触来形成的，它对将来情势具有很强的应变力。智慧在其作用过程中坚定、敏锐而又牢靠。现实恰恰是有力的、活泼的人类本性自身，自然的庄严途径直接通往现实，因此，这就是源泉，是训练手段，也是最终目标。

的确，我们教育的是人，而不是繁茂的蘑菇丛。自然的儿童是有限度的（并承认这个事实）。他只是在有了充分认识之后才会说话。因为知道许多东西而造成的混乱不清并非是自然的模式。同样,那种轻浮地掠过各门学科的知识,而没有踏实、稳妥地付诸使用的人,则会失去对现实的感受。对现实的感受是通过闪烁着坚实而平静的喜悦目光来表达的。

拥有杂乱无章的多方面知识的人喜好谈论,但其方式既含糊不清,又摇摆不定。真正的智慧要有宁静的感受,这种人从来就没有获得过这种感受。他们喋喋不休,自命不凡,对于他们,周围是一片漆黑的、凄凉的不毛之地。相反,就在这块地方,有福分的智者的力量却闪耀出最灿烂的光辉。

同样,由于令人沮丧的无知而产生的可怕的知识荒地与自然的途径也是背道而驰的。缺乏对我们自己本性的认识就使智慧的范围比实际环境更加狭窄。歪曲关于我们在世上作用的基本含义,欺压、专横,在最基本的需要以及人性的关系问题上缺乏一般的、理智的开明,这一切都加剧这种糊涂不清,犹如黑暗的阴影笼罩着大地。

心 地 教 育

违背我们内心公道感的行为削弱我们认识现实的能力,毁坏我们的基本观念和情感的纯洁与质朴。善良的心地服从真理,人类的智慧以善良的心地力量为基础,人类的幸福以朴实和圣洁为基石。为了确保正确的智力结构得以在未受污染的心地基础上建立起来,把这种质朴与圣洁保留在人们身上则是为父之道的头等大事。

人类应当受到教育以达到内心平静。教导人满足于自己的命运,满足于命运所及的快乐;教导他容忍,敬重别人,在受考验的时期信赖上帝的爱——这便是人类在受教育中所需要的东西。人如果对自己不能心安,就会在虚幻莫测的道路上四处飘流。快乐来自所处的直接环境,异想天开就会失去这种快乐,也会失去属于智者、忍耐者和适应者的力量。人如果心地不安,做人的基础便受到削弱。当智人们心花怒放大笑不止时,心地不安的人却为阴森恐惧所缠身。

不满足的人在家庭的圈子里自寻烦恼,因为他在舞场上、乐队里,或者在政治集会上,没有出人头地。宁静的心境和默默的快乐是人类教育的首要目标,是时代的最大需要。知识和抱负应该隶属于上述目标,否则,它们就成为痛苦和失望渐增的根源。

家庭教育

人不仅为自己而生。自然用人的外部社会关系教育人,使人为这些社会关系服务。人进入了这些社会关系,这些关系就作为种种因素,根据人与它们的远近亲疏而程度不同地教育人,使他适应将来的命运(即职业)。人通过处理身边的事务而产生能力,这种能力是明智地处理更遥远的事务的能力的源泉。为父的经验是培养行政官员的最佳途径,和睦的弟兄能够成为优良的公民,家庭和国家的秩序就来自这两个源泉。家庭关系是最起码、最重要的自然关系。为了能平静地享受家庭的幸福,人各自从事自己的工作,承担着公民的责任。

因此,教育人们从事这种或那种职业,或承担某种社会职务,应该从属于主要旨在培养家庭生活的纯洁和幸福的教育。由于这个原因,家庭应当成为任何自然教育方案的基础。它是培养人品和公民品德的大学校。人首先为童,然后学艺。为童之德有益于学艺,培养为童之德就为将来生活幸福打下基础。任何人,只要他背离这个自然顺序,抢先进行迎合国家或某种特定职业的需要的专门教育，不管是教育统治者的，还是培养奴仆的，都会把人从享受自然恩赐引向充满不测危险的海洋。

确实，人人都看得出统治阶级正由于他们的教育而丧失自然的优势，人人都为之痛心。统治阶级的教育由于背离自然的明智顺序，正给他们带来失望和腐朽，因而反过来损害人民的安乐，这难道不是清清楚楚的事实吗？难道我们没有察觉到各国的人们如何舍弃家庭生活的质朴的欢乐，而追求无益的、显赫的炫耀，来宣扬他们的成就，以满足他们对受人赞誉的欲望吗？人们正迷入歧途，根本看不清做人的真谛。

宗教教育

在人的一切关系中，人同上帝的关系是最密切的。家庭和明智的快乐都不能每时每刻给人以平静。如果没有上帝，人类的温和本性不管受到怎样良好与和谐的训练，都无力抵挡权威和死亡。上帝是全人类的父亲——是一切快乐的源泉，是人类自己的父亲——只有这么虔诚，人类才能得到平静和力量。这种平静和力量不论是权威还是死亡都无法摧毁。信仰上帝与最高的人类情感和谐一致，这是上帝的子孙对待天国之父的信赖态度。信仰上帝带来的是和睦。社会秩序正依赖于这种和睦，不受干扰地使用我们的能力也依赖于这种和睦，而不受干扰地使用我们的能力又是增强能力，使能力发展成为智慧的基本保证；智慧又是一切人类幸福的源泉。因此，信仰上帝是智慧和幸福的起点——自然为人类教育所提供的质朴的条件。对上帝的信仰深深地铭刻于人类本性之中。正如人类的正误感无法被摧毁一样，信仰上帝是人类教育的无法变更的基础，它隐藏在人类本性的最深处。对上帝的信仰始终是人的一部分，不管他的处境如何卑微。它是高贵者的真正的力量的源泉,也是卑贱者的力量源泉。对上帝的信仰不是训练和教育的结果,而是纯洁和质朴的人们的意识。纯洁、质朴的人们真诚无邪地聆听自然的声音,懂得上帝就是他们的父亲。童稚般的服从并非来自完美的教育,而是教育的起点,教育的基础。

敬畏上帝的学者们苦思冥想创世的奇迹,探究造物主的奥秘——这不是我们所说的信仰方式。这种穷根究底的人很容易在创世的无底深潭中迷失方向,漫无边际地潜游,远离这深不可测的海洋的源头。

上帝,我的父亲!他是那最贫寒的村舍里的——我灵魂深处的上帝——上帝,是施予我礼物与生活乐趣的施主——为的是引导人们认识这些道理,这是教育应当遵循的途径。信仰只有以喜悦和个人体验为基础,才能获得自然的力量。

或者我可以大声向人们疾呼:人们啊,难道你们对这个极大的善行故事无动于衷吗?你从主善主恶在人生中纯属偶然这一信条中寻找到了慰藉吗?当忧伤的烈焰在你们的头顶燃烧,使你们面临毁灭之时,你们能在这种智慧中得到慰藉吗?

但是,当你的天父在你的内心最深处给予你力量,给你的时光带来快乐,使你在苦难中坚不可摧,并使你坚信善行具有压倒一切的力量时,你感到你已自然而然地树立起对上帝的信仰了。

我的孩子吃下我手中的面包,这面包使他萌生童稚情感——不是他对我夜间的看护感到惊愕而产生的,也不是出自在后来的岁月里我对他的关照。他对我的举动的判断是无意识的,这些判断也许会误导他,使他对我置之不理。

朴实和天真纯洁的人类的感激和爱,是信仰的源泉。人类在童稚般的质朴中感受到永生的希望。没有永生的希望,人类对上帝的朴素的信仰就失去其原始的力量。

暴君践踏他的同胞——他的上帝的子孙，使人们的希望从根本上破灭。一群群受害者死去，留下孤儿寡母们大声哭喊，哆嗦，挨饿，怀着信念，最后死去。

如果说上帝是人类之父，那么，人的死亡并不意味着命运的结束。

人啊！在你身上还有真理感吗？说吧！你能相信上帝是人类之父吗？你能相信上帝会让这些受难者的死亡之日成为他们一切的终结吗？如果不相信上帝是人类之父，那么，死亡便是一切事情的结束。

啊，人类啊！你的内心情感乃是真理和义务的向导。你怀疑那种意识能否告诉你人生的永存吗？相信你自己，听从你内心的教导，那么，你就会信奉上帝，信奉永生了。

上帝是我们的父亲，上帝的子孙永远长存。人类啊，只有真理、圣洁和质朴伴随崇敬和诚服，才听得到出自你本性深处的声音。然而，不是人人都具有圣洁和质朴的品质。对于许多人来说，人类的这种内在意识只是睡梦中的游戏，对上帝和永生的信仰如果建筑在它的上面，那么，它只是人类诡诈术的可鄙动机。

啊，上帝！他有力地教导我什么是真理、幸福、信仰和永生——上帝，所有上帝的子孙都能听得到他的声音——上帝，所有温和、敏感、朴实、有怜爱心的世人都能理解他的旨意，而且理解的程度完全相等。上帝，我没有聆听您向我的内在本性讲述的永恒真理——我没有相信我应该做什么样的人，做什么样的事吗？

对上帝的信仰把人分成上帝的子孙和尘世的子孙。信仰上帝是父亲，也就信仰永生。上帝，人类之父；人类，上帝的子孙，这便是信仰的朴素内涵。慈父之情，孝子之情——这种共同的天伦之乐，也是通过信仰产生的。

享受做父亲的权利，妻子对我的恩爱，子女们对我深厚的崇敬和感激——这是我信仰上帝的结果。父亲是上帝的孩子，信仰父亲——是我信仰上帝的根基。反过来说，信仰上帝也是我信仰父亲和完成每一项家庭义务的保证。

公 民 教 育

在庄严的自然教育中，义务和享乐是结合在一起的。在自然的主宰下，人类得到眼前的福佑就需要履行新的义务。任何人，不管他们是统治者还是臣民，是贵族还是奴仆，在享受其最早的自然关系过程中，都为将来在自己的地位上履行特定的义务而作准备。君主是上帝的孩子，又是其父亲的孩子。君主不但是其父亲的孩子，而且是人民的父亲。臣民是上帝的子女，又是父亲的子女。臣民不但是父亲的子女，而且是君主的子女。因此，君主好比上帝，是一国之父。他的臣民都是他的子女，而人民和他一起又是上帝的子孙。这种复杂的人类关系多么微妙，多么稳固和美好！但是，高贵者们应当意识到在一个腐败的国家里，他们的尊严是多么地徒有其表。

我也许说不清父亲的地位是什么。何为父亲，他是什么？牛棚中的一只公牛，也是它的一家之主。不管它的地位如何卑下，它都是自己屋檐下的君主。啊，众人的主和父啊！最卑贱的奴仆实质上与他的主人没有两样，满足他的自然需要是他应有的权益。统治者自诩为人民的父亲，其目标就是满足他们的本性所能承受的欢乐。人民自誉为君主的子民，应当得到家庭的幸福，应当期望履行父亲的义务，抚养和培育子女享受做人的欢乐。这都是梦想吗？这种童稚般的希望从根本上说是梦幻吗？不，并非梦幻。信仰上帝是这种希望的动力。君主们如果信仰上帝，信奉人类的兄弟关系，就会从中得到激励而履行自己的职责。他们就是上帝的代理人，他们所受到的培养就是为了人民的利益。相反，否认上帝是父亲，否认人人皆兄弟的关系的君主们，则毁坏他们对自己的职责的全部忠诚。他们就是恐怖之人，其力量足以毁灭大地。承认上帝处于至高无尚的父亲地位，君主便能保证得到人民的服从，因为那就符合了上帝自己的旨意。不承认对上帝负责的君主，则把自己的君权建立在危险的沙堆之上。

就此而言，对上帝的信仰是联结君主和人民的纽带，也是把人们团结在幸福的人类关系之中的纽带。怀疑和否认人们中间的兄弟关系和兄弟般的职责，轻视上帝的父权，傲慢、轻率地滥用权力，都是焚毁一切造福于人类的纽带。

牧师向我们宣讲上帝是父亲，宣讲四海之内皆兄弟。他们的职业是把人类的自然关系同通过信仰上帝而获得幸福结合起来。信仰上帝是人们中间的父道情感和兄弟情感的发端——一切公正的源泉。没有父道和兄弟情感，公正不过是一种光彩夺目的、没有福佑力量的荒唐。放荡不羁的神谕宣传蔑视公正，遂使律师和法院也在放荡中兴盛起来，他们的公正是现实的伪装，而不是民众幸福的资源。

真诚、圣洁和无畏激励民众质朴的德行。它们和贤明、慈父般的执法均来自信仰。

鲁莽地、激烈地叫嚷反对圣洁、公正和真理——没有纯洁和有力的法律的施行——产生于不信。暴政和肆无忌惮地蚕食法律和纯洁则会削弱民族精神，其祸根仍在于不信。

然而，反过来说，兄弟和父道观念带来的是纯洁的民族欢乐。民众对上帝的信仰是民族美德、民族幸福和民族力量的源泉。

罪恶不仅是不信的根源，也是不信的结果。它赤裸裸地反对人类关于正确与谬误的良心教诲。它搅乱我们的基本观念,玷污我们原始的情感。它意味着丧失信仰本身和对良心教诲的信仰，意味着丧失对上帝的信仰，丧失对待上帝的童稚般的态度。大众犯罪是人类对上帝的傲慢。

憎恨罪恶，以纯洁无邪的态度对待上帝——是人类信仰上帝的启示的直接结果。憎恨大众的错误行为应当像儿童憎恶其父母对他们的蔑视一样。

举国痛恨国家的恶行是举国信仰上帝的确切的象征，是人民以童稚般的态度对待至高无上的上帝的确切的象征。

举国痛恨君主对待上帝的傲慢表现是民族德行的证明。假如这种德行削弱了，对上帝的默默信赖也就随之减弱。

对上帝的不信会毁坏整个社会的纽带。统治阶级的不信能诱使百姓反叛。统治者只有具有慈父的品德，才能确保被统治者的服从。不信从根本上毁灭服从。如果君主不是慈父，那么，在他的统治之下，民众心里就无法萌发出质朴的感激和童稚般服从的情操。不信的结局是负担日益加重，世袭财产日益减少，举动专横而于事无补，宫廷内怪事、丑事百出，官吏暴戾无情，榨取人民的钱财，国家贫困不堪——在不信占据上风，上帝的权威和人民的权利得不到尊重的国度里，所有这些都是不可避免的。

不近人情地使用做父亲的权利招致大众的愤恨，这就会削弱君主和人民之间联系的纯洁性和强度。亲切的、慈母般的人类本性通过互享幸福的意识而加固公民间的关系。国民的这些幸福意识通过感激、热爱和信仰使君主和人民之间的纽带神圣起来。爱国精神和公民美德的神圣源泉就在其中。

我弹拨着松弛而走调的琴弦。舞曲会把我的琴音淹没,无礼的歌声会把它压倒。我们不再顾及真理和人类的纯洁。人类的力量只有通过信仰上帝才能得到保佑。君主的慈父态度——人民幸福的唯一源泉——是他信仰上帝的结果。人类啊,不管你的地位多么卑下,假如你的君主是上帝的孩子,那么,他的力量就是做父亲的力量。

凶暴、傲慢地使用皇权既非出自做父亲的情感,亦非源于对上帝的信仰。它毁坏君主及其国家的最高利益,破坏人民对君主的质朴的、童稚般的态度。

尽管如此,我还是不能把聪明的官吏们的这一广为流传的习惯作风称作十恶不赦的叛逆。

但是,假如这种习惯作风代表着君主做父亲的权利,任意地行善作恶,那么,它不是十恶不赦的叛逆是什么呢?

假如这种习惯作风以君主的名义,破坏家庭幸福,侵吞私人财产,污辱和中伤无辜,那么,它不是十恶不赦的叛逆又是什么呢?

把人们团结在幸福之中的纽带是君主及其人民对至高无上的主的信仰——对上帝的信仰,只有它才能保证人类幸免于难。

一切怀疑都是傲慢的,而人类对上帝的信仰,对上帝的童稚般的态度,是对神灵的默默的信赖。

人假如舍弃了对上帝的童稚般的态度,那么,在危险和灭亡之际,他就迅急而盲目地耗尽本性,鲁莽而无所顾忌地斗勇。认真而经济地使用每一点才能,渴望增加自己的力量,是自然为训练和提高我们的能力而提供的条件。在困难和优柔寡断之际,求助于上帝是人类的纯洁倾向。

被一文不值的外表所吸引,沉湎于炫耀自己的才能和力量,隐藏自己的弱点,是最低下、最懦弱的人们的癖好。这些人受这些东西的影响而偏离了自然教育的轨道。受过自然方式的教育、行为高尚的人对这些低劣的力量和癖性有着慈父般的忧虑。

人类啊!竭尽全力地致力于这一目标吧。

用慈父那至高的权力反对软弱和未充分发展的民众吧。

啊!人性的纯洁的福泽,您是信仰的力量和信仰的结果。

啊!我茅舍周围的欢乐,您也是这种信仰的结果。愿我得到拯救,愿我的家庭得到拯救。

愿人类信仰上帝,我愿留居于陋室下。

人们对上帝的忠实的牧师的信赖是人生安宁的源泉。上帝的牧师代表着纯朴的、慈父的人类关系。啊!您的力量,神圣的力量,是上帝启迪的媒介。

上帝启迪的媒介便是爱、智慧和慈父意识。

要是我能把上帝的力量的影子投射到徘徊在我屋外的人们身上那该多好啊!

啊,太阳!您是上帝力量的象征;您结束了一天的行程,您落入西山。

啊!我今天的命运;啊!我明晨的希望;啊,我信仰的力量!

我把一切自由建立在正义之上,但是,我除了在奉献纯朴、虔诚和爱,并受它激励的人性中看到了正义之外,在这个世界上见不到其他任何实实在在的正义。

家庭生活的正义最伟大、最纯洁,并且普天同享,独以爱为依托。只要人们保持纯真,家庭生活的正义就会广泛地赐福人间。

如果说正义以爱为根基,那么,自由便以正义为依存。质朴的、童稚般的信赖是建筑在正义之上的自由的真正源泉。纯洁的慈父精神是维持行为公正和对自由的热爱的国家权力的秘诀。

我们是上帝的子孙,信仰这一点是人类美好幸福的可靠基础。正义和普天幸福的源流,人们中间兄弟般的爱的源流,就来自这个伟大的宗教观念。治国旨在为人民造福,在这个伟大的宗教原理之中,蕴藏着一切治国的秘诀,因为一切内在的道德力量,一切启迪的力量,一切智慧,都以对上帝的信仰为基石。

忘记了上帝,忽视了人类同上帝之间的子与父关系,这是一种瓦解的力量。在这种力量的支配下,道德、灵感和智慧就会消失一空。人类如果丢掉对上帝的童稚般的信仰,不幸就会降临其身。这样一来,上帝以父亲的身分所给予的教育便是不可能的了。只有恢复失去了的对上帝的纯洁的态度,才是挽救上帝的人间子孙的唯一途径。

耶稣基督历经苦难,经受死亡,挽回了失去的对上帝的童稚般的感情。他是救世主,是主的牺牲了的牧师,是上帝与世俗之间的中介保人。他的教导是绝对的正义,是富有教育意义的大众哲学,是上帝——天父对迷茫的一代子孙的启示。

2.《克里斯托弗和伊丽莎白》

"'这一章我最喜欢,爸爸!'当克里斯托弗读完这本书的第十二章①时,伊丽莎白说。'那个虔诚的母亲自己教她的孩子,我看这真是世上再好不过的事了。'

"'不管怎么说,她的方法跟学校里的大不一样,'约赛亚说。

"伊丽莎白:'我的意思并不是说学校不好。'

"克里斯托弗:'我也不会这么想。'

"约赛亚:'嗯。不过,父母教育孩子能够触及孩子的心灵,而教师所说的一切没有一样能够打动孩子们的心,这倒是真的。一般说来,上学并没有人们所想象的那些好处,我敢肯定。'

"克里斯托弗:'约赛亚,恐怕我们得像对老鞋匠那样对你说"坚持到最后吧。'我们应当感谢上帝给了我们世上的一切好处。至于讲到这个国家的学校,我们对上帝没有太多的感谢。'

"约赛亚:'你说得对,主人。有学校是一件好事。上帝不许我忘记他为我们做的任何好事。可是,尽管如此,如果一个人家里富有还四处乞讨,我想他肯定是个笨蛋。而我们的村民们正是这样做的。在家里他们本可以给孩子们上好课,但他们却偏偏天天送孩子们到那可怜的学校去,在那里收集那些干涩

---

① 这一章描写葛笃德在孩子们中间趁他们忙着纺织的时候教他们。

的残羹剩饭。我肯定,他们不应该这样做。'

"克里斯托弗:'也许不像你说的那样吧。'

"约赛亚:'不,主人!正视这个问题,你就会有同感了。父母所能教给孩子的总是生活中最需要的东西。可惜他们竟忽视了这一点,而相信教书先生要他们死记硬背的词语。不错,这些词语也许明事达理,对孩子们意味深长,但是,它们毕竟只是词语,并且出自一个陌生人之口,远远比不上爸爸或妈妈的话那么中肯。'

"克里斯托弗:'我不明白你说的是什么意思,约赛亚。'

"约赛亚:'主人,你想想看!抚育孩子的关键是要好好培养他们成家立业。他应当学会懂得处理和利用终生的生计和内心意志所依赖的那些东西。在我看来很清楚,父母可以比学校里的任何先生更好地教孩子们学习这些。毫无疑问,教师也给孩子们讲许许多多正确的、有用的东西。但是,这些东西出自教师之口绝对比不上出自正直的父亲或虔诚的母亲之口更有价值。比如说,教师会告诉儿童要敬畏上帝,尊敬父母,因为这些是上帝的旨意。但是,儿童几乎不理解教师说了些什么,十有八九没等回到家就给忘了。如果在家中父亲递给他牛奶和面包,母亲省下一口饭留给他吃,孩子就会感到并认识到自己应当尊敬父母,父母对他是那样慈爱。如果父亲告诉他这就是上帝的旨意,他是不会像对待教师说的那句空洞话那样轻易地把它忘掉。同样,如果在学校里教师告诉孩子要仁慈,要像爱自己一样爱周围的人,孩子把这些话记在心里,也许思考几天,但到头来这些美妙的词句还是从他的记忆中消逝了。但是,在家里,他看到穷邻居的妻子上门向母亲乞讨,诉说她们的苦楚、饥饿和衣不蔽体,看到她那苍白的面容,瘦弱而颤抖的身驱——不幸者的真实形象,他的心震颤了,眼泪流了下来。他满带着悲痛和忧虑，抬头看看母亲，犹如自己在挨饿。母亲给这位可怜的受难者拿吃的东西，他从这位不幸者的脸上看到了她得到的安慰和振作起来的希望。他止住了极度悲痛，收住了泪水，面带笑容地走近她。最后，母亲拿着东西回来了，这位不幸者哽咽着表示感激，收下施舍，这又使他的眼里流出新的泪花。于是，他从这里懂得了什么叫仁慈，什么叫爱同胞。无需借助词语，通过活生生的事实，他便懂得了仁慈的含义，看到了仁慈本身，而不是学会谈论仁慈的词句。……'

"克里斯托弗：'你说不该过高地估价教师的教学，我必须承认我开始认为你的话并没有全错。'

"约赛亚：'当然啦，主人！如果你把羊放到山上，你就应当指望羊群得到羊倌的精心照料，因为他得到了报酬，你不必亲自去驱赶羊群。但是，如果把羊群关在自己家的羊圈里，你就要亲自照看它们了。这和把孩子送到学校是完全一样的，唯一不同的是羊群在牧场上很容易吃到牧草，而牧草要比羊圈里的饲料好得多。但是，要为孩子找到一所比家庭教得更好的学校，就不那么容易了。父母的教育是智慧的核心，教师的职责只是为这个核心包上外壳，其结果是否成功却没有把握。'

"伊丽莎白：'约赛亚，你的话使人围绕着孩子动脑筋。我现在明白了你的意思。现今许多可怜的、无知的母亲送孩子们上学，对此她们不加思索，只是因为习惯上都这么做。我想，她们要是听了你的话，会受到更好的教育的。'

"约赛亚：'还不止如此呢，主人。你知道，帮助普通人在世上生活，使之获得生计，使之愉快，不是别的东西，而是良知和自然的悟性。我平生没见过一个响当当的人能够称得上人们所说的优秀学者。可以说，普通人的悟性从某种意义上说，是从容自如的，始终表现得得体和适合时宜。因此，话在恰当的时机说才适宜，早一刻钟或晚一刻钟就根本不合适。但是，学校培养出来的悟性造成各种说话方式，不论冬夏，不分寒暑，不问大斋期还是复活节，而普通人必须根据时宜进行自我调节。所以，学校培养出来的悟性对普通人没有一丝好处。正因为这样，这些人身上的自然悟性应当重新更多地被培养出来。因此，没有哪个教师能胜过家庭，胜过父母的爱，胜过日常的家庭劳动和生活上的需求。但是，假如硬要把孩子送到学校，那么，教师至少必须是个心胸开阔、性情开朗、感情真挚、和蔼可亲的人，他应该像孩子们的父亲那样对待孩子们——一个适合开启儿童的心灵、打开他们的话匣子并且可以说从最深的角落引出儿童的悟性的人。然而，在大多数学校里，情况正好相反，教师好像是被有意培养来锁住孩子们的嘴巴和心灵，把他们的聪颖的悟性永远深埋起来的人。这就是为什么健康、活泼、满心欢悦和高兴的孩子们压根儿不喜欢学校的原因。那些在学校里表现最好的学生则是那些怨声不绝的伪君子和孤芳自赏的教区官员的孩子。他们是迟钝的劣等生，不喜欢同别的孩子们玩在一起。但他们却是教室里的荣耀的点缀品，在其他孩子们中间趾高气扬，犹如九柱戏①里的柱王，屹立在其他八根柱子中间。相反，假如有个男孩子很聪明，不愿一连几个小时都把眼睛盯在他所痛恨的那十来个字母上；或者有个活泼的女孩子，当教师讲述宗教生活的时候，把手放在课桌下面玩得开心，那么，教师便用他的智慧断定，这些就是坏学生，他们不愿得到永恒的拯救。……

"约赛亚就这样充满激情地说着，反对本村学校里的荒唐做法。他的男女主人对他的话越来越感兴趣。"

---

① 竖立九根柱，以滚球撞倒之多寡而定胜负的游戏。——中译者注

3.《关于人类发展的自然进程》

① 引言——分析的问题

个人的心理发展与人类的心理发展具有相同的进程。这是裴斯泰洛齐提出问题的基本出发点。他问道:

"我是什么?人类是什么?

"我做了些什么?人类在做什么?

"我的实际生活把我培养成什么样子?人类生活正在把人类培养成什么样子?

"什么基本原理实际上决定我的行动和看问题的方式?

"什么基本原理实际上决定人类的行动和观点?"

为了回答这些问题,裴斯泰洛齐提出求助于经验,并且唯有经验。"我只能够,也只应当思考在自己生活中找到的真理;而不能,也不应当思考任何别的东西。"他认为这个步骤会使他与大部分人类的特有经验紧密地联系起来。这就是他的问题,因此,他的方法大体都是心理学的方法。对这些问题进行仔细思考,就得出下面关于社会发展进程的大致步骤:

"人类在自然的形态中孤立无援,迫使他去预先筹谋,去认识。

"预谋使他寻求胜于他人。

"优于他人便会导致所有权。

"对财产的占有便产生社会。

"有了社会便有了地位、权力、荣誉。

"荣誉和权力导致臣服、控制。

"臣服和控制导致阶级分化——国王、贵族、仆人。

"因此，人类获得了法定的权利。

"法定的权利给公民以自由。

"缺乏法定的权利便产生暴政和奴役。"

"但是，人类身上有一种仁慈的气质，它使依附于社会生活的所有这些东西高贵起来。诚然，没有它，从社会生活中获得的一切好处都将毫无价值。

"这种仁慈的气质究其根源是感觉上的——它属于我的原始的动物本性；而且，我也在自身中感受到使这种气质尊贵起来，并升华到爱的水平的力量。

"但是，这种爱由于我的天生的自私而受到危害。假如爱消失，我就要迷失方向。因此，我超越知识的范围，依赖于我的生活的本源，依赖于宗教，力图借助宗教的帮助来战胜我的天生的弱点。"

接下来，他开始考察人类"自然史"中的这些步骤的每一步——追溯其源头、形成及后来的变化。

考察了这一些部分之后，可以说他纵观了人类发展的整个进程，描绘了它的全貌——从人类的原始状态开始，一直到现在为止。"原始人带着胆怯的心理而不是野蛮的心理走出洞穴。他发现一块石头，但是这块石头太重；看到一根树枝，但是这根树枝太高；他感到，要是有另一个人在场，也许就可以抬起那块石头，移动那根树枝了；他看到附近有一个人……就走近他的同胞，他的眼神里闪烁出新奇的光芒；他们想到彼此可以相互帮助……他们携起手来，搬运石头，移动树枝……他们发现他们可以共同完成这些事情。他们为这一新的认识而感到高兴；新的认识带来新的力量；他们之间的纽带增加了，他们的声音也就成了语言。……正是语言使人们服从于他们自己制定的法律。"

因此，裴斯泰洛齐把原始人向社会人过渡看作是必要的一步，这和卢梭是明显对立的。在他看来，原始人和社会人不是对立的条件，而是一个对另一个的修正。并且，由于权力起源于人们固有的不平等，原始自然中对权力的滥用就从初始阶段移植到了社会阶段。"不是权力，而是使用权力的人犯下了使人类堕落的罪行。""人类由于受到不懂得受法律约束的权力的迷惑，又陷入天生的腐败境地，一筹莫展，麻木不仁。而激进共和主义的普遍传播又导致社会纽带的断裂。"

于是，他得出了这本书的主要论点：

"尽管个人的安乐与道德在到处都被提到了一个值得注意的水平，但我的同胞们大多还生活在灾难之中——没有自己的权利，完全处于退化的状态。这是怎么回事？我必须找到这个问题的答案，否则，我所看到的生活对我来说就成了不解之谜。

"仔细考虑一下，我很快发现，人是环境的动物，同时我又感到，人毕竟也改造自己的环境，他们自身有力量在很大程度上按自己的态度改造环境。人只要使用这个力量，就不但能决定自己，也决定影响他的事物。变幻莫测的外部控制和个人自由混合在一起似乎就是生活的特征，于是，我尽力澄清这个问题。我问自己：我是什么？即我实际上是什么？人类怎么成为现实的人类？一个少年一大早就上工，整日劳作在外，直到太阳落山，四肢酸痛时才返回，这是他自己的意愿吗？假如有个农夫能够应有尽有，他还愿意常年累月，寒冬酷暑地在地里和山林里忍冻受热吗？商人和工匠如果不是自幼就被迫为之，会愿意终日拴在账桌旁或板凳上？我想是不会的。他们假如真地能够随心所欲，肯定就会从事轻松愉快的职业，肯定只会想着自己，而不会为别人操劳。他们会终生无忧无虑，风平浪静，无所事事。因此，人之所以成为实际的人是被迫为之的。假如人真地自由了，他的所想、所感、所为都会大不相同了。然而，倘若去掉这些制约力量，使人们无拘无束，那么，联系人们的纽带就会崩溃，其结果将是难以言状的灾难和混乱。

"既然这样，为使秩序得以维持，难道我不该放弃对权利的一切要求，虽然尚不知晓这个秩序实质上是善还是恶吗？然而，我不想知道世界秩序是善还是恶。我不能使自己相信我心灵所渴望的自由会有益于我，有益于我的同胞，因为真地有了这种自由，我既不再能赢得妻子的爱、儿子的尊敬、朋友的信任、穷人的祝福，也不再能赢得国家的感谢了。

"那么，我还能憧憬原始自由吗？当然不能。假使真地给了我这种自由，我也无法忍受它所带来的后果。可是，我也无法超脱本性中的感觉之限。……我无法脱胎换骨，不乐意与未曾帮我获得财产的人分享我的财产。我又必须当个农夫、市民或者工匠之类。于是，我自问：我为什么是个市民，或者手工艺人，或者农夫，而不仅仅就做个人呢？我发现，在所有的这些关系中，都有我不可或缺的利益，我的原始本性不甘愿放弃这些利益，去追求它可能得到的一切自由。

"这样，我的社会束缚就为我的原始本性的意志所维系。教育和经验使这个态度稳固起来。自然把我放在世上，是让我在无人帮助之下充分利用本能而生存，我会把自己培养成什么样子，同胞会把我培养成什么样子，自然根本不考虑这些。在这种质朴的环境中，我的原始本能便建立起原始的情感、思维和行为。

"然而，我必须超越自然的控制，因为自然对人类的培养很有限，我很快就渴望更多地培养自己了，因为自然不能为我做到这一点。她的力量不能够迫使我成为一名优秀的鞋匠或裁缝。假如她能够做到这一点，我就不会成为一名普通的人，我就缺少为人的真正基础了。……世上有要追求的理想，人类的幸福就寄托在对理想的追求之上。世上有诸如真理和正义之类的东西，但这些东西人类基本上尚未探索。人类一旦不再受原始自然动机的驱动，不再迷信自己的体力，就会找到这些东西。只要探索真理，就能找到真理；只要需求正义，就会正义在手。

"尽管如此，肆无忌惮的斗争仍在继续。奸诈和不忠充斥各个阶层和各个部门——在统治者和人民中间，在官员和商人中间，在学者和教士中间，比比皆是。人们以不同的观点看问题，所以，关于真理和公正的想法就必然不同。人类以三种不同的方式看待世界，所以也就形成三种不同的真理观。有原始人眼里的真理——即纯粹为自我而生存的人。有社会人眼里的真理——即因共同的协议而与其同胞联系在一起的人。有道德人眼里的真理——即完全撇开他的原始需要和社会义务，从自身的内在价值观看待事物的人。同样，也就有三种法则体系——原始人的、社会人的和道德人的。

"1) 原始人的法则。根据这个法则，原始人的要求通过其动物本性的直接的、单纯的需要来调节。

"2) 社会人的法则。根据这个法则，社会人的要求通过承认他与他人的协议来调节。

"3) 道德人的法则。根据这个法则，道德人通过事物对他的内在价值所产生的影响效果而看待一切事物。

"因此，我的真理和正义观发端于我的天然本能，或者我的社会需要，或者我的道德力量。所以，我自身有三重本性——动物本性、社会本性和道德本性。这三重差异说明了这个事实：我的有些要求是基于自然人法则的，有些要求是基于社会人法则的,还有些要求是基于道德人法则的。"

于是,裴斯泰洛齐对人类发展中的这三个阶段的特征进行了更加严密的考察。

"作为自然人,我是什么——即原始人的观点是什么?

"作为社会组织中的一员,我是什么?

"作为道德人,我是什么?"

② 原始条件下的人类

"人类在原始条件下,在其退化尚未开始之前,只是其本能的简单产儿。他绝对沉浸于纯洁的、本能的享乐。他喜爱瞪羚和土拨鼠,怜爱自己的妻子和孩子,喜欢自己的狗和马。他不知道有上帝,不知道什么是罪恶。阳光、树林、土壤,这一切对于他都是珍爱的东西,如同上帝创造它们那样。用犁耕地就是祸灾,因此,他把时间用在睡眠上,用在感官享乐上。他把陌生人请进家,请他吃饭,然后才问他从何处而来。……他用自己的母牛换得几颗玻璃球,而不愿意卖掉正在使用的烟斗,以换取一年的收入。因此,只要不费气力就能得到享乐,无需警惕就有安全,生活就这样长期过下去。

"但是,直到他感到有必要作出努力之后很久,我们还称他为原始人。他不懈地练习使用杀伤武器;他想得更多的是弓箭,而不是自己的妻子儿女——但是,他仍然是自然人。

"他杀死那些碍他的事的人;那些屈从他的人必须为他效劳。但他还是自然人。

"他周围的世界在他的权势面前不寒而栗,他的意志就是邻人的法律……他把妻子、儿女赶出洞穴。……但是,我们还是把这种暴行称作原始人的行为。

"他不再敬畏上帝创造的土壤和岩石了,犁铧破土不再被看作祸害了。他尽可能多地占有土地,把自己用不了的地让给他人耕种,要他们为此付报酬。

"现在我们不再称他'原始人'了。待到用牛耕地,人类为获得收入日出而作的时候,我们说他已经进入了社会。当他与别人的关系变得颇为复杂和麻烦的时候,我们就不再认为他是原始人了。……

"我们把原始阶段分为两个时期——未变坏的自然人时期和变坏了的自然人时期。只要人是其本能的纯洁的产儿,无需努力或者预先筹划便能得到满足,我们就称他为未变坏的自然人。但是,一旦他需要奋斗才能获得享乐,一旦他的无邪和原始仁慈不复存在,我们就称他为'变坏了的自然人'。

"但是,我们把天生纯洁的概念伸展得太宽了。人类的腐败比我们习惯上承认的时间更早。尽管人类的好奇心的范围已经由社会群体的思考方式所决定,我们还是称他为'自然的产儿'。在从独立自主的纯洁向着本能完全屈从于公认的法律的社会过渡的一切阶段——还可以说,一直到国王、法律、暴力和职业把疑惑连根拔除的时候,甚至一直到人类完全套上了社会枷锁的时候——我们还是认为他似乎仍处于自然的状态。

"那么,人类的自然纯洁是由什么构成的呢?它又在何时消失呢?假使人类的欲望真能轻而易举地得到满足——无需经过痛苦的努力,无需处处依赖捉摸不透的环境或意志——自然的纯洁就属于这个安乐的时期,那么,真有这么一个时期吗?人类真地经历过这种没有灾祸,彻底自主的时期吗?

"这个问题的意思是:儿童期有一个完全纯洁,不知灾祸、痛苦、饥饿、苦难、忧虑、疑惑、依赖或者彷徨不定的瞬间吗?

"当然有的，它就是婴儿进入人世的那一瞬间。但是，它转瞬即逝，随着第一声啼哭而消逝。从那个时刻起，儿童离这个状态便越来越远了。每一个未满足的需要，每一个未实现的欲望，每一种痛苦的伤害，都是脱离这个状态的步伐。他随着自己经验的增长，渐渐离开出生时的纯洁。

"至于人类，我们只能猜测；我们不了解这个纯洁时期的情况。当人类听说邪恶时，这个时期便结束了；人类首次的错误举动，首次的欺骗，便开始了他的堕落。谬误和欺诈不断地使他远离原始的纯洁。他的本能和仁慈的气质一旦证明不能指导他的判断和给予他所需要的一切帮助时，堕落就开始了。我内心意识到了本能和仁慈情感充足时期这个现实。我能够想象得出自己再次拥有这些处于纯洁状态的情感，就如同能够想象得出我有一支胳膊或者一条腿失而复得一样。因此，我能够想象得出我在堕落之前是什么样子。

"这种情形以两种方式显现在我的面前。其一，邪恶的概念在我的脑子里产生之前，我是什么样子；其二，假使我再次丢掉邪恶的印象，我可能是什么样子。假使我能够把我所知道的、而且应该追求的最高尚、最优秀的东西的追求力量与上述的后一种方式结合在一起的话，我的有关纯洁的印象就代表着我所追求的完美。这就是道德自我的基础。然而，它绝不可能成为一种社会法律的基础。……

"要是没有邪恶的意识，无论是法律观念，还是法律情感都不可能毫无痛苦地进入我的脑中。因此，每一种法律观念都是社会观念，法律情感则是社会情感，所以，严格地说，自然权利观念是一种幻影。然而，我们却习惯于从广义上称那些很接近于人类原始条件下的那个时期的社会法律观念为'自然权利'。

"但是,以社会形式组织起来的生活制度和安排应当建立在与未变坏的原始本性相协调的原理之上,因为自然权利的概念就产生于这种情感。也就是说,我们希望我们的权利和义务观念所依赖的基础与我们能够认识到的最高尚、最优秀的品质不相互冲突。我们内心的这种意志便是我们所说的'自然权利'的渊源。

"然而,所谓的'自然权利'并不是这种意志的渊源。在原始人自食其力的动机里,找不到'自然权利'的痕迹。这个观念是这么产生的:由于受到最强烈的动机的激励,原始人便和他认为危害自己幸福的一切东西相抗争,这样就开始认识到自己周围的危险。经验告诉他,社会组织里其他人能够用一种与他的原始善良本性相违背的方式对待他,这类痕迹有些还保留着。因此,他产生出这种观念:假使人人都不惧怕这类举动就好了。

"当原始人看到门口有一具被杀者的尸体时,他不禁会设身处地地想到自己,于是便产生这种想法:要是人们不相互残杀那该多好啊!这种思想与他的原始善良本性相结合,使他从纯自私的动机出发,构想出社会法律:'你们不应杀人。'但是,一旦他强烈地感到自己的安全受到危害,他就会放弃这个法规。

"从所谓的'自然权利'中产生出来的这种戒律和一切其他戒律,无疑不是任何别的原始权利感的产物,而是自我保护的基本权利感的结果。虽然这类动机是纯个人性质的,但是,要是没有社会经验的话,它就如同没有任何正确与错误感一样,没有分享感。就其性质而言,它之所以具有权利分享感,是就社会经验通过我们的自私与仁慈的结合来决定它而论的。因此,显而易见,自然权利感来源于危险感,不安于这种危险使我们感到世上缺少法律,同时使我们想到,假使愿意的话,我们就可以制定法律。

"社会契约也是这么产生的。最初,我们只意识到大自然里没有这样的契约,但是,假使我们想要的话,我们就可以制定一个。对不公正遭遇的感受是法律观念在人们头脑里展开的基础。因此,这种情感的个体特征是最重要的;人类关于真理和法律的概念完全是这种纯洁情感的产物。

"假使把不公正遭遇的印象与仁慈结合起来,与臻于完善的努力结合起来,那么,纯洁的真理和法律观念就在我脑中产生。我别无选择,只能向同伴伸出友谊之手。但是,假使不是这样,最轻微的冤屈感就会驱使我干出我的本性所能干得出的最可怕的事情。原始人和社会人为了保护自己免遭祸患,什么坏事都干得出来。因此,社会的代表,也就是政府本身,一旦担心祸殃当头,也会干同样的事情。

"社会训练本身不能使我避免原始自私所带来的后果。只有作为道德人,我才能真正做到宁愿受冤屈,而不干坏事。"

③ 作为社会秩序中的一员,我是什么?

"从实质上说,人类的社会状态只是对原始人进行某些限制的社会状态。然而,直到万不得已,直到他的原始质朴和善良本性大为腐败之时,他才被迫接受这种限制。他的变化的目的是为了减轻自己的腐败所带来的后果,使他能够比在自由状态下更容易、更彻底地满足原始本性的需要。为达到此目的,他使用的是同样的手段,即他的原始动物力量。

"但是,这个原始力量的源泉已经被他的腐败所削弱,社会组织也无力恢复它。相反,社会组织却毁坏原始状态下的无害的满足和质朴的行动规则；它甚至于一边增加我们的快乐，一边加重我们的负担，使人与人之间的差别达到严重的程度。简言之，人类从这种新的地位中得不到他所希望得到的东西。

"简单的享乐就是原始人的一切；而希望和等待则是社会人的要求。这是不可避免的。因为社会所依赖的东西是非真实存在的东西——就是说，依赖于象征。财产、收入、职业、社会职权、法律，这些都是为补偿缺乏自由而设计的手段。财产是维持自身的天然能力的象征，职权则是原始的自我保护能力的象征。像鹰离不开利爪一样，裁缝离不开针，作家离不开笔，布商离不开剪刀，农夫离不开牲畜，贵族离不开土地，国王离不开王冠。

"然而，原始人和社会人又是多么不同：原始人在自己的环境中自由自在地生活；而在现代人中间，债户和债主为百分之零点五的利息而拼命地讨价还价,工人因要求老板增加工资,为给他们一百人每人增加一元而争吵不休。……原始人每走一步，不知这一步会给他带来何种损失。他追求着原始的快乐，并完全沉醉在其中。他告别了不舒适的生活，步履蹒跚地进入新的生活，但新的生活却建立在旧的生活基础之上。他渴望重新得到昔日生活的乐趣。为此目的，有人成了裁缝，有人当上了学者，有人放牧深山，有人做了樵夫，有人成了理发匠；有人用智力去寻求旧生活的乐趣,有人则用感情生活来寻找它……。这些差别成了无穷无尽的痛苦的根源。学者身躯佝偻，步履蹒跚；工匠臂膊粗壮，腿脚却纤细无力；裁缝迈着一副罗圈腿；农夫走起路来像头牛。不管乐意不乐意，人们都被迫去从事某种职业，从而使其力量畸形发展。

"这种倾向严重发展，于是，政府为了了解臣民的特殊才能，便进行普查——多少人以听力见长，多少人能言善辩，多少人是作家，多少人善于夸夸其谈！这些人虽只长于一技，其他方面表现出无能，却也无伤大雅——这种态度对人类的全面发展危害极大。

"这种片面发展在各个阶层中产生团体精神的特有情感——显贵阶级的、贵族的、政治家的，各类公民以此自豪，并借以保护自己阶层在社会组织中的原始地位。……权势越大，用暴力维护自己势力的天然自私的冲动就越强烈。给予人类原始力量的自由越大，邪恶也就越多。人们只是因为体力有限才不致于成为野蛮人；因为智力有限，才不致于成为暴君。

"很明显，社会削弱人类的原始善良本性。……人类的社会状态不过是个人对抗整体，整体对抗个人的斗争的继续，这种斗争是随着原始状态下腐败的开始而开始的。而且，它的展开以人类更大的灾难为代价。社会人就这样血腥地践踏了自己的本能，埋葬自己的善良本性，如同凶手血腥地践踏其被害者；不管被害者是谁，都不再值得考虑，凶手只算计他钱包里有多少钞票。典型的社会人痛恨在自己的社会形态中残存的原始善意的最微小的痕迹。他的一切努力旨在彻底清除原始善意的影响，对于他来说，善意在社会事务中是有害的，就像在治国中有力地控制人民是正确的一样。一旦接受这条原理，他就完全迎合了潮流。这条准则以社会组织加在我们的原始本性之上的、不可避免的毁灭为基础。

"不幸的是，这是流行的看法，就像政府的看法一样。政府认为：'人民总是信赖政府的——没有这种信赖，就没有政府的存在。'对此，我们在很大程度上持保留意见；更不能断言，'政府自身总是相信人民的，否则它就无法维持。'在一个秩序井然的国度里，人民并非必须要信赖政府官员；但是，法律介于或者应当介于人民与行政官员之间，要想建立良好的社会秩序，人民必须信赖法律。

"然而，当权者的自私使他们总是想着尽量以权谋私。……目前，此状况犹如父亲把财产留给长子，并真诚地希望他合理地满足没得到财产的弟妹们的需求。政府管理对于人民来说如同长子同其家族中其他成员的关系，人民根本没有法律上的权利。

"一国之民一旦没有权利可言，即便是直率地提出这个问题也是危险的；但是，如果法律具有权利和法定的形式，那么，考虑其地位就有利了。一般说来，法律促进人类的改善，缺乏法律会使人类堕落。道德上的腐败随着法律的缺乏而加剧。在缺乏法律的情况下，政府和人民双方都不可能有真正的信赖。当权者对此十分清楚，但却对信赖人民的想法嗤之以鼻。……

"社会人看不到自己的行为的自私。他总是给自己的行为冠以崇高动机的美名。统治当局同样不能认识刺激其行动的原始动机。它声称自己不憎恶大众的权利，只痛恨大众无知地滥用权利，而且即便如此，也不是为了自己，而是为了社会利益。它说，只要切实可行，人人都应当有自己渴望的权利；但是，软弱地屈从大众的叫嚣，或者体谅公民自主情感的需要，甚至允许法律上的安全感都伸展得太宽广了。"

裴斯泰洛齐接着讨论了路易十六及其后继者统治下的法国的社会发展状况。

"目无法纪的统治当局认为其自身就是法律，法律与正义就出自政府当局，如同母鸡下蛋一样。

"'社会'法律视真理和忠诚为团体中所有成员的相互义务。而在法国，统治当局则宣称所有人都应当忠于她，而她却无需忠于任何人。……

"社会法律认为国家的独立依赖于公民的自主，国家的财富依赖于其各个成员的可靠的福利。但是,目无法纪的统治当局则把国家的独立建立在毫无权利可言的人民的驯服之上,把国家的财富建立在轻而易举地掏公民的腰包的基础之上。……

"我们的原始本性一旦拥有巨大的社会权力,就不会误解它与他人的真正关系。……原始情感在身上充分起作用的人不配以社会公正的方式支配他人。只有当法律对其权力进行明确限制之时,他才能公正地支配他人。……

"人类进入社会关系或是由于他的动物性的无助地位所迫,或是因为他的势不可挡的力量而志愿进入。前者怯懦、温驯;后者冷漠、傲慢、权欲熏心、容不下对立的意见。不论是哪一种情况,他同他在原始本性开始腐败时的情况基本上没什么两样。

"人类的社会习性不可能压倒属于其原始本性的气质。即便在有了国王和士兵、职业和法律的地方,本能似乎一丝不见了,人们仍然喜爱自己的家禽家畜、自己的小动物和孩子。置思想于一旁,沉浸于梦幻之中,是生活中的最大乐趣。新鲜、灿烂的东西最受人钟爱。……在任何地方,你都会发现有一种人你拿一年的收入也换不到他的一袋烟。

"甚至国王的统治艺术也不能改变生活的本质特性。人在社会中总是为社会的有利与不利因素所改造,如同大自然的有利与不利因素改造人类一样。人所具有的财富和对大自然所给恩惠的享受使人漫不经心;人类本性的基本法则是不会在社会秩序中发生改变的。人类本身不过是一种动物,作为动物的人总是不变的。就连他在自己的团体中所要求的自主也与他的原始情感的活力相一致。

"社会法律必然会把我的原始本性的要求和社会义务的要求分离开来;但是,我的本性是不会将这两种要求分开来的,并且,由于社会法律无法束缚我的本性,结果我的原始本性吞没我的社会义务，最终把公民的自主观念附着于属于我们特殊立场的自私情感上。我们的心地变得冷酷起来，反对一切真正的社会真理和正义，并且，在最疯狂地要求无节制的社会享乐之中，我们便抛开公民的法律基础——公民的个人自主——如同扔掉毫无价值的工具一样。人们扔掉它，以换取任何感官上的享乐。穷人用以换取生计，富人则用以换取一些更无价值的玩物。……

"原始的、自然的自由和社会法律是始终相矛盾的。国王与革命者，贵人与犹太人，贵族与自由民，都奋力排斥他人，争夺对这种自由的垄断权。

"因此，社会法律和公民自主依赖于组织职业训练，让这种训练对我们的原始个性发挥制约性的影响；但是，这当然意味着影响我的原始情感，使之有利于社会秩序——一种只有通过欺骗才能获得的结果。人类不应当怀疑他的原始本性正在被削弱；他应当想到你给予他的实际上只不过是你正在扔弃的东西；他既不应当知道你正从他身上取走什么，也不应当知道你让他忍受什么样的痛苦；你应当促使他追求你引导他努力的目标。……努力、秩序、扎实的职业训练，对于他来说都应当成为他原来的本能的东西。

"只有通过这种伤害，人类才能成为公民。这并非易事……要做到这一步，其代价常常是向他的破坏人性的本性输入毒素。假使人在尚分不清左右之时，就成功地做到这一点，那么，他的原始本性就会建筑在那个基础之上。……在人尚未意识到原始状态的魅力时，就让他套上公民的枷锁，他就会毫无疑问地享受社会带来的利益，接受社会的限制。他的理解力受到训练，他就会感到自己的理解力作为他的指南比他的本能更加可靠。自己动手做成的每一件事，都会给他带来快乐——所做的事越困难,成功的喜悦就越大。于是,他爱别人,为别人分担忧愁,年老时的安宁得到了保障,他的意志就会影响到他死后。他锁住自己的财产,世人对他也无可非议。

"然而,他受到了欺骗,他受到了伤害。这样做对吗?有必要吗?不这样做,他就不可能作为社会人而生存。现在只剩下一个问题没有解决了:最优越的社会条件能够使人始终满足吗?假使我在自己的阶层和职业中应有尽有,假使我的地位得到了法律上的保证……假使我成了名副其实的公民,假使我的祖辈们念念不忘的'自由、自由'重新从快乐、完美和正义的人们嘴里说出来,我就对社会秩序的完美无缺感到满足了吗?我想是不会的。我的梦幻消逝了;社会法律和社会状态不可能带来满足。……我像原始人一样,对社会地位彻底地不满了;享有法律不过是一种欺骗。只有充分地、自由自在地发挥本能的作用,才是真正正确的,然而我却并不欣赏。

"……我的社会状态在我的本性中留下的沟壑必须填平。我的原始存在的最崇高的光华,我的本性的纯洁,以及以它为依托的善良本性,应当有利于我的本性的最高价值——自由的人类意志和与之相适应的道德力量。人类应当在自己的原始本能的废墟中积累经验,这将使他认识动物本性的错误和不足,引导他认识道德的价值。在这种情况下,新的需要就从他心中升起,满足这种需要就使人类认识到摆脱原始本性的腐败、打破社会观点的僵化的责任。……"

④ 作为道德人,我是什么?

"在我身上有一种内在的力量,它使我能够撇开原始的动物欲望和社会义务，来看待世上的事物；使我能够仅仅从这些事物对我精神提高的作用大小的观点来看待它们。我能否接受这些事物，仅仅以它们是否符合这一观点为转移。

"这个力量是我的存在的唯一中心；它既与一切别的力量完全无关，也绝非是我的任何其他自然能力的某种形式的产物。有我才有它，有它才有我。当我做应当做的事时，当我像用法律那样，用意志来强制自己的时候，我便在自己的品格上增添了使之完善的一笔。上述力量就产生于这种情感。

"我的原始的动物本性对这种力量一无所知。作为纯洁的原始生灵，我自己无力对抗自己的动物本能，因此，就完全想象不到能够通过某种可能伤害自己的动物安乐和动物行动的方式，来改造自己。

"作为社会生灵，人类照样无能为力。因为，同一个民族的社会颓废进行抗争是一件最可怕的事情，就像在自己本性中对抗个人的动物颓废是一件最可怕的事情一样。

"作为社会动物的人类几乎无需讲什么道德，正如处于动物本性之中的人类没有能力讲道德一样。在社会条件下，我们可以不讲任何道德而在其他人中间过着美好的生活。我们可以用同样的方式相互满足彼此的愿望，公正、合理地相互打交道，而无需服从任何道德准则。

"道德确是一种个人的东西，不能为任何两个人所共有。谁也不能替我感受我是什么样的人；谁也不能替我感受到我是道德的。我们可以与他人一起生活在社会关系之中，而无需信赖他人的道德。但是，在这种不信赖之中，我感受到一种需要，受到一种高尚思想的鼓舞。这种思想存在于我自己的力量之中，使我能够将自己培养成比纯粹的动物和社会生灵更高尚的人，而自然和性生活仅能造就纯粹的动物和社会生灵。

"感官上的享乐、社会法律和道德之间的相互关系似乎与童年、青少年和成年之间的关系是相同的。

"作为儿童，我最接近于低级动物的纯洁状态，但是也就在这个时期，我最受动物冲动的刺激。在这种状态下，人的目标和欲望是相当简单的，感官上的享乐意味着一切。但是，我蒙受错误欲望的折磨和由此而带来的痛苦。因此，我必须努力获得能够克制这两种邪恶——贪欲和痛苦——的力量。在中产阶级里，我在想入非非的孩提时代和享有成人权利时代之间的这个时期里——即在我的学徒期间里——主要要求获得这种力量。因为当我处在这种地位时，我既失去了童年时期的欢乐，也没有得到成人的自由和权利。父亲把我托付给师傅，师傅以其权限迫使我放弃我本性的权利，去追求某个目标。实际上，我的利己主义只关心眼前，而很少关心这个目标。我处在这种地位上毫无权利可言。我现在是个受毁坏性道德契约束缚的生灵，我看待事物必须以该事物如何影响师傅的兴趣为转移。师傅也许会把我培养成某种人，而不培养成另一种人。我希望将来成为师傅培养的那种人而得到享乐——这个希望此时应当成为对我十分渴望得到的自由的唯一补偿。但是，这种虚幻的希望又不可能满足我的原始本性；因此，每个学徒都尽力摆脱自己的处境，可以说，这个处境决定的是他的命运，而不能使他达到自己追求的目标。然而，我将来生活的幸福与安全又完全依赖于这个真理和对这两个阵营的真诚的信赖，以至达到和谐。因此，我必须苦行僧式地抛开一切要求自由的欲望，不折不扣地接受学徒期强加于我的限制。与此同时，这个时期过去了，我的道德消沉期如同纯感官上的享乐阶段一样宣告结束了。此时，我像自己的师傅一样，从事物影响我以及我的人生目的的观点出发，来看待这些事物。自由、自主和个人权利全部属于这个阶段。先前那两种看待世界的方式似乎是因为我的无知、懦弱，以及从某种程度上说，缺乏自给力和自主权所致；它们既不正确，也不合理。尽管如此，只有通过这些幻想，只有通过那种不合理的限制，我才能实现目前对真理和权利的掌握。要不是学徒期颇多幻想，缺少各种权利，我就不会有动力进行这种不断的、顽强的努力。人类要得到建立在法律和正义之上的自主，这种努力是必要的。

"为了在社会和道德教育中获得上述两种基本力量，我必须把早期的幻想看成是正确合理的东西。否则，我现在就会生活在混乱和蒙昧的状态之中，既不是儿童、学徒，也不是师傅。我就会在这种状态中夭折，犹如娇嫩的花朵受到了风的摧残而结出的果子。但是，尽管我受到了环境和幻想的保护而免于不幸，由于早期的幻想和青少年期的限制而形成的印象仍然会始终伴随着我。我目前的师傅地位绝对不可能与之无关——就是说，我现在的真理不是绝对的。

"儿童、学徒和成人的三重关系就是这样，我的社会和道德本性之间的关系亦然。我在原始状态中，用简单的感官享乐的观点看待一切；此时，我也蒙受到错误欲望的折磨和由此而带来的痛苦。于是，我极力寻求能够战胜它们的力量。我在我的原始存在和道德存在之间的中介状态中——即社会状态中找到了它。我在其中再次失去了原始自由的所有快乐，同时又几乎得不到我的道德本性所能达到的完善和自主的力量。

"作为社会人，我是契约的生灵。我的命运所处的那种状态迫使我丢弃个人的权利，去追求一个目标，但是对于这个目标本身我倒不太关心，我所关心的只是眼前的快乐。然而，我的全部幸福取决于我对这个状态和这个状态对我的真诚。因此，我被迫忠于加给我的种种限制。我在学徒期具有虚幻的欲望，认为达到这些欲望或许会补偿我当时的损失；同样，我现在渴望摆脱自己的地位，因为它不是帮助我追求自己的目标，而是把我拴在命运上。

"然而，如同学徒本身几乎不宜得到自由一样，直到我的痛苦使我提高了认识之后，我才适宜有自由，因为有了更高的认识，我便联系自己的内在价值看待世界。假使我的经验尚未使我获得道德观点，我就把社会枷锁和原始本性的感官享乐作为虚幻和错误的东西统统丢掉，我就不会受到教育，就没有明确的目的——既不是公民，也不是原始人；既没有快乐，也没有道德；既不能满足感官上的享乐，也不乐于审慎的行为。但是，虽然环境使我免于这一厄运，我却永远摆脱不了早期阶段的虚幻印象。我永远得不到既没有低级本性的痕迹，也没有法律观点痕迹的绝对道德。

"这种绝对的道德会使我彻底忽视我的原始本性和特定的社会义务的要求，而只有通过这些要求，我才能获得切实可行的道德。绝对的道德会使我认为我在原始腐败中比我在社会秩序的腐败中更接近失去的纯洁。在原始腐败的痛苦和限制当中，我应当梦想不知邪恶,不考虑我终生的需要。'今日不思明日事，不想次日饭，不愁他日茶。''变卖一切，赈济穷人。''谁为吾母，孰为吾兄？''除非你还其童性。''狐有洞穴，鸟有窝巢。'这便是绝对道德的训谕。财产、血统和法律的纽带在里面全部不见了。

"……这种道德与世人无缘；人类在其初期就已丢弃了它。可以说，人类能够在其生存的始末见到这种道德，但是，在其生存过程当中，由于自己的罪恶的风暴将他到处驱赶，他就将其舍弃了。然而，正如人们在暴风雨之后离开栖身的地方，致力清除风暴造成的灾难一样，当他们看到自己被埋在罪孽的人生之中时,就会全力去摆脱腐败所造成的后果,就会在陈旧的自我的废墟中建立起崭新的、更加美好的人生。

"我们只知道这种解救的教诲,除此之外,对我们的道德本性确实一无所知。在我们死亡了的自我当中,道德升腾起来,但是朦胧的阴影覆盖着它,把它的本源彻底地隐藏起来。因此,它同哲学家的道德毫无关系。人类由于局限在自己的小圈子里,所以,只了解出现在面前的实际事物,依自己的天生本能来判断其正误。这些看法不论正确与否,都不能成为我的道德的基础。相反,合乎道德的行为是以努力摆脱动物本性的幻想为基础的。如果没有抵挡我的低级冲动的意志,合乎道德的行为就不可能实现。

"我的道德不过是把我做正确事情的意志与我的全部知识和责任联系起来的方式。就是说,我作为父亲、儿子、统治者、庶民、男子汉或者奴仆,鞠躬尽瘁地履行自己的义务的方式。这与其说是满足我自己的要求和利益,不如说是满足那些不但为我提供养料与保护,而且培养了我的服从、忠诚和感激品质的人的要求和利益。自然越使我的本能的存在靠近道德客体,我受我的动物性的祸福感的触动越深,受到的刺激越多,就越促使我充满奔向道德目标的激情。自然把我从道德客体那里拉得越远,我奔向道德的激情就越少。

"因此,社会义务与同我有着密切的自然关系的对象的关系愈密切,就愈有利于我的道德的发展;反之,假如潜在于社会义务背后的动机离这种关系越远,便越有利于发展我的非道德。

"只有那些完全属于我自己的履行义务的动机才是纯道德的。我同他人共有的所有动机都并非如此。相反,人们却具有不道德的倾向,因为它诱使我忽视我的动物本性的欺骗性质和我的社会观点的有害的冷酷性质。共事的人越多,危害性就越大。……我每做一件事情，只要是以集团、团体、协会或者党派中的一员的身分去做，都或多或少地削弱我的人性。分配给我任务的团体越大，危害就越大。……

"相互承担义务的必要便产生出社会秩序，它在本质上就是一系列使我的利己和利他主义情感时合时分的观念。当它把我的利己主义和利他主义情感统一起来时，其作用就是高尚的；若它将二者分离开来，其作用就是败坏道德的。因此，如果社会权利和社会义务所涉及的对象自然地与我们的个体休戚相关，那么，社会秩序就是使道德高尚的手段，反之，它就是促使道德堕落的工具。……社会秩序中的道德取决于法律和习俗是否牢固地坚持自然本身所指出的这条原理。

"然而，道德客体自然接近，我的利己与利他主义情感的统一，都不能使我脱胎换骨，成为道德人；只有通过自我力量的努力，我才能成为道德人。这些情感的结合打下了基础，在这个基础之上，道德——也就是战胜我的利己主义的纯洁、高尚的慈善本性的力量——才成为可能。

"宗教就是这样一种形势下的最崇高的产物，但是外在的宗教组织，或者任何其他用来平衡利己或利他主义的国家策略，都不能使社会人成为道德人。……

"只有当我自觉自愿地放弃我的原始本性的和谐的这种原则，使自己和自己的一切原始自私服从于我的自由意志及其纯洁的仁慈时，我才能成为道德人。在此之前，我一直都是利己和利他主义观点交替占上风的受害者。

"因此，家庭义务和公民义务如果建立在原始自私的基础上的话，它们就不是道德的义务。它们甚至与我的道德背道而驰，阻碍我的道德的发展。如果这些义务助长我的自私而牺牲我的自由的善心，这种状况就总会存在着。

"社会意志完全破坏了我的原始本性的和谐。它所依赖的这种合法的制度就是纯粹的自私、无信,而且是用武力武装起来的;它所造成的心理状态也是彻底违背道德的。

"因此,用贤明的立法来进行调解的艺术即便是在社会秩序中也是必要的。它是一种透过人类动机的局限来看问题,致力于提高人类本性的艺术,以防止人类本性彻底地屈从于原始本能和原始怠惰,防止人们完全堕落。

"立法把血统的纽带绷得越紧,就越激励自然的亲缘关系的善良感情,强权就越难占据正义的上风。处于优势的观念和官方需求的节制越使政府谦和,公民的气质就越有利于他们的内心高尚。反之,假使国家的权力是无限的,假使公民感到活在世上仅仅是为着国家,而不是为了自己,感到他们无力反对国家的要求,那么,这种社会秩序就不大可能促进人类道德的提高。

"因此,民族道德始终依赖于使强权服从于正义,自私服从于善良感情的贤明立法。假使立法无视这些东西,假如它使强权和贪婪在人民中间起着不相称的作用,假使它让信心和善良的意志成为特权者图谋自己特权的牺牲品,那就播下了民族堕落的种子。

"同我关系密切的东西会造成感情效果。出于这种情感效果而履行义务,要比出于理智或原则而履行义务更触动我的道德。我作为民主主义者或贵族,或者作为为某种原则而奉献的人,把某种工作当作自己的义务,但是,它却不能像为与自然近似的道德客体而履行义务那样,增进我的道德价值。甚至履行孝顺义务这一思想也不能像儿子的欢乐和痛苦那样,促进我的道德的增长。因此,与民族共甘苦要比对爱国义务的思考更加有利于道德的发展。最纯洁的立法原理也不能使我们免于社会冷酷的侵害,除非这些原理得到了亲身经历社会荣辱的经验的充实。

"履行社会义务的动机越是不仅仅由于法律或社会环境的压力,由于我在政府里为官,而是仅仅出于我的人格,那么社会义务就越增进我的道德的发展。

"让个人利益服从于非人格的国家利益的倾向剥夺了社会秩序的道德效果。"

讨论了上述问题之后,裴斯泰洛齐系统地陈述了他的总的人生观:

"我的本性具有三重性——(1)它是自然的产物;(2)它是社会秩序的产物;(3)它是自我创造的产物。本性只有作为自我创造的产物,我才能取得内在的和谐。

"本性作为自然的产物,我就是必然的产物——数千年来从未能克制其最小的欲望的、与动物相同的生物体。

"本性作为社会秩序的产物,我就犹如落在阿尔卑斯山侧的溪流中的一滴水。

"本性作为自我创造的产物,我克己省身——这是永远要做的事。任何风浪也不能把我从我站立的岩石上冲走,我完成了一个有道德的人,时间不可能把它的痕迹抹去。……

"假如你真地停留在你的动物人和道德人之间的状态中,那么,不必奇怪,你不过是个裁缝、皮匠,或者是个君主,而不是一个真正的人。不必奇怪,你的人生只不过是一事无成的挣扎,你甚至不是自然本身造就的你,而是一个更加糟糕的人——一个公民,仅仅是半个人。"

接着,裴斯泰洛齐把他的论点的线索连贯起来。他说:

"看待事物的这三重方式解释了我们本性中的各种矛盾。事实上,这些矛盾不过是我的本性中的原始的一面或道德的一面轮流处于支配地位而已。

"社会人就生活在这样的起伏之中,并且,人们固执地毁灭自己民族的幸福与安宁。这种固执完全建立在本能的倾向上——认为自己早已完善了,并固守在已经达到的社会水平上。

"然而,人类要么必然沉沦到此水平之下,要么必然上升到此水平之上。作为社会秩序的产物,他必然要么是低于自然所造就出来的他,要么超出他的社会自我。……这种解救的努力必须完全依赖于他自己的行为。但是,既然这只是关于他的真正本性的内在信念,很明显,他只有看到在社会组织中自己的动物本性腐败了,从而感到危险而又无能为力,才能去完成这种解救。实际上,宗教就是以这个认识为基础的。"

裴斯泰洛齐下一步从社会生活入手,考察人作为社会生活的产物,但是,这次是从三重观点开始的。于是他写道:

"作为没变坏的原始人,我对财产一无所知,而社会秩序就建筑在财产之上。财产得到了道德开明人士的承认;但是,道德开明人士却把它当作使自己的本性高尚,给他人带来幸福,甚至于不惜让它危及自己的利益的手段。道德开明人士绝对不会寻求权势,处于纯洁状态的原始人亦然;权势是有了社会人之后的事。把自己的工人当作发财致富的机器的商人是社会的产物,他已经堕落到了不如原始人的地步。假如法律迫使他把工人当作独立自主的人,迫使他向工人们按劳付酬,那么他仍然是社会的产物,因为他迫于社会法律的约束。假如他自觉自愿地这么做,而非外力所迫,那么,他便是一个有道德的人。

"原始人对宗教一无所知;他不献祭,也不祷告。作为腐败了的本能的产物,他的宗教只是一种荒谬的迷信。宗教作为社会的产物——即国家的产物——则是一个虚幻。只有作为自我修养,宗教才是我的真正的宗教。国家编造出来的宗教只是产生宗教的环境的婢女。"①

下面，裴斯泰洛齐简要地重述了他所提出的三大问题的答案。接着，他又发表了关于个人重要性的见解。

"千千万万的人死去了，就像自然诞生他们一样。他们在腐败的肉体满足中逝去，再无追求。

"更多的人被职业的重担、大锤的重荷、量尺或皇冠所压塌，他们别无所求。

"然而，有一个人我很了解，他有更多的追求，他心中有质朴的快乐，他忠于人类，没有几个人能像他这样。他的心灵追求友谊，爱就是他的本质，孝敬就是他的最牢固的纽带。

"但是，他既不是这个世界所造就出来的，也不为这个世界所容忍。不管把他置于这个世界的什么地方，他都与之格格不入。

"于是，这个世界发现他是这个样子，便不问青红皂白，谁是谁非，就用铁锤把他打伤，犹如瓦工打碎旧砖去填补裂缝一样。

"但是，他虽然被打伤，却仍然忠于人类，胜过忠于自己。他给自己提出了一个伟大的目标，为达到这个目标，他遭受了巨大的痛苦，汲取了世人很少经受过的教训。

"他不可能，也不会变得普遍有用；但是，就其人生目的来说，他却比大多数人更有用，他仍然用纯洁的爱去爱人类，期待着人类掌握正义。但是，他自己一点儿正义也没有得到。那些自认是他的法官的人们，不作进一步审察，便肯定先前的判决，判他绝对无用。

"这便是支撑他那悲惨的、摇摇晃晃的命运的沙粒。

---

① 这两段是从结尾的讨论中挑选的，但是很不完整。

"他死去了。你不再会了解到他了。他所留下的只是腐烂的尸骨。

"他倒下了,犹如成熟前落地的果实,其花朵曾受到过强大冷风的摧残,或者,它的核已被蛀虫吃掉。

"过路的陌生人啊,不要一滴眼泪都不流。果实落地时仍落在树根上。当它整个夏天悬挂在树枝上时,它还对大树低语:'我死了,但我一定还要滋养您的根。'

"过路的陌生人啊,丢下这颗正在腐烂的落果吧,让它的腐肉去滋养树根,因为它就是在这棵树的树枝上生长、染病和死亡的。"

见解与经验

第三封信

论理想中的人

1. 要想根据经验来确定良好教育的本质,你就必须在生活的各种现实中观察人,寻找那些在劳动和吃苦中显得比别人更为突出的人,即他应该成为的人。但是,如果你听到有人在谈论一个在场的人时说:"我多么希望所有的人都能像他那样",你必须记住,他在场就影响了那些当面说他好话的人的心理。如果一个人死了,你能在那些在他的墓旁为他悲痛垂泪的人——儿童、老人和贫寒百姓——中间听到有人说这样的话,那你就可以信以为真。

2. 当然,千千万万的人这时会说:"我们从未听过任何人这样赞扬人。人不这么谈论别人,就是对那些为数不多但值得赞扬的人也不这么说。"对此,我的回答是:"难道没有人在死了之后有贫寒百姓为之垂泪吗?难道没有人在死了之后,了解他的老人、爱他的丧偶者、尊敬他的孤儿和跟他一起生活过的四邻在他的墓旁声泪俱下地说:'要是再有一个像他那样的人就好了!要是所有的人都像他那样就好了!'"

3. 你说:"最好的、最高尚的人死了,常常为人们所误解和歪曲。"诚然,那也只能使那些误解并歪曲了死者的朋友们感到不安。

让我们不去理会那些吃这种苦头的人吧，因为我们关心的并不是他们。那些人活着的时候高贵，死后却遭人诽谤，他们的生活不同于一般人。他们享尽了荣华富贵，也饱尝了人间辛酸，非一般人所能比拟。然而，他们并不典型，我们不必去理会。

4. 另有一些人，虽无那些不同凡响的阅历，但生生死死，带着这样的评论进入坟墓："他们曾是所有同伙们的榜样。"

你在市井之间见不到这些人，必须在安宁平静的村落才能找到。有些人一生历尽坎坷，有些人甚至一生身居高位。不是说这些人不曾有过这样的评论，而是说他们身后的芸芸众生湮没了他们纯洁的人生和他们的社会联系的真正意义。就是在他们健在的时候也是如此。

诚然，在卑微的村落里，很难找到这样一个人——人们既了解他的一生而又赞誉他；但如果你在这样的村落里寻找这样的人，如果你自己具有这样的素养，一看到这样的人就能认出来，你就不会白费力气。在你从来没有想象到的许多地方，你会听到这样的话："这是一个男人，一个女人，其他人都应当这样！"

5. 请相信这番话。它不会把你引入歧途。如果你希望你的子女得到这类赞誉，这番话会是你教育子女的指南。但是不要就此停步。请去找说过这些话的人当中年纪最大最可信赖的人，问问他人们如此赞扬的人到底是什么人。

6. 他肯定会说："他是一个这样的人：对他的聪明智慧、善良心地、尽职尽责，人们可以信得过。"他肯定会说："这种人在判断、评议人物和处理事务中表现出了完美和老练的智慧；他坚定、有力、仁爱；他能尽其才能；在活动中他沉着又机敏，确保任何情况下都获得成功。

7. 那种一孔之见的人，只有一隅之得，得不到普通人们如此尽善尽美的赞扬。不，这些词语不会用来赞美那种虽受过高等教育、智慧过人但极端自私自利的人，父老兄弟们的疾苦未曾激起这种人的爱怜和同情。有一种人有天使般的心肠，在同伙们受苦受难时也能做出最大的自我牺牲，但缺乏机智，助人无方，亲朋好友和左邻右舍也不会对他说这些赞扬的话。正像你也听不到对另一种人的赞扬话一样，这种人在自身工作中干练、可靠、辛辛苦苦，堪称楷模，而对生活中的其他方面的要求则没有做到忠心耿耿、尽职尽责，或者贪婪、无情无义、生性自私，只知为自己聚敛财富。

8. 未受损害的人性，本能地将这些赞扬的话用于那种集远见卓识、策略高超、动机纯洁于一身的人；用于那种已经掌握了所有的人类特有的才华和能力的人，那种将这些才华和能力不断地应用于其生活上各种联系的人。

那么，对那种虽不能表现出各种美德和谐统一，但就某一能力而言却又在世人中是突出的、其生活只是某一方面值得赞扬的人，又作何评价呢？对于这种人，人们会说："他有聪明的头脑，""他心地善良，""他在其职业方面是杰出的"；但他们不会说："所有的人都应当像他那样。"

9. 如果你真地遇到这种情况，请不要满足于知道他是什么样的人，要深究这件事。他是如何成为这种人的？和他一起度过青年时代的老人总会这样回答："父亲、母亲和家庭的环境与条件以各种方式在他的身上唤醒了、培养了他接受和热爱优秀品质的能力，这些品质在他身上表现得如此杰出。他的社会环境和他的祖国为他提供了实践这些优秀品质的更广阔的天地。与此同时，虔诚地信仰上帝，使他超脱了自我，超脱了家庭环境，超脱了人间和人间的自私自利，使他能够为真理和正义作出牺牲,因而他赢得了人心。"

10. 你要是能听到他讲话该有多好!如果他能从坟墓里爬起来,如果你能听到他谦恭地感谢上帝对他的指导,而谦恭是他生活的原动力,那么,在他感谢上帝指导他的生活时,他就会告诉你他所受教育的本质特征,其宗旨不仅仅是或不主要是在智能上有所得,或仅仅培养道德品质,或为将来的职业做准备,而是精心地不断地培育他,使他在所有这些方面都得到培养。他会告诉你哪些环境使他的心向往更高尚的事业,使他在为实现其毕生的最终目标而斗争的工作中身心感到轻松愉快。他会告诉你,他受的教育是对他全面关心的教育,他的努力是怎样使这种教育在他身上起作用的;他的努力和收获是如何协调地得到反映的;这些努力与收获又如何变成了他的幸福之源,如何始终如一地激励他感激上帝和人类、热爱上帝和人类;对上帝和人类的感激、热爱之情又如何不断地使他的生活增加幸福,使他日益得心应手地履行他的职责,因而成为他应该成为的人。

第四封信

什么是理所当然的

1. 朋友，在品德高尚的人的墓旁，恰当的全面评价是建立在高度良知的基础上的，是把人作为一个独立的整体来看，而且他只有具有全面的正确的标准，他的价值才是无可置疑的。促使正直的人对刚刚结束了高尚生命的人作出评价的心情，用下面的哲学语言更能表述清楚："除非教育使人比不受教育更坏，否则就必须把受教育者当作一个可靠的人来看待，培养他，使其本性具有的各种要素和力量能协调地变成行动，并在他做人处事的各种场合都同样有效。"

2. 所有从哲学高度来调查人类本性的人，最后都不得不承认，教育的唯一目的就是要协调地发展那些由于受到上帝的恩赐而构成其人格的才能和素质。这样的调查者会认识到，人不会成为他应该成为的人，除非给予他生命的人和那些他给予他们生命的人为他作出证明，除非那些和他的关系并不很密切的人——左邻右舍、父老乡亲，尤其是他们中的那些贫困的、受压的人——证明"他是一个智慧、心肠和职业技能时时都可以信赖的人。他的判断表现出了深刻的洞察力，他的评论、诺言和帮助表现了他那极端尽力、坚定不屈的坚强性格。任何时候他都同情别人，表现出廉正的理性、不变的慈善心肠和高尚的情怀,这些都不为无谓的牺牲所动摇。富有教养的智慧、高尚的理想、训练有素的工作能力使他事事出类拔萃,其结果总是自己满意,别人也满意,因而他总被看作大家的榜样,受到人们的欣赏和爱戴。"

3. 不论是哲学家还是普通人,他们将行为看成正在树上成熟的果实,他们的目的就在于使孩子的内心世界达到完美的境地。他们希望孩子成为大自然赋予他可以而且应该成为的人,他们首先必须自问:"第一,孩子自身有什么;第二,作用于孩子身上的环境与条件如何?环境与条件是自然本身教育人类的工具,我们从中可以学到教育的诸原则。"

4. 第二个问题的答案取决于第一个问题的答案。我们先看看这两者。很清楚,情感、思维和其行为的先天素质以及来自外界的刺激,都是大自然所必需的,这里大自然也指出了我们应用来指导教育的那些基本原则。

5. 人们所做的一切,文明的一切进展,都是情感、行为以及外界对情感和行为两者刺激的结果。因此,人的生活以及整个人类的生活,只不过是这些因素和它们的相互作用的经常性的体现。进一步考虑这些因素,很明显,一切好的东西、一切神圣和令人高尚的东西、一切有助于人身和谐完美的东西,都出自一个中心力量,是它根据人的内在神圣的崇高理想来调节、引导、激励和限制这些因素的。

6. 在人类所有的情感中,孩子身上的爱的感情清楚地表达了这种理想。因此,如果要使情感与理想保持和谐,爱是所有的其他感情均应从属的核心力量。同理,智力活动与爱一起也是核心力量,它清楚地表达了人类活动的理想。如果我们能使先天素质得到充分的和谐的发展,毫无疑问地能使完整的本性更加高尚。人的其他一切活动必须受其指导和激励。孩子身上的这种爱、这种智力活动构成了共同的、确实的、不可改变的起点，各种天赋才能一定从这个起点开始发展起来。

7. 不可设想，除了在孩子身上积极地培养仁爱和开展全面的智力活动，并最终使二者统一和谐外，还有别的办法能将孩子培养成他应该成为的人。

人类由于能够提高自己，其任务就在于将自己提高到比现实生活更具有美的魅力，所以，人类没有找到比爱和活动的统一更好的其他手段来完成自身的使命。

人不断地完善自己，使之能完成自身的崇高的使命，能执行自己的职责，因为其人性使他向往崇高的目标。这些目标以爱为源泉，以活动为基础，以自由为联盟。

第五封信

家庭生活的教育方面

1. 与这种对爱和活动的内在素质相对应，我们在孩子的环境中发现了一种由刺激和力量构成的神圣机制，这些刺激和力量通过爱和活动使孩子的天生才能具有活力而自我发展。

2. 我们情感中和行为中的一切神圣和令人向上的东西，都是发自爱和我们精神本性的更高级的活动，同样，外界环境中一切神圣的、鼓励上进的、有用的东西，在孩子的父母和亲属身上肯定能找到。然而，这种核心力量与孩子的更广泛的环境积极地联系着，使其影响比没有这些联系更加高尚与高级。

一切使孩子的身心健康成长的东西都以父母的教育为外在源泉，其内在源泉在孩子自身。后者与前者不可分割，并依靠前者。

3. 因此，那些替代为没有父母的孩子们的父母的人，必须以父母的精神教育孩子，他们实际上不是父母，但要努力做到像父母。

孩子即使得不到父母式的关心，父母这个概念在教育中也必须有一定的地位。如果我们正确地将父母的关怀看成人类成长的主要因素，那就必须借助教会或政府，把父母的关怀引进教育体系，否则的话，虽然也上了学，虽然也有衣食饱暖，孤儿仍缺少真正教育的最基本的"外在"源泉。

4. 但是，如果孩子享受父母式地给予的一切，哪怕是由陌生人抚养大的，他就接受了爱的印象，并且他也反过来爱别人。他就有感激之情，他就可以信赖，他的天性的高尚因素就会激发出来，变成行动。因此，失去亲生父母是可能由他人替代的——至少在某种程度上可以如此。

父母关心的圣洁方面使环境影响本身具有精神价值，因而有助于更高级的智力和情感生活的发展。

5. 因此，孩子吃的每块面包如果是母亲给的，比他从街上找到的或从陌生人那里得到的，对孩子的影响就不一样。母亲在他眼前织成的线袜，比他从商店里买到的或穿在脚上而不知道从哪里来的袜子，对他的教育有更深刻的意义。由母爱所产生的欢乐，使孩子产生不可磨灭的、更高级的内心世界。这种刺激唤醒了孩子的整个心灵，使他也报之以爱、感激、信赖，以及与这些感情息息相关的内在的和外部的活动。

6. 因此，家庭生活必须被看成上帝为教育人类所提供的唯一的外部环境。

在家庭生活的作用和反作用中，人的先天倾向得到发展。

家庭生活的粘结力就是爱的粘结力。这种粘结力是上帝赐予的，是用以唤醒个人爱的能力的手段。家庭影响如果以最纯洁的形式出现，就是人类教育中所能想象到的最高尚的因素。

7. 在有爱和爱的能力的家庭环境中，可以预言，不论哪种教育形式都不会没有结果。孩子肯定会变好。几乎可以肯定，任何时候，孩子如果表现出不友爱、没朝气、不活泼，那是因为他的爱的能力还没有形成，还没有在家庭中得到应有的扶持和引导。

8. 一个每日每时都得到来自爱的一切美好的生活熏陶的孩子，他在生活中对爱的反应能力就会不断增长。当他受到如此亲切的引导时，他就会变得更加成熟，更能够照顾自己，同时，他就自动地开始满足双亲的需要。因此，已经在他身上唤醒的爱，就激发了他为父母的需要而服务的行动。他自己的爱在各种环境中表现出来。工作和仁爱、顺从和努力、感激和勤奋，在家庭生活中相互交融在一起，并通过相互作用培养诚实和朝气。

一个人通过由他和他的爱所唤起的内心或外部活动，不遗余力地追求他所爱的目标，于是就养成了与其活动相协调的智慧活力。爱帮助我们将智力和良心付诸我们的一切行动，于是就能得到我们的见识和仁爱认为值得我们努力追求的那些东西。

9. 一种教育的成功，完全建立在孩子们是有父母的，以及父母们是爱的神圣和出自爱的高尚的人类活动的人格化这样的设想之上。这种教育的前提是父亲和母亲能清楚地从他们对其孩子之外的整个世界的态度中来区别他们对孩子的态度，并且把后者放在其他一切事情之上。这种教育以这样的父母为前提：对他们来说，世界是不能同他们的孩子相比拟的。这种教育还预先假定，人们——无论他们是国王还是村野匹夫——对世界的一切要求都置之不顾，如果这些要求有悖于孩子的正当要求的话；人们充分认识到下面这段话的真理性，"如果我以我的孩子为代价而获得整个世界，其补偿会是什么呢？"

10. 这种教育的前提是有这样的父母：他们能在一定程度上控制孩子的一切环境，排除所有不适当的影响；另一方面他们又能寻找到充分地利用特定环境所提供的那种能激发孩子的爱和活动的动力，他们不怕困难，富有耐力，甚至不惜做出自我牺牲。

11. 我们需要这样的父母。他们有决心、有能力成为他们的孩子所需要的父母。如果我们不追求这些首要原则，侈谈改善我们的人类是没有用的。只有在这儿我们才会找到这些原则。

12. 揭示人性奥秘的书只有那些为自己的孩子着想,享有最纯洁的父母之情的人才能读懂。

造物主用闪光的笔,在这本书中写下的那些闪烁着更纯洁更高尚的情感和能力的神圣的词句,是情感的固定不变的表达,这些感情是父母亲及其环境独有的;那些词句也是固定不变的能力的表达,这种能力只有父母及其社会关系才能唤醒和形成。作为父母,他们的生命和灵魂就在于看到当孩子们的心里洋溢着爱的时候,他们的眼里放射出兴奋之光。看到躺在怀里的孩子安静的表情,他们便充满孩子还不了解其含义的信心,这就是父母的生活的愿望、欢乐和最大满足的源泉。从孩子的目光中看到他的感激之情和对父母的幼稚的依赖,看到孩子用各种方式表示出世界上没有任何人、没有任何东西能给予像父母所唤起的欢乐时,父母便高兴极了。

13. 当父母看到他们天真无邪的孩子兴高采烈地、自觉自愿地做着仿佛欲罢不能而又正是他们想让他做的事时,同样,当父母们看到孩子避免他们想让他避免的事时,父母们最神圣的感情便被打动了。

在他们的孩子身上看到这些神圣的迹象——爱的欢乐、对获得幸福的感激、安静的信心——已由顺从的依赖发展起天真纯朴的心灵时,父母们的内心受到了多么深刻的触动啊!从这种精神高度观察孩子的生活和幸福,对父母来说就胜过他们的自身。受到这种感情的鼓舞,父母感到有股不可抗拒的力量使他们总是全心全意地对待孩子——他们应该这样——果断地采取一切必要措施,使孩子身上的神圣因素保持纯洁,使孩子获得最充分的成长和蓬勃发展。

14. 孩子身上的神圣因素来自他的生命深处。他直接地处于世界上不健康的东西的包围之中。像世界上最娇嫩的植物一样,他需要温暖,需要养料,需要保护和宽容的耐心,这些他都能从父母的保护和慈爱中找得到。在这些影响之下,孩子成长起来,成熟起来,成了爱和力量的充分体现,并作为父母本身的爱的和活力的反映站在父母面前。那么,当你的孩子有你——上帝的孩子——那样的感情、希望和行为时,作为父母,你们的力量是多么伟大啊!

15. 神圣的力量能在孩子身上培养出一切高尚和优良的东西,并通过耐心和关怀这些神圣美德使孩子走向成熟。应该谨慎地指导我们的感觉天性并保持它的限度。感觉天性对我们的发展虽然是一个基本的因素,但也可能容易因使用过分而有害,因此,也需要使用我们最完善的指导能力。有了这样的能力,你就可以达到理想教育的最高目标;你就会保持孩子的天真无邪而又不损害他的爱,不损害他那具有孩子气的直率。你的爱越能坚定地阻止他滑向错误和腐败,你就越能得到他的信心中最神圣的东西,就越能使他和你心心相印。

当他的感觉本性与他的更好的自我本质开始斗争的时候,你就已经在他的身上唤醒了良知,你的坚定性和你的爱抚有着同一目的,使他自身激发起一种抗拒的力量,并把他自己的力量和你的力量结合起来而促进他自己的进步。

16. 一种教育建立在理想的家庭生活和父母的力量的基础之上,稳步地追求最美好的路线,不左不右,胜利地克服横在引导孩子通向更高级生活的狭窄而又是唯一的道路上的每种障碍——我发现在我所处的世界上这样的父母是很难找到的。

17. 囿于声色、自私自利生活的世界,以压力控制人们,不断地掀起反对他们更高尚的本性、反对真理和爱的生活的战争。父亲们和母亲们也属于这个世界。在他们身上,在他们的环境限制和奢侈的生活中——在城市生活表面的虚伪中，在越来越威胁人性中真正高尚的东西的虚假文雅中——在所有这些东西中，有许多的势力搞乱了人的心智，破坏了人的爱，窒息了人的精力，亵渎了人的感情。这么多的东西与更高尚的本性直接对抗，而儿童的真正的教育却取决于更高尚的本性，因而，在这方面人们走入歧途就不足为奇了。令人惊奇的是，人类并没有过于消沉，而是一直努力追求内心世界的进步，并仍将爱和爱的活动看作自身提高的唯一手段。

18. 关于我们人类教育的这一唯一的真实基础的追求和认识是不能丧失的。大自然本身首先要被毁灭掉。最优秀的人们，不论他们是头戴王冠还是身居陋室，总是在各种情况下将他们自己的父母之心看作是最高尚的、最伟大的。教育中一切好的方面和这种父母之心是一直结合在一起的，尽管世界的腐败有可能限制和贬低它。这种腐败当然会阻碍普遍享有这种神圣的东西，并且会限制、干扰个人在家庭生活中获得它的努力，甚至将这种努力引入歧途。

第六封信

其他社会关系的教育价值

1. 除父母和存在于孩子和父母之间的亲属关系之外，孩子同其他人的关系构成了孩子的情爱和活动发展的最重要的、最值得赞扬的因素。

孩子的人际关系从他在襁褓之中起就在能及的范围和很多方面开始发生，而且接触点与日俱增。他既是父母的儿子，也是兄弟姊妹的弟兄，他是亲戚的亲戚；对他的父母的邻居来说，他是他们邻居的儿子；他是他父母所在的那个城镇或乡村的成员。

2. 然而，在这些人开始影响他很久之前，他并不了解这些关系，这些关系在他发展的不同阶段以不同的方式给他以印象。一开始，他只意识到那些在他周围满足他的需要的人，这是大自然的一条规律。婴儿的需要和他周围环境的特性，使这种观点具有权威性。婴儿无自理能力，要求从各方面得到帮助。有人必须过来给他帮助，父亲、母亲和其他人走到他的摇篮边，只是为了照顾他。谁走近他，谁就忙着照顾他，帮助他，逗他玩。

因此，此时孩子懂得了周围的人就是那些使他高兴、帮助他和照看他的人。除此之外，他不知道他和人类社会的其他的关系。

3. 然而，这种有限的孩提认识不会长久，引起这些认识的事情本身就是暂时的。他必须学会从其他观点出发来认识跟他有关的人，他必须认真地考虑他们；他必须懂得从他们那里他希望什么、期待什么、害怕什么。

大自然从无偏见，她从不在认识真理的道路上设置障碍。她像慈母那样安慰没有自理能力的孩子，使他对他和别人的关系获得初步认识；然后又像明智的父亲那样开扩他的眼界，使他认识到他可以利用这种关系，因而成长和壮大起来。渐渐地孩子们学会了将各种各样的人从在他无力自理的婴儿时代的那些关系中区别开来。

4. 如果到目前为止他已经认识到詹姆斯和约翰是照看过他、帮助过他并和他一起玩过的人，他现在便进一步开始区分詹姆斯是他父亲的兄弟而约翰是他父亲的佣人。他开始把父母称为祖母的老太太和来找父母求助求福的老邻居区别开来。他开始把他父母笑脸相迎的人和见之发愁、退避三舍的人区别开来。人们的这些存在和行为，在孩子面前越来越显示出不同于孩提时从各个方面曾频频给予他的关心和帮助。现在他看到，甚至母亲在世界上的存在也不是纯粹以他为转移的，她经常顾不上照看他。他见的人越多，他发现人们与他的关系越疏远；他越是以这样的关系来看待他们，他们看上去就越显得疏远。他所熟悉的人与陌生人相比，其圈子日益缩小。一开始，他看到他周围的人都忙于帮助他，逗他取乐；现在他看到所有的人都更多地忙于其他事务。他看到一些人不愿意理睬他，一些人由于自身懦弱而不能够照看他，相反地在他能够给予这些人帮助的时候，他们接受他的帮助和支援。一句话，他很快认识到生活是混乱的。

他本人现在逐渐地不再需要别人照料了，而过去没有这些照料他是不能生存的，更谈不上欢乐。过去需要的东西要靠别人拿来，现在自己可以去取了。他为能够自己动手而高兴。他看到每个人都在尽一切力量照顾他们自己，他那刚刚被唤醒的认识有力地激励着他去自理。随着能力的增长，关于人们与他的关系的最初观念消失了，同时，他受到了强有力的和适当的激励，使他产生爱和爱的活动，在他那天真无邪的早期岁月里，爱和爱的活动曾给他带来过无限的欢乐。

5. 他的父母不再笑眯眯地看他，也不再为了使他的眼里或脸上流露爱意而带着他到处跑。现在，当他抱着小妹妹像母亲对他那样对她微笑时，这种爱的表情就在他的脸上荡漾着。过去对他来说父母就是一切，现在他已经在父母的心中有点分量了。随着他成为讨人喜欢的帮手，他在父母心中的分量就日益增长。

当他发现了自己的不断扩大的感情活动范围时，他的自信便逐渐成熟了。他开始有意识地在自己的内心生活和外部生活中独立于父母，他的原则渐渐变得明朗，活动范围越来越宽广。

6. 当他认识到这种力量和这种爱的魅力时，这种魅力便从两个方面增长起来。首先通过天赋的人类同情心；其次通过公民生活的外部联系。通过这两个手段，他从婴儿时的无忧无虑，上升到复杂的生活赋予他的最高和最复杂的状态。在他扩大了的职责中，他被这同样的爱所激励，这种爱是婴儿时代在家庭生活的狭窄范围内表现出来的。他通过早期所受培养而发展起来的力量的纯洁性，引导他去担负起以上帝为父亲的大家庭中的兄弟或姐妹的角色。在担任大家庭的角色中，他也以孩提时在家中所表现出的同样崇高的心灵和人道主义精神来尽职尽责。

7. 他头脑里和内心里的一个欲望就是在这个上帝大家庭中分享一切好的、高尚的东西。这是他的一个目标，一种享受。他早期的家庭教育已使他适应了以上帝为父亲这一概念。他的关于人类父亲的观念也扩大了。现在，作为所有人的兄弟，作为穷人的父亲，他的新地位不断地更新他的爱，增进他的活动能力。这是他进一步发展的新动力。

第七封信

和自然相互作用的教育价值

1. 下面必须进而讲到整个自然界。一切有生命的和无生命的东西，一切作用于儿童感官的东西，这是我们正在描述的这一过程中的第三大要素。

2. 开始，在儿童看来，整个人类的存在完全是为了照看他们、帮助他们。同样，环境中的一切别的东西，一开始只是在满足孩子们的需要的时候才对他们产生影响。慢慢地他们从当初有限的看法发展到一种与他的需要和欲望无关的看法。在他看来，世界上的一切客体必定是在他不熟悉的其他条件下表现它们自身的本质。面包充饥，清水止渴，梨子、葡萄、樱桃等仅仅是好吃——所有这些使孩子产生了极大的兴趣，然后才想到面包是用植物产品制成的，水属于地球上的液体类，梨、樱桃、葡萄实为乔木和灌木的果囊。他的慈母给他穿上亚麻衣，然后才让他看到生长着的大麻和亚麻；他先熟悉鞋子，然后才懂得鞋子是用动物皮制成的。他先睡在羊毛被里，然后才认识到被子是用毛制成的，毛是从羊身上剪下来的。

3. 这种情况和前面的情况一样，是不会持久的。与前面讲到的人们同孩子的关系一样，其他物体对孩子的意义很快就超过了仅仅满足其需要、供其享乐的范围。

他现在看到羊身上的毛和他盖的被子毫无关系；他看到大

麻、玉米和皮革,这些东西跟他穿的衬衫、吃的面包或走路穿的鞋,甚至跟让他注意这些东西的母亲,都毫无关系。这样,世界的各方面日益扩大地展现在他的面前,所有的物体都更多地以它们真正的本性而表现出来,但很少以相似的面貌而表现出来。

4. 当孩子不能自理时,他曾在母亲的怀抱里得到了必要的保护,现在他离开母亲的怀抱,投入到了他母亲无法控制的深不可测的世界之中。在这儿他受到了万千新事物的影响,对事物的兴趣也日益增长。羊、鸡、鸽,一切活的东西现在都使孩子高兴,他对周围的一切生命的信心增加了。信心的增强使他感到高兴。当他将喜爱的和可信赖的小畜放到母亲的腿上时,他就充满着欢乐。他把从晚饭里挑出来的好吃的东西丢给鸽子啄食,他到牧场去寻找羊爱吃的芦苇和树叶。充满着好奇心的孩子乳臭未干就兴致勃勃地随父亲和牧童到马棚、到牧场、到牛群或马群那里去。当土地正在被耕耘时,当牛群正在被饲养时,孩子总想到那儿去,并喜欢帮上一把。

5. 孩子们这些初步印象披上了一层富有善意的神秘色彩,根据这种色彩孩子将世界描绘成充满幸福的生命。但是,这种色彩渐渐地消失了。孩子看到从羊身上剪下热乎乎的羊毛时,羊瑟瑟发抖;牛耕地是被迫的。牛卖尽力气是因为他的父亲将它牢牢地控制住了。父亲的力量迫使牛干他要它干的活;他看到母亲将牛犊从母牛那里牵走是希望一家人能喝上更多的牛奶。

他看到美丽的玫瑰花上长满了刺,他看到空地上长满了蓟和没用的植物,他看到父亲从田里归来时显得很疲劳,周身都被汗透了,他看到,没有精疲力竭的劳动,田里就长不出所需要的庄稼。

6. 经验使他学到了更多的东西。经验告诉他,有些动物不但不能给他们的同伙以欢乐,反而以死伤相威胁,因而带来极大的不幸。他看到他心爱的鸽子被老鹰叼走而死去;他看到残酷的猫在老鼠垂死时还要以它取乐,貂闯进鸽笼,狐狸潜入鸡窝;他看到他那忠于主人、看来天真的狗追逐着可怜的兔子和小雌鹿,将其置于死地;他看到那狗一路上又咬又叫威吓着将牛羊赶到屠宰场;他看到那狗寻踪觅迹将可怜的鸟赶出鸟巢,被猎枪击中,被猎网捕获。

7. 然而,这些经历并没有扼杀享受过母爱和人类同情心的孩子的爱。相反,强者加于弱者身上的残酷力量,在他的身上唤起了一股悄然有力的愤慨,认为人决不能像这些动物那样。人不能乘机利用自己同胞中的弱者;不能对待他们像老鹰对待鸽子,猫对待老鼠,狗对待兔子、羊和鸟那样。有爱之心的孩子,看到他心爱的鸽子或心爱的羊羔死在眼前,就放声痛哭:"啊!我的鸽子!""啊!我的小羊羔!"他一边哭一边拍着爸爸的手,于是他爸爸就采取措施使鸽笼不受鹰的袭击,鸡棚不受狐狸的侵犯。

8. 这样的孩子,他的父母在他的心灵里已经深深地培育了高尚的人类感情,他自身已有了良好和文雅的倾向,大自然给他的每一个印象,上帝杰作的景象,天空和地球,这些都使他更加文雅。看到夕阳和朝霞,月亮和星星这些壮观景象他无不感到欢乐。鲜艳的花朵和硕果累累的果树都使他高兴。一个人越高尚,他曾经享受过的母爱和人类的仁慈就越使他温情脉脉,高尚纯洁,他为大自然的各种美景和幸福所唤起的爱和活动也就更加丰富。

9. 然而,无生命的大自然不能总是给人以美的享受,使人得益。浇灌牧场的河流有时会溢出河坝,淹没田地和村庄,将人和牛冲走,使其死于非命。没有火人就不能烹饪,寒霜降临时火能使你的卧室变得舒适——但这种为人谋利益的火也能毁坏城镇和村庄。水从天而降,没有它无论是草还是玉米、是葡萄还是林木都不能生长。而水有时也成为大冰雹,落在生长着的玉米身上,毁掉一切丰收的希望,夺去无辜的家庭可以维持一年的粮食,为了这点东西,做父亲的曾流下了辛勤的汗水。

10. 然而,即使在自然界降灾时(比自然界赐福时更为厉害),她还是唤醒了孩子的爱和活动的倾向,假如孩子享受过由母亲的关怀和孩子间的爱所带来的文雅高洁的影响的话。贫穷使他涌出了爱的眼泪。即使他平时不动感情,贫困也能使他产生爱。

对于富家子弟来说,即使他的父亲是铁石心肠,即使他自己本质上自私自利,但是当他看到周围的穷孩子一无所有时,他也会为之垂泪。看到不幸,他急忙跑回去找母亲要衣服,送给那些衣不蔽体的人,要食物给那些饥饿的人充饥。男孩子和小伙子,甚至还有那些步履蹒跚的老人,看到邻居的房子着火了,也要赶去相助;要是他们救不了火,他们也会带些东西去帮助受灾户重建家园。

但是那种由爱培养起来的人,越是贫困,他心中的圣火就烧得越旺;在这样的时刻,他因内心受到触动就会做出巨大的努力。

地被洪水淹没了的人携妻挈子奴隶般地耕耘,以弥补损失;被可怕的风暴夺去了一年的口粮的寡妇,只得辛勤纺织,这样她的婴儿才不至饿死,她的其他几个孩子才能有饭吃,有衣穿,就像这场严重的冰雹未曾毁掉她辛苦得来的劳动果实时他们所拥有的一样。

因此,我们看到,无生命的自然界不仅在其美丽和有益方面,而且作为一支破坏力量,在那些由母爱和人类同情心培养起来的因而能接受爱的感情的人们的心中，唤起爱和由爱而激发的活动。

11. 对于环境在孩子身上产生的印象这个问题进行探讨将花费太长的时间。因此，我将追寻我走过的路，并且，为了通过叙述问题的反面来加深对我所说过的东西的理解，我将把注意力转移到当孩子没有受到最初的自然界的恩惠（这种恩惠是幸福和满意的生活的真正源泉）时，上述种种情况所带来的结果。

12. 考虑一下没有母亲的关怀和人类的同情的孩子吧，他们的父母没有尽到最神圣的职责。在世界的不良影响下，一个母亲也许在大城市的上流社会中或者在乡间城镇的愚昧的妇女群中是有名望和出众的，但她忽视了自己的孩子。乡间的不幸、成千上万人的贫困，使放高利贷的人有利可图。甚至于做父亲的拖住了母亲，使她不能照顾婴儿，这样他就不会失去世上那些令人陶醉的享乐了。当他已经有效地堵住了他孩子的唯一幸福的源泉时，他就心烦意乱地到处寻求外部的毫无效率的教育源泉。他会雇请教师来代替父母，而教师的主要缺陷是没有父母那种神圣的感情，也没有父母那种培养能力。实际上，这种能力是很难找到的；陌生人身上会表现出这种力量的纯洁性，这在世界上是极其罕见的事情。假如父母做不到这一点，就雇用那些只能作亲生父母的替身的人，那么想把孩子在爱和由爱所产生的活动中抚养成人就毫无希望了。孩子从小就为虚假和虚荣所包围。

保姆即使生气时不打小孩，她也会站在窗旁呼吸户外的新鲜空气，而不理睬她所照管的小孩的哭吵，对自己承担的负担烦躁不安。家庭教师即使是一个有良心的人，肯定也没有足够的时间呆在一个这样的家庭里，在那里只他一人忙忙碌碌，其他人都不管小孩，都可以享受人间的生活。

13. 在这样的环境中培养小孩，其结果是灾难性的。在孩子的整个环境中由于缺乏文化的原始基础，孩子就找不到可以将他的高尚的感情带进他那贫乏的生活的线索。孩子发展了缺乏爱的性格，这是其父母的过失。他的没有爱的性格日益加深，他开始将他的同类视为惊恐和烦恼的源泉。同类的虚伪，阴谋交易，浅薄的炫耀、伪善，使他冷酷无情，自私自利。他身上既没有高尚的品德，也没有文明的举止。如果他的鸽子被老鹰叼走，他的羊羔被恶狼撕成碎片，他就不会拉着爸爸的手请他去修理鸽笼，补好畜棚，让类似的不幸不再发生在笼里和棚里的那些鸟畜身上。相反，同伙受到苦难，他幸灾乐祸；看到猎犬、狐狸、老鹰和貂去猎食其他动物，他感到高兴，因为他对人类的生活漠不关心。他丧失了对反对强者的弱者的同情；他开始感到弱者受凌辱和被践踏是不可避免的。

随着时间的推移，这些阴暗的思想使他的心渐渐变得冷酷。如果穷人在斗争中死去，对没有怜悯之心的人来说，关他什么事呢？谁叫这个可怜的人是小人物呢？别人在他身上踩过，谁叫他不反抗呢？怎能让鹰自己禁止喝血呢？

14. 整个世界以野蛮的伪装出现在没有被父母唤醒其爱心的孩子面前。这样的孩子虽然也可能假装爱人，但不可能真正爱人。

然而，爱的本质是人人皆有的；只有那些没有爱的力量的人，才冒险假装爱人。假装爱人，就会对人虚情假意。无爱心的人都有着羞耻心的外表，她（羞耻心）把自己深藏在这种虚荣的帷幕中。这是其特有的伪装。她很少敢于赤裸裸地显露出来。

可怜的女人不理睬左邻右舍，迫使不幸的孤儿离开她的身旁,但是却对某些爱畜倾注感情;国王的公主在晚餐桌上劝说国王和主人将王国让给她的心上人,就像别的妇女给她宠爱的小狗一点食物那样。从可怜的女人到公主,没有爱抚的类型很多,不都是一样的。

在这种人中间,高尚和有价值的人被人瞧不起,为小人们所嘲笑。什么地方有宠儿们潜入,爱心就消逝。真正的爱避开宠儿们的虚伪,憎恨他们的欺蒙。

15. 孩子的母亲为了自己华丽的外表,忘记了其他的一切,包括忘记了她的孩子。然而,无论是有生命的或者是无生命的自然界,无论是苍天或者是大地,都不能影响孩子变得高洁和文雅。

苍天和大地将像对他的母亲那样唤不起对他的更多的爱。这样的母亲看重地球上属于他的那一份,这不是为别人着想,而是只注重它对她无聊的虚荣生活的实际影响。对这些人来说,自然界的各个方面都是被歪曲了的和腐败的。

16. 如果纯洁仁爱的妻子看重躺在她腿上并和她的孩子并头睡着的羊羔,那是因为在她看来,通过她的辛勤劳动,她可以用羊身上的毛为她的孩子做衣;如果她看重她的牛,那是因为她每天能用牛奶为她心爱的人提供营养;如果她的丈夫挥汗耕耘,那是为了向本人和家庭提供生活必需品,并且用他的农产品去帮助既没有牛又没有羊,也没有田地的人;如果他的力量因爱而倍增,他忘我地耕田种地——这些事情没有一样能满足世界上的男男女女。田里茂盛的庄稼,葡萄园里丰硕的果实,不能唤起这些男女的内心高兴,因为这些收成只能为饥者提供食粮,为精疲力尽的人、为身怀有孕的人、为濒临死亡的人提供营养。这些人高兴仅仅是因为良好的收成意味着他们能在这些农产品收成的盛况中享受和炫耀。

17. 不曾在爱的激励下生活的人，时刻都有跌入这种状态的危险。他的同伙不愿意教导他们。有生命的自然界对于他是死的，无生命的自然界对他无能为力，上帝的世界肯定不能满足这种人。他希望有一个世界专门为他自己及其幸运的同伴供给大量财产，这是他们可能要通过欺骗和无阻碍的终生奋斗才能得到的财富。

然而，我们的世界并不像这样。依据上帝的意志并且和人性的特征相一致，健康的世界是建立在别的基础上的，而不是建立在这种腐朽的心灵能够把握、猜想甚至相信的东西的基础上的。有一个富人就有上千个不幸者。由此推断，这一千个人就会向这一个人求助。自私自利之心对于这一千个人的要求来说，总是太小和装不下的，哪怕就只有这一千个。这是真实的。对这种自私自利的人来说，这是一个多么不幸的世界啊！大自然界最高尚、最宏伟的物体的奇观也打动不了他。如果太阳只为他一人升起，如果他能坐在太阳车中越过地球，用车轮的火焰去烧死所有那些不向他顶礼膜拜的人，那么他是会爱太阳的。如果他能将月亮和星星关进他的帐篷，他也会爱上月亮和星星，并且，独自和它们在一起，他的睡眠是多么地愉快啊！

第八封信

1. 一般说来，尽管人们或多或少地享受母爱、人类同情心以及和大自然打交道的赐福，然而布满皱纹的额头与难熬的生活却是大量的。

2. 这是由于两个原因：孩子们受物质享受的刺激太多，而父母和朋友又忙于别的事物顾不上爱孩子。因此，甚至大自然的外貌也对孩子产生不愉快的影响。

3. 有人几乎会说，无论谁想培养孩子的爱心，谁就必须让孩子脱离父母，脱离惯常的环境，将他领入其心灵最深处的圣地，在那儿去寻找他未来的爱和力量的真正基础。

4. 一切好心的父母感到要对孩子进行令人满意的教育，因为他们自己难以胜任，他们的环境也不合适。他们感到，如果要切实地实现他们的目的，他们自己在各方面都是不够水平的。他们都感到，他们的倾向和缺点是实现这一目标的障碍。他们感到环境的不良影响会压倒爱的作用。

这是必然如此的。没有一位真正为孩子着想的母亲不会认识到更高尚的人性受到人类腐败的威胁。自然美的一切刺激由于类似的理由都收不到应有的效果。母亲越善良，父亲越聪明，这种腐败就越使他们灰心丧气，就越不满意他们自己反对这种腐败的力量和努力。他们越是善良和聪明，他们就越迫切地为他们的孩子追求胜于他们自己的更高的爱和力量。

5. 他们身上的优良品德使他们自己超出所有人类优良品德

的局限。只是在上帝身上,他们得到满足,即他们为自己孩子孜孜以求的一切美和力量。

相信上帝是至关重要的

6. 他们自己的爱和他们自己的力量的现实引导他们相信上帝,而相信上帝又使那种爱和力量变得更加纯洁,更加强烈。最高尚的母亲由于孩子的缘故便以更纯洁更强烈的信念信奉上帝。她看到,这种信念提高了她在孩子心目中的地位,否则她的地位不会这么高。当她将自己与世界区别开来时,她为孩子所做的努力就增加了。她将自己的努力成果归功于上帝和天父,她将自己委诸上帝并教导她的孩子把信仰上帝看成高于一切的事。对上帝的信仰是她为孩子追求爱和力量的联系,由于她信仰上帝,她对孩子幸福的影响也就增强了。她对上帝的爱体现在孩子身上,并发展到这种境地,即保证孩子从她身上可以看到上帝的爱和力量,因此,孩子接受一切好东西的能力也相应地提高了。

7. 母亲以更加纯洁的眼光环顾世界,她就更加无可辩驳地认识到,成千上万的人是如何得到照料的,他们由于太弱不能自己照料自己。她看世界的眼光越纯洁,她就越能感觉到一只指引她前进的不朽的手是真实存在的。

人的命运每天都向她表明它越来越依赖于上帝,就像孩子的命运依赖于父母一样。

8. 她越高尚,她就越禁不住地将孩子的幸福置于比她自己的手更有力量的手中;她越高尚,她就越禁不住地为孩子请求一个引路人,一个从不犯错误、从不让孩子失望的天父,坟墓不能将他从孩子身旁夺走，世界也不能使之腐败。

在对上帝的奉献中，她发现需要完善自己管理孩子的手段，完善世界上用来引导孩子的那些手段，这一切都是出于无私的母爱而这样做的。

9. 由于她信仰上帝，这些手段本身就成为圣洁的了；由于这种信仰，她发现自己更加愿意更强有力地利用这些手段来教育她的孩子，她从中看到了可以补偿她本性的弱点的抗衡力，并且由于信仰上帝，充满欺骗和不幸的世界也变得更加高尚了。在这个世界中，当她自己变得更加自由，更加优雅，更加可爱时，她就吸取更多的力量，在孩子身上培育一切高尚美好的东西。

母亲开发孩子的倾向、他的印象和能力。她看到孩子向天父祈祷，天父从不抛弃那些依恋他、追求他的爱的人。孩子看到他的母亲为了求得天父的爱而为自己的兄弟姊妹服务，为他们操劳，为了他们而牺牲自己，在这种忍耐、仁爱和自我牺牲中追求和寻找她唯一的幸福。这样的孩子必定会跪在母亲身旁祈祷。

10. 他的本性天真无邪，这使他以类似他母亲那样的态度来对待天父。

孩子第一次认识到人类的本性和一个慈爱的乐于助人的神超自然地和谐一致，这肯定会使他的感情升华。他如果相信上帝是他的父亲和所有人的父亲的父亲，是所有孩子的父亲，他就会更加热爱他的父母，就会更加感激他们，更加信任他们。

他就必定会更加纯洁地爱其同伙中的每一个人，在他们身上看到他的上帝和天父的孩子；他就会以更加高尚的情操和动机向这个天父之子伸出援助之手。

整个大自然对于他比以前显得更加圣洁，因为它显示了他的上帝和天父的爱和力量。

他就会在闪耀的阳光中、在下着雨的乌云里、在生长着的庄稼中、在狭谷的深底、在高山的顶端，到处看到他的上帝和天父；他就会比在他不知道有上帝时更加珍视并明智地利用阳光和雨水，利用狭谷和高山上的果实。

和他的母亲一样，他将把自己升华到一个高度，甚至不幸和疾苦也不能在他的本性中产生憎恨；相反，他会从中获益，并且，通过它们而使他的爱、信任和感激得到承认和鼓励。

附录 3

关于乡村教师

如果我们考察国民教育这一主题，并首先考虑一下那些穷人教育的一切机构，如学校、孤儿院和工业学校等，显然普通学校的影响是最基本的、最普遍的、最深远的。毫无疑问，普通学校能决定人将来生活的成败。

如果教师富有仁爱、智慧和纯朴精神；能胜任工作，得到青年和老人的信任，把爱秩序和克己看得比实际知识和学问更高尚、更重要；具有透彻的洞察力，能看到孩子将来可能发展成什么样的人，并以此为目标来指导教育工作，这样的教师就会成为这个村庄的名副其实的父亲，就会取代那些最优秀的父母，当父母不再能教育孩子时他承担起这一工作。这样的教师能够、也一定会增加整个村庄的爱，培养青年的力量、能力、思维方式和举止，因而能顺应时代的要求，保持和发扬他的父辈身上和思想中的那些最圣洁最高尚的东西。这样，这位教师就为这个村庄的未来造了福。

相反，如果教师是一个徒有其表、自私自利、傲慢自负的学究，信口开河地解释因太深奥而解释不清的手艺；他的职业训练不良，不能依靠别的方法而只能靠耍嘴皮糊口；他孤芳自赏看不起耕耘的农民，尽管他与最富裕的农民相比更强调吃喝玩乐；他在村里是一个起破坏作用而不是起好作用的人，是一个对远近的人危害很大、影响深远的恶人，在这种教师那里，孩子们即使能通过满意的方法学会说话、阅读、写作和解答千千万万个问题，但这种教师的影响毫无疑问仍然是坏的。他不能替代父亲的作用，也不能将自己的教学与家庭早期的教养结合起来；相反，他以自己的生活与行动暗暗破坏孩子已经养成的良好习惯和行为准则，并以自己的伪善来毁坏大自然最神圣的联系。

孩子的父母可能是谦逊、灵巧和正直的，但孩子们却成为不会思考、愚笨和傲慢的人，像他们的老师一样。他们成了软弱、不幸、贪婪的动物，就像老师那样。因而在他的影响下，整个村子在将来好多年里道德风气都将下降。村里的一切坏事都能在学校找到肥沃的土壤，并三十、六十或百倍地增加。选择这样的教师，便带来了一切邪恶的偶像。像以色列的上帝一样强悍妒忌的大自然，会使父辈身上的错误在他们的第三代和第四代子孙身上产生报应……

不管在教师选择、考试和学校组织上花费多少智慧和热情，也不管奖励多少学生，并安排功课使他们爱学校、爱学习，如果没有一个教师尽可能地替代父母的作用，如果没有机会来鼓励并培养一个青年来做这件事情，如果甚至不认为鼓励和培养一个挑这样担子的青年是一件好事的话，那么让穷人的孩子受到适当的教育这一理想就不会实现。相反，他们的一切不良品德就像植物在暖房里一样得到培养并加速生长，似乎他们将来的成功依靠他们的速成教育。

有一件事被遗漏了，即关于好老师的问题。在没有好教师的地方，整个教育活动就像一个人眼中有了灰尘，看不见自身的需要。因此，谁渴望穷人应该有最好形式的学校，谁首先必须保证提供足够的人手，这些人要胜任工作，能够以生活的智慧的洞察力和爱来培养孩子，把他们培养成当地生活中朝气蓬勃、训练有素的成员。

这种人不会从天而降，像落雪和下雨那样。生活中没有什么事比当教师更重要的了，也没有比作教师更困难的了。大自然仅仅赋予具有伟大智慧和慈爱胸怀的人以教育的才华。在教育事业中和在其他一切事业中一样，这些特殊才华需要激励、发展和训练。

现在，个人花费不定多少时间来保证其子弟能获得足够的技术或职业训练，他们花的时间比君主或国家花的时间还要多，因为培养人无疑是最重要最困难的。只要存在这种情况，就不能提供充分的国民教育，很难想象他们的学校能成为应该成为的那样——即成为补充家庭教育优势的工具，帮助懦弱的穷人的工具，帮助他们补正缺陷的工具。有这种学校的国家，会在生活各个领域使人性变得高尚。可是有这种学校的国家或正在努力办这种学校的国家在哪儿呢？我们不能自欺欺人，事实上没有哪一个国家已经为这种急需做好准备。然而我们也必须承认，这是一件困难的事情，而且其开头是没有把握的。

要训练出好的教师，先要假定存在一种与众不同的人。我们的教师正努力培养他们中的人成为学者。这一不同的种类乍一看似乎是不存在的。然而，没有这种人，仅仅因为寻找这些人的人既没有智慧，也没有发现这种人所必备的品质。地球上的好东西，当人们轻蔑谈论它和忽视它的时候，显不出它的价值，然而用耶稣基督的话来说，"有追求就会有发现。"没有一个追求高尚和圣洁的东西的人,不以自己的热忱来鼓励别人;而你却说不可能找到极爱自己家乡,并愿意和穷人共患难的人!去寻找他,你就会发现他,但是你本人必须是愿意帮助穷人的人。然后,你不必担心在生活的各个领域中、在各种条件下找不到这种人,这种人充满了人性中类似的热忱和爱,这种人愿意并且有能力成为世界所需要的那种教师。鼓动你的同乡参加寻找吧。教师不但可以找到,而且会得到支持、尊敬、爱戴和雇用。一旦这样做了,国家教育中看似不可战胜的困难就被克服了。

我必须加上一点。这一运动不会来自教师本身。这一运动必须完全独立于他们之外,发端于国家本身的良好愿望,发端于国家愿意做这件事的总的倾向。如果不是这样,能够培养成教师的人可能很多,但国家对他们不感兴趣,这些人可能被人误解和冷落。他们比那些误解他们的人更加高尚和正直无私。这个事实只是使得他们的处境更为困难。他们的工作变得毫无效率,他们也会失去勇气。

如果情况相反,如果有影响有价值的人寻找青年,以便把他们培养成教师,给予他们支持和帮助,他们就会改变世界。爱将消除困难,教师的工作会成为人人关心的事,疑虑就会消失,对人性的信念就会恢复。父亲和母亲就会与教师合作,人类同仁的神圣纽带就会更加牢固地交织在一起。孩子就会成为父母的欢乐,父母就会成为孩子的朋友。穷人就会听到以前听不到的《马太福音》的布道。上帝就会在天庭受人尊崇,人类也就会有和平。

1818年对我校师生的讲演

对教育普遍漠不关心

3. 考虑到业已完成的教育方法方面的调查研究，考虑到贫困的真正原因，我深信我们的这部分世界正处在黑暗之中，真理的阳光和象征温柔的爱的柔和目光都不能透过这黑暗将它照亮。我知道自己现在要说的一切可能引起各种各样的误解，但那也没办法，因为我所抱怨的这种黑暗已成为我们生活、行动和赋予我们生命的一种要素。我只打算谈两件事情：民众教育和贫困的原因。我再次指出，这些灾难性的浮夸境况对于我所坚持的目标——正确地处理这两件事情——是不利的，我们虽处在黑暗之中，有许多事情我们可以看得更清楚，处理得也更合情合理。总地说来，我们忽视了涉及到人的高级天性的东西。这是千真万确的。我们还不了解现存的错误已达到了什么程度。现时流行的观点、偏见、欲望和风俗无一例外地影响着穷人和富人的心理倾向。消除这些倾向将意味着一场思想革命。如何掀起这场革命？谁会来讲它呢？又有谁会来听呢？漠不关心的态度是太普遍了。我们自己也受到了影响。我们已丧失了大部分的激情。至于我，对我们的时代也麻木不仁了。这一世界已不再属于我了。我梦寐以求的教育理想——民众教育、人的教育和穷人教育——只有在更单纯的社会中才有可能实现。然而，我仍然陶醉在我的梦中；我以极大的热情做我的梦。我梦寐以求的更理想的教育使我想起栽在河边的一棵树。那是一棵什么树呢？它的根、它的干、它的粗枝、细枝和它的果实都是从哪儿长出来的？你在地上种一粒极小的种子，那粒种子中蕴藏着树的全部属性。

关于树木成长的比喻

"上帝是它的父亲,
上帝是它的造物主;
上帝是万能的,
存在于树种之中。
人类的手
把这颗上帝的种子
植入这温和的土壤;
他把这颗上帝的种子
植入了上帝的土地,
植入了他的上帝的可爱的土地之中。"

4. 种子是树的精髓,它依靠自己的力量长成大树。让我们看看它是如何从母亲的土壤里显露出来的。在你还看不到它的时候,在它还没有破土而出以前,它就已经扎下了根。随着种子内在生命的显露,它的外壳消失了。当种子发芽时,它自身就腐烂了。种子一边生长一边消逝。它的生命力已经转到根中。它已变成了一棵根。种子的能力变成了根的能力。于是我们现在有了树根。整棵树乃至悬挂果实的嫩枝都是由它的根生长发育而成的。树的全部生命只不过是各种要素不断发展的结果,而这些要素早已存在树根之中了……

各部分的多样性中存在着根本的统一性

请注意树的这些组成部分。它们数量虽多,但不混杂;它们各自独立,与其他部分有明显的区别。每一部分按各自的规则生长,但与整棵树一直保持着联系。正是由于这种统一性,才使树能完成自己的使命。树的生长同人的成长一样。甚至在儿童还没有出世时,未来能力的萌芽就已经具备了。人的能力在他的一生中不断发展,这和树的情况是一样的。人的各种能力各不相同,各自独立。一棵树各自独立的部分通过其机体生命的无形灵魂,以其天赋的有序的统一精神共同工作,以完成共同的功能,即生产果实。人也是如此。天赋之爱激发着人的内在精神,赋予生命以统一性。他的各种能力协调工作,以达到一个共同的目的——人格,其内在本质不依赖于躯体。上帝是根据自己的想象来创造人的,人应当是完美无缺的,就像他们天堂里的圣父那样完美无缺。正是灵魂在这方面起着作用;躯体是无能为力的。但是,人的灵魂并不表现在他的任何一种能力之中,实际上我们称之为"才华"的东西根本不能揭示灵魂;灵魂不存在于人的手中,也不存在于人的大脑里。人的本性的统一性的核心——人所独具的、显示人的特性的力量是他的信仰和他的爱。信仰和爱使人的知、行、智慧和行动的力量达到神圣的统一,使人成为真正的人。

从人的教育的角度来看,人在信仰和爱的方面的能力对于人来说正如树根对于树的生长一样。依靠树根,树从土壤中吸取养料并送给树的各个部分。人们必须看到,他们自身高级天性的根基保持了一种与此相同的力量。他们可以看到有了松软而湿润的土壤,有了温暖的阳光,树根是如何促进树木生长的,最终又是如何使它完美无缺地站在它的同类之中,成为上帝的一个杰作,成为上帝在植物世界所从事的创造活动的一个杰出的典范的。但是,请将树作为总体再来考虑一下。如果树根在贫瘠而又坚硬的土壤里会干涸,那么树就会死去;而如果把树根植入沼泽地或者植入过分肥沃的土壤里,那么它的吸收和消化能力就会负担过重,因而树也会死去。

5. 这些就是树木有机体生长和死亡的根源与条件。现在来看看你们自己,你们的能力是怎样获得生命力的,也看看是哪些原因导致了你们全部能力的衰败和死亡。问问你们自己,在哪些方面与树木和它的有机体本性是相同的,哪些方面又是不同的。

树不能自我帮助,人能

6. 你们的各种能力是彼此独立的,就像树的能力一样;正如树的"灵魂"通过结出果实这一共同目标把它的各种能力结合起来一样,你们的情况也是如此。你们的每一种能力有其独立的存在状态,每一种能力受它自身的法则制约,然而所有的能力也是由一种内在的人类灵魂而结合起来的,以达到人类的共同目的。树根中的有机体灵魂迅速地从土壤中吸取养料,供给树的各个部分,或者在土壤中迅速地枯萎或遭毒害。人类的有机体机制也是一样,在它的最深层的部分也有一个根,整个人生的灵魂就寓于其中。人通过根从躯体和环境中吸收生命的力量。从这同样的源泉中，通过这同样的途径也产生使我们身上真正的人性枯萎和遭毒害的种种影响。但是，人类的机体不同于无生命的物体，也不同于动物和植物；人类的机体是一个感觉的框架，神圣的人类生命就存在于这个框架之中。人类生命的真正源泉、人类善恶的真正源泉是从人类感觉的自我和感觉的环境中吸收过来的，而不是依附于人的躯体。它超越了一切肉体的羁绊，它是自由的。它利用了存在于人体中的一切肉体生长的力量，就像植物体中的力量一样，植物的力量通过园丁的技艺来吸收。当树周围的土壤板结和干涸时，园丁就浇水滋润；如果他愿意的话，他也可以置干旱的土壤而不顾，听任树自然而然地死去。同样，当树木生长在沼泽中时，园丁就排掉沼泽中的水，调节土壤的湿度，或者听任树木死去。不管是哪种做法，全由园丁的意愿所决定。树木屈从于无生命的自然界的影响，其生命力量不能抵御外界影响，而存在于人身上的高级灵魂是自由的，可以任其感觉的天性和感觉的环境来毁灭自己，也可以抵制和克服感觉的天性和感觉的环境。

人的意志是自由的

7. 人的感觉的天性、遗传倾向和世界环境对他的种种影响，这一些同人的真正天性的关系，就像那些使树根枯萎和遭毒化的坚硬土壤、岩石、石块、滚烫的沙子和沼泽等对树根的关系一样。树木受这些外部力量的摆布，这些外部力量威胁着树木的生存，而人的高级天性——它使人的多种活动具有统一性和单一的目的性——却是自由的。通过良心的心声所有的人都听到了上帝关于何为善何为恶的说教。上帝就在他们身上,通过信仰、仁爱、真理和正义召唤他们团结起来,团结在上帝的周围。他们可以在自己身上听到上帝的这种呼声,同时继续保持自由。他们也可以对这一呼声置之不理,充耳不闻。他们可以放弃自己的意志自由,成为感官和世俗享乐的奴隶。他们可以抛弃仁爱、真理、信仰和正义。他们可以像牲畜那样生活,对自己和所有接近他们的人说:"这一切的一切都不能让我高兴。"他们可以同自己和同伙作对,把神圣的、人类有价值的东西看得不如物质力量重要。

8. 让人们反省一下自己,看看他们是如何与自己和他们的同伙和睦相处的吧。让他们想一想,他们本来是可以和信仰、仁爱、真理和光明和睦相处的,本来是可以与上帝、与人类和睦相处的,而环境又是如何迫使他们和这些东西作对的。看看你们周围的人们,更仔细地看看你们自己,追溯一下人的发展过程。人长大成人,受到锻炼和教育。内在的力量使其生长发育。他在处理一些事情的偶然境遇中受到了锻炼;他所受的教育取决于同代人的方法和目的。人的肉体的生长是上帝的事,它遵循着永恒不变的法则。人们所受的锻炼是偶然的事,取决于人所处的变化着的环境。他的教育是合乎道德的;只要意志自由能够显示力量和才能,教育就是人类意志自由的产物。

人是三个因素的产物

9. 根据那种关于这些力量和才能是纯粹生长的观点,人是他自身永恒不变的法则的产物。根据人的锻炼的观点，人就是偶然境遇和交往的结果，机遇和交往影响着人的力量的自由和净化。根据人的教育的观点，人是道德力量影响的结果，道德力量影响着人的自由和净化。支配人的成长的法则从本质上讲是永恒的，是上帝赐与的；使人受到锻炼的影响就其本质来说是感觉的和环境的东西。教育的影响从本质上来说是偶然的、自由的。

10. 人们的锻炼和教育必须被看作是有助于我们内在能力倾向发展的影响。我们能够控制环境的影响，使之与支配人的能力生长的法则相一致。教育上的努力也同样要与之相一致；然而，教育和锻炼的实施又都可能与之相抵触。只有当这两者与支配人成长的法则相一致时，人们的锻炼和教育才具有它们本来意义上的价值。如果它们不一致，那么人的天性就会被扭曲，这正如妨碍植物各部分物质机制的外部力量扭曲了植物一样。如果教育和锻炼与支配人的能力发展的法则不协调，与将人类各种力量统一到一个共同的目标中的人类意志的原始纯洁性不相协调，那么就会有种种外部力量来干扰人类天性发展的法则，其危害与威胁植物或动物生长的外部作用力量是一样的。由于上帝的恩赐，人身上的实际才能和知识是彼此独立的，但是它们在执行意志时是永恒统一的。信仰和仁爱使意志获得了自由，通过这种自由，引导我们知和行的全部能力获得发展，以充分地揭示我们内在的人性，在上帝的帮助下，使肉欲服从于信仰、仁爱和正义的要求。但是，除非上帝在他的心中，否则肉欲就会取得支配地位。它们会毁坏我们的人性，使我们丧失上帝赐予我们的信仰和仁爱。

11. 人的意志是自由的。他的职责是追求上帝，或者更确切地说是追求上帝的帮助，上帝向他显示了父亲般的关注。然而人可以拒绝上帝的帮助,并对他自己说:"对我来说,我宁愿追逐肉欲享受也不愿作为人们的兄弟或上帝的孩子与世人共处。"……但是上帝通过人的良心与他对话,并且不让任何人愚昧无知。这一点是无疑的。一个人的处境要比另一个人的处境更有利于发展信仰和仁爱,更有助于获得真理和对正义的认识。这也是确实的。有人发现现成的达到彼岸的道路就在他的眼前,而另一个人发现的则是一条人为地铺设的、无信仰、无仁爱、无人性的道路。人与人之间的这种区别也存在于世代之间,而我们不应该忘记,我们生活的时代所提供的诱惑物其迷惑力对我们人类是很危险的……

生活已不再像过去那样纯朴、直率。我们已失去了古老的诚实精神,我们难以相信诚实精神尚能恢复。我们用嘴来赞美我们的祖先,而内心深处则与他们相距遥远;我们的行为与他们不同,正如澳大利亚人的行为不同于我们的一样。我们已把他们作为必不可少的知识变成了大量无价值的知识,把他们认为无益的愚昧变成了必然的事情。我们用没有思想内容的空洞的语言形式取代了他们那健康而积极的天生智慧——文字符号从健全的感觉中吸走了血液,就像野貂抓住鸽子的脖子吮吸它的血液一样。我们不再了解我们的邻居、我们的穷亲戚、我们的同胞。相反,我们阅读报纸,了解君王家族史,了解宫廷、戏院和大都市中的种种轶闻趣事,而且就像每天替换衣服那样改变我们的政治和宗教观点;就像变换款式那样从不相信变为信仰圣·弗朗西斯(St. Francis),然后又退回到不相信。我们的祖先既简单又有力地锻炼他们的思考力;没有人费神去探求更高级、更难懂的真理。与此相对照,我们则懒于通过训练思考力以便在这方面与先辈相比。相反,我们却学会了谈论一大套玄奥抽象的东西。我们浏览一些通俗报纸以获得高深研究的成果，每个人都在谈论这些内容。在我们的祖先中，每个健全的人至少努力通晓一件事情——就是他的职业，并把这看作是光荣的事情。现在身居高位的人凭的是出身豪门。许多人为他们父辈的职业或地位感到羞耻，不去从事父辈的职业，反而非难别人的工作，将自己的工作经营得一团糟。维系公民地位的全部精神在我们中间消失了。除了显示我们已有了什么和已知道了什么以外，我们不再过问我们是什么；我们尽力炫耀所有和所知，似乎它们是用来出售的……

13. 所有这些人为虚设的遮蔽物都必须通过教育改革来清除，教育改革同关心穷人是一回事。然而什么是那种正确的教育呢？它如同园丁的艺术，成千上万棵树木在园丁的照料下开花、成长。园丁对树木的实际生长并不能有所作为，生长的原理存在于树木本身。园丁植树，浇水，而上帝则让树增高。不是因园丁松开了树根才使树从土壤中吸收养料；也不是因他把木髓同木头、木头同树皮分割开来才使树从根部一直到顶端的嫩枝各部分得到发展，使各部分聚拢到一起，组成永恒的统一体，由此生产出其生存的最终结果——果实。关于这一切，园丁一无所为。他只是浇灌了树根难以深扎的石头般的干涸土地。他只是排除了积水使树木不遭水淹。他仅仅看护着树木，使外部力量不致伤害树根、树干或树枝，不致干扰使树的各个部分结合起来以保证树木健全生长的自然秩序。教育者也是如此。他没有传授给人们一点能力。他既没有提供生命也没有提供呼吸。他只是看守着，以防任何外部力量的伤害或干扰。他关照着让人们的发展沿着与其发展的法则相一致的轨道进行。但是，他必须充分地认识人类心智的特殊构造，这一构造适于将人的各种能力结合起来以实现他最终的使命。他懂得大众教育的正确方法必须与人类能力发展所遵循的永恒法则相一致，他还知道，这些方法必须有利于增强和净化我们各种能力的、道德的、宗教的束缚。我们天性中的道德、智慧和实践能力必须一如既往地来源于它们自身，服务于它们自身。信仰必须源于信仰，而不是源于对被相信事物的了解。思想应该通过思维活动而产生，而不是通过对所思问题或对思维法则的认识。爱也必须由爱发展起来，而不是来自谈论什么值得爱和什么是爱。同样，实践能力必然来自实际操作，而不是来自不厌其烦地谈论操作；人的能力范围决定了我们知道什么和能够做什么，然而这种能力范围必定从属于我们意志的高级法则……

从我自己有起有落的经历中，我很快发现，不管儿童的社会地位如何，教育问题实际上都是一样的；教育问题不在于传授专门的知识或专门的技能，而在于发展人类的基本能力（人类基本能力对穷人和富人当然都是一样的）。在《林哈德和葛笃德》中我已经谈到了必须更加注重意志的锻炼——可以说是人类才能的中心问题，也是其幸福的源泉。我力图让人们看到家庭是以各种方法锻炼意志的出发点。

工作的进展

在我的最近几年里，特别是在伊佛东的几年里，我和我的朋友们努力将个别能力的训练归纳成心理学的方法，因为在我们看来这是首要的教学法问题，在这方面的探索上我们花费了大量的时间和精力。然而，我们承认自己的工作在很大程度上落后于我们希望得到的结果。另外还有不少人也参加了我们的工作……各人根据各自的做法，或者照搬我们的方法，或者加以发挥……愿上帝保佑那些比我自己的那些可爱的见解看得更远的人！我的荣誉成了他们的荣誉，我感谢他们为促进这一事业做了有益的工作。① 然而，我倒想保留真正属于我自己的东西，这样在别人运用它并进行发挥的时候不致失去它的精神实质。我希望在为伟大的目标而奋斗的过程中它能和别人的上帝恩赐的能力一起发挥作用，当我们的努力中的一切仅仅属于人类的东西将永远消失的时候，这个伟大的目标会幸存下来……是的，在感谢上帝赋予的那些有时难以理解的能力的时候，我将继续主张我对真理和正义的独立见解。虽然我的家乡遭难，但是我的微薄的努力并不是完全没有成绩的。我敢冒昧地说，在本世纪结束以前可以看到我们的事业是会被那些向它表示感谢的人们所接受的。我一如既往地相信它那经得起时间考验的优越性。我已不再为阻力和疑虑而烦恼。这些烦恼已使我吃够了苦头，但是近来我已感到较为欣慰了。我甚至不再担心自己在着手解决民众教育问题以前会变成一个白发老翁。我现在觉得，即使真地有了这样的机会，我也不能指望可以影响国民教育的进程，或者可以帮助改良人民的实际生活条件和生活方式。我没有认识到穷人生活在道德沦丧之中，这一点就像要堵绝贫困的根源必须要认识到贫困的根源并不存在于穷人身上一样，这些根源完全淹没了穷人的一切自立才能，使穷人不得不忍受。他的情况同一所小屋被崩落的山顶石块所压倒或遭到森林洪水的毁坏并被冲走一样……我还没有清楚地掌握那些存在于穷人自己身上的用来帮助穷人的手段；我没有强烈而信服地感到，如果要唤醒穷人，使他们认识到帮助他们的最伟大最神圣的手段，

---

① 裴斯泰洛齐尤其想起了他先前的同事尼德勒。尼德勒不时将他的先生的见解"哲学化"，以致难辨原貌。

那么这些手段是必要的；我还不能让它们作为拯救穷人的最有力的全国性工具来出现……

　　环境迫使我更深入地调查人类能力发展的过程，更深入地调查合理的民众教育的基础。如果我们要获得关于民众教育以及与之密切相关的贫民教育问题的确切而令人满意的观念的话，那么确立关于初等教育的价值的成熟观点是绝对必要的。这些观点一方面要考虑到每个个别能力的发展能遵循它自身的自然法则，同时要充分认识到意志自由是人类能力体系的中心。这些观点要求充分认识教育的责任，这就是通过信仰和仁爱来培养意志，使之为真理和正义的事业——为上帝的真理和人们的事业作出自我牺牲的奉献。理性上也规定必须在能力训练的基础上才能进行系统知识的学习，而不能把这一顺序颠倒过来。这一原则同样适用于体育——首先训练一般的能力，然后再训练专门的技能。这是上帝安排的顺序，没有一种适合时宜的教育过程能够忽略它……不然的话，你们得到的教养就只徒有其表，是不实在的，正如我们今天感到痛惜的那样。

教育的科学

　　15. 我已确切地得出这样的结论：教育必须提高到科学的水平，教育科学应该起源于并建立在对人类天性最深入的认识的基础上。在得出这个结论之前我还不能连续不断地致力于民众教育问题，为此我要感谢上帝。当然，我对这门科学是全然无知的。我只是在头脑里有一种预感，但是，这种预感是那样的鲜明，充满了我的脑海，好像已是既成事实。这不只是我的想法，时代的整个环境已使它成为一个世界性的需要。全世界都会认识到这一点的。世界不会拒绝欢迎我——一个年事已高的人——在这欢欣鼓舞的时刻希望将这小小的奉献献在人性的祭坛上。你们，我的朋友和兄弟，也是不会拒绝的。我把你们请到我的身旁，恳求你们与我合作，进行我依然认为我能够总结出更合理更系统的民众教育原则和方法的工作——为这一事业我已下决心为我死后做好万无一失的准备。

徒劳的善行

然而，在我谈论我自己愿意为民众教育和改善穷人的处境而工作的时候，我也看到在我周围有许多慈善活动。它并不使我感到舒心，不过我应该注意到这一点，不能低估它的价值。凡是不盲目地自私自利的人都可怜穷人。在古代，不少符合穷人利益的壮举都是由富人默默无闻地干的。相对说来，古代的壮举可能比现在还要多。现代的奢侈生活产生了千千万万受苦受难的穷人。过去的生活简单一些，受苦受难的穷人不到几百人。此外，与现在相比古代时人们为穷人提供帮助更明显地是出于对人与人之间关系的神圣性的尊重。而今天，我们的社会生活关系疏远了，过去的那种关系已不复存在。穷亲属、穷邻居、穷亲戚、穷仆人和穷教子教女已不再像先前那样直接地求助于我们了……在古代，由于有邻居高尚的慷慨之举，地位上的不平等对穷人还是有帮助的，而现在这种不平等则给他们带来了毁灭。穷人一沾染上富人的奢侈就遭人唾弃，我们总是不会同情他。如此，在他们遭人唾弃之后，我们又以他们遭人唾弃为由而对他们不闻不问，并感到心安理得。我们用毁灭自己的源泉来毒害他们，而后又耻于同他们接近。他们悲惨的生活境地与我们华彩照人、争富斗荣的生活相形失色，因而世人对他们不屑一顾。尽管如此，人们还是在做许多事情，以解决穷人的燃眉之急。人类的自私自利虽然有增无减，其表现方式也日益笨拙和冷酷，但即使在最糟糕的时代，也没有完全放弃采取帮助穷人的措施；而在这个可怕的岁月里，临时性援助的不足令人感叹，而慈善的激情在人们毫不指望出现的地方充分地得到了增强。但是这种激情不能实际地解决贫困，要真正地解决贫困除非我们能更普遍地确信在人身上——因而也在穷人身上——隐藏着种种能力，这些能力对那些知道如何使用它们的人来说是用之不尽的财富。

目前极端紧迫的是必须使人们确信这一说法的真实性，同时，如果上帝有眼的话，这些热衷于追求钱财、享乐和名望的当代人会逐步认识到，无微不至地关怀一个穷孩子要比养一头肥羊更有价值；使乡村摆脱贫困和悲惨的境地，使之提高到幸福而自尊的生活水准，要比拥有几座舞厅更为荣耀；在堕落的人格中唤醒感激和助人之愿望，更比良马满厩、奴婢成群更感愉悦……

富人可以为穷人做的事情

16. 我想更详细地讲一讲。

一个私立的机构越是能较好地保持它的经营效益和教育影响，甚至还有较舒适的条件，那么它的主人就越容易接纳穷人到他的机构中来，为他找到某一种工作，通过这一途径使他成为独立的、有技术的、可雇用的人。通过更进一步的调查，人们认识到富有阶级如果认识到自己的作用，他们就拥有大量的行善和施教的良机。他们可以帮助许许多多青年男女脱离供过于求并且在其中无卓越成就的农业市场，招收他们为人类和国家服务。毫无疑问，其好处不仅仅在穷人这方面。如果那些豪门望族让自己的孩子与劳动阶级的健壮而质朴的孩子保持密切的接触，他们将会得到多少好处，对此我们还不了解。大土地所有者占有了土地因而躬身农业。农业是人类文化最原始、最简单的手段，他们可以利用穷苦孩子整年累月的劳动来为自己谋利益。他们除了饲养一些耕牛以外，还教育几个孩子，使之像牛一般长时间地为他们劳作，这一切并不用他们付出什么代价。而如果与此同时他使他们成为能独立思考的人，那么他们将会给他带来多少欢悦啊！如果他愿意在与他们的关系中输入哪怕是极少的博爱的成分，那么他的佣人将会更愉快地为他工作。他可以使这些愚笨而孤弱的农夫变成熟练的农业工人，因而提高该国的农业水平。这样做既不麻烦也不耗资，而且他也有利可图。每一个大土地所有者，如果不愿意把大量的时间消耗在宫廷里、森林中，或者消耗在根据他的财产能够办到的无伤大雅的寻欢作乐之中的话，那么用我上述的方式逐步地将他的无依无靠的劳动者变成自己拥有小块土地的人，就能够对国家作出巨大的贡献，为普通的国民文化开辟一条新的途径。这样一来，土地占有的差异就会被消除，也就会有更高的收益，人们的地位和福利就会得到改善。

　　差不多每一个产业部门的首脑都有一些这样的机会来帮助穷人，来同他们合作以改善他们的境遇。所有的雇工都知道，有效的体力劳动是财富的源泉，同时如果雇主们首先能让其雇工的子女受到良好的训练，掌握那种特殊产业必不可少的专门知识和实际技能，其次能鼓励他们从小把零花钱储存起来，以养成有助于将来维持自己生计的节俭思想，那么雇主们是能够推进穷人的训练、福利和教育的。通过尊崇所有权和节俭的风气来提高穷人的尊严和道德，在这方面有多少事可做是难以估计的。如果为穷人的孩子建立了学校，在这个学校中穷人的孩子不仅可以学到某一方面的技术工作，而且可以受到基本的、智力的、体力的能力训练，孩子们可以接受良好的全面教育，并达到很高的熟练程度，那么，通过这一途径个人就能在更大的范围内做到他所能做的事情。原来这样做仅能使其维持生计的贫穷的城镇青年就会获得那些与经济上的独立性密切相关的尊严和道德的情感；此外，这些城镇也可以不再被迫依靠外国工人和外国工厂主，因而可以全面缩减开支。

农 村 教 育

17. 有些地区土地贫瘠，人口稀少，需要把农业科学与这种或那种城镇产业结合起来。在这样的地区，民众教育和文化可以达到最高的发展水平。这一观点在我看来将一直是全部民众教育和文化的真正基础。如果科学地加以组织，我相信可以获得有利于农村地区人口发展和经济繁荣的最好结果。四十多年以前，我本人在新庄为穷人的孩子开设了一所学校，旨在把农业和当地另一产业结合起来。我的经验不足，结果失败了。尽管如此，我现在更确信我的想法是有道理的。我对新庄有难以言传的亲切感，这不仅是因为我的实验，而且因为我长时期地陷入了苦闷之中。虽然它往往意味着我在经济上的破产,但是我毕竟将那块地方保持了40年。我为它所花的钱超过了它的价值的一倍,但是,"你还能在那儿为穷人的孩子设立一所学校",这一想法使我没有将它卖掉。我仍然坚持我年轻时期的想法,并且,虽然我的关于什么是为穷人谋福利的本质的一些想法已有所改变,我心里还是充满了一种难以抑制的希望,希望不失时机地在那块我生活过的地方实现我从前的某些目标。但是,由于这将是我一生中最后的事业,所以在我公开宣布以前,必须仔细考虑好基本的步骤。"宁静致远"是我从未遵循过的格言,但是忽视了它却使我付出了许多泪水和代价,而现在,我已半截入土,我不希望再因为犯同样的错误而毁掉这个我最后的也是最重要的事业。

与此同时,在准备着手那些大计划以前,我可以做一些类似这样的事情,即考虑一下在每个农庄如何既方便又低廉地培养儿童。我希望在国家处境艰难之际,每一个可能采取的措施都应该用来拯救穷人。我们应该在那些自然资源雄厚的地区努力把我们国家仅有的少数工业与最科学的农业知识结合起来。此外我们应该提倡关于节俭国内开支的综合性知识。通过发展文化来摆脱国家困难的一切方法对我的计划都是重要的。

18. 然而,流行的各种济贫方法对国家或者对穷人都没有真正的帮助。一般说来,它们类似于一个人把一副鞋扣扔给站在他家窗前、没穿鞋袜并请求施舍的乞丐这种举动。甚至在最有利的情况下,它们也不能对我们国家腐败的根源产生影响……

济贫精神

19. 如果我们更仔细地调查一下惯常的济贫方法，我们就会看到，这些方法都缺少一种教育传教士式的努力精神——也就是缺少神授的父母之爱、对童心的高尚的激励、在家庭以外难以找到的兄弟般的爱和姐妹般的忠诚的那种纯洁；没有一种方法提供感觉刺激与信仰和仁爱之间的确定的、连续的相互作用，对智力和实践活动也没有提供同样强大的刺激，而这些刺激自由地、令人信服地影响所有的人。这些方法都缺乏家庭生活应具有的圣洁和高尚的影响。一方面，由于它们规模宏大，因而它们就失去了家庭式的亲密无间的关系，而这种关系只能在卑下的社会环境中的狭小范围内找到；另一方面，这些方法反映了公众的力量，或者总地说来，它仍然反映了外部的权力，而不是在家庭炉边能享受到的幸福健康的感情。谁能够怀疑这样的制度通过它们的环境，尤其是通过主任、经理、管家等人所接触的各种环境，显现在父母般的同情心几乎是不合时宜的情景之中？目前，国民的愚昧无知，道德、智力和伦理的衰败，以及情绪低落已日益加剧，已到了严重的地步，以致于成了国家所面临的一个危机，而国家这种机构是绝对不可少的。尽管我们的理论是不科学的，但是我们的情感总是倾向于为满足穷人在物质和精神方面的需要提供帮助，这一点已为上帝所认可。但同时我们不要忘记，能够起到消防队组织的作用的机构，能有效地弥补洪水灾害所带来的损失的机构，并不因此就是好的教育机构。预防火灾和洪水的忠告可能会被写进全国性的委员会的指示中，但用于解救实际灾害的措施就不可能被编入这些文件中了。

家庭是教育的起点

20. 民众教育、国民文化和济贫的唯一真正的基础是父母般的同情心，它的纯洁、真诚和力量能唤起儿童心中爱的信心。从而他们全部身体和精神方面的能力被结合起来，变为爱和主动的服从。正是在家庭圣洁的感情中，自然本身为人类能力发展的和谐性和方向性作好了充分的准备，我们必须在家庭中寻找我们教育科学的出发点。而后教育科学才能成为一种全国性的力量，才能把人类的知识、才能和行动的外部表现同我们天性中内在的永恒而神圣的本质统一起来。

21. 如果"容易的发明创造不过是锦上添花"这一命题能够成立，那么下面这个命题就更能成立了，这就是人类的机智给人类带来的利益可以很容易地联系到我们天性中内在神圣的要素上去；反之，把这种神圣的要素看作来自人们的小聪明，这是我们现代生活的错觉所产生的结果。

穷人的起居室——我现在不涉及那些已下降到没有家庭生活的地步的人——是统一全部神圣要素的中心，这些要素属于人类天性的构成力量。在那儿上帝赋予了巨大的力量，在这个基础上，人很容易作出尽力而为的贡献。然而，如果无视这个圣洁的场所，无视家庭生活的一切纽带，我几乎可以说，如果无视上帝本身，那么他就把自己小小的奉献投到了信仰和爱的统一范围之外，投入了世界的泥潭，或者把它作为一种牺牲品放置在自私的祭坛上了，他在教育方面的尝试也是毫无意义的。它们说明了《圣经》中这句经文的真理性，即"没有赚利的人，连他原有的也要被没收"。目前忽视家庭生活和家庭幸福必然使我们坠落在云雾之中。使我们已感到悲伤的不仅仅是因为现代生活的外部形式，还有现代生活的时髦和奢望取代了家庭的纯洁的乐趣和有教育意义的影响。我们还丧失了我们祖先的宗教信仰和源于这种信仰的好处。

拯救恬静的家庭生活的宗教在我们这个时代已丧失了它的全部精神实质；它已经成为争论和辩论神的问题的傲慢的癖好，虽然它不乏改进的迹象。

22. 现代社会严重阻碍发展的最大祸害是父母们不相信他们自己在教育子女中是可以有所作为的。父母方面这种自信心的丧失说明我们的方法是肤浅的。

教育的七个必备条件

1. 父母的兴趣

23. 因此，国民教育的首要目标应当是恢复这种感情，使父母们认识到他们实际上是能够培养其子女的。首先必须使我们的父亲和母亲们恢复信心，教育子女主要是他们的事情，而不是家庭教师和保姆的事情。在这个问题上，刻不容缓的是应该使公众舆论回到以往的观念上去，即一个失去了父母的孩子，尽管他的保护人有能力雇用世界上最好的教育家来担任他的家庭教师，然而他仍然还是个不幸的孤儿。更为迫切的是必须让父母们体会到亲自过问自己子女的教育所得到的欢悦，以致不愿意失去这种乐趣。至关重要的是必须使他们认识到因忽视子女教育他们所失去的东西。至关重要的是必须使当前的这一代人认识到，在教育中失去了父母的影响不仅意味着他们的生活中最坚实、最令人满意的方面不再是他们的了，也意味着他们失去了基督教家庭生活中最神圣的东西。父母必须学会重组他们的家庭，找出上帝已委派他们去做的那些有利于其子女的事情。他们必须认识到人性发展的巨大可能性，母亲们不仅应该把她们对子女的爱和为满足子女的需要所作出的不懈努力看作与野兽共有的一种原始本能，而且应该看作是一种神圣的力量，通过这种力量她们在儿童身上养成人类天性全部倾向和冲动的神圣统一，将这种统一作为儿童整个受教育时期固定不变的原则而保持下来。父亲们应该把父爱所产生的力量看作上帝赐与的用来培育子女的手段，使孩子们养成充满信任的服从，养成以后从事一切有益工作的能动性。处于各个社会阶层的父母们都必须再一次认识到上帝已经给了他们大量的教育才能，而这种才能与他们对上帝的信仰有着十分密切的关系。他们往往会在为自己的子女而生活的这种激情中看到这一点。我们不敢遮掩这样的事实，它是内心世界和外部世界的关系，是内心世界主宰外部世界，由此使我们找到了提高国民文化、战胜国民邪恶的真正途径。

2. 民用之书

24. 所有那些关心教育的人首先应该考虑如何编写一种供

民众使用的书,这种书将向各个阶层的父母们提供一些意见,告诉他们在子女的培养中可以做些什么。它应该是一本供母亲和家庭使用的书,它的首要目的应该告诫人们别再对教育漠不关心。它的任务应该同大力士肩负的任务一样。我们必须利用人类天性中所有最好的东西、它的同志式的友谊力量、洞察力和实际技能来编写这种书。它应该将教育工作的乐趣描写得栩栩如生,以吸引父母们来参与教育工作。它应该简明而令人信服地向父母们揭示,他们有许多机会来引导他们的子女利用自己的感觉,使他们的感情生活变得崇高。它也应该向他们表明如何利用儿童周围的环境,怎样使用系统的感觉理解练习,为以后生活中完美和更科学的学习打下基础。同样,它必须引导父母了解该如何锻炼和培养儿童的思维能力和实际操作能力。总而言之,这种书将力图说明应该怎样利用那些最贫困的家庭中也能使用的简易方法,"自然地"促进人类意志、知识和能力向前发展。①

25. 只要我们编写这类书的尝试不是建立在这样的基础之上,即全面而不间断地调查大自然本身在揭示我们个别的能力和那些高级法则时使用的方式方法,大自然通过这些方式方法将我们的这些个别能力同我们的一切才能的总和联系起来,那么要编写出这样一种书无论如何是不可能的。因此,我们要建立一种完美的国民文化的种种努力就必须以仔细地调查人类发展中的自然程序为基础。那么这就是我们的第二个必备条件。

---

① 学生们会把巴西多的《初等读本》(*Elementary Work*)与裴斯泰洛齐的这一抱负进行对照。

3. 特殊知识领域中的教学组织

26. 第三是另一个并非不重要的目标，也就是必须考虑每一个知识领域的教学与我们人类天性中的各基本才能的关系。我们必须搞清楚这些特殊科目所用的方法和练习是否与那些基本才能的自然发展相协调。对于每门学科，我们也必须搞清楚哪些部分可以完全为儿童所掌握——首先通过单纯的感觉活动，其次通过记忆，再次通过想象——这些组成部分又如何一方面被用来作为发展和锻炼基本的自然才能的手段，另一方面又单纯地被用来作为学习这门学科知识的材料，当以后年龄和能力允许的时候儿童可以利用的材料，正如人们往往把木材、石块、泥灰和沙子运到一块地上以后才立志建筑一座大厦一样，因为此时他已经为这座建筑积累了材料。

4. 利用数、形和语言方面已取得的成果

27. 这一点也同样很重要，就是在组织国民文化体系的时候，我们应当设法把我们在语言、数和形方面取得的试验成果当作纯粹的思维要素来加以利用。实际利用这些结果必须与发展爱和信仰方面的社会能力，以及发展实际操作能力的基本练习相协调……

5. 体育的组织

28. 其次，我们需要在这些智力训练的基础上组织体育，从

手和眼的训练开始，直到专门的职业训练。

6. 实验学校

29. 除非我们能找到这样一些途径，通过这些途径每个人都可以获得我们现在正在讨论的那种知识和能力，否则的话，要使这些措施对国民文化产生真正的影响无论如何是不可能的。因此至关重要的是我们应该力求在学校教育和家庭教育之间建立起密切的联系。只有这样才能使知识和技能成为民众的财富，同时又有益于人民。因此必须建立试验性的学校，在这种学校中孩子们可以掌握智力和实践教育的要素，使他们每个人在离开学校后又能够去训练他的兄弟姐妹。这样就可以逐步实现更高的目的，使父母在家里能对子女进行智力和道德方面的训练，而且还能发展他们身体方面的能力和实际操作能力。

7. 还需要训练有素的教师

30. 然而，为了使建立这种学校的设想成为现实，我们首先要保证不断地提供可以管理这些学校而又可信赖的男男女女。如果我们确实准备实现符合心理学的合理的国民文化，那么挑选大批确有才干、确有道德、确有技能的穷苦青年男女，并教育他们以最大的热忱来关心这一专门的目的就是必不可少的。他们必须亲身享受过——在当代可能的情况下——一种系统的人类才能和技巧的全面训练，这些才能和技巧是可以在人们的家庭中应用并付诸实施的……

42. 坦率地说，如果我在坚实的基础上来推进在我看来对于良好的国民文化是必不可少的那些措施的话，那么我将首先尽我所能在人们的家庭中创造并维持一个很高的水准。

43. 为了达到这一目标，我会单方面存入5万镑，每年的利息仅用于以下目的：

(1) 更广泛地调查和研究教育的原理和实际，因而可以更进一步简化教育过程，使之在家庭中更为适用；

(2) 以这种精神并为了这个目的而培养"要素"教师（包括男的和女的）；

(3) 设立一所或更多的学校作为"试验站"，在这样的学校中将用"要素"方法来训练儿童；

(4) 继续完善家庭训练和家庭教育的方法。

致格瑞夫斯的信

第十一封信

婴儿初期

……我不知道这个问题是否值得哲学家们注意,然而我自信一个母亲是不会拒绝同我们一道来考虑婴儿出生后的一段时期内所处的状态的。

无能为力的婴儿期

首先,这一状态是一种完全无能为力的状态,因而引起了我们的注意。初看起来它似乎是痛苦的,或者至少说是不安的状态。至今还没有最微小的细节可以提醒我们除了人的动物天性之外还有什么其他的才能,甚至这些动物天性也是处在最低级的发展阶段。

动物和人的根本差异

还有,在这种动物天性中,有一种本能极为稳定地发挥着它的作用,同时它的力量随着动物生存功能日复一日地重复并日益增强。众所周知,即使很少、甚至不去注意保护婴儿以使之免受外部环境的种种危害,或者不以非同寻常的营养和照管来增强它,这种动物本能也同样能获得飞速的发展,而且很早就达到了力量和强度上的最高点。在一些原始民族中,儿童的动物性能力能够得到极大的发挥,并可以得到迅速的发展,这是众所周知的事实,这一事实充分证明人类天性中的这一部分与其他动物的本能是完全并行发展的。

动物与人类婴儿期的比较

这种相似性太引人注目了,以致于我们经常发现每一个想找出其他才能的某些踪迹的尝试都受到了奚落。实际上,只要我们用心注意生命最初阶段人类本性的那一部分,而这一部分往往极少受到我们的关注,我们就会很容易忽略那些初看起来显得非常微弱,然而正是由于其微弱才值得我们去爱护和培植的东西,它可以充分激起我们对它的发展的兴趣,而它的发展将足以报偿我们付出的劳动。

虽然这一相似是令人惊诧的,但是它决不能证明我们可以忽视哪怕是处在生命最初时期的婴儿和动物之间存在的差异。从表面上看动物可能发展得更为迅速,在构筑一个健康而舒适的动物生存状态的种种品质上也可能具有更大的优势。

动物在它的本能的引导下使身体的力量和灵敏性获得如此迅速的发展,然而动物的发展却永远停留在身体的力量和灵敏性的阶段上。动物在整个生命期内,它的享乐、努力以及成就——如果我们可以这么说的话——都将是一成不变的。动物由于衰老或不利的环境可能会退化,但是它决不会进展到超出其充分发育后所获得的肉体方面完全成熟的水平。如果说除此以外还有一种新的能力,或者前面所说的各种动物本能还有其他的功用,这在动物的自然史上是前所未闻的。

这与人是不可同日而语的。

本能和道德的萌芽

人身上有一些东西必定会在适当的时候通过一系列事件显示出来,而这一系列事件完全不受动物生活的支配。动物永远受本能驱使,动物生命的维持以及动物所具有的一切能力和享乐都归功于本能。但是有一种东西可以使人宣称他握有绝对支配其全部能力的权力;约束他天性中的低级部分,引导他作出种种努力以保证他按照道德人的标准而拥有人的一席之地。

动物出于造物主的意志必定要按其动物本能来发展。人注定要遵循更高级的天性。一旦他的精神方面的天性开始显露,人就必然不再允许他的动物天性来支配他了。

我的下一封信旨在向母亲指出一个新的时代,在这一时代她可以看到其婴儿的精神方面的天性的一些最初显露的特征。

第十二封信

母爱——一个忠告

我们已经看到,动物本能总是追求本身的瞬间的满足,从不注意其他动物的舒适和利益。

只要其他才能还没有觉醒,就不能把这种动物性本能以及它对儿童的主宰确切地看作是才能;在这种本能中还没有任何自觉的成分。虽然表面上看它是利己的,但是它并非愿意如此。造物主本身似乎已规定了它应该如此强烈,而且实际上是唯一占支配地位的东西,自觉意识与其他种种才能甚至还不能保证动物生存的首要条件——自我保护。

但是,如果在高级天性显现之后,仍放任这种本能为所欲为,仍像以前那样无拘无束,那么它就会开始同良心处于冲突状态。它每放纵一步都会使儿童利己本能向前发展一步,并损害他那更为仁慈、更为温和的天性。

过度溺爱与放任自流之间的平衡

我希望人们能清楚地理解这一点,或许我会更成功地解释那些我认为发端于这一原则的供母亲使用的法则,而不必再喋喋不休地讲述那些抽象的观点了。首先,请母亲坚定地遵循这条有效的古老法则,即对婴儿的关心要持之以恒,尽可能坚持同一种做法;如果孩子的需求是实际的,就决不要忽略它们;如果他们的需求是非分的,或者胡搅蛮缠地来表示这种需求,那么就决不能放纵。这种做法实行得越早,越能持之以恒,孩子所获得的益处也就越大,越持久。

如果坚持这么做,那么很快就会看到这个计划的便利性和优越性。第一个优越性是有助于母亲。她能免受许多干扰;她能少生烦恼。这样做虽然需要极力保持耐心,但是她仍然不会动怒,她可以在各种场合通过与孩子的交往而得到满足;她会经常感到做母亲不仅是尽义务,而且乐在其中。

然而其优越性将更多地体现在孩子身上。

每个母亲将都能够根据经验或者谈论其孩子从这种安排中所得到的益处,或者谈论与此相反的做法所产生的不良后果。实行了前一种做法,孩子们的需求将会很少,而且容易得到满足;况且还会产生一种更为确定可靠的完美的健康标准。相反,如果忽视了那条法则,如果出于一种避免严格地对待孩子的愿望,做母亲的听任儿童无限制地任性,那么用不了多久就会看到,不管她的用意是多么良好,这种做法都是不明智的。其结果是,如果她不能满足孩子的需求,她就经常得不到安宁;她将会牺牲自己的安逸而又不能使孩子获得幸福……

我们都不是天生的哲学家,但是我们都渴望有一个健全的身心状态,这种状态的最主要特征是——没有奢望,知足常乐。

第十四封信

儿童对母爱的反应

根据我前一封信所陈述的理由，可以认为母爱是最强有力的力量，感情是早期教育的自然动因。我认为这种看法是正确的。

权威和慈爱相依托

开始行使权威时，母亲应该小心行事，每一步都必须由她的良心和经验来证明是正当的；她应该很好地考虑到自己的责任，考虑到她的措施对其孩子未来幸福的重要影响；她应该感到，就她的权威的性质而言，唯一正确的观点是把它看作一种责任，而不是一种特权，决不能认为它是至高无上的。婴儿如果保持安静，如果不急躁或不恼人的话，那么他多半是为母亲着想。

我总希望每一个母亲注意依从权威所采取的行为方式与为了别人着想所采取的行为之间的差别。

前者是由推理引起的，后者则源于爱。一旦这种直接原因不复存在，第一种行为就可能被抛弃；而后一种行为则是持久的，因为它是不以外部条件为转移的，也不是权宜之计，而是基于一种道德的、永恒的原则。

在我们目前面临的情况下,假如婴儿没有让母亲失望的话,那么这将证明,首先是因为爱,其次则是信赖。

慈爱赢得爱和信赖

关于爱,最初的、也是最纯真的想讨人喜欢的愿望是婴儿想博得母亲喜爱的愿望。如果人们怀疑在一个刚刚开始生长的婴儿身上是不是都存在这种愿望的话,那么,我将像差不多在所有场合所做的那样,再次求助于母亲们的经验。

它同样是信赖存在的证据。每当婴儿没有受到照管,当他的需求没有受到必要的注意,没有被报以慈爱的微笑而是遭到横眉冷遇,这时要使他恢复安静和温顺的性情就很困难了。婴儿有了安静温顺的性情就会耐心地等待欲望的满足,就会知足而不贪婪。

一旦爱和信赖在婴儿心中扎下了根,母亲的首要责任就是竭尽全力去激励、增强这种倾向,并使之升华。

她必须去激励它,否则这种温柔的感情就会衰退减弱,与同情心不再相和谐的心弦就会停止颤动,被湮没在无声无息之中。然而,除非通过慈爱,否则孩子的爱就决不会得到激励,除非通过母亲的信任,否则孩子将永远不会产生信赖。母亲自己的心声必定唤起孩子的心声。

母性的恒久

她还必须用心地强化那种原则。现在只有一种增强一切力量的手段,那就是实践。同一种努力经过不断的重复将会越来越得心应手，每一种能力，无论是心理上的还是体力上的，都将更有把握地、更为成功地去完成某种操练，形成习惯以后，它对这种操练就越发熟练了。因此，母亲应该小心行事，并且始终如一。如此就可以有计划地激发孩子的爱，使之产生信赖，除此之外别无坦途。她不应该允许自己发火或感到厌倦，哪怕是短暂的一瞬间，因为要说清楚孩子是如何受细微末节的影响是困难的。这种影响不能判断一种行为的动机，也不能预测其后果：对于过去只不过有个一般的印象，对于未来则全然无知。因此，现实或以强烈的痛楚作用于婴儿的心灵，或用令人愉快的感情、强有力的魅力安抚婴儿的心灵。如果母亲对此深思熟虑，那么她就可以免去孩子的许多痛苦的感觉，这种痛苦虽然不会使之时时触景生情，但却会自然地在孩子心灵中投下阴影，而且还会使孩子逐渐对这种痛苦变得淡漠。提防这种心灵的痛苦不仅是做母亲的兴致，而且是她的责任。

但是她仅仅去激励和强化这种感情还是不够的，她还必须使这种感情得到升华。

她自己的种种善意，以及她孩子的倾向和性情或许已得到了激励，但是她不应该满足于这一成功，她必须记住教育不是一成不变的机械的过程，而是一个逐渐变化、逐渐增进的工作。她不应该为自己目前的成功而变得固步自封，懒于进取。她不应该因可能碰到的种种困难而使自己的热情受到抑制，停止自己的种种努力。她应该牢记教育的最终目标；她应该永远乐于投身于作为一个母亲所立志推进的事业——人的道德天性的升华。

第十六封信

母亲与儿童道德的发展

一旦母亲已习惯于使自己接受我在上封信中就孩子的爱和信赖所阐述的观点,那么她的全部义务在她看来就有一种新的意义。

教育是母亲神圣的职责

于是,她将不再把教育看作是那种对她来说总是与大量的努力和困难联系在一起的任务,而是把它看作这样一种工作,即能驾轻就熟地处置它,并且在很大程度上说要获得成功都取决于她自己的工作。她将把为孩子所做的种种努力不再看成是无关痛痒的事,或者至多是方便别人的事,而是看成一项最神圣而又最重要的职责。她将确信,教育不等于一系列的告诫和矫正、奖赏和惩罚、命令和指示,并且在既缺乏统一的目标又没有认真实施的条件下把它们掺和在一起;她将确信教育应该提出一套连贯的措施,这些措施源于同一个原则——了解我们永恒的天性法则;按照同一个精神——慈爱而严格的精神来实施,并达到同一个目的——将人的素质提高到具有真正尊严的精神人类。

然而,母亲能否将她孩子的正在显露的才能和正在增长的感情进行精神升华呢？她能否克服动物天性优势所造成的那些前进中的障碍呢？……

母亲的自我克制养成孩子的自我克制

母亲的最崇高和最可靠的标准要看她是否真正成功地使她的孩子习惯于自我克制的练习。

在那些可以由明智的教育来形成的全部道德习惯中，自我克制的习惯是最不容易获得的，而一旦养成了这种习惯，它就是最有补益的……

母亲在使她的孩子养成这种习惯的最初尝试中，可能感到的最大困难不在于婴儿的执拗，而在于她自己的软弱。

如果她自身不能使自己的舒适和自己的爱好服从于母爱，那么她决不要指望孩子会为了她而养成自我克制的习惯。如果她自己没有饱满的道德情感，她就不可能激起别人的道德情感。要使他人钟爱任何美德，她自己必须乐意接受自己的责任。如果她把美德仅仅看作是令人敬畏的女神——

"举止端庄，道貌岸然，
　　表情严肃，望而生畏"

——那么她将永远不能赢得孩子的心，因为孩子的心不屈从于权威，而是作为对慈爱的慷慨礼物来奉献的。

然而，如果母亲自己已在早年教养中，或在生活的阅历中经受过自我克制的磨炼；如果她在自己的心灵中已培育起能动的仁慈原则；如果她不仅从字面上，而且从实践中认识到了何谓顺从，那么她的雄辩、她那体现母爱的脸色、她的榜样都可能是有说服力的，而且婴儿在未来的日子里也是难以忘怀的，并会以一种有道德的生活来为之增光。

第二十封信

早期的智力和道德活动

儿童日益增长的自主性

……随着时间的推移,儿童不仅每日运用并不断增强他身体方面的能力,而且开始意识到智力方面和道德方面的自主性。

好 奇 心

观察和记忆离思考仅有一步之遥。虽然它们还不是尽善尽美的,但是我们常常可以在婴儿早期的心智运用中发现这种活动。好奇心这个强有力的刺激激励儿童进行思考。如果获得了成功,或者得到了别人的鼓励,儿童将会养成一种善于思考的习惯。

如果我们要探究这种思考习惯的原因——这种穷根究底往往遭到非议,那么我们就可以发现,对这种思维活动的最初尝试往往缺乏明智的鼓励。

儿童的疑问

儿童是令人烦恼的；他们对提问不负责任；他们不断地询问他们还不理解的东西；他们必定是言不由衷；他们应该学会缄口不言。

人们常常持这种推论，于是就千方百计地阻止儿童提出恼人的穷根究底的发问。

我当然认为不应该纵容他们养成提无聊问题的习惯。他们的许多问题确实只反映了一种幼稚的好奇心。假如不是这样，反而会使人感到惊讶，因此他们得到的回答就应该是更为明智的。

我的见解你是熟悉的,这就是一旦婴儿达到一定的年龄,他周围的每一个事物都可以成为激发思维活动的工具。你也知道我已提出的那些原则，以及我向母亲们指出的那些做法。[①]那些遵循我的方案或自己已订出了类似计划的母亲们经常在非常幼小的孩子身上唤起沉睡中的思维能力，对这种成功你往往表示惊讶。她们心神专注地遵循了那些为孩子们拟订的原则，她们始终如一地去实行那些不显眼的做法。这些事实已使你确信，根据一个类似的计划，不仅一个母亲可以容易地教育几个孩子，而且一个教师也可以顺利地管理许多非常幼小的儿童。但是我不需要现在来讨论那些可能最适用以达到发展思维能力这个目的的方法。我只不过想要指明一个事实，即思维能力可以萌芽于婴儿的头脑中。这一点虽然为人们所忽视，或者甚至被引入歧途，但是不停止的智力活动必定迟早能使儿童在许多方面产生

---

① 有关这些做法的细节的最实际的说明可以在英文版的多卷本《父母指南：裴斯泰洛齐方法的精神实质》(*Hints to Parents: In the Spirit of Pestalozzi's Method*, 1827) 一书中看到。

智力上的自主性。

婴儿对别人产生看法

但是，最重要的阶段是涉及内心感情的阶段。

婴儿不久就会通过一些动作和他的全部行为开始表现出他高兴与某人相处，以及表现出对他人抱有反感，或者更确切地说是惧怕。

在这方面，习惯和环境能起很重要的作用，然而我认为可以普遍观察到的现象是，婴儿总是很容易地习惯于那些他经常见到的以及与母亲关系亲密的人们的眼光和关注。

这种印象不会在儿童身上消失。母亲的朋友不久就成了婴儿的朋友。一种善意的气氛与他自己的天性一拍即合。他不知不觉地习惯于那种气氛，其安宁的笑容、明亮快乐的眼神表明他喜欢这种气氛。

于是，婴儿学会了去爱那些母亲喜欢的人。他学会了去信任那些母亲信任的人。

这种情况会持续一段时间。但是儿童观察得越多，他人行为所产生的影响就越为明显。

所以，即使一个陌生人，一个母亲也不熟悉的人，通过一定形式的行为举止也会赢得婴儿的爱和信任。要得到他们的爱和信任，首先要有始终如一的日常行为举止。婴儿不会对最微小的反常例如偏离事情的真相视而不见，有些婴儿还讨厌这种反常。这一现象看来是难以置信的，但它是绝对真实的。

同样，一旦纵容了孩子的坏脾气，就很容易失去婴儿的爱，这时就是靠哄也不能重新赢得婴儿的爱。这一事实确实是令人惊讶的。它也可以用来证明下面的说法，即在儿童身上有一种纯洁的真理观和正义观,以抗御由人类本性的弱点而产生的、使人们随时可能陷入谬误和堕落的诱惑。

于是,儿童开始自己进行判断,不仅对事物,而且也对人作出判断;他学到了关于品质的概念,他在道德方面变得越来越有主见。

第二十一封信

教育与生活

儿童有权发展他的一切才能

……我们必须牢记,教育的终极目标不是圆满地完成学业,而是适应生活;不是养成盲目服从和规定的勤奋习惯,而是培养自主的行为。我们必须牢记,一个学生不论他属于哪个社会阶级,不论他打算从事哪种职业,人类天性中具有的某些才能,对所有的人来说都是一样的,这些才能构成了一个人基本能力的主干。我们没有权力限制任何人发展他的全部才能的机会。对他们中的某些人给与特别的关注,而放弃将另一部分人培养到高度完美程度,这样做或许是明智的。才华禀赋和爱好、理想和追求的千差万别充分证明因人而异是必要的。但是我要重申,我们没有权力阻止儿童发展那些我们目前或许还没有想到对他们未来的职业或生活地位将是至关重要的才能。

谁不了解人生沉浮?谁不了解以前不屑一顾的东西常常被赋予很大的价值,以前看不起因而没有做的事由于时过境迁而后悔不迭?谁不迟早经历人生的乐事,由于他的指点和帮助可以使其他人得到益处,而彼时彼地要不是他的干预,他们肯定得不到这种益处？谁不会至少在理论上承认——如果他在实践上一窍不通的话——人所能得到的最大满足是意识到才华卓越可以使自己有所作为？

然而，即使所有这些都是不值得注意的，即使根据片面的经验和一些众所周知的事实所得出的推论来证明，对绝大多数人来说，其泛泛之学已足敷其用了，但我仍然认为我们的教育制度在很大程度上一直在这种很不方便的境况下运转着，它们提出了各种不同的训练，但却没有赋予各种训练以应有的比例。

关于这一问题，唯一正确的见解应该来源于对人类天性及其一切才能的研究……

因此，教育不是单纯考虑应该向儿童传授一些什么，而首先应该考虑可以说是他们已经具有的东西，这些东西即使不能看作是已发展了的才能，至少也应看作是一种可以发展的天赋才能。或者假如不用这些抽象的辞令，我们只要还记得是伟大的生命创造者使人拥有先天禀赋并负责使用这些先天禀赋，那么教育就不单单只确定何为儿童，而且应该探讨儿童适宜做什么？作为一个负有责任的生命他的命运如何？作为一个理性的、道德的人他有哪些才能？全能的上帝在其创世与启蒙之书中所提出的使儿童达到尽善尽美的方法以及所规定的儿童努力奋斗的最高目标又是什么呢？

这些问题的答案必须是简明而又全面的。它必须囊括整个人类；它必须适用于所有的人，而不分他们出生的地区或国家。首先，它必须在人这个词的全部意义上承认人的权利。它必须揭示这些权利远非局限于那些人们常常通过成功的斗争得到保证的身外之利，而是包含了一种更为高级的特权，这种特权的本质还没有普遍地为人们所了解并得到正确的评价。这些特权包括所有阶级对于全面地普及有用的知识，精心地发展才能，以及在身体、智力和道德方面人的全部才能受到明智的对待的正当要求。

如果人已丧失理智,或者他的头脑没有知识的贮存,或者他的判断力被忽视了,更重要的是如果他没有意识到他作为一个道德人所具有的权利和义务,这时要来谈论自由只能是白费力气。

第二十二封信

体育——体操

根据正确的教育原理，假如人的全部才能要得到发展，他的全部潜在能力要得到发挥，那么就必须将母亲们早期的注意力引导到一个一般认为既不需要太多的思考，也不需要经验因而通常被人们忽视的科目上来。我的意思是指儿童的体育。

运动必须是渐进的

在我看来，体操的复兴是在这个方面业已实现的最重要的一步。体操艺术的最大价值不在于进行某种运动所必需的敏捷，也不在于它们能给人以从事某些要求有大量力量和灵巧的工作的资格，当然决不应该藐视这方面的成就。然而这些运动所产生的最大益处是从这些运动的安排中可以观察到的自然进展，从容易进行的运动开始，以此为准备，继而进行更为复杂、难度更高的运动。或许还没有任何一种艺术可以如此清楚地表明，唯有通过练习，那些看来似乎是缺乏的能力才是可以产生的，或者至少是能够发展起来的。这一点也许向那些从事教授任何一门学科的人以及那些在指导学生达到他们所期望的水平时遇到种种困难的人提供了一条最有价值的启示。让他们根据一个新的计划重新开始工作,在这个计划中各种活动将作重新安排,用从易到难自然进展的方式来设计科目。如果完全缺乏禀赋才能的话,那么我认为它是不可能由任何教育制度来授与的。但是经验已告诉我应该去考虑那些绝对缺乏任何天赋才能的情况,不过这是极为个别的。在多数情况下我已满意地发现了某种没有得到发展而被完全抛弃了的才能,各种各样的运动使其没有发挥出来就受挫了,这些运动或旨在使问题复杂化,或旨在阻碍才能的进一步发挥。

这里我要人们注意有关体操作用的一种十分普遍的偏见,人们习以为常的看法是认为体操对那些身体非常强壮的人很有用,而对那些苦于体质虚弱的人是不适宜的,甚至是危险的。

矫 正 体 操

现在我可以冒昧地说,这一偏见完全是基于对体操基本原理的误解。运动不仅因人的体力强度而异,而且体操运动可以、也已经为那些拖着病体的人设计出来了。我已经请教了一些第一流的医学权威,他们宣称,在他们亲自观察到的一些病例中,一些患有肺部疾病的人,只要不是病得太重,由于经常进行少量而简易的专为他们设计的体操运动,他们的病情已有所缓解,体质已有所增强。

正是出于这一理由,可以为各种年龄以及各种体力强度——不管他如何虚弱——的人来设计体操运动。我认为必须使母亲们自己熟悉体操的原理,以便她们能够在那些初级的、预备性的运动中,根据情况选择出那些最适合、最有益于她们孩子的运动。

我并不是说母亲们必须严格坚持那些仅为她们可以看到的

在某一体操著作中指出的运动,她们当然可以因为自己感到称心或可取而加以改变,但是我要劝告母亲,在决定改变原计划的行动方案或者采用其他一些她们自己既不能估计到它们需要多大的体力,也不能估计到她们的孩子会从中得到什么样的益处的运动之前,不妨先请教那些在安排儿童体操方面有经验的人。

体操和道德训练

如果体操对身体的补益是巨大而又无庸置疑的,那么我认为体操带来的道德方面的补益同样是有价值的。我可以再次求助于你自己的观察。你已经看了一些德国和瑞士的学校,体操成了这些学校的一个主要特色。[①] 我记得在我们谈论这个话题时,你曾这样说过,你的说法正与我自己的经验相一致。你说,如果体操训练得当,对于促进儿童的欢乐和健康十分有用,而欢乐和健康则是道德教育的两个十分重要的目的,此外还可以在他们中间助长一定的团体精神、兄弟般的情感——这是旁观者感到最为满意的。勤奋的习惯、坦诚的性格、个人勇气、吃苦耐劳等也都是根据体操体系进行及早而持久的锻炼的常见的必然结果。

---

① 体操是泛爱主义者(Philanthropinist)所办的学校的一个主要特色,例如沙尔兹曼(Salzmann)办的学校。

第二十三封信

视觉和听觉训练——音乐教育

体育决不应该局限于目前用"体操"这个名称来命名的那些运动。这些运动一般是运用四肢,由此增强了体质,锻炼了技巧;然而还应该为训练全部感官设计出专门的运动。

这一观点最初看来可能是多余的讲究,或者是自由发展的不必要的障碍。诚然,没有那种专门的训练,我们的感官也在充分发挥作用。但是问题不在于这些运动是否必要,而在于在许多情况下能否证明是非常有用的。

感觉辨别力的训练

我们中间有多少人他们的眼睛在不借助任何帮助的情况下能够正确地判断出不同物体之间的距离或它们的大小比例?有多少人可以不通过相互比较而识别和辨认出色彩的细微差别?或者他们的耳朵可以觉察出最细微的声音变化?人们可以发现,那些能够做到这一点并达到相当完善程度的人,他们的才能不是来自某些天生的禀赋,就是来自不断的勤奋练习。显然,在这些成就中的某种优势是不需任何努力的先天禀赋,它们不可能用教育来授予,无论你如何着力培养。然而,即使锻炼不能解决一切问题,但至少能够起很大的作用;锻炼开始得越早,成功就越容易、越完满。

这一类正规的运动体系仍然是迫切需要的。然而,母亲要把大量的运动引用到她的孩子的娱乐之中,以期发展和改善视觉与听觉,这不会是件困难的事情。因为把每种那样的锻炼当作娱乐而不是别的东西来对待是可取的。锻炼时必须赋与儿童以极大的自由,而且全部锻炼都应该是轻松愉快的,否则所有这些锻炼就会同体操本身一样,将是单调、迂腐而荒诞的。

美学方面的早期训练

及早地将这些运动与其他训练联系起来,以养成欣赏力,这一点是很好的。健全的欣赏力和健全的感觉密不可分,互相促进,这一点看来还未被充分地理解。虽然古人曾经说过,"学习那些适合于自由心灵的艺术可以陶冶性格,根除粗俗举止,"但是至今为止,几乎仍没有做到使所有的人乃至大部分人自由地得到那种享受和成就。如果是因为他们要花费大量的时间来满足首要而紧迫的需求,所以不可能用大量的精力去追求次要的、华而不实的东西,这仍然不能成为正当的理由,以说明为什么他们除了平常工作的操劳之外完全没有一点别的追求。

正如我在穷人中已见到的那样,母亲向她们的周围传播了一种精神力量,即无声而开朗的欢愉,在她的孩子中间弥散着一种健康的感情源泉,树立了消除任何会损伤欣赏力的因素的榜样——当然,不是说长道短的局外人的榜样,而是在另一个天地里生活过的过来人的榜样。看到这一切,我就不知道还会有比这更为令人满意的场景。要详述达到这一步运用了什么手段是困难的。但是,我曾在那种几乎不容许使之成为可能的情况下看到过这种景象。有一点我确信不疑,即只有通过真正的母爱精神才能获得这种结果。那种感情能够升华,达到人性中最美好的情感的高度,对此我怎样反复谈论都不过分。把这种感情与快乐的本性紧密地结合起来,就可以引导人们远离暮气沉沉和松懈懒惰,犹如与人为雕饰两不相容一样。假如通过不断的提防来维持的话,或许刻意雕饰和苛刻的指责会有许多作用,但那会失却自然,失却真实。即使是不期而至的参观者也会对一种与同情气氛不相容的管束感到压抑。

音 乐

我现在既然谈到了这个话题,我就不会不抓住这个机会来谈谈对道德教育最有力的帮助的一个问题。你知道我指的是音乐。另外,你不仅熟悉我关于这个科目的观点,而且你也已经在我们的学校中观察到我们曾取得了非常满意的结果。我那位杰出的朋友纳格里(Nageli),运用他那相当的欣赏力和判断力把艺术的最高原理简化为最简单的要素。他的努力已使我们能够引导自己的孩子达到了一种水平,而如果按照别的计划去做,要达到这个水平则肯定要大量地耗时费力。

民 族 歌 曲

但是,它不是我将要作为教育的理想成就来描述的那种水平,而是对陶冶感情产生显著的最有影响的音乐。我总认为,并且常常看到,它可以最有效地陶冶和调谐心灵,使之接受最美好的印象。精采的表演、美妙的和声以及审慎而优雅的演奏确实可以给鉴赏家以满足,然而简朴而自然的曲调才拨动每个人的心弦。我们自己民族的歌曲自远古以来一直回荡在我们家乡的山谷之中，蕴含着我们历史的最辉煌的篇章和最亲切的民族生活的景象。但是，音乐在教育中的作用不仅在于保持生气勃勃的民族感情，它的作用是更为深刻的。要是以正确的精神给与这方面的教养，它会冲击一切邪恶或狭隘情感的根基：一切吝啬或贪利、一切非人性的情感的根基。为了说明这一点，我可以引用一个权威的话，他是值得我们重视的，因为他人格高尚，才华横溢，博得了人们的重视。众所周知，没有一个人比尊敬的路德（Lutter）更为雄辩地、更为热心地宣扬音乐的作用。但是，尽管他的主张广为人知，在我们中间仍受到极大的尊重，然而经验更响亮地、更无可辩驳地证明了他最早坚持的那项主张的真理性。经验早已证明，假如要摒弃强有力的心灵陶冶方法的帮助，那么一个建立在同情原则基础上的体系将是不完善的。在一些学校和家庭中，音乐保持了一种快乐而高雅的气氛，这种气氛是如此重要，因而是应该加以保护的，这些学校和家庭一直表现出充满道德情感、自然而又喜气洋洋的景象。由此可见，音乐艺术的内在价值是勿庸置疑的，只有在野蛮或道德空虚的时代，音乐才会被贬低到无人问津、沦落到斯文扫地的地步。

　　音乐可以产生和促进那种能够经陶冶而形成的人的最高级的情操，这种重要性我不需要再来提醒你了。路德发现的真理几乎已被世人所公认了。他指出，音乐没有人为的铺陈与华而不实，而呈现出庄严而感人的质朴，它是提高和净化真正的奉献情感的最有效的手段之一。

　　在我们多次就这个话题的交谈中，我们曾经常为如何说明你们自己国家的情况而感到困惑，虽然音乐的作用同样是被普遍承认的，但音乐仍然没有成为普通教育中较为显著的特色。这一见解看来似乎是流行的,然而要实施它并不是轻而易举的,需要有更多的时间和努力,才能将其影响扩大到民众教育中去。

就像我有把握自己能感染你一样,现在我有同样的信心来感染任何一个来访者,不管他对我们的教养所获得的技艺和取得的成功是否有所感触。其实,在整个瑞士几乎没有一所乡村学校,在整个德国或普鲁士或许也没有一所这样的学校。在那里,不是为了让学生学到起码的音乐知识而根据新的、更适当的计划做某种工作。

这是一个不难观察到的事实,也是难以辩驳的事实。最后,我用我们长期共同抱有的希望来结束此信,即只要改进建立在事实的基础上,并为经验所证实,一个在提倡或实行改进方面从不落后的国家就不会忽略这个事实。

第二十四封信

绘画

在以上两封信中所讲述的教育学科中,我认为在音乐基础知识之上还应加上绘画要素。

儿童的模仿能力

根据经验我们知道,儿童各种才能的最初表现形式是向往并试图去模仿。这就解释了语言习得的原因,解释了为什么最初模仿音乐发出的声音是不完美的,大部分儿童在他们听到所喜欢的音乐时都会有这种情况。这两方面的进步取决于儿童对其周围事物所倾注的注意力的大小和他们的感觉的灵敏性。这条原则适用于听觉和语言器官,同样也适用于视觉和手的使用。那些对摆在自己眼前的物体表现出好奇心的儿童,会迅速地开始运用他们的智力和技能来仿制他们已看到的东西。大部分儿童会通过模仿建筑物,模仿任何一件他们能够拿到的东西,来设法建造某种东西。

他们与绘画的关系

　　对他们来说,这种欲望是天生的,是不应该受到忽视的。同所有的才能一样,绘画同样能够有序地发展。因此,最好向儿童提供一些能够促进他们的这些最初尝试的玩具,并且时常给他们以帮助。那种鼓励没有不对他们起作用的,如果它能激发天真的欢乐,并且可以被引导到有益的工作上去,就决不应该停止鼓励。要避免让他们每日每时单调地重复那些小玩艺,要使他们的微不足道的娱乐变得丰富多彩,玩耍一旦引起他们的兴趣,就会激发他们的智慧,增强他们的观察力。

　　一旦他们能够进行这种尝试,那么基本绘画练习就是达到这个目的的再好不过的方式了。你已经看到了一些预备性绘画练习的过程,通过这些练习我的一些朋友十分成功地促进了相当年幼的儿童去达到这些目标。要指望他们一开始就能画出摆在面前的任何物体的全貌是不近情理的。他们必须分解构成这一物体的各个局部和各个元素。每当他们完成这种尝试时,所取得的进步就是惊人的,只有孩子们追求他们所喜欢的事情所带来的欢乐才能与之相比……

　　及早地进行绘画练习所带来的一般益处是有目共睹的。人们都知道,那些熟悉这门艺术的人差不多在观察每一个物体时都带有那种与众不同的眼光。例如,一个有仔细观察植物结构的习惯并且精通植物学体系的人,能够发现一朵花的许多显著特征,而这些特征是完全不会被一个不熟悉植物科学的人所注意的。正是出于同样的道理,一个有绘画习惯、特别是习惯于临摹大自然的人,甚至在日常生活中也可以容易地发现许多为一般人所忽略的情况。甚至对某些物体,他即使没有做细微的观察也能够形成一种较为正确的印象，而这一点对于一个从未学过如何带着描绘观察对象类似物的意图去看待自己所见到的一切事物的人来说，是望尘莫及的。对物体整体精确形状的注意，以及对物体各部分比例的注意，是绘制一幅适宜的略图所必需的，要把这种注意转变为习惯，并在许多情况下使之富于更多的教育和娱乐意义。

临摹大自然

为了获得这种习惯，就不应该让儿童局限于临摹其他的图画，而应该让他们去临摹大自然，这是非常重要的，而且是必不可少的。物体本身提供的印象比它的仿制品看起来更为生动醒目。能让儿童尝试着去描绘他周围的东西，描绘他所感兴趣的东西，以此训练他的技能，这比让他们费力地临摹那些本身也是临摹的东西会使儿童得到更多的乐趣，因为临摹来的东西看上去是没有生气的，也难以引起儿童的兴趣。

同样，就其对表现每一个物体的作用而言，将实物直接摆在眼前更容易讲清光线和阴影方面的重要问题，更容易讲清透视基本原理方面的重要问题。提供的帮助不应该扩展到如何进行具体的一笔一划。有些东西有待于发挥才能来解决，有些东西有待于用耐心和毅力来解决。在经过一些无效的尝试以后得到的教益是不容易忘却的；它使人们在进行新的尝试中得到更多的满足和动力；同时为最终的成功而感到高兴，由此从先前的失望中走出来，重新鼓起热情。

制作模型

继绘画练习之后的是用唾手可得的材料来制作模型的练习。这些练习通常能产生更多的乐趣。即使在没有特殊的手工操作才能的情况下，能够制作某样东西所带来的欢乐对多数人来说至少也足以振奋精神；如果绘画和模型制作是按照基于自然的原则来学习的话，那么它们对于学生将来从事其他学科的学习是极其有用的。

绘画有助于其他科目的学习

关于其他学科我在这里只谈两个——几何学和地理学。借助于这种预备性的练习，我们已引入了几何学的教程，因为这些练习体现了各种复合体的分解方式，这些复合体是由形状的各种要素组合起来的，而且构成了一切图案或曲线图。这些要素早已为那些受过这方面训练的学童所熟识，他们懂得看待一个物体要着眼于把它分解为最基本的成分，并且分别地把它们画出来。当然，这个学生不会对将要学习的各个复合体及构成各部分的材料一无所知。例如，一个不仅常常遇到一个正方形或一个圆形而且已熟知这些图形是如何构成的人，他必然会较容易地理解这些图形的性质。此外，还有立体几何学说，如果没有示意图型，那么无论如何都不可能令人满意地掌握好。但是，如果学生稍微有一些这种模型构造的观念，如果他们至少能够设计出那些构造不太复杂的模型，那么他们就会更好地理解立体几何学说，其印象会更深刻地留在脑中。

在地理学方面，绘制粗略的地图是任何学校都不应该忽视的训练。用它可以最精确地认识比例范围，以及各个国家的大概位置，它可以传达比任何描述都更为清楚的概念，并可以在记忆中留下最持久的印象。

第二十五封信

对母亲的教育

关于我推荐的那些训练课程，我预料将会引起异议。我必须回答这个异议，然后才能继续讨论智育。

即使这些练习像所说的那样是有价值的，即使可以令人满意地看到某些要传播的知识在社会各个阶级中传播开来了，但是，还是可以提出这样的问题，即这些练习可以指望它们在什么地方、以什么方式在上层社会之外的阶层中得到普及？在那儿你会发现，如果母亲们想做的话，她们就有能力担负起指导孩子进行这种练习的工作。但是，考虑到目前的情形，设想在民众中可以找到那些能够胜任指导她们的孩子进行那方面训练的母亲，这难道不是绝对的幻想吗？

对于这种异议，我的回答是，首先，用目前的情形来反对将来的事情往往是不合理的。如同我们目前面临的情况一样，无论在什么时候，只要可以证明当前的情形既是不完善的，但又是能够加以改进的，那么每一个人类的朋友都会赞同我的意见，认为这种观点是难以接受的。

这种观点是不能接受的，因为经验与之相反。历史的篇章向一个善于思考的观察者表明，人类在一系列偏见的影响下挣扎着前进，而偏见的锁链一个接一个地被冲断。

历史上最有趣的事件不过是完善那些过去认为是不可能的事情。限定才智的改进是徒劳的；要限制仁慈的努力更是妄费心机。

如此看来，这样的结论是不能接受的。历史更为直接地证明了这一点。大量的重要事实有力地支持了我们的要求和希望。两千多年前的那些最明智、最活跃的博爱主义者们不可能预见到智育领域里发生的变化，他们不可能预见到那些工具。借助这些工具不仅促进了少数人的研究，而且将那些研究的实用成果以惊人的速度传递给处于世界最边缘国家的成千上万的人们。他们不可能预见到那些最辉煌的发明，这种发明将愚昧和迷信赶出了它们所盘踞的堡垒，将知识和真理以最广泛和最有效的途径传播开来。他们不可能预见到，甚至在那些以往命中注定要盲目信仰和被动驯从的人们中间也会唤起探究精神。

知识的传播

的确，如果有一种特征，通过它可以表明现在的时代有希望重新获得元气，治愈受难民族所遭受的创伤，那么它就是——我们看到各个方面正在进行的种种努力，其范围之广是亘古未有的，目的是热情地帮助人们获得智力独立性的那一部分，而如果没有这种智力上的独立性，就不能保持真正的人格尊严，也不能充分地履行人的责任。看到一部分人会注定随知识发展而发展，这一景象使人对前景感到欢欣鼓舞。才华出众的人几乎在所有领域已为那些没有时间或才能在基础知识中耕耘或跟不上科学的高精发展的人采集了花朵和摘取了果实；同时还有更为切实的目标，就是使初级阶段变得容易，打好基础，确保缓慢然而稳健的进步。这一点在现实中最恰当地适应了人类的理智天性，最适合人类理智才能的发展——人们一直有兴趣、有热情来追求这种目标，甚至我已在邻近地区看到的种种结果也充分表明这种追求是不会放弃的，现在离它的最后成功已为期不远了。

没有母爱是不行的

这种前景是令人兴奋的。然而，我亲爱的朋友，这种前景并不是我一生希望的寄托。我的寄托不是知识的传播，不管是根据传统方案在学校中吝啬地施舍，还是根据新的原则在各种机构中更为慷慨地传授，或者服从于考试，或者为了改善成年人而把知识公开化——我把这一代人或任何一代人的幸福不仅仅寄托在知识的传播上。不，除非我们成功地提供一种新的动力，提高家庭教育的作用；除非用道德和宗教情感来提高同情气氛，并在那儿传播开来；除非让母爱在早期教育中比任何其他动力都用得更多；除非母亲能同意更为乐意地听从自己真实情感的召唤，而不是凭一时高兴或不加思索的习惯来摆布；除非她们能同意作母亲并起到母亲的作用——除非上述的情况成为教育的特点，否则我们的全部希望和努力只能以失望而告终。

家庭生活是真正的教育中心

那些实际上已完全曲解了我和我的朋友们的计划的全部真意的人，他们推测在我们为民众教育所做的种种努力中至今还没有考虑到一个比改进教学制度、或者可以说是完善智力训练更为高尚的目标。我们一直忙于改良学校的工作，因为我们认为学校对于发展教育是重要的，然而我们认为围在炉子旁边比学校更为重要。我们已竭尽全力设法教育孩子们长大成为教师，我们有充分的理由庆贺靠这一计划得到了实惠的学校。但是我们已认识到，我们自己的学校和每一所学校的最重要的特色和首要责任是在那些委托让我们照管的学生中发展那些感情，用那部分知识去装备他们的头脑，这些感情和知识在以后的生活中可以使他们一心一意地、孜孜不倦地将他们的全部能力用于传播那些应该在家庭范围内流行的纯真的精神。总之，谁要是深切关心年轻一代的幸福，那么就应把对母亲们的教育看作是他的最高目标，如此而已，别无他途。

第二十六封信

母亲对儿童教育的重要意义

允许我再次重申我们不能指望在教育方面有任何真正的改进，这种改进应该始终被认为是范围广阔的改进，应该随着时间的推移而不断地扩展，随着它的展开而日益强大——除非我们从教育母亲着手，否则我们不能指望任何那种性质的改进。

在家庭圈子内去做那些学校教育没有办法实现的事情，这是她们的责任；用那种在学校中全神贯注地对全体学生进行管理的态度来关心每一个孩子；当心能作出最好判断时就让她们用心来说话；用慈爱来赢得那些权威永远没法赢得的东西。

然而，充分挖掘她们的全部知识贮备，并让她们的孩子从中受益，这也是她们的责任。

我知道在目前的环境中，许多母亲自己会声称或者会被他人认为不能胜任这类尝试；因为她们的知识是如此贫乏，对于传授知识又无实践经验，因此，就她们而言，要担负起这样一个任务看来是徒劳无益、异想天开的。

那么，这就是我决意要就经验所涉及的范围来加以否定的事实。我现在讨论的不是那些他们在教育上即使不很勤奋、但至少在某种程度上受到了关注的阶级和个人。我现在考虑的是其教育在这种或那种环境中都被完全忽视了的母亲。我将设想一个完全不懂阅读和书写的人，虽然还没有这样的国家——那儿的学校会处于这种状态，即你可以遇见一个在阅读和书写方面一窍不通的人。我要进一步指出，这是一位年轻而没有经验的母亲。

现在，我敢冒昧地说，这个贫穷而全然无知的、这个年轻而又缺乏经验的母亲，甚至在儿童智力发展方面也不是完全没有办法来提供帮助的。

她教给他各种物体的名称

不管她贮存的经验多么贫乏，不管她自己的才能是何等的平庸，但是她必定知道她熟悉的无数事实——我们会说这些事实存在于日常生活之中——但对这些事实她的婴儿还是陌生的。她必定知道很快地了解其中某些事物，例如指出哪些很可能要接触到的事物，对于婴儿来说是有价值的。她必定认识到自己只要通过这样的方法，即把物体本身放在孩子的面前，说出它们的名称，并让孩子跟着说，就能让孩子轻易地掌握各种各样的名称。她必定感到自己能够按照一种自然的秩序把物体展现在孩子面前，例如，一个果实的各个部分。不要让人们因为这些东西微不足道而藐视它们。有的时候我们甚至对这些东西的最起码常识也是一无所知的。我们有理由感谢那些教给我们这些微不足道的东西的人们。

她和孩子谈家庭周围的环境

但是，我的意思并不是说母亲到此就可以止步了。甚至那些我们正谈到的那种母亲，那种完全无知无识而且没有经验的母亲，也能够有更进一步的作为，能够传授更多的各种各样确实有用的知识。她用完了那些最初摆在儿童面前的物体之后，在儿童已经掌握了它的名称并能够区分它们的各个组成部分之后，她或许还能想到这些物体中的每一个都还有东西可说。她会发现自己能够向儿童描述这些物体的形状、大小、颜色，外表的软硬，碰击时的声音，如此等等。她现在已达到了实质性的目的，她已引导儿童从单纯了解物体的名称进而认识了这些物体的性质和性能。她继续描述和比较不同的物体的这些性质，以及属于这些物体的性质的大小程度，对她来说，没有比这更自然的了。如果先前的练习适合于培养记忆力，那么这些练习则适合于形成观察力和判断力。她还可以有更进一步的作为：她能够告诉她的孩子有关物体的原理和事实的原因。她能够告诉孩子各种物体的起源、存在、持续过程以及终结。每日每时发生的事情都可以供她用来作为这种教学的材料。它的作用是显而易见的；它教育儿童探究事物的原因，使他习惯于思考事情的结果。我将会有机会在别的场合来谈论道德和宗教教学问题。简而言之，在这里我只想指出，上面提到的那类练习，它们几乎可以用无穷无尽的系列加以变化和扩展，它把习以为常的事情用作阐述有关学科真理的最简单的实例。它可以使儿童去思考行为的后果；它可以使人的头脑变得善于思考；它还可以经常地引导儿童通过所面临的种种事物去认识上帝无穷智慧的影响。母亲的虔敬如果真诚的话，那么很久以前她就必定已引导他"以他的全部感情、以他的全部心灵、以他的全部力量并且以他所有的智慧"去崇敬和爱上帝……

因此，我不知道还有哪一种动机比母亲竭尽全力致力于她的孩子的智力、体力和道德发展的愿望可以使那些艰辛的努力变得更为有趣。不管她的方法如何受到局限，也不管最初她的成就如何有限,但是,有一种东西将会而且必定能够促使她欲罢不能,它会刺激她去进行新的努力,最终将使这些努力取得成果,这些成果越是令人满意,也就越难获得。

经验已经表明,那些处于我已描述过的、表面上看来几乎是无望境地的母亲们已取得了她们意想不到的成就。我认为这是一个新的证据,说明了这样一个事实,即对于母爱来说没有什么困难的事情可言。意识到母爱的纯真赋予母爱以生命力,对上帝力量的信任使它得以升华,上帝使母亲们受到那种情感的鼓舞。我的确认为这是造物主的一个慷慨的恩赐。我也坚信,同样地因为母爱是热烈而不知疲倦的,同样地因为母爱受到了力量的鼓舞、为信仰所升华——我坚信母爱同样可以在努力中得到增强,并且会找到方法,哪怕是在看来最缺乏办法的方面。

正如我上面所揭示的那样,虽然把儿童的注意力引导到有用的事物上去决不是困难的事情,然而说"对付儿童我无能为力"之类的抱怨却是司空见惯的。如果这种抱怨出自一个没有因为他的特殊情况而受命去从事教育工作的人,那么认为他在其他方面要比他在努力不懈地去做一件他不爱好并且又没有突出才能去胜任的工作方面使自己更为有价值,这种看法是公平的。但是这些抱怨决不应该出自一位母亲之口。母亲注定要将她的注意力放在教育上。这是她的责任、她内心的良知的呼声会告诉她这是她的责任。没有履行这一责任的资格也就不存在责任感,也决谈不上用勇敢的、自信的和爱的精神去承担一种责任。那样的话最终也肯定不会获得成功。

第二十七封信

女子教育中品格与知识并重

如果曾经有一位没有受过教育而且没有任何帮助的母亲已尽自己的力量为其孩子做了很多的事情,她必定是非常称职的!如果她的能力得到了适当的培育,并且她的措施都是由那些先于她而从事过这项工作的人的经验来指导的,那么她必定是自信地期待着作母亲的种种努力所带来的成果!

早期教育的重要性

因此,我在上封信中所讲的事实远没有说明我的主张是可以怀疑的,而是直接证明了它的正确性,说明了它的便利性。那么我要重申这一点,并且要用最强有力的语言向所有那些像我一样渴望变革我们目前不完善的教育制度的人来讲述这一点。假如你真正希望用你的技巧、你的时间、你的才能和你的影响来着手进行一项很可能有益于你同类中大部分人的事业;假如你不希望忙于提出治表的办法,而是希望实现永久性地治愈那些许许多多的人已沉沦其中、成千上万的人正遭受其害的种种弊病;假如你希望不是单纯地去构建一座可以靠其壮丽的外观来吸引人、可以暂时使你留名、但却会像"空中楼阁"一样消失的建筑物；相反，假如你宁愿进行扎实的改良而不求暂时的效益，宁愿要大量持久的利益而不求一鸣惊人的成果，那么不要让你的注意力被表面的需求所分散，不要让你的注意力完全为次要的需求所吸引，而要立即把你的注意力引到这个巨大而普遍的、虽然鲜为人知但却以无法估算的数量和前所未有的速度产生着善与恶的根源上来，引导到儿童早期经历的生活方式上来，引导到儿童被委托给的那些人或者应该委托其照护的那些人的教育上来。

需要：培养未来母亲的学校

在所有的教育机构中，最有价值的是一个这样的学校，其教育的重要使命不是单纯地追求一种有助于各种各样日常生活目的的方法，在那儿教育应被看作是一个本身值得给与最认真的关注的目标，并使之达到最高的完美程度；这个学校教育出来的学生要去当教师，去当教育工作者；最重要的是这个学校要使女子的品格自早期岁月起就朝这个方面发展，使之能在早期教育中发挥重要的作用。

为了实现这一点，就应当透彻地理解女子的品格，并予以充分的肯定，这是很必要的。就这个题目而言，除了观察一位意识到自己的责任、能履行这些职责的母亲以外，没有别的可以更为令人满意地说明问题了。在这样一位母亲身上，除了她人格的道德尊严、温文尔雅的举止和坚定的原则之外，更令我们感到钦佩的是感情和判断力的令人欣慰的结合，构成了她那虽然简单但却没有差错的行为标准。

女子教育

要在头脑中产生这种令人欣慰的结合是女子教育中的重要问题,正如它决不是要扭曲判断力或使之带有偏见一样,同样它也远非要把任何约束强加给感情。对女子品格中表现出来的这种显著的感情优势需要得到那些希望将它与智力和意志能力的发展相和谐的人的关注,这种关注应该不仅是最明确的,而且是最亲切的。

学习知识和开发智力应该是不巩固的、不全面的,要不就很容易泯灭女子品格中的纯真,使之泯灭真正可亲可爱的一切品质,这种假设纯粹是一种偏见。凡事都取决于学习知识的动机和学习知识所用的精神。让动机达到这样的境界,即为了给人类天性带来光彩,使那种精神也达到同样的境界,即使之与所有女子品格——"不是显露的、不是炫耀的,但却是含蓄的"——的优点并驾齐驱,用谦虚来确保知识的巩固,用细腻来防止感情用事。

例如,我可以从大量的例子中选出一例来说一说,这些例子并不因为鲜为人知而不足以引人注目。在我选的例子中,一位母亲花了大量的时间,使出了浑身解数来学习某些学科的知识,这些知识在她以前所受的教育中是不完整的,但是她认为这些知识将会在自己孩子的教育中显示其价值。这已成为一个实例,说明有许多人虽然在许多方面已有很深的造诣,但他们还是感觉到有种种不足,并渴望弥补这些不足,这样做即使不是为了他们自己,至少也是为了他们的孩子。

没有听说母亲后悔自己为了能最完美地教育那些最接近的和最心爱的人而苦心钻研。即使没有预期到她的愿望将来会有什么样的成就,由于他们遵循着她所指引的道路在前进,她从这个工作中直接感受到的欢乐已使她心满意足了。

"……为了培育柔嫩的思想,

和教年轻孩子们的意识如何发芽生长。"

在此我认为最有力量的动机是母爱。然而提供种种动机将是早期教育的任务,这些动机甚至在稚雏之龄就可以激起动脑筋的兴趣,这些动机同人类天性中最美好的感情相辅相成。

第二十八封信

事物与文字

记忆与理解

　　如果一位母亲想积极投身到孩子的智育中去,那么我将首先让她注意到不仅要考虑向幼儿的头脑传递何种知识,而且要考虑应该用何种方式来传递。对于她所追求的目标来说,后面一种考虑甚至比前者更为重要,因为她希望传授的知识无论怎样完美,总要依赖于她传授这种知识的方式,她的方式要么使这种知识完全进入头脑,要么使这种知识仍然是无用的知识,既不适应儿童的各种能力又不易于激发儿童的兴趣。

　　在这方面,母亲应该能够熟练地识别纯粹的记忆活动与其他脑力活动的不同。

　　我认为我们可以有把握地将大量时间的浪费和不可靠地显示浮浅的知识这种状况都归咎于缺乏这样的区分。这种情况在各种学校中,包括程度较高的或程度较低的学校,都是屡见不鲜的。因为记住了一些名词术语就认为或断定已习得了知识,这纯粹是一种谬论。即使这些名词术语已被正确地理解了,也只是传授了知识的表达形式。即使已被正确地理解了——这一条件是最为重要的——也是普遍被人们所忽视的。一旦让学生记住了一些单词，自己不作充分的解释，也不要求学生作充分的解释，这种做法对于把它作为一种教学方法而实行的那种懒惰而又无知的人来说无疑是最方便的方法了。此外，加上在学生身上还存在着虚荣心这种强有力的刺激——有些学生希望出人头地，得到表彰赞扬，有些学生害怕揭短或担心受罚——于是我们就要面对上述种种主要的动机。由于这些动机，尽管这些教学方法是不幸的，但长期以来它们仍得到了那些完全不加思考的人的支持，为那些没有充分地进行独立思考的人所容忍。

刚才我所说的记忆训练排斥了编排有序的理解训练，它尤为适用于那种长期以来教授那些已经废弃了的语言的地方。现在在有些地方仍还在教授那些语言，所运用的方式——这种教学方法是生吞活剥的，加上深奥而晦涩的规则和强制性的纪律，这种情况从智力发展的角度看是荒谬的，用道德观点来看是可憎的，但到底哪种评价更为恰当一些则很难说清楚。

重要的是事物而不是单词

如果在智力被认为能够取得某些发展的时期，在至少不用如此经常而焦急地去专门关注智力的时期运用这样的方法，进行片面的记忆训练是荒谬的，其结果是有害的。在稚雏之龄，其智力还刚露端倪，识别能力还未形成，还不能把彼此有别的各种事物的概念存入记忆，这时要孤立地培养记忆力势必更为错误了。对一位母亲来说，应当防止这种错误，首要的法则是始终借助事物而不是单词来教。除非你准备向儿童展示物体本身，否则就要尽可能少地向儿童讲这些物体的名称。如果照此执行的话，就能够在回忆由感觉获得的和由物体引起的感觉印象的同时记住物体的名称。摆在我们眼前的事物要比我们仅仅从道听途说和靠别人描述或提及名称来获得某种概念的事物更有力地吸引我们的注意力，并可以更持久地保持住我们的注意力，这是一句古老的格言，也是一句千真万确的名言。

但是，如果母亲要借助事物来教孩子的话，她还必须记住，只将事物摆在感官面前对形成概念来说还是不够的。必须解释事物的性质；必须说明事物的由来；必须描述它的各个组成部分，弄清各部分与整体的关系；必须阐明它的用法、作用和结果。所有这些都必须做到，起码要讲清楚，讲全面，能使儿童把这个事物与别的事物区别开来，并能说明何以有此区别。

根据这个方案，可以形成概念，并达到尽善尽美的程度。当然也可以在不一定始终由母亲控制的条件下来实施这个方案，并取得同样的结果。但是，类似上述的做法是应该且必须去尝试的。无论在哪里，教育都旨在取得更高的品质而不单是机械地训练记忆。

图　　片

有些东西不可能拿来摆在儿童面前，因此应该使用图片。人们可以发现，凡是以图片为基础的教学都是儿童所喜爱的学科。如果儿童的这种好奇心得到了恰当的指导，得到了适度的满足，那么将证明它是最有用、最有教益的学科。

无论何时，关于一个抽象概念的知识，当然它是指不能用任何物体来表示的概念,仍然可以根据同样的原则传授给儿童,即必须通过一个摆在儿童面前的实例作媒介物,借助实例提供那个概念的等价物,以此来表现概念本身。这就是讲概念的原始意义。使用寓言故事,这也同那个绝妙的古老格言相吻合:"口头教诲是一条漫长而艰辛的道路,而榜样则是一条轻松的捷径。"

第二十九封信

儿童是他自己的教育者

我要向母亲提供的有关幼儿理智早期发展的第二条法则是：不仅让儿童被动地受教育，而且要使他成为智育中的动因。

儿童的自发活动

我可以解释一下我的含义：让母亲记住，她的孩子不仅具有注意和记忆某些概念或事实的能力，而且还有不受他人思想支配的独立思考能力。让儿童去阅读、书写、听讲和复述都是有益的，但是，让儿童去思考则更为有益。我们或许能够利用他人的见解；我们或许感到了解这些见解是有价值且有帮助的；我们或许得益于它们的启发。但是，通过我们自己的脑力劳动；利用我们自己探索的结果；依靠和运用这些观点，我们可以称之为我们自己的智力财富，由此我们可以使自己成为对他人最有用的人，我们将可以具备社会有用成员所具有的资格。

在此我不是谈论那些不时为人们提出来的、推动科学进步的或有益于整个社会的、具有指导意义的观点。我谈的是那种每个人、甚至最质朴的个人和处于社会最低层的人都可以获得的智力财富。我谈的是那种思考习惯，有了它就可以防止在任何情况下不加思索的盲动。思考习惯总是积极地去仔细考虑让人思考的东西；那种思考习惯克服了无知的自满或"浅薄的"轻浮，可以使一个人谦虚地承认他所知道的实在太少，使他诚实地意识到自己懂得的不多。要在幼儿的头脑中形成这种思考习惯——经常性的、自觉的思考习惯，没有什么能比早期发展这种习惯更为有效的了。

母亲的经验性的知识比哲学更有指导意义

有人认为幼儿的大脑根本不能进行任何思考，并反对这么做。不要让母亲因为他们的反对而作罢，因而造成损失。我可以冒昧地说，提出这种异议的人，可能是最渊博的思想家，或者是最伟大的理论家，然而可以发现他们根本没有任何这方面的实际知识，对这个问题的调查研究他们没有任何道义上的兴趣。而我总是更信赖母亲的经验性的知识，它来自于母亲因母爱情感的推动而作出的种种努力。我信赖这种经验知识，哪怕是一位文盲母亲的经验知识，而不信赖最有才华的哲学家们的理论假设。常常有这样的情况，健全的感觉和富有同情心的心灵会比一个非常精明、冷酷而且专门为自己打算的头脑看得更远。

因此，我要呼吁母亲着手进行这项工作，而不要顾忌会出现什么样的反对意见。她如能听从劝告，着手去做，这就行了；她就会自己接着干下去；她就会从她的工作中得到欣慰乐此不疲。

当她展示出幼儿脑中的瑰宝，唤醒迄今为止一直沉睡着的思维领域时，她将不再羡慕哲学家们的自信，他们认为人的大脑是"一片空白"。由于她调动一切脑力，全身心地投入到这种工作中，她就会嘲笑哲学家们独断专横的假说和故弄玄虚的学说。她不会为是否存在天赋观念这个难以解决的问题而感到困扰，假如她成功地发展了头脑中的先天能力，她就会心满意足。

如果有位母亲要求指明哪些学科可以作为工具用来有效地发展思维，那么我可以告诉她，任何一门学科假如用与儿童才能相适应的方式来教的话，都可以发展思维。从不为选择一个可以解释说明某个真理的事物而感到困惑，这就是伟大的教学艺术。没有一个事物会微不足道到如此地步，以致于它被一位熟练的教师拿在手里却不会引起儿童的兴趣，即使这兴趣不是来源于物体本身，至少也可以来自教师用它进行教学的方式。对于孩子来说，一切都是新鲜的。新奇的魔力转瞬即逝，这一点是真实的。假如没有多年养成的爱挑剔的习惯，至少也有幼儿期的急躁情绪与之相抗衡。但是在另一方面，教师将简单的要素联系起来是极为有益的，这样既可以变化课题，又不会分散注意力。

如果我说任何一门学科都能培养智力，那么我的意思是要不加歪曲地去理解这一点。不仅在儿童的生活中没有一件是微不足道的小事情——消遣和娱乐活动、与父母、朋友及游戏伙伴的关系——而且事实上在他们的注意力所及范围之内也没有这样的事情。无论是有关大自然的事情，还是有关职业和生活技能的事情，不仅能成为学习的对象，通过它们可以授与某些有用的知识，而且更为重要的是，通过它们可以使儿童掌握根据所看到的东西进行思考并在思考之后能发表意见的习惯。

谈话和提问的方法

实施这一工作的方式决不是对儿童讲话，而是要同儿童交谈；不是给儿童讲述许多单词，不管这些单词是熟悉的还是精心选择的，而是要引导儿童就这个话题自己进行表述；不是要无一遗漏地讲述这个问题，而是要就这个题目向儿童提问，让他找到并纠正答案。幼儿的情绪是不稳定的，因而期望他们去倾听冗长的讲解是可笑的。长时间的讲解会麻木儿童的注意力，而生动的提问却可以吸引儿童。

应当让这些问题提得简短、清晰、易于理解。这些问题不应引导儿童用相同和不同的措词重复他刚才听到的内容。应让问题激发儿童去观察摆在眼前的事物，去回忆他们已掌握了的知识，并且去搜索他们那不多的知识贮存，以找出回答问题的素材。向他们指出有关某一事物的某些性质，让他们在其他事物中找出同样的性质来，告诉他们球的形状称之为"圆"。而如果你引导他们相应地找出属于这同一范畴的其他物体，那么这就比最完美地向他们阐述圆形物更调动了他们自身的积极性。一种情况是他们必须去倾听，去回忆；另一种情况是他们不得不去观察，去思考。

第三十封信

"厌倦是教学的主要弊病"

必须指望儿童努力

当我力劝母亲要避免其教学使学生厌倦时,我并不是希望提倡这样的观点,即认为教学应该始终具有娱乐性,或者甚至具有游戏的性质。我承认,如果这样的观点被教师所接受并遵照执行的话,那就将永远不能获得牢固的知识,而且,由于学生缺乏进行努力的欲望,势必会造成我想用我的不断调动思维力量的原则所力图避免的那种结果。

儿童必须在早期的生活中获得这样的教训,这种教训常常来得太晚,因而也是一种最痛苦的教训——要习得知识必须作出努力。但是,不应该教育儿童把努力看作是一种不可避免的灾难。不应该使恐惧成为激励努力的动力。这将会扼杀兴趣,并会迅速地引起厌学情绪。

兴趣应当推动努力,而不是惧怕

这种兴趣是学习中的头等大事。在我们面临的情况中,教师、母亲应该尽力去激发兴趣和保持兴趣。几乎没有任何一种情况可以表明儿童不够用功不是由于缺乏兴趣所致；或许也没有一种情况可以表明缺乏兴趣不是由于教师采用的教学方式造成的。我甚至要将它作为一个法则定下来，无论何时，只要儿童对学习漫不经心，并明显地表现出对课程缺乏兴趣，教师就应该始终首先在自己身上找原因。当儿童面对大量枯燥乏味的材料时，当儿童被迫安静地聆听冗长的讲解时，或者被迫去完成那些完全没有什么可以使头脑得到调剂或对头脑有吸引力的练习时——这就是教师必须竭力去避免的强加给儿童的精神负担。同样，如果儿童由于推理能力还不成熟或者还不了解有关的事实因而还不能领悟或听懂有关某一课文的一系列观念，这时要强迫他去听或去复述那些对他来说仅仅是"没有意义的语音"，毋庸置疑这是荒谬的。而此时，这一切再加上对惩罚的惧怕——除了单调乏味之外，实际上单调乏味本身就够得上一种惩罚了——这是十分残忍的。

惩　　罚

　　众所周知，在所有的暴君中，位卑的暴君是最残忍的，而在所有位卑的暴君中最残酷的要数学校中的暴君。目前，在所有文明国家中，一切种类的残忍行为都是被禁止的，甚至对动物妄施不仁也要受到正当的惩罚，有些国家对此有法律规定，而在所有这些国家这种行为都要受到公众舆论的谴责。那么对于残酷地对待儿童人们为什么会如此普遍地不闻不问，或者更确切地说会被视为理所当然的事情呢？

　　诚然，有些人会告诉我们他们自己所用的方法是极为仁慈的——他们的惩罚是不严厉的——或者说他们已废除了体罚。但是，我所反对的恰恰不是他们的严厉——我也不会冒昧地绝对断言在教育的任何情况下都不允许有体罚。我要反对的是他们对惩罚的用法——我要反对的是这个原则，即当教师和学校制度该受责备的时候，儿童却受到惩罚。

只要这种情况还继续存在——只要教师不愿承担或无力胜任激发学生生龙活虎般的学习兴趣的重任——他们就不应该抱怨学生不用心听讲，甚至也不应该抱怨某些学生可能表现出来的厌学情绪。单调必然压抑青年人的心智。假如我们能亲眼目睹那难以言状的单调，难熬的时间一小时一小时地慢慢流逝，对课程他们既不喜欢也不理解其用途；假如我们还记得自己童年时所经历的同样遭遇，那么我们就不会再对学童的懈怠、对他们"勉勉强强地像蜗牛一样慢吞吞地去上学"感到诧异了。

这样说并不意味着我在提倡懒散，或者要提倡那些甚至在办学最为有方的学校中也时常可以看到的不规范的行为。然而我想指出的是，为了防止上述种种情况成为普遍的现象，最好的途径是采用一种更有效的教学方式，用这种方式教学儿童更少放任自流，更少从事那些被动静听的令人讨厌的活动，更少因微不足道的、情有可原的失误受到严厉对待——而更多的是用问题来唤醒他们，用实例来激励他们，用慈爱使他们产生兴趣，并争取他们去学习。

教师和受教者之间的共鸣

教师的兴趣与他要向学生传授的东西之间存在着最为明显的交互作用。如果他不是用他的全部精力专心于所教科目，如果他不关心所教内容学生是否理解，他所用的方法学生是否喜欢，那么他必定要疏远学生对他的爱戴之情，使他们对他所说的东西漠然置之。然而，对教学工作的真正兴趣——亲切的语言和更亲切的情感，面部表情以及眼神——决不会不对学生发生影响。

第三十一封信

基本手段

你知道,我主张采用的那些练习的特点在于通过启发思考,形成智慧,以让学生有效地开动脑筋,为将来的职业做好智力上的准备。

从多方面说,我都可以把它们称之为准备性的练习。它们包含数、形和语言等要素。在我们的生活进程中不论必须学习什么观念,都可以通过这三大类中的任何一类作为媒介而引入这些观念。

数 和 形

数和形的关系与比例构成了大脑从外部世界所获得的所有印象的自然尺度。它们是物质世界的尺度,也包括了物质世界的性质;形是空间的尺度,而数是时间的量度。两个或两个以上的物体由于在空间上是各自独立存在的,所以相互区别。它们于是就含有其形状概念,换句话说,就含有它们所占据的精确空间的概念;它们又由于存在于不同的时间而彼此区别开来,因而它们就归入数量范畴。

我之所以要如此早地促使儿童注意数和形的要素,其原因除了它们有一般意义上的用处之外，也因为它们最容易被讲清楚——当然，这种讲述远不同于那种使那些不缺乏能力的人感到难懂并索然无味的讲解。

数的要素，或者准备性的计算练习，往往可以通过让儿童看某些体现数量单位的物体来进行训练。儿童能够接受两个球、两朵玫瑰花和两本书的概念，但是不能接受抽象的"2"的概念。你要是不先向儿童实际展示这种关系，你怎么可能使他理解2加2等于4？从抽象概念着手进行教学是既荒谬又有害的，也决不会有帮助。其结果充其量是使儿童机械地死记硬背——但不能理解它；这种事实没有损害学生，而是损害了教师，他们只知道机械训练而不懂得更高级的教学。

如果如此清晰易懂地来教授这些要素，那么要继续教一些更为困难的内容就往往会容易一些。不过始终应记住，整个教学都必须通过提问来进行。一旦你已经使儿童掌握了用来辨认数目的名词，那么你就可以用它来回答关于简易的加法、减法、乘法或除法的任何问题，用一些可以代替数量单位的物体例如圆球，来进行实际的演算。

高 等 算 术

有人认为那些已习惯于经常出现并具体可见的数量单位的实例的儿童，通过这些实例能够解答一些算术问题，但一旦离开了圆球或其他代表数量单位的实例，他们就不能理解抽象的计算问题。这种观点已遭到反对。

现在，经验已经表明，那些通过上面描述的具体而熟悉的方法已获得了这些基本要素的孩子，具有两个胜过他人的重要优势。首先，他们不仅完全了解他们正在做什么，而且也完全知道那样做的道理。他们掌握了解答习题所根据的原则；他们不是单纯机械地照搬公式；如果问题的表述形式有了变化，他们不会像那些只知道机械的规范运算而不知道其道理的人那样不知所措。一旦从中产生了自信心和安全感，问题形式的变化还会给他们带来更多的乐趣——一个难题解决了，由于意识到一种……愉快的努力，总是激励他去解决一个新的难题。

心　　算

第二个优势是儿童精通了那些图解式的基本练习以后，他们会显示出非同一般的心算（calcul de tête）技巧。无需石板或纸张，无需作任何数字的记录，他们不仅能演算较大数目的习题，而且能整理和解答那些原来需要有笔记的帮助或者允许在纸上运算似乎也难以解答的题目。

你们国家的许多旅行者来参观我的学校，这使我感到荣幸。不管他们如何没有兴趣或没有能力来研究我的全部计划，但对于我们的学生能如此轻而易举，而且非常迅速地解答诸如参观者常常提出的一些算术问题，没有一个不表示惊讶。虽然局外人的认可对于一个希望看到自己的计划通过其成果得到肯定的人来说决不会漠然视之，但是我现在提到这一点，以及我当时感到很高兴，都不是因为这可以炫耀我自己。学校的那部分活动必然给人们留下的印象之所以会使我感到很有意思、很满意，其原因在于它神奇地证实了我们的初级课程是合适的、有用的。费了许多周折，至少对我来说是如此，我才坚持这一原则，即应该用来自现实的例子而不是通过抽象概念推导出来的规则来训练儿童的头脑；我们应该通过事物而不是通过字词来教学。

几 何 学

在涉及形状要素的一些练习中，我的朋友们已十分成功地恢复并发展了那种古人称之为分析法的方法——就是用问题引出事实，而不是用理论来陈述事实；就是说明问题的原委，而不是单纯地就事论事；就是引导人们动脑筋去创造，而不是停留在满足于别人的创造上。运用这种方法对于大脑确实有益，确实有激励作用，结果我们已完全懂得了应如何去评价柏拉图的原则，即无论谁希望成功地学习形而上学都应该从学习几何着手。它不是指掌握某些图形和数据的某些性质或比例（虽然在许多情况下可以在实际生活中运用，并有助于科学的进步），而是推理的精确、创造的才华，事实上它们是通过熟悉那些练习而获得的，它们使智力获得从事各种活动的资格。

语言——本国的和外国的

在数和形的练习中，最初所需要的抽象观念要比在同类语言练习中所用到的抽象观念少。但我要强调认真地教授本国语的必要性。关于外国语或那些已废弃不用的语言，对于那些掌握这些语言对他们有用的人来说，或者对于那些对这些语言着了迷的人来说，假如他们的爱好和习惯使他们着了迷的话，那么我认为他们完全应该去学习。然而，应该成为我的原则的是，我认为应该无一例外地尽可能早地引导儿童深入了解并完美地掌握他的本国语。

查理五世常常说，一个人掌握多少种语言就有多少次成才的机会。对于这句话有多大的合理性，我现在不去追究；但是我只知道有这样一个事实，如果没有完美地了解和精通至少一门语言，那么头脑就会丧失它基本的工具和器官，它的功能就会受阻碍，概念也会模糊不清。主张压迫、黑暗和偏见的人，他们最妙的方式就是窒息人们自由自在的、义正词严的、训练有素的讲话能力，他们在任何时候都没有忽视过这一点；而支持光明和自由的人，他们更为勤奋地致力于这一事业是理所当然的，他们的所为也只不过是让每一个人，让最穷的和最富的人去获得熟练的语言，即使这种语言是不优雅的，有了熟练的语言就能使他们去收集和整理他们的模糊不清的观念，吸收那些清晰的观念，同时还可以唤醒千百个新观念。

第三十二封信

教育的目的

教育和上帝

我有必要向你指出我为什么如此不厌其烦地阐述要及早地注意身体和智力训练吗？我有必要提醒你，我考虑这些科目，纯粹是为了通向一个更高级的目标——使人类有资格自由自在地而又充分地运用造物主所赋予的全部才能——并且使这些才能朝着完善人的一切的方向发展，这样就可以使他以自己特有的身分充当那赋予他生命的、英明的、全能的上帝的工具。这就是教育应该引导个人去接受的、关于他与造物主之间关系的观点——这个观点可以使他立即谦卑地认识到自己的种种尝试都是不完善的，他的力量是薄弱的，同时可以使他鼓起勇气，坚定地信仰全部美德和真理的源泉。

教育和社会效益

至于人和社会的关系，通过教育人可以有资格成为一个有用的社会成员。为了成为真正有用的人，人必须成为一个真正独立的人。不管这种独立地位是不是由他的境遇所赋予的，不管它是不是靠他体面地发挥了自己的才能而获得的，也不管它是不是归功于更为勤奋的努力和俭朴的习惯，显然，真正的独立地位必定随着他的道德尊严而沉浮，而不是随着富裕境遇、智力优势或不屈不挠的努力程度而沉浮。一个受制于他人或自甘贫困的社会阶层并不比一个依赖俸禄、表现出理智上的无能或缺乏道德和高尚情操的社会阶层更为卑贱。一个其行为打上了理智独立性的烙印的人必然是一个有用的、受人尊敬的社会成员。他在社会中占有一定的地位，这个地位属于他自己而不是别人，因为他已靠成就获得了它，并且用人格捍卫了它。他的才华、他的时间、他的机遇或者他的影响全部献给了一定的目标。甚至在地位较为低下的社会阶层中，有些个人由于其行为举止所具有的明智、真诚和高尚的品质，由于他们种种努力表现出来的值得称赞的倾向，他们可以同那些带有贵族血统的人，以及那些在才华和功绩面前具有更显赫荣誉的人相提并论，这一点已为人们所认识。这样的情况仅仅是一些例外，而且这些例外也少得惊人，这要归咎于那种普遍盛行的、其旨意几乎不在推进独立人格发展的教育制度。

教育和幸福——幸福的条件

如果把人看作一个个体，那么教育应该为使人获得幸福而作出贡献。幸福感不是来自外部环境，它是一种心理状态，是一种内部和外部世界相和谐的意识；它把欲望限制在适当的范围内，它为人的才能确立了最高的目标。因为这样的人是幸福的，他能将自己的欲望限制在财力的范围之内；他能够放弃一切个人的和自私的欲望，而不至于失去他的愉快和平静——他的全部快乐情感不是取决于个人的满足。再有，这样的人也是幸福的，每当个人利益不可能实现时，每当他更加完善的天性或者他的民族的最高利益岌岌可危时——那么这样的人是幸福的，因为这会促使他知道努力是无止境的，促使他懂得使努力和最自信的希望相配合！幸福的范畴是无限的，它正随着思想境界的开阔而扩展；它也随着内心情感的升华而升华，"随着它们的发展而发展，随着它们的增强而增强。"

为了使行为和个人生活具有上述品质，根植在天性中的全部才能都应该得到合适的发展，我认为这一点是必要的。这不是指应该习得任何方面的精湛技艺，或者热切渴望达到的完美程度，这些都是杰出天才的专利。但是，全部才能都要有一定程度的发展，这些才能远不是只精深某一种才能。这样的发展进程最大的益处在于训练头脑，使之适应更为专门的工作，即从事任何与它的倾向相宜的或与某些职业有关的学习。

每个人都拥有这样的要求，他将孩子托付给别人来教育，要求他使其孩子的才能得到审慎的发展——这个要求的普遍性看来还没有得到充分的认识——关于这个要求，请允许我利用我的一位朋友在一个偶然的场合提到的一个实例。每当我们发现一个人处于痛苦之中、濒于令人可怕的时刻，这个时刻意味着将永远结束他在这个世界上的痛苦和欢乐，我们总会感到自己为一种同情心所触动，它提醒我们不管他现在的地位如何卑贱，不管他生活在哪儿，他总是我们同类中的一员，同样受喜怒哀乐感的支配——生来都有同样的才能，都有同样的目标，同样希望求得长生不老。如果我们受这种观念的支配，那么只要我们能够做到，我们就会非常乐意地去减轻他的痛苦，给他临终时刻的黑暗带来一线光明。这种感情会打动每个人的心，甚至可以打动不谙世故和不近人情的人，打动那些很少见到悲哀场景的人。那么，我们现在要问，为什么我们会漠然冷淡地对待那些步入人生的人呢？为什么我们对那些投身于形形色色生活舞台的人的感情和处境会如此没有兴趣呢？假如我们仅仅愿意静下来对此作一番反省的话，我们是可以为增进他们的欢乐、减轻他们的全部痛苦、不满和不幸而作出贡献的。

就这一点而言，教育可以做的事是相信所有那些有能力根据经验来讲话的人。教育应该尽力去做的是要说服所有那些对人类福利事业真正感兴趣的人，教育可以立即做到的是所有对人类福利事业真正感兴趣的人的不懈努力。

第三十三封信

个人的奢望和社会同情

在上封信中我阐述了教育应该达到的目标,就是使人自觉地积极为造物主服务;使他在社会生活中成为独立自主的人而有益于社会;同时作为一个个人,使他内心感到幸福。

我认为智力的形成、有用知识的习得、全部才能的发展可以成为达到这一目标的手段。然而,虽然可以发现它们作为提供的手段是极其有帮助的,但是它们却不能提供行为的原动力。无疑,不激发某个行动计划或行为准则的动机就去为实际的行动才能作准备,这将是荒唐的。

作为行为动力的奢求

关于这种错误,其过程往往是以教育的名义来进行的,并且可以更恰如其分地称之为机械训练。这一过程常常是有罪的。这种教育体系对有惰性的人发生作用所依靠的一般动机是惧怕,靠这一动机来克服他们的惰性;这种教育体系在那些感受性已被刺激起来的人身上能够激发起来的最高动机是奢求。

这样一种体系所依靠的仅仅是较低级的人的私利,这是显而易见的。这种教育的最大成功是而且一直是依赖人性中最不友善或最不值得称道的部分。面对人的更美好的感情，这种教育体系却置若罔闻。

那么，在生活中被视为自私卑劣的、充其量也不过是低级的行为准则，其产生的动机是怎样的呢？这一类动机在教育中是怎样被视为高尚的呢？为什么在学校里这种偏见充斥着人们的头脑呢？这种偏见是每个人为了博得别人的尊敬和爱而必须首先努力去抛弃的——它是一种与每一个坦诚的心灵都格格不入的倾向。

我不希望刻薄地来谈论奢求，也不完全否认它可以作为一种动机。当然，还有一种高尚的追求——它的目标使之变得高尚，对这个目标的浓厚的和崇高的兴趣使之扬名。但是，假如我们考虑到这种奢求通常是向学童提出的——假如我们分析一下"它是由哪些要素构成的，它是如何产生的"——我们就会发现它与对学习目标的兴趣是毫无关系的。这种对学习目标的兴趣往往是不存在的。由于它与动机中最有害的、最低贱的成分混杂在一起，与惧怕混杂在一起，因此企图使那些提出这种奢求的人获得满足是决不会使它得到升华的。对于一个用这种以惧怕和奢求作为主要动力进行工作的教师来说，他必须放弃想赢得学生尊敬和爱戴的要求。

诸如恐惧或过度奢望之类的动机可以刺激智力或体力方面的努力，但是它们不可能温暖心灵。在这些动机中没有哪种活力可以使年轻人的心因知识的欢乐——因对天资的真正了解——因对荣誉的崇高渴望——因真挚情感的自然洋溢——而激奋。这种动机的渊源是枯竭贫乏的，在实际运用上是低效的，因为它们并不触动心灵，而"离开了心灵便是生物问题了"。

作为平衡法码的同情

正是根据这些理由,在道德和智力教育方面我鼓励将同情这个最高品质的动机作为儿童管理中必须及早地、并且首要地调动起来的动机。根据这些理由,我已反复重申要适当地注意那种情感,我也毫不犹豫地断言那种情感是儿童身上存在的高级天性中最首要的情感——婴儿对母亲的爱和信赖之情。我希望把最初的基础奠定在这种情感之上,同时我希望在与它类似的、由它而产生的情感的基础之上来指导未来的教育阶段。在婴儿身上存在这种情感,这一点是无庸置疑的。对此我们是有证据的,证据来自那些最能作出判断的母亲们。因为她们最能与这种情感产生共鸣。

因此,我要一而再、再而三地要求母亲们,在引导儿童心灵中那些正在增长的印象时,在发展那种幼嫩的胚芽时,她们要用母爱支配自己,让思考来启发自己。她们会发现,最初仍要受到婴儿动物本性的牵动;这是生来固有的情感,它是强烈的,因为它还没有受理性的控制,而且这种情感充斥着整个心灵,因为它还没有受到与之相抵触的激情冲动的排斥。要让她们相信,那种情感是造物主早已埋植下的。然而,同这种情感一起存在于婴儿心灵之中的还有动物天性的本能冲动,它最初用来保存自我,引向满足自然而必要的需求;它一心想要得到满足;如不及早对它加以控制,就会滋生出千百个不切实际的、人为的要求;它将驱使我们一再地去追求享乐,它最终将成为极端的自私自利。

为了控制和制服这种自私的冲动,最好的、也是唯一的途径是靠母亲去日益增强较好的冲动,这将迅速地使她确立信心。

虽然理智能力依旧处于沉睡状态，但是，母亲最初的微笑和婴儿眼中饱含的动情的一瞥，使她不久就可以说出一种为心灵所理解的语言。通过慈爱和意志，她就能引导孩子抛弃那些令人讨厌的贪求，而且是因为她这位母亲的缘故而抛弃它们。通过什么手段她才能够表明自己的意思——她怎样才能填补字词和规则的不足呢——我不准备为她作出回答，而是让母亲来回答。她虽然知道自己爱孩子——一种为责任感所增强、为深思熟虑所启迪的爱——如果不用言词和规则，她将不能找到进入她的孩子的心灵和赢得孩子的爱的途径。

然而，假如这位母亲已经成功地做到了这一步，那就让她不要自以为大功告成了。到时候婴儿那迄今还不能用语言来表达的感情将会找到一种表达的语言——那时他的眼光将会从母亲身上转移到周围的其他个人身上，那时他的周围世界将进一步扩大。他的爱必然不再集中在一个对象身上，尽管那个对象是最可亲、最慈善的人，但其毕竟是人，他不可能摆脱那些"我们血肉之躯固有的"缺点。儿童的爱是较高级的对象所需要的——其实是最高级的对象所需要的。

如何通过母爱把儿童引向上帝

母爱是教育的基本动力；母爱虽然是人类情感中最纯洁的情感，但它毕竟是人类的情感；拯救之举非人力所及，要靠上帝的力量。不要让母亲自以为靠自己的力量，加上她最美好的愿望，就可以将儿童的心灵和头脑提高到超脱人世、永不凋零的境地。设想靠她的教导或榜样就可以有益于儿童，这种设想是不适宜于她的，除非这些教导或榜样旨在引导儿童对上帝的信仰和爱。对上帝的信仰和爱是拯救的源泉。

婴儿对母亲的爱和信任仅仅预示了一种较纯洁的情感，预示了这种能在凡人的心胸中接纳他的上苍的最纯洁和最高尚的情感——一种爱和信仰的情感，现在不局限于一个个体，现在不再与"较卑劣的事情"掺和在一起，而是升华到超出一切其他感情，它教人卑谦，以使人变得高尚——这是一种对造物主和人类救世主的爱和信仰的情感。

应当用这种精神来考虑一切阶段的教育；让种种身体的机能得到发展，而不要忘记这些机能构成了人类天性较低级的系列；让理性获得启迪，但是要牢牢记住可以用来训练思维能力和传授知识的第一门科学是谦虚谨慎；让纪律变得有条不紊，让心灵得以成形，不是通过强制的手段，而是靠同情心——不是通过戒律，而是通过实践；而最重要的是为心灵接受上苍的感化作好准备，唯此才能恢复上帝在人们心中的形象。

天鹅之歌

考察任何事物，都要抓住那些好的东西；如果你相信某事物是较好的，那就要真心实意、充满爱心地让它作出更大的奉献。我在这些篇章中，真心实意地、充满爱心地尽力把我设想的较好的事物奉献给你们。

教育意味着完整的人的发展

1. "要素方法"的问题,就是如何使人的才能和能力的培养与大自然的顺序相一致。我多多少少觉察到了这一问题的全部重要性,已花费了后半生的很大一部分精力努力解决它。

2. 如果我们想知道这个方法的内涵,我们首先必须明白人的本性意味着什么。它固有的本质是什么,它所显示的特点是什么?很清楚,我们人类与其他动物共有的才能和能力并不是人的最本质的东西。相反地,这些本质也不在于人类是一种有不同于动物所特有的才能和精力的聚积体,人的本质既不是我的容易腐烂的肉体,也不是我的感官欲望,而是我的道德与宗教信仰的才能,我的智慧和实践的才能。这些力量在我的内部构成了人性。

那么可以说,"要素方法"问题就是遵循大自然的秩序,使人的头脑、心灵和手这些特有的能力得以展开和发展的问题。

所谓和大自然相一致,意思是不断地使我们的动物本性从属于更高级的人类所特有的要求(神性作为这些特有的要求存在于人的基本的本性之中)——简言之,使肉体从属于心灵。

进一步说,由技巧所助长的这一发展进程的每一尝试,都要以大自然本身所获取的生动的和多少带有清晰性的感觉过程为其先决条件。

这个过程是由各个不同才能构成中固有的永恒规律所决定的。在规律内部,它们是跟有利于人的发展的一种不可遏制的力量有密切关系的。时机一到,这种力量就驱使我们向前。凡是我们感觉到的,我们就决意去做。这不可能是其他性质的东西,而是这种潜在倾向的力量。

3. "我能"这种感觉,作为进步的一个条件,是我们人类存在的一条规律,但是这一规律的特殊形式,则随着和它有关的每一才能的特点而变化。尽管形式多样化,但不会失掉统一性,因为它们是从统一性发源的——人性的统一性。仅仅当它们的和谐得到保持时,它们才和人性相一致。相反地,只有所影响于人的是一个不可分割的整体,那个词(指"我能"——译者)才具有我们所理解的教育意义。它必定涉及手和心灵以及头脑。偏向哪一部分都不能有令人满意的效果。孤立地只考虑发展任何一种才能(头脑或心灵或手),都将损害和毁坏人的天性的均衡。它意味着使用非自然的训练方法产生片面发展的人。仅仅注重道德与宗教教育,或仅仅注重智力教育,都是错误的。

4. 仅仅使人性的某一方面特殊地发展,这是不正常的、错误的。它就像吹奏铜管,敲击铙钹所发出的声音,是空的,不真实的。教育要名副其实,必然是努力使人的完善能力得到圆满的发展。

人类才能的整体性是种族的神圣而永恒的天赋。着重这个整体性是教育成功的基本条件。"上帝已把它结合,别让人再把它分开。"谁在教育实践中漠视这一原则,不论用什么方法,都只能使我们成为不完全的人,在这种人身上是找不到满意的结果的。

5. 此类特殊发展的人是一种自我蒙蔽的牺牲品。他们不知道自己的弱点和缺陷。

由不同的方法教育出来的人们严重地束缚着他们。无论是过分的感情的发展,或是过分的智力发展,缺乏平衡都会导致最终的失败。

家庭和公民的幸福终究是要依靠精神因素的，没有它，所要求的家庭与公民生活的实际质量就只是危险的幻觉。它们会导致各种不满意的品质，产生不健康的情感、不平之气和所有各种各样的分歧。

每种能力的发展来自其专门的训练

6. 我们观念中的"要素方法"，其主旨就是追求各种才能的均衡。为此，它要求人的所有基本能力都充分发展。每种情况的自然过程，都是按照不变的规律发生的，反对它就意味着对大自然人为地进行干涉。支配每种才能发展的规律是各不相同的。智力发展的过程不同于使感情生活纯洁并产生效应的过程，而这两者又不同于支配体力发展的原则。

7. 在各种情况下，才能的进展有赖于练习。道德、爱心和忠诚的发展，只有通过将这些美德付诸实践。智力的发展主要来自思考，而实践和职业能力的发展自然来自运用我们的感官和四肢。

8. 促进能力发展的练习要随不同的能力而变化。眼睛要去看，耳朵要去听，双脚要去行走，手要去抓握。同理，心灵要去信任，去爱，智力要去思考。人的内在的任何才能，都是和一定的活动相联系的；通过活动使自己的意向得以实现，并发展成为有训练的才能。

9. 摔跤会降低儿童走路的勇气；小猫抓破了他，小狗冲着他嚎叫，都会挫伤他的信心。同样，当教师采取没有吸引力的方法时，儿童的学习欲望就会冷淡。因为这种方法使他混乱，使他迷惑，而不是唤起他的学习兴趣。

使人发展的教育与大自然相对应

在听其自然的情况下，人类才能发展的进程由于人的感官"牢房"的妨碍，只能是一种缓慢的进步。如果努力来提高发展人性的进程的话，则有两种事被认为是理所当然的。一是依靠有理性的爱的帮助，尽管有感官的局限，但它是我们家庭观念的萌芽；二是明智地运用长期经验所已经赋予人类的有关技能。

10. 于是，我们认识到，"要素方法"的思想简单地产生于人去补充自然过程的努力，借助于诸如明智的爱、有教养的才智和实际的洞察力等，以发展我们的性情和才能。

虽然人的发展的自然进程是由上帝主宰的，然而，当放任儿童们完全自发发展的时候，仅仅能唤起他的原始本能，而人的目标——"要素方法"的目的，智慧和虔诚的目的——就在于使人性和神性的因素进入生活。

11. 让我们更密切地从（A）道德、（B）智力和（C）每日的实际生活的观点来考察这个问题吧。

A. 教育是道德的源泉

让我们自问：在人类种族中，我们的道德生活、忠诚和爱心的基础是怎样得到切实的发展的？我们的道德和宗教倾向的最初萌芽是怎样成为有活动力的呢？它们怎样在人的鼓励和照料下得到滋养和增长力量，而同时又维护了大自然自己为它们计划的人类特性呢？这一切都来自儿童身体需要的平稳的满足，这是儿童未来的道德萌芽在生活中活跃起来的自然条件。母爱本能的守护保证了这种条件；忽视这个条件就会很快地扰乱幼儿身体的良好发展。

12. 因此，对于教育来说，极端重要的是保证幼儿的宁静和满足。同样重要的是，要认识到这应该是一种把仍蛰伏着的人类区别于动物的情感引入生活的方法。任何对幼儿这种有生长力的生活的扰乱，都会导致加快和加强其原始的感官本性，而妨碍其人类所有的各种倾向和才能的正常发展。

13. 达到这种目的的第一个最有效的手段，是大自然赋予母亲心灵中的东西。母性的力量和母性的奉献是万能的。缺乏这些品质的母亲是不正常的母亲，它表明母亲心灵的一种反常的退化。没有母亲而只有父亲的帮助，家庭生活的鼓舞力量只能是很小的。正是忠诚的母亲使这些事情得到说明，正像把母亲在婴儿期就关心孩子的宁静这一点普遍看作母亲献身的最好的标记一样，我们认为，它对于儿童道德力量的自然发展也是必需的。人类的各种品质仅仅在宁静中展开。没有宁静，爱就不再是真理和幸福的源泉。不安静本身就是从身体上的痛苦、得不到满足的欲望、不合理的需求或更恶劣的自私自利等等之中产生出来的。在一切情况下它都造成爱的缺乏、不信任以及由此而产生的一切不好的东西。

14. 所以，宁静是幼年生活的第一需要；必须保护婴儿的有机体不受任何方面的侵扰。某些扰乱可能来自对生理需要的忽视，或者来自过分的纵容，这种纵容鼓励着无法控制的自私自利。

当母亲屡次地、不规则地疏忽了对正在哭喊的婴儿加以照顾,甚至让他等待很长时间,使他的轻度的不适变成实际的痛苦时,不满的坏影响,连同它的各种恶果就萌生在儿童心里了。这种对儿童不及时的关照,不是激发儿童热爱和自信心的正常方法。如果这样,母亲无异于在儿童心中播下了未来道德堕落的种子。这种婴儿期的不安在他本性的生理方面造成了伤害感,唤起了无理性的暴力倾向,并且有了一种开端,即不道德的不信神的精神广泛传播开来,而这是触犯和污辱人心中的神性因素的。

15. 一个被忽视的儿童被痛苦所伤害,就像一头又饥又渴的野兽那样投身于母亲的怀抱,而不是采取温柔的人类的方式,并在适度地满足自己的需要中得到快乐。没有母亲温柔的手和笑脸,也就失去了微笑和魅力,而这些是一个婴幼儿的健康与快乐的自然需要。我们在烦躁不安的儿童身上看不到正苏醒的人性的最初迹象,却发现种种不满和不信任的表示,爱和诚实的感情得不到发展,儿童的整个发展过程受到了危害。

16. 过分的纵容乃是不小的干扰。不论哪一阶层中愚昧并溺爱孩子的人,都在儿童心里滋长了不适当的欲望,暗中破坏了孩子通过自身努力以满足其需要的能力。他成了不断增长的不满、沮丧和暴力的源泉。

17. 为唤醒孩子身上的人性,真正的母性的关心会限制她对满足儿童基本需要的注意。明智的、有思想的母亲,遵循她的爱来支配行事,而不是屈从于儿童的任性和物质上的自私。她为了儿童的安宁而操心,而不是去刺激他的感官上的欲望,只是满足他的物质上的需要。虽然母性的关怀是本能的,但这种本能必须跟她的智慧和她的内心启示给她的东西相和谐。事实上,它是这三者合一的产物。它是靠本能召唤而进入生活的,并不因此表明她高贵的意向屈从机体的要求。各种机体的倾向只是简单地努力合作以实现她的智慧和内心的愿望。

18. 因此,母亲的影响是引起爱和忠诚的开端的自然途径。在此同时,它为充满快乐的印象准备了基础,其中伴随着父亲、兄弟和姐妹们补充给他的快乐。爱和忠诚的感情扩展到整个家庭生活范围,儿童在感觉上对母亲的依恋和信任提高到了真正人类之爱和人类忠诚的水平。它首先推及到父亲、兄弟和姐妹们,但范围不断扩展。母亲爱谁,他也爱谁;母亲信任谁,他就信任谁。甚至母亲在对他第一次见到的陌生人说"他爱你,所以你必须相信他;他是一个好人,快把手伸给他"时孩子也会马上微笑并高兴地伸出天真的手。如果母亲又对他说:"你有一位祖父住在遥远的地方,他爱你",孩子是会相信她的。他愿意跟母亲谈论祖父,相信祖父对他的爱,盼望着继承祖父的产业。在同样的情况下,当母亲说"我们有一个在天之父,我和你所具有的一切好东西都是从他那里获得的"时,孩子也会相信妈妈的话,并信仰这位天父。当母亲作为一个基督徒而向天父祈祷时,当她诵读《圣经》中的上帝关于爱的祷词,并被上帝的精神所鼓舞时,孩子也喜欢跟她一起祈祷;他也相信上帝的教导,并从母亲的行动中看到了上帝的精神。使用这种方法,儿童对母亲纯朴的爱很自然地扩展到了爱他身边所有的人,并由此扩展成一个真正基督徒理想中的忠诚与爱的感情。

这就是我们设想的从儿童摇篮时期就开始发展其道德和宗教生活的"要素方法"的过程。

B. 智力发展的教育与大自然相对应

19. 我来谈下一个问题。

人的智力生活是怎样开始的?当大自然有了它的方法时,人的思维能力、调查研究能力和判断能力的起点是什么呢?

我们发现,思维能力是从客观物体给我们造成的感觉印象中开始的。感官接触物体唤起了它们内部固有东西的自我发展。

20. 已经唤醒了的东西,借助推动得以快速发展,这一经验首先导致对客观物体给予我们的印象的意识,接着就是导致我们认识它们。于是,我们就感到有一种需要,即对经验给予我们的印象进行表述。最初,这种表述采取手势和模拟的形式。后来,我们就面对面地用更具人类需要特征的语言。语言的发展使手势和模拟动作不再是必要的了。

语言发展的本性

21. 说话的能力,对于思维能力的发展是必不可少的。说话的能力是人类用来组织从经验获得的知识并有广泛用途的一种特殊手段。从一开始,它的发展就唯一地与人类知识的增长和扩展紧密联系着;这种情况总是居于优先地位。正常的说话只是跟我们已经学到的事物以及我们学习这些事物的方法有关。我们学得肤浅,说得也就肤浅;我们学错了,便只能说错。

22. 学习母语和其他语言的通常途径是与通过经验来获取知识联系在一起的,而且学习的过程必须遵循自然的顺序,在这种顺序中,经验的印象变成了知识。如果我们把这种观点应用于母语这一问题，我们就会发现，像一切事情那样，人类也是慢慢地从我们本性逐渐进化的低级因素中把自己同其他事物区分开来，我们的语言能力也是逐渐缓慢发展的。幼儿在其说话器官形成之前是不能说话的。更有甚者，一开始他什么也不知道，因而没有说话的愿望。他的说话的愿望和才能的发展，是与他通过经验逐渐获得知识成正比的。这是教幼儿怎样说话的大自然的唯一的方法。一切人工的帮助都必须引导它沿着这同一缓慢过程进行，通过利用周围的物体和人的各种各样的声音、语调等刺激，去进一步促进发展。

语言发展的教育

为了教儿童说话，母亲的工作必须合乎儿童的性情，并且要利用一切为儿童的眼、耳、手所敏感的刺激。当儿童有意识地去看、听、感觉、嗅和尝的时候，他就想把这些印象表达出来，也就是说，关于学习讲述这些印象的愿望和这样做的能力在他的心里就发展起来了。为此目的，母亲也必须运用声音去刺激他。如果她急切地想在短时间里教会儿童说话，她就必须反复地说话，一会儿大声说，一会儿轻声说，一会儿唱，一会儿笑，如此等等，生动多样，不断变化。

她的目的应当是使孩子想要模仿她。同样，她必须懂得，要求儿童记住的物体名称的印象是和词相对应的。她必须使儿童对这些物体的最重要的意义和多种多样有趣的关系加以注意，并且记住。她必须使关于表述事物的练习提高到这样一步，即在孩子心里事物的印象已经成熟了。技巧，或确切地说，一位明智母亲的不断奉献，能够使学习语言的自然缓慢的方法得以促进和有生气。"要素方法"的责任，就是要探明这种加速性的和有生气的方法是怎样发生的,并着眼于向母亲提供精确的合适的有顺序的练习。如果做到了这一点,母亲的心灵必将会有准备地充分利用这些练习。

23. 在学习其他语言时,自然的顺序并不如此缓慢,这是因为:(1)儿童的语言器官在此种环境中已经充分地发展了。只有很少新的声音需要掌握。他的器官在其他方面相当有效了。(2)开始学习另一种语言的儿童已经通过经验用某种方法获得了大量的信息,这些信息是他用母语极为精确地表达的信息。因而,每一种新语言的获得,只需用母语的熟悉的和有意义的声音,去调换他不熟悉的声音。如何通过充分利用机械化的方法,通过按心理顺序安排的旨在阐明概念的预备练习,通过已在简单机械化的方法中学会了对应词等办法来简化调换,这是等待我们着手解决的一个重大问题。

每个人都感到需要一种语言教学入门的心理学基础,而我相信,在将近五十年中,我已经连续不断地尝试过简化这种最初阶段的教育,我已经得出了达到这一目标的一些自然而有效的方法。

较高的智力训练

24. 但是,为了不丢掉我阐述关于"要素方法"的思想线索,我愿意再来讨论智育问题,智育永远开始于经验,并首先必须得到一种自然的语言教学体系的帮助。如果这种帮助是为了解释知识,那么也必须以直接经验为基础。无论如何,根据智力训练的本性,它需要处理得使它能带给我们更进一步的东西。对于已经通过感觉清楚地理解了的物体,我们必须帮助发展对这些物体进行组合、区分和比较的能力。这样,我们将会帮助心智提高对那些物体本身及其特性的正确判断能力——也就是说,实际的思考能力。

25. 智力训练,以及依赖于它的种族文化,要求不断地寻找办法,帮助促进我们的思考能力、调查研究能力和判断能力的自然发展,以便有意识地占有人类几千年获得的东西。这些办法其性质和范围都依靠我们的主动性,依靠对已为感官清晰理解了的物体的组合、区分和比较——换句话说,依靠我们有逻辑性的调查研究,以及依靠我们以这种方法提高训练有素的判断水平的可能性。

数目、形状和语言教学所给予的东西

26. 指望靠这些办法使我们的思维能力在受过判断力训练的人中间表现出来,这需要研究。它们的性质及其完善的问题,成了"要素方法"理论所关心的另一件重要事情。因为,对感觉已经清晰理解了的物体进行逻辑性的调查研究后明显地发现,它的第一个促进因素就是我们利用了所获得的计数和测量的能力,因此,在数目和形状的简化练习中,将会找到获取那一方面能力的最好方法。我们也明白为什么"要素方法"理论把数目和形状进行简易的心理学化的处理,连同对语言作类似的处理,看作我们培养思维能力的最普遍、最有效的手段,同时,这也是与大自然相适合的。

27. 在布格多夫,我们尝试应用简化数目和形状教学原则的最初实验,取得了显著的一致的成功。然而更为明显的是,后来的成功(尽管布格多夫的做法是范围狭小的和试验性的,而且后来又对它冷淡了)使我们学校有可能一直生存至今(它已很长时间处于衰败状态;多年来它一直与公开的反抗作斗争,最后它被置于毁灭的边缘)。甚至现在,虽然我们的外部资源已经缺乏到几乎等于零,但我们还是建立了一所培养男女教师的学院。这一有生命力的现象使我对未来仍然充满希望。

C. 大自然和实践能力发展的教育相对应

1. 智力的和道德的因素

28. 第三,为了回答这一问题即"实践才能是怎样开始展露的?"(这就是说,表达智力成果的力量,使内心冲动付诸实践的力量,使其有可能去履行家庭的和公民的生活责任的力量)我们立即明白了它是建立在双重品质的基础上的,即内部的和外部的品质,智力的和体力的品质。同样明显的是,实践的和专业的才能训练的奥秘,就存在于智力才能的训练之中,存在于思考和判断能力的培养中,这些也依赖于井然有序地进行运用感官的系统训练。我们必须承认,已经具有一个良好的即正常的和充分的算术、测量以及它们所包含的绘画训练的基础的人,其内部具有实践才能和技术技巧的必要根基。对他来说,剩下的唯一事情就是在他的理论知识范围内,就运用外部感官和四肢进行系统培养,对他想要学习的工艺技巧予以特殊关注。正像数目和形式的简化练习从性质上必须看作是实践才能的特殊智力训练一样,感官和四肢的机械化练习是外部技巧训练所必需的,一定要看作是实践才能的体力训练。

29. 实践才能的要素训练(其中专业的实践能力必须当作

一项特殊的适合于个人职务和环境的实用才能)因而依靠两个基础,正常的训练方法在于激励和训练两种基本不同的才能,即智力的和体力的才能。然而,这类方法只有当它们同时是人类文化三个方面一般训练中的重要部分时,才是真正具有教育作用的方法。

2. 体力的因素

30. 我已经论述了道德和智力的实际训练的要素;剩下的就是对体力方面进行论述。由于发展的倾向是我们道德的和智力才能得以发展的首要源泉,所以身体方面的实际能力的正常训练也需要类似倾向的激励,人们发现它也是我们感官和四肢的特性,自然而然地倾向于活动正在到来的智力和体力的刺激,使那种倾向的实现成为实践的必然性。教师的艺术对这种倾向所做的事实际上是很少的。体力的冲动推动感官和四肢的运用,这乃属我们原始的本性。教师的目的就是使这种原始冲动适合于指引学生的道德和智力原则,使学生得到环境力量和家庭生活影响的帮助和鼓励。

明智而谨慎地运用家庭生活这个教育资源来促进体力的增长,其重要性正像它在道德和智力方面一样,这些资源随着家庭地位和环境的变化而变化。但是,尽管有效的资源有很大的不同,而我们对它们的利用——德、智、体的——却是服从于不变的法则的,因此,它本身也是不变的。让我们用艺术教育的例子来说明我们的方法:首先,我们教学生精确地认识每一艺术的形态;然后他学着去再现它。以这种方法实践之后,他就想自如而优美地表现其它艺术形式,当他能做到这一点的时候,他就已准备好能自由和独立地去工作了。

这就是我们人类实践教育所遵循的大自然的典型程序。在大自然的掌握中，儿童进行一种分级的系列练习，使他达到一定的准确性标准（关于形式的）、力量标准（关于再现的）和灵巧标准（关于表现的）。这几种练习及它们之间的协调和穿插在一起的结果，给予儿童以技艺，如果不是这样，人的手艺决不能对他发生崇高的影响，儿童也决不会真正地寻求到完善的技艺。

31. 在内部的智力基础发展方面，实践才能机械式① 基础发展的通常秩序是与大自然秩序完全相符合的。这就为我们确定了一条与训练智力和心灵的基本方法和谐一致的自然道路。如果我们本性的统一和力量的均衡从一开始就被认识到了的话，那么，我们本性所有三方面的教育就需要等量地齐头并进。

我们的力量的均衡与和谐

32. 现在我将更密切地观察人的本性统一性的重要证据——也就是人的道德、智力和体力的均衡，或换句话说，人的心、头和手的能力的均衡性。虽然某一方面有优势效果，但却是在损害一切良好品质适当协调（并且仅仅从这一方面）的情况下达到的，这事实上不过是一种表面的过分的感情和宗教上的发展，伴随着智力和实践方面的薄弱和紊乱。这一事实也许与一个充满爱而且最真挚地寻求神灵和人的力量的源泉的灵魂

---

① 如果学生把"机械式"理解为"习惯"，那么，他对裴斯泰洛齐的意思将会有更清楚的认识。

有关联。但是，当一个人的心理平衡已经这样丧失的时候，尽管他好意地去弥补智力的不足，尽管他软弱和肤浅地去探求真理的知识，但他只能沉溺于梦一般的思索之中，并且几乎没有能力去认识真理和正义，没有能力去履行依靠这种认识才能履行的责任。

虽然他的心可能是诚实的，但他强行努力去获取他必定误解了的东西，甚至藐视的东西，因为那种无价值的和骗人的东西与造就它的环境是有联系的，所以他的努力必定削弱了他对神的纯洁的爱，使他可怜地分裂了自身，而且，从人的观点看，他是不可救药地萎缩了。但他并不是得不到上帝的力量，他寻求上帝的帮助，在上帝的指引下，在人的帮助和指导下，他不是没有复元能力的。有些人尽管在重大事情上有缺点，缺乏神圣的动力去寻求信仰上帝和热爱同胞的新力量，但他决不至于像那些人那样失去复元的能力。我们在特殊才能，智力或实践或职业才能的表面结果中所得到的低级享乐，势必阻碍我们意识到自己缺乏爱和信仰，而不认识这种欠缺，就不会努力去弥补它，去恢复我们本性的平衡。从人类观点看，这件事以这样的方式发生，其补偿几乎是不可能的。在极端情况下，它会导致冷漠无情的状态，由极不理智的爱和极端僵死的信仰所铸成的大错是难以想象的。

33. 虔诚、信仰和爱，与其弱点和错误一起，促进了平衡的调节。没有信仰和爱的智慧、实践或职业能力，乃是动乱的无尽的源泉，这种动乱致命地影响着人类才能的自然发展。

集 体 精 神

34. 然而，有一点是确定的，冷漠无情（我们在智力和体力上的骄傲很容易以各种形式产生的冷漠无情）完全麻痹了改进的真诚努力，但是，这种冷漠无情是不大容易在虔诚和爱的本性中或那些弱智者和体弱者身上产生的。不过这只适用于这一类的个人。一旦人们结成团体，他们就没有个人软弱的意识了，这种个人软弱的意识乃是真实的爱和信仰的主要基础，并且对于致力于改进工作的真诚努力也是很必要的。群体的较低本能使他们从个人角度或社会角度都感到比他们实有的力量要强。当个人软弱的意识与他们作为一个整体的力量和权利的强烈意识发生冲突时，在他们内心就产生伪善的自我欺骗倾向。他们滋长了集体力量的骄傲情绪和粗暴地对待那些跟他们的集体意见不同的人的不友好、不真诚的情绪。这样，不仅个人力量、自我提高的严肃的宗教观念被削弱，而且在他们之间产生了妄自尊大的粗鲁情感和令人不快的凶暴观念。这些都是冷漠的世俗人物，他们丧失了一切关于比他们更好更强的人们的观念。集体精神，在宗教的和文明的意义上讲，都不是精神的产品。它是肉欲的东西，它也像片面的智育或体育那样产生同样的后果。因此，我们有关初等教育理论的至关重要的问题是，保持人的能力教育的均衡。

一般的教学方法

35. 现在我进而考虑"要素方法"理论在教育应用方面所必须谈到的问题。顺应大自然普遍地要求这些教育应用最大限度的简明化,我的一切教学法著作一直是建立在这一观念上的。首先,我的目标限制在努力实现尽可能的简化,并且目的在于使学校的实践更像家庭的。这种观念很自然地引导我努力地去组织系列的教育练习,这种练习在人类学习和活动的各个部门都存在,它们应该从最简单的开始,连续进行,不间断地逐步由易到难,与小学生能力成长的步伐保持一致,从他那里得到各种能力的暗示,始终激励他们,决不使他厌倦或精疲力尽。这一思想的心理学上易于达到的可能性,在于认识两种方法之间的差别,一种是展露人类基本才能的方法,它遵循确定不变的规律;另一种是在特殊知识部门和特殊技巧教学中采取的应用那些基本能力的方法。

上面这些彼此间的差别,完全像我们努力去认识和使用的诸物体间的差别,也完全像各有关个体之间的地位、环境的差别。"要素方法"是想避免因把发展才能的诸方法放在首位而产生的混乱。这是常见的。我们当然不能等诸能力发展以后再去从事实际的运用。这样做是最好不过的了。因为在发展和应用我们能力的整个序列练习中,要求每前进一步都使之完善化。这样,通过发展能力和应用这些能力这两方面的练习,这种方法就会使小学生自觉地向着完美发展而努力,这种追求完美的努力不仅是为了把发展才能的方法与运用这些能力的训练协调起来,而且也很可能形成工作习惯的高标准。

我们的理想是一种幻想吗？

36. 我暂时不谈关于这一观点的种种推论。在进一步研究以前，我愿意考虑这样一个问题，即我们的"要素方法"理论仅仅是一种梦想吗？它确实为切实可行的事情提供了基础吗？常有人强硬地问我，在什么地方能真正找到要素方法实施的实例呢？我的回答是，到处都找得到，而又无处找得到！到处都有它可行的单个的例证，但无处能找到它的完善的例证。它从来没有以完全组织过的体系被试验过。没有任何初级学校或教育机关在一切细节上都符合我们的理想。

但是，人在一切学科方面的知识和才能是以零零碎碎的方式增长的，甚至我们的文化中最高的和最好的知识和才能也是这样获得的。教育的进步类似这种零碎的方式。人时而前进，时而后退。不存在、也不可能存在完全满足我们要求的条件。人性本身有一种不可克服的障碍，阻碍它完满地实现，特别是人类智慧和心灵的弱点和在我们易腐的躯体之下的内部的神性你追我逐，不容我们在任何一点上达到绝对的完善。即使最能干的人这样或那样地尽一切努力去完善自身，也必定像保罗所说的："我既不是好像早已获得了，也不是已经完善了，但是，我还在追求，如果是这样的话，我是可能获得的。"[①] 如果这话对个人是适用的，那么对于为争取文化而努力的集体就更适用了。

即使是第一流的学校，接受物质和精神两方面的帮助和鼓

---

① 《圣经》新约中的《腓立比书》第 3 章第 12 节。

励,也不能使要素方法理论在训练和教育所有类型儿童的应用上成为最完善的方法。我重复一遍,人性在本质上就反对一下子全面而又全部地引进这个崇高理论。我们的一切知识和技能都是不完全的,直到时间的末日仍是这样。我们的知识和技能的进步,甚至我们理想的提高(因为这是由个别人和个别团体的有限进步所决定的),肯定是蹒跚而行和不完全的,屡次在那些为改良现存状况而切实作出贡献的人们的道路上设置障碍。

37. 我们必须毫无保留地说:完全符合我们的要素方法概念的教育和教学方法,在实践中是难以想象的。

不论你把它的原则强调到什么样的显著地位,不论你对它简化到多大程度,不论如何清楚地证明其实践的一贯性,但外部的一贯性则是不可想象的;每一个个人都是按照自己的特点而不同地贯彻着。在一种情况下,一个人把这种理论运用于实践的动力是发自内心的,他以全部热情投身到工作中去。另有一种人,他有智能,通过有关的清晰而精确的思想设法实现他的目标。还有的人以其特有的禀赋的实践和职业才能设法达到目标。这样的情况是很好的。有心的天赋才能、头的天赋才能和手的天赋才能。上帝已经创造了它们。有些人在某些特殊方面具有远远超越其同胞的禀赋。他们是有道德、智力和体力才能的内部资源的"百万富翁",但是,在他们的三位一体的本性深处,他们被个人的自私自利所鼓动,与生活在我们当中的金钱和权力的"百万富翁"所受到的鼓动没有什么差别。像百万富翁一样,他们的特殊才能所引起的多样需求,产生了一整个连锁的赖以赡养者。他们在保持专门手艺的优越性上,或者在维护某一特殊观点上,自己与另外也有特殊利益但和他们的利益不同的人对立起来。因此,总的均衡不会打乱,但是,人类所特有的进步的这一不均衡类型被保持下来了。必须承认这是知识和能力进步的自然规律，并且是和人类幸福的现实紧密联系的。

38. 在很长时间里我们并没认识到这一点，我们把要素方法理论看做一种幻想，认为它不可能完全用于实践。但是，一旦我们认识到它的目的在于追求人类一般的文化，并承认知识的提高自然是逐步的，在进步中必然有障碍，那么，我们就会公认它是符合人类最终的目的的，并不再去考虑那不可信的观点，即我们是爱做不切实际的梦幻的受骗者。

39. 不！我的责任是渐次达到人类的全部目的，因为这一工作并不是永远不切实际的。决不能抱这种想法。这就是我们要素方法理论所要求的正确态度。虽然这样的目的在实际的实践的形式和外貌上永远不可能达到内在的完美，不过，那些未被时代文化所腐蚀和损害的人们，会逐渐促进它的实现，并且，他们的努力已经在道德、智力和体力诸方面像文明社会那样获得了成效。自然教育的每个原则，教学的每种正确方法，都与此类似。我重复一遍，我们的理想既到处可见，又无处可见。就其完美性而言，它不存在于任何地方；作为一个努力的目标，因为它已部分地表现出来了，所以它又是无处不在的。完全忽视它就等于完全忽视人身之内的神性和永恒性——人性最本质的东西，人类独具的东西。使教育的方法适应于大自然的规律（就是说，要素方法的理论），实质上不是别的，正是使它们与不可摧毁的永存活力的神性协调起来，神性总是与我们的低级的感官特性相抵触的。

追求感官性的满足，这是动物的特性，与人类和人类的目的有显著区别。因此，初等教育理论的学说产生于人的灵魂本身的生活，它们不断地与一整套诉诸感官的技巧相冲突，并与肉体的不可抗拒的要求相冲突。那些把教育人民的问题作为一个整体而不是作为个人教育的问题而加以注意的人们，他们的总的意见是对它的要求及其措施所能实现的东西不友好。这是不可避免的。国家教育的实践机关需要的是力量、技巧、体力性的努力，而不是道德的和智力的努力。但是，各种感官的欲望必须完全服从于心智，而要素方法的精神正如我们所设想的，是逐渐认识到这种服从的必要性。当我考虑我是怎样为了理想而奋斗时，我想起了在人民大众的初等学校中，简直没有什么我的理想的迹象。我尽我所能地工作，简化大众教育的一般形式，使它们成为与流行的教育弊病成功地进行搏斗的最有效的方法。但是，我的崇高理想乃是善良心灵的产物，我们不充分的智力和实践才能的天赋，未能帮助我实现真诚的心愿。它是极其生动的想象的产物，在我日常生活的重压中，这种想象证明不可能产生任何重大结果。我很像一个孩子，认为自己是在与强大的对手搏斗，维护自己想象中的理想。这孩子越是坚持梦幻般的努力，就越是延长他的失败。在这些情况下，我当然只能提出一些建议，这些建议有时是生动的、出众的，但是，大体上是无效的。然而，正如你所期望的，建立在人的精神本性基础上的自然教育方法，一般地说，确实要诉诸个体，还要诉诸他的精神状态。

40. 由世俗和自私产生的不自然的造作，感官享乐的魅力，模仿的力量，人群的有力影响等，所有这些对人的原始本性都是有害的。另一方面，要素教育的自然过程带着诚挚的目的，集中的意图，总是在人的精神本性上产生有力的影响。它把他从自私观念中解放出来，使他对道德的和智力的刺激在感情上容易接受。当要素教育方法被用来提高我们人类的时候，它们能有效地抵制生活中人为造作的后果和诱惑。当我们关心教育和鼓舞起我们能力的时候，历代智者以毫不含糊的措词告诉我们，适应自然本性的效果是多么巨大。任何时候都跟未被损害的人性保持联系，这正是要素方法理论所要求的。但是，不应当从十分完美的空幻观点看待生活，从全面的观点来说，宁可从片断的冲击和令人激动的原因来看待生活，每一次冲击都是一种不断接近完美的努力。

41. 现在，我从道德的、智力的和体力的观点检查我们研究要素教育方法对人类文化所产生影响的尝试的结果，不要忘记基本的原则，即生活是伟大的教育者。

"要素"方法与道德教育

42.（a）要素教育方法理论触及儿童的道德生活，就其整个过程而言，是与儿童的父母和家庭生活所产生的本能感情有关系的。

无可争辩的是，信仰和爱是上帝赋予的所有纯真道德品质和宗教的基础，它起源于父母和儿童之间的交往并在其中发展。我们不能夸口说在学校里所有儿童从他们的摇篮时期以来就有了经验，但是，在道德教育方面，我们的方法仍然适用于婴幼儿。的确，这些方法运用于道德教育方面，远比它们可能运用于智力和实践方面的教育要早得多。儿童在会思考和会活动以前就会爱，会信赖，而且家庭生活的影响刺激着它并提高它的道德水平。道德水平决定什么，这是我们应该思考的和做的事情。尽管我们缺乏幼儿教育的经验，我们可以极其自信地说，要素方法简单的程序使任何年龄的儿童都能够与其他儿童共享他们所学习的东西。这种方法的简单程序已经维护了学校的道德力量，并在那里产生了兄弟姐妹般的情感。在多少世纪的普通生活里，我们已经看到这种互爱和互信的情感产生的非常惊人的结果，使旁观者确信，我们工作的道路是成功地扩展家庭生活的道德影响，因而使我们能接近于实际解决我们这个时代迫切而重要的一个难题。

"要素"方法与智力训练

43.（b）在智力方面，我们接受相同的基本原则：生活教育。正如道德教育开始于内部经验——即开始于触动我们感情的印象——因此，智力教育也是从刺激了我们感官的诸物体的经验起源的。大自然使我们的感觉印象依靠着生活。我们一切关于外部世界的知识都是感官经验的结果。即使我们的梦也是来自那个源泉。感官使我们的一切潜在才能也具有共同的向前发展的冲动，驱使我们去看，听，嗅，尝，感受，触摸，行走，如此等等。但是，我们的听，嗅，尝，感受，触摸，行走等，只有在眼睛被引导正确地看，耳朵正确地听如此等等的范围内才是有教育作用的。这种正确使用我们才能的教育依赖于诸有关物体对我们感官所产生的印象是相当成熟的。无论在哪里，感觉印象只要还没有完全成熟，我们就不可能在其全部感知的意义上理解该事物，而只是部分地理解它。人的感觉不是教育方面的，它不影响我们的本性可以达到的那种教育可能性。其结果不能满足我们的本性，在那个范围内所采取的步骤不会是合乎本性的。正像父母式的本能感情形成了道德教育自然发展的神圣中心那样，智育也必须从一个中心出发来进行，这个中心能够使感官经验的直接结果完全成熟起来。只有这样，它才是合乎教育意义的和合乎本性的。非常清楚，这样的中心只能在儿童由摇篮时代开始从早到晚注视着的家庭生活范围内找到。在各种物体对象中重复的经验，它们经常的多样的表现，无可争辩地使他们的感觉印象成熟和完善起来。凡是有家庭生活的地方，这一点都是真实的。在家庭外面，没有任何地方其物体从婴儿时期起就如此持久、如此不间断、如此多变地以及用种种人类方式感染儿童的感官。没有其他感觉印象像这些印象那样自然地富有教育作用。

生活教育

这里，需要在两个方面有所区别：一方面是人的才能及其发展；另一方面是能力在特殊实践中的运用。当然，实际运用随着家庭生活环境而变化，但在各种情况下，好像都是与个体身上已经发展起来的基本才能自发地联系着的。这些为实际才能的训练提供了基础。由于发展人类才能的方法原则上在各个阶层各种环境下都是相同的，而发展实际才能的方法则是无限多样的，这样就要从两种观点来考虑"生活教育"的原则。第一，生活的影响有利于才能的自然发展吗？第二，当它们发展时，生活的境遇教儿童自然地实际运用了他的才能吗？答案是简单的。即使在极多变的环境下，生活也发展着人类的才能。这个不变的规律同样地适用于一切儿童，无论是在贫民窟中滚爬的儿童，抑或是宫廷的后嗣。至于能力的运用，其重要影响总是与多样变化的环境、社会阶层和条件完全协调的，并且同样与自己个人的特点相一致。因此，这后者的影响在本质上跟前者的影响完全不同。

44. 我们现在可以明白，为了推动幼儿感官活动的自然发展，教学艺术应该遵循什么路线了。这条路线的职责就是令人注目地并且命令式地把儿童的注意力引向家庭生活中各种感觉得到的对象。这样，他们受到的便是教育这个词的最佳意义上的教育。训练感官经验的要素方法简言之就是心理学方案，为的是激励先天的自我发展。它们表示一种努力，即通过鼓励儿童把注意力集中到物体对象上，从而使感官印象起到教育作用。

词 与 事 物

45. 这种训练感觉经验的方法也能刺激语言能力的发展，因为，当感官经验真正发挥教育作用的时候，它便唤起了表述的需要。

46. 说话才能的自然训练与感官活动发展的自然过程是如此内在地密切相关联，教育者的方法一定是与这每一方面有着类似的关系。

说话能力的训练就像感官训练一样，是建立在生活的基础上的。"生活教育"的原则对感官训练和语言训练是同样真实和鲜明的。把我们的一切方法跟儿童家庭生活与其全部感性经验都联结起来，才能因此达到一致的步调。

然而，在儿童学习表述它们的各种任意字眼之前，感官印象应当是清楚明了的。

47. 每当我们把空洞的字词填进儿童的心里，并铭刻在他们的记忆里时，似乎它们乃是真正的知识，或者是获得知识的真正手段，甚至有时既没有事物的感觉也没有事物的经验足以对它们的意义提示线索。这样我们就显然背离了"生活教育"的原则。我们给神圣的天赋的说话能力播下了矫揉造作的种子。我们正在播下无情的虚伪和肤浅的种子，这应归咎于盲目的傲慢自负，而这正是我们时代的特征。

"生活教育"原则在这方面主张，说话能力乃是使用通过感官经验获得知识的一种手段。它开始于需要称呼已经注意到的物体对象，并随着物体经历的变化而提高。我们的感觉越是广泛而确切地熟悉物体，那么说话才能的自然基础就越广泛而确切。相应地，每个儿童的说话能力依赖于他的感觉广泛而精确地熟悉各种事物。如果缺乏这些的话，那么教师首先要填补这个缺陷。

48. 学习母语的自然进步和由此而来的教育优势，是受他对周围事物感官上熟悉的程度的限制的。正因儿童需要多年对周围环境中的物体对象进行多样的接触，才能获得它们的清晰概念，所以，要使他自己能够精确地表达那些物体对象，这需要许多年。再者，这方面的自然进步也依赖于不断地多方面地迫使他感到有更精确表达的需要。扩大和加速他对事物的直接知识，是顺乎自然的进一步学习母语的唯一正确方法。

说话的外在表现形式，即各种声音本身，若不与赋予这些声音以意义的经验直接地联系在一起，就是空洞而无用的。只有意识到与经验的这种联系，它们才真正成为人类的声音。作为最初的准备，儿童从口语听来的字词，在很长时间里仅仅是机械式的，但是，凡教授儿童阅读课程的有关人员，对这种为学习阅读所做的机械准备是不应该忽略的。幼儿听到的字词，对于他只是逐渐地变为有意义的，在很长时间里，像铃声、锤子撞击声、动物的叫唤声以及大自然里的一切其他声音一样，它们仅仅形成他的感官印象。但是，这些声音对于语言训练是重要的。这种印象本身和他的听力一起逐渐变得完善。当他的听力渐渐完善时，模仿声音的能力就慢慢地发展起来了。现在孩子学会发出他并不知其意义的一些单词的声音；但是，用这种方法他非正式地学会了比在另一种情况下更容易、更牢固地掌握词的意义。

在培养儿童的说话能力时，要素方法限制了运用大自然无秩序地置于儿童感官面前的各种感觉印象，但是，却沿着适合于儿童才能和要求的确定路线扩展这个自然过程。

这是必然的。训练儿童的观察能力所必不可少的就是，为了发展儿童所需要的知识，儿童必须充分了解周围环境范围内的观察目标，但不应超过他所要求的范围，以致使基本的认识迷惑模糊。学习语言也需要这样，在他将要学习阅读的范围内，必须充分理解其所处地位的要求，但也不能太扩展了，以致使他的语言能力和实际生活之间的关系混乱了。这一观点同样有力地适用于发展和培养人类其他能力的各种方法。

最穷的孩子其地位和环境是最狭隘的，这是你们能够想到的，即便是他们的教育也决不能在这条自然的要素方法路线上走得太远，如果我们关心基础的真正牢固的话。我们不能把他们训练成过于温和的、过于有智力的和过于积极勤劳的；但在训练他们把这些能力付诸实践运用时，我们必须从照料他们的那一时刻起，就把他置于与实际生活要求相应的范围之内。只有以这些要素方法为指导的实践，才能够在训练儿童运用其感官获取知识以及训练他谈话的过程中，维护其原则精神。

教育，甚至在训练儿童的最初阶段，甚至在致力于发展其说话和感觉才能时，决不要挡住生活需要的路；决不要追求给予孩子不适合其生活地位的事物或字词的更多的知识，或可能造成家庭和学校之间的分歧——而家庭和学校这两种社会机构总应该是协调一致的。教育决不应该使儿童不满于和不适应于所处的地位，不要在儿童与其生活之间制造不一致。

才能的发展与才能运用训练的差别

49. 接着是承认这种差别的重要性，即承认遵奉大自然培养人类才能和遵奉大自然培养其实际应用这两者之间的差别的重要性。发展才能的要素方法和训练才能运用的要素方法之间的差别，是与培养语言、观察、思维和艺术才能的计划必须适合社会多样阶层生活范围密切相关的。紧密相联的这两个方面的差别表明，教育在其早期阶段，在发展才能的方法和训练实际熟练技巧方法这两个方面，必须紧紧掌握大自然的进程这一点是多么的需要。

教授外国语的方法

世界和平和所有阶级的真正幸福，都要看对这一真理的认识而定。社会生活的神圣联系将会由于误解这一件涉及到家庭和公共教育范围的事情而被削弱。我愿作进一步的说明。获得任何他种语言的"自然的"方法，和学习母语相比，正像我以前说过的，必然要运用本质上不同的方法。这些方法在于使过程简明化，把其意义已经熟悉的母语声音变为其意义还不熟悉的另一种语言的声音。

从心理学观点看，如果这一变换过程遵循大自然的话，虽然绝对地不同于通常使用的人为的常规过程，但会发现是极容易的。经验表明它依赖于下面的格言："学习说话（至少在最初阶段）不是一个智力训练问题，而是听别人说话和试着自己说话。"语法规则的知识仅仅是一种检验，检验学习说和学习听的自然手段是否已经达到了令人满意的目的。语法是按照心理学合理安排的学习说话方法的结果，而不是学习说话的开始。但是，很长时间以来，教师们忽视了将这种关于说话的一般理论运用于学习外语的问题。这一更具智力性的工作（即学习语法）必须推迟到说话自如的能力已经有了重大进步的时候。语法规则能使已知的东西表述得更明确。对于活的语言，这种看法有时是得到承认的——它应该永远是这样——但对于以往的已经废弃的语言，则拒不接受这种观点，并且为了证明这种看法，有人告诉我们说，在已废弃的语言的教学中，尽管缺乏常规的教授初级知识的方法，教学却获得了今天令我们震惊的良好效果。我们还听说，在它的更高级阶段，它已经遵循了心理学家会赞成的路线。虽然可能是那样，但有一点仍然是真的，即在古代语言的较低阶段的教学，无论是从心理学上或机械学上的观点看，都不能认为是令人满意的。在较高阶段的令人赞美的工作中，没有适当的心理学或机械学逐级打好的基础。我很确信并冒昧地说，目前古代语学习的初级的常规过程是与大自然背逆的。我十分了解这些话会遭到人们怎样的不满，这些不满来自不了解古代语言并且没有教授这种语言所要求的经验优势的人。

然而，在一方面，我承认我无能力去评判较高级的教学，并且甘愿认可这种教学中发生的每一件事。在另一方面,我认为,就是这种对语言教学常规过程的十分无知,促成了我去简化教学方法,通过引导这些方法与大自然过程进入心理学上的协调,并立即使它产生效率和硕果累累。所以,我说,我的无知已经从一个方面帮助了我更加彻底地研究学习过去语言(古代语言——译者注)的自然过程的简化,以及这个过程的心理学和机械学的基础,这很可能要比我在其最好的常规形式下早已完全地熟悉古代与现代语言之后再去研究它更为有利。

50. 我很快就明白了,建立在简化的数与形的教学基础上的智育方法,如果不与同等有效的简化的语言教学相结合,就是不完善的,是一条教育结果无效的路线。而且,由于我现在完全不能亲自来改革和推广数与形教学的方法,不曾具有这方面必要的经验,所以我把全部注意力都投向处于基本而系统的感觉经验训练和思维能力训练这两步之间。我唯一的要求就是对语言教学这部分中的初等教育理论的改革产生影响。

51. 语言教学的自然方法,本质上就是发展和训练说话能力的自然方法,因而与发展感觉经验的自然方法非常紧密地联系着。它实际上是在后者与训练真正的思维能力的自然方法之间构成一个中间阶段。所以,语言教学在智力上受到激励的感觉活动和思维能力之间形成了必要的中间环节。

发展这种中间环节的手段在它的最初阶段必须机械化。这是必由之路,而且,说话的能力就是调节感觉活动印象使之适应发展思维能力的需要的机制。

52. 这三种能力(感觉、说话、思维)被看作是发展一切智力的手段的总和。智力的起源就是分别地在感觉和说话的自然发展的连续阶段以及思维中发现的。发展感觉能力的方法和发展说话能力的方法之间的相似性,强有力地证实了这一观点。

发展感觉经验的方法开始于真实的物体对象；对它们不同特性的认识和它们不同的活动，构成了这种能力的一种有效的训练。与此相适应，练习说话的基本方法，一开始是名词；紧接着是形容词和动词，这样就在发展感觉经验和训练思维能力之间形成了联系。

语言教学和生活的联系

"生活教育"这一伟大教育原则的主张能够极大限度地应用于发展感觉经验这个领域，而把它应用于发展说话能力时，它也具有同等的真实性和重要性。可以说，当我们就其地位而言把说话才能看作是发展感觉经验的方法和发展思维能力的方法间的中介物时，它具有加倍的真实性和重要性。

说话的基本训练，如果是在儿童正学习说话时进行，一方面要依据支配着语言发展的规律；而在另一方面，则要依据有关孩子们的很多的不相同的境遇。学会说话不是语言教学的结果；语言教学却是能够说话了的结果。

然而，说话和习惯用语的形式上的差别，不是决定于语言能力应当发展在方式上的巨大差异，而是条件、环境、境遇等等不一样；以及起着决定因素的个人才能的不一样。在一种情况下，这些事情自然地扩展了学习语言的范围，而在另一种情况下则自然地限制了它。这一点适用于整个阶层和个人。

正像在感觉经验的对象与用以培养智慧和实践能力的方法方面农业劳动者比专门职业或商业人员要受到更多的限制那样，在另一方面也是如此。这些同样的对象和方法，对于城市里的职业的和商业的人员来说，比起接受过文化教育的从事知识工作的人，特别是比起环境使他们无需顾及收入、无需顾及保持家庭的经济地位和各种关系的人来说，尤其会受到更多的限制，并伴有随之而来的约束和自我牺牲。

53. 人类社会中这些不同阶层的不可否认的现实及其重要意义，使得这一点很清楚，即家庭和学校两处的语言教学，必须使人为的帮助与人们现实生活和不同社会阶层的实际基础相协调。

只有用这种方法，语言教学才能被认为与大自然一致，被认为有益于人类的真正幸福。

因此，用于训练说话能力的方法作为一条普遍规则，必须在这些不同阶层和等级中采取不同的组织形式，必须在各自的情况下满足这些地位的人员的需要。但是，在任何情况下训练的方法都不应变为幸福和安宁的障碍物。

训练说话的方法必须总是跟用来训练感觉经验的事物相联系，跟培养道德、智力和实践能力的事件相联系。如果语言教学跟它们和谐一致，它的影响不可能不好。

54. 农民的孩子和整个无土地的农业劳动者阶级，他们的语言教学必须是学习准确地表述与自己的职业、责任和环境有关的不得不做的各种事情；他们也必须能够很自然地朴素、诚实、热情地表述关于在宗教生活中令人振奋、陶冶人的心情的事情。祈祷的真诚语言将从最低层居民的茅屋方言中学到。在儿童年龄阶段特有的快乐精神中，他们说话的运用能力一定要适合于他们的感情生活，正如他们的感情生活应使他们能充分利用周围环境的有利条件一样。但是，劳动的辛苦是他们人生的命运，他们的语言学习决不要引起或许会损坏他们的幸福和福利的兴趣。由于这个缘故，重要的是他们的语言学习不应该导致他们形成无用的饶舌习惯。他们应当学会在深思熟虑之后再说话；把说话和思考联系起来应是绝对的要求。

一种非心理学化的说话训练方法会很容易地制造饶舌的倾向，这是极端有害的，特别是受害的是那些靠流汗挣面包的人们。教育应当使人们以虔诚和道义来从事他们的职业。当今的我们这一代自称是有教养的人，但是，我们是否尽力保证了应当用于直接需要的重要事情的时间没有耗费在无用的说话技巧上呢？

55. 当然，手工业者和职业阶层，包括那种由于财产和产业利益的缘故而属于这个阶层的土地所有者，需要一种更加广泛的语言训练；但是，这种语言训练也必须建立在实际生活的真实基础上。

公民的荣誉和幸福，以及手工业者、商人和职业阶层中恰如其分的正直的主要部分，过去经常表现出他们在平常生活中受到的高级语言训练——例如在他们所读的书中——这是和农村居民总体上享受到的机会相对照来看的。

教堂的赞美诗和一部分属于他们行会和社团生活的歌曲、作坊小调等是真正的证据，表明语言才能的发展是和他们的生活协调一致的，这些歌曲激动了他们的灵魂深处而不会妨碍他们的社会满足。因此，我们必须回到前几次提到的自然原则上。如今，我们教给他们关于事物的大量词汇，这些词汇既是无用的，也是和他们的普通福利无关的。相反，有关他们的道德的、家庭的和公民的福利的真实需求，我们所给的词汇已经是很不够的了，而且每况愈下。甚至从我的儿童时代起，我们就渐渐明显地不把这当回事了。

市民阶层需要市民阶层的语言，这种语言是建立在他们现行生活实际的基础上的，并且是适合于激励市民利益的。我们不能提供这种语言，因为——至少在我们的许多城镇中——没有这种市民的生活，并且，只要情况如此，就不可能有市民的语言。

56. 市民阶级需要的语言，既不是良好的风度（bon ton），也不是那种下流的风格（mauvais genre du ton），它们与真正的市民生活没有什么联系。真的，它们直接地与这一阶级公共的和私人的福利相对立。我不准备讨论市民阶级通过常去市里的大型舞会、剧场和娱乐场而在其中受到的语言训练，也不准备讨论那种从读书团体或其他类似的公共活动中所得到的语言训练。

57. 职业者和较高阶层正像市民和农民阶层一样，从这一现代精神那里得不到多少帮助。

我们似乎可以这样认为，较高阶层的人必定由于会说话而去学习思考和生活，而不是生活迫使他去说话和思考。这样就产生了一个问题，即能力训练与真实情境有关这一点实际上等于丢掉了，而实际情境乃是说话、思考和生活的自然基础。感觉、说话和思考能力的实际训练的动机已经消失了。

在个人训练中必然要出现的缺陷是巨大的，而且到了紧要关头。有的能力在应用时自身就很不足，那么，过度运用能力有什么用处呢？未经训练的能力、恶劣的训练和不自然的训练，从其发生影响的观点看来，比完全缺乏能力还坏。

我不能对自己的思想太自信，但我要说服上流阶级严肃地考虑这个观点。他们的尊严、福利、独立性以及一切下层阶级的福利，都和这一问题联系在一起。

58. 在上层阶级中，扩展、加强和加速其文化能力的需要，实际上和使下层阶级的知识和语言能力与他们的实际需要协调一致同样迫切。过度地教给他们多余和没用的、甚至有害的和不利的知识是完全错误的，特别是在它伴随着十分轻视实践能力的培养时，不用说，它逐渐滋长了肤浅地思考和判断问题的习惯。

儿童如何学习说话

59. 现在回到发展语言才能的自然方法的问题上来。一个儿童怎样学习说话，他怎样提前为此作准备呢？从儿童出生时起，他就留心各种声音了，这些声音进入他的耳朵里，就像各种物体通过视觉感官或其他任何感官带入他的意识那样。通过感官把感觉环境中的各种物体带进他的意识中，感官的训练与说话器官的训练紧密地联系在一起。

儿童在早期就从内部感到具有再现所听到的各种声音的能力，而且，像各种其他人类的能力一样，这种能力变得越来越活跃，并借助本能推动这种能力得到运用。虽然不易觉察，但各种说话器官通过运用确实日益加强起来了。

在儿童多种多样的发音中，不需学习就会的哭喊，是他天生就有的说话能力所发出的第一种声音。其次出现的声音跟人类说话的清晰声音还没有联系，但和各种动物的声音很相似。这些以单纯本能形式发展的声音是器官挤压出来的。它们跟周围那些人发出的声音没有联系。只是在几个月后，这些声音才开始能察觉到跟我们字词中的元音、辅音有联系，同时开始接近于常在他们面前说到的一些音节和字词的声音。儿童自此开始模仿母亲对他说的最容易的声音。对他来说，学习说话成为日益容易和高兴的事情，并且，其进步总是跟他在家庭生活和周围环境中不断练习的感觉能力的培养联系在一起。

字词与事物的关系

这样我们就了解到，真正训练人类所谓的说话才能并向前进步的是生活本身。生活提供的一切发展变化的手段都必须利用，这样才能够使提高是和谐而一致的。假如在语言训练方面进展顺利的话，那么感情的训练，智力的训练，工艺和技术的训练，都必须按大自然顺序发展。如果把这些训练看作是一个个孤立的单位的话，这就意味着离开了自然的原则；也意味着用人工的设计取代了正确的真正的发展我们的才能的手段。我们使儿童在能够说话以前就读书，并试图以书为工具去读；强行阻碍他们熟悉各种实际的事物——说话的自然基础。我们还以一种最不合理的方法，把无生气的字母表作为他们感觉经验的起点，以此代替了与大自然自身相一致的有生气的第一手的感性经验。人在其充分成熟到有理解能力阅读书籍以前，一定要能够对许多事物充满信心地正确地叙说。但是，在这些年月里，追求技巧的外表甚过追求技巧本身，一切真正培养才能的手段，因日益相信那荒谬的发展的方法而被认为无价值了。如果我考虑到学习说话方法犹如它实际产生的那样（这是语言训练的真正基础），我看到，幼儿从他周围听到大量词语的声音，一开始他完全不懂得其意义。经常重复的这些声音影响着他的听觉，成了他所熟悉的东西，并且，他能够熟练地模仿这些声音，而用不着理解或猜想它们的意义。这种从耳朵获得的过早的、难以理解的知识和这种重复说话器官的技巧，乃是说话才能的真正培养的基本准备阶段。

通过在熟悉表示事物意义的字词之前了解一个事物的概念，这一概念就在物体自身把观察和名称联系在一起的那一时刻牢固地印入儿童的心灵。因而，如果儿童总是习惯于听多样主题的谈话，特别是听与他近邻和家庭有关的谈话，这就是语言教学中非常有利的条件。听别人谈话对语言的一切方面都有影响。用这种方法，儿童不仅熟悉了大量词汇并且几乎没有意识到是在学习任何事物，他也学会了词类变格和动词变化的形式。这可不是一件小事。总之，当我放下这个问题即支配语言机械化发展的自然规律问题，并且追问大自然是如何发展语言的深层的精神方面时，我发现，语言训练与经验的自然发展有着内在关系，并一步一步地与它和谐一致地进行着。最初，每一物体被理解为一个个别的单位，而且分析多样物体各个部分并个别地认识它们的过程是很缓慢的。时间和环境多变的条件，在有理解地和有联系地进入儿童的清楚的意识中之前，偶然地、不系统地影响着他们的感官。如果在语言发展中大自然任其自由的话，那么这就是它所遵循的路线。事物的命名是不考虑其组成部分或多样性的。逐渐地并随着时间的缓慢过去，就达到了一个阶段。在这个阶段上，这些组成部分就会得到详细的考虑，这些细节也是命了名的，最后，儿童自己能够精确地表述那些随着时间和环境而变化的特性。教育的基本制度和一切方法皆建立在这一基础上，它规定语言教学应当完全遵照大自然发展儿童才能的计划。如果稍许背离这些原则，它就立刻不是基础教育了。用这种方法教出来的儿童，在他具有知识之前肯定不会饶舌，也不会在没有第一手经验的情况下去谈论一件事情。如果在语言训练上获得的是全面的真正的进步（包括精确的和广泛的两方面）的话，那么，它必定是遵循了这一过程，并且只有建立在这个基础上，它才能形成位于经验和思维二者之间必要的中介环节。

60. 语言教学的艺术提供了发展过程中经验和思维二者的中间环节。培养第一种艺术先于培养第二种艺术。如果没有一种合理的综合的培养经验在前，那么发展思维才能的方法就丧失了它的自然基础。……

62. 很明显，我们用自然方法教育的小学生，其语言训练的结果是，肯定能够精确地表述他周围环境的感觉印象，就像那些感觉印象曾经印在他脑中一样。除非学生在语言学习中达到这个阶段，否则，在经验和思维之间就会有空白，而思维发展的差距只有靠发展他的语言能力来补救。

外　国　语

63. 根据心理学的观点，上述问题是语言教学的一个难题。这一难题的解决使我们能够去论述另一问题，即外国语教学问题。有没有关于这一教学的普遍方法呢？一切都依靠对这一原则的认识，即经验通过语言引导到思维——首先是经验，然后是语言，再往后是思维。母语的发展过程必须牢记在心。……

65. 儿童学习母语的方法是一切语言教学的原型。自然的过程是从母语到现用的语言，然后再到过时的语言。因为，如果想真正懂得过时的语言，儿童必须通过学习现用的语言获得事物的第一手知识，这些事物跟他的实际生活的关系，远比他首先要明白和理解的那些事物密切得多。

这些原则给理解和学会说一种外国语的普遍方法打下了基

且只有建立在这个基础上,它才能形成位于经验和思维二者之间必要的中介环节。

60. 语言教学的艺术提供了发展过程中经验和思维二者的中间环节。培养第一种艺术先于培养第二种艺术。如果没有一种合理的综合的培养经验在前,那么发展思维才能的方法就丧失了它的自然基础。……

62. 很明显,我们用自然方法教育的小学生,其语言训练的结果是,肯定能够精确地表述他周围环境的感觉印象,就像那些感觉印象曾经印在他脑中一样。除非学生在语言学习中达到这个阶段,否则,在经验和思维之间就会有空白,而思维发展的差距只有靠发展他的语言能力来补救。

外 国 语

63. 根据心理学的观点,上述问题是语言教学的一个难题。这一难题的解决使我们能够去论述另一问题,即外国语教学问题。有没有关于这一教学的普遍方法呢?一切都依靠对这一原则的认识,即经验通过语言引导到思维——首先是经验,然后是语言,再往后是思维。母语的发展过程必须牢记在心。……

65. 儿童学习母语的方法是一切语言教学的原型。自然的过程是从母语到现用的语言,然后再到过时的语言。因为,如果想真正懂得过时的语言,儿童必须通过学习现用的语言获得事物的第一手知识,这些事物跟他的实际生活的关系,远比他首先要明白和理解的那些事物密切得多。

这些原则给理解和学会说一种外国语的普遍方法打下了基

能的真正培养的基本准备阶段。

　　通过在熟悉表示事物意义的字词之前了解一个事物的概念，这一概念就在物体自身把观察和名称联系在一起的那一时刻牢固地印入儿童的心灵。因而，如果儿童总是习惯于听多样主题的谈话，特别是听与他近邻和家庭有关的谈话，这就是语言教学中非常有利的条件。听别人谈话对语言的一切方面都有影响。用这种方法，儿童不仅熟悉了大量词汇并且几乎没有意识到是在学习任何事物，他也学会了词类变格和动词变化的形式。这可不是一件小事。总之，当我放下这个问题即支配语言机械化发展的自然规律问题，并且追问大自然是如何发展语言的深层的精神方面时，我发现，语言训练与经验的自然发展有着内在关系，并一步一步地与它和谐一致地进行着。最初，每一物体被理解为一个个别的单位，而且分析多样物体各个部分并个别地认识它们的过程是很缓慢的。时间和环境多变的条件，在有理解地和有联系地进入儿童的清楚的意识中之前，偶然地、不系统地影响着他们的感官。如果在语言发展中大自然任其自由的话，那么这就是它所遵循的路线。事物的命名是不考虑其组成部分或多样性的。逐渐地并随着时间的缓慢过去，就达到了一个阶段。在这个阶段上，这些组成部分就会得到详细的考虑，这些细节也是命了名的，最后，儿童自己能够精确地表述那些随着时间和环境而变化的特性。教育的基本制度和一切方法皆建立在这一基础上，它规定语言教学应当完全遵照大自然发展儿童才能的计划。如果稍许背离这些原则，它就立刻不是基础教育了。用这种方法教出来的儿童，在他具有知识之前肯定不会饶舌，也不会在没有第一手经验的情况下去谈论一件事情。如果在语言训练上获得的是全面的真正的进步（包括精确的和广泛的两方面）的话，那么，它必定是遵循了这一过程，并础，然而，在所有情况下，必须借助于机械化的和心理学化的教学计划来实施。我们必须充分利用多少年来经验已教给我们的此类计划，同时把这些计划与我们所知的大自然自身的程序密切地结合起来。那些大自然留给自己的、受到婴幼儿尚未发育好的感觉和器官的妨碍的东西，完成起来是缓慢的、不确定的和不完善的。教师要在学会一种语言的自然方法基础上按次序地安排教学计划。这只不过是系统地给予大自然单独不可能达到的事情的一种力量。当然，只有这些教学计划在心理学上是正确的，这一点才是适用的。

因此，对学习母语的自然方法较充分的认识，是使学习其他语言变得容易的一切计划的真实的源泉。

儿童语言中的语法

66.我们再来细心地考虑儿童如何学习说话——这就是说，考虑在家庭中母亲与儿童之间的关系。在这里，本能占有优势，当社会的要求攫走母亲的自然地位时，母子之间的关系就表现为学习说话并臻于完善的自然进程。但是，时代败坏了原始的母性力量，结果是损害了往后的一切语言活动。儿童说话和经验没有关系。要素教育方法理论的重要目的就是要去探索如何使这种已经造成的错误能够被避免；最重要的是，寻求充分地运用家庭生活的可能性。首先，使母亲们掌握适当的手段，其次，训练儿童使之把新获得的技巧告诉他们的兄弟姐妹们。

第一，儿童学习识别和称呼各种事物；然后，认识它们的特性和活动——这就是说，他从学习各种对象进而学到形容词，然后学到动词。他随着时光的流逝非系统性地学习这些字词，虽然他们进步是间歇的，但这些字词总是从短语中学到的。上下文能使儿童掌握字词的意义和字词之间的关系。因为短语能传达意义，所以学起来要比孤立地学字词容易得多，当然，在分散的短语中个别的字词只能被不完全地理解。与此同时，儿童在经历这些字词的学习中也在掌握语法的变化。

那些在形式上没有变化的词类——介词、连词等——通过精心地收集起来的例句能被印在儿童的心上，因而有助于其他方面的缓慢的自然进程。这种情况特别符合我们的初等教育计划。

新语言学习中的语法学习

虽然当儿童获得了语言的实际运用能力时，当然要向他们介绍语法，但是，在他们练习说话的这些能力和其他能力时，并没教他们任何语法。学习外语恰恰运用的是这一原则，尽管流行的教学实践忘记了它。没有受过教育的人在教语言时却用的是这种正确的方法，这是多么奇怪的事！把一个德国儿童委托给一个法国仆人，他用不断谈话的方法就可以迅速而有效地教这个孩子法语。他自己能很快地并从容地表述他周围的事物，不管它们的逻辑顺序如何，儿童毕竟获得了多年的学校教学计划所达不到的结果。这位仆人的方法是自然的方法，因而是优越的。

67. 即使一个人在异国他乡，那里没有人能说他的语言，这种情况也能说明我的观点。客观需要强迫他像学习自己的母语那样去学习外国语。在他了解这些外语的意义之前，他识记了它们的声音，而它们的意义与能力也就产生了。我自己的经验也进一步证实了我的观点，虽然在很长时间内我们未能像教母语那样把这一原则运用到其他任何外语教学中去。

68. 不过，我相信它能应用到外语教学中去，而且也相信它代表了获得一种语言的程序的典型模式。我们已经在德语（母语）和拉丁语方面开展了工作。

语言是感觉经验与思维之间的中介

现在不谈这一课题，还是回到感觉经验与思维的关系上来。若不是一个人的感觉经验特别混乱，他就会自动地寻找到他生活中各种事物的清晰的印象。但清晰的感性认识并不能使他满足。他又努力把它们组织到一个较高的思想系统中去。通过把他的各种感觉经验带进他所寻求的关系中，他寻求得到确定的观念。他将它们进行相互比较，给它们以逻辑顺序，在他的判断之中来利用它们。就他来说这一切都是自发的，而教育者却一直试图使这种自发性化为简单的规则，并使它没有错误。但是，他们却已经走入了迷途，偏离了组织感觉经验的基本工作，以教逻辑思维的规则取代了分析、比较的细心实践。当然，这就等于把车放在马的前头。系统的逻辑只是对那些已经能够清晰思考的思想家来说才是有用的。不管学生们怎样长时间地运用它，它的真正意义反而丢失了。它是无力的、有害的和没有效果的。

70. 发展思维能力的练习必须与生活本身的方法相符合。正像人们不能通过谈论道德就能成为有道德的人一样,除了通过实际思维,他们是不可能学会思维的。要素教育体系把形状和数目看作从简单的感觉转化为实际思维的简单而自然的准备。要素教育运用形与数于那种目的之中,并把它们看作展露和训练人们的抽象能力的妥当的基础。

然而,必须清楚地懂得,形状和数目的教学方法并不是简化算术和测量的一系列机械式的练习和人为的设计。我们不能用乘法表或类似的表格来开始进行数目的教学。这类工作的基础在于要求有归类、分开和比较感觉对象的能力,同时,我们也不愿抛弃正方形数词关系表①,而采取其他纯属人为的设计。在每一件事情上我们都依靠人的自然的意向去思考。人必须学会好好思考呈现在他感官面前的各种事物,自己对它们进行归类、分开和比较。当他这样做了,计算的能力和测量的能力就会产生,这种能力好像自然而然就有了似的。我们的方法把重点放在这一早期工作上,拒绝搞任何的机械式的窍门和简略化,这些东西十分流行于初级与高级的实践算术之中。在儿童能够适当地处理那些可以测量和计算的多种对象之前,他必须通过一系列抽象形式的练习,掌握数量和测量的一般原则。

71. 为了要达到成功,所使用的设计必须和自然相符合。这就是说,它们必须是"基本的";它们必须是小心翼翼地被分成渐进的、不露缺陷的序列,从最简单明了的基本原理到独立的计算,甚至引导到简单的代数和几何的问题。

72. 这并不意味着所有社会阶层的孩子都要去学习代数和几何。不同的阶层,甚至不同的个人要求不同程度的造诣,只有很少的人需要高级数学知识。如果较高级的工作仅仅由那些

---

① 这些正方形在格林写的《裴斯泰洛齐的生活与工作》一书中作了介绍。

表现出有异乎寻常的能力和不依赖于他的阶层的人去尝试，那便是一件真正的好事。这种情况是一种特殊的职责。对超常的才能应该给予每一种可能的机会，而且，最重要的是必须加以正确的引导。但是，即使是在这里，生活教育的原则也必须得到承认。我们必须小心，不要与孩子的实际的或潜在的环境失去和谐。他的生活幸福是要首先考虑到的。我们要求对优异儿童给以爱的关怀，这并不是不符合这个原则，相反是强化它，也不是数学上的能力不同于任何其他方面的能力。

73. 数学训练必须与儿童的一般智力进步保持严格的联系。不要强迫他们专门化；方法必须适合他的自发活动。

74. 虽然儿童自身具有分析与综合思考的推动力，但并不是说，我们可以听其任意发展。我们必须引导和激励他，通过精心设计的方法，既要教给他知识，又要他自力更生。正如我们已经指出的，组织他的感官经验，进行数目和形状的教学。

实践的技巧

现在我来谈谈实践技巧的问题。像所有其他的人类才能一样，这种技巧的萌芽也存在于孩子的身上。只有通过练习才能发展成熟。虽然它要靠感官和四肢的实际运用，但其进步直接与心智的生长有关。关于这一点我们所做的一切都是有益的。内部和外部的因素必须永远保持密切的联系。

75. ……灵魂、生活……二者构成实践技巧的真正的实质，就像它们组织感官经验一样。外部的计划要求的是组织。我们需要感官的和四肢的基本训练课程。各种练习必须适合于实际情况的特殊性质——那些为训练感官的练习要适合他们的身体素质，那些为训练四肢的练习应当遵循那些支配着有控制的获得的各种规律。

76. 像通常那样，虽然活动的动力存在于儿童内部，但教师必须激发它，并引导它沿着正确的轨道发展。如果他采用这个"基本的"原则，他就可以运用一套渐进的练习方法，迅速而有力地训练儿童的耳朵去听，眼睛去看，以及嘴巴正确地说话和唱歌。对四肢的训练也是如此。

心理的契机

77. 儿童自己的冲动引发自由活动。教学不要忙着加以干涉。只有在儿童已准备好了的时候才能提出一些要求。当他感到"我现在会做那件事了"时，我们才可以要求他去做。应该允许儿童拿粉笔、铅笔、炭笔等去画各种直线和曲线，而不要企图干涉和纠正他。只有当儿童纯属自愿地开始模仿容易的字词、愉快的声音以及以变化为乐事和相当准确地表演他的随意动作时，只有当他受到刺激去模仿各种各样大量的字词和声音并使他的动作越加正确和多样化时，他才会产生这种想法："我亲爱的妈妈会帮我做好我非常想做却又做不好的这件事。"这时，才能用自然的方法向儿童提供教学；这时，并且只有这时才应该提供给他。在实践教育的所有各个领域，其程序的方式都是相同的。

78. 一切"要素"方法都是借助连续的不间断的步骤，从最简单的基础向较高的知识分科进展的。知识在向深度和广度进展时，也同样保持了内部的和谐。

79. 任何实践艺术的训练方法都部分地基于原始生活的感官需要，也部分地基于艺术本身的特点。建筑学的较高成就是从装饰原始人的小茅屋开始的。如果人类不需要防御风寒，就不需要建筑宫殿。如果我们不想尽快地从河的这一岸到达对岸，我们就不会有造船学。没有诸如此类的境遇，连建筑学这个词也很难发明出来。

80. 当我们的原始需要得到满足以后，我们从这个过程中获得的能力就会自发地应用于艺术本身的提高。如果教学计划继续地与历史起源和谐一致，这种新的活动将在教育上产生深刻的效用。从另一方面说，如果艺术的实践基础被遗忘了，而把注意力放在发展艺术能力的浮华外表上，那么教育的这一方面必将失去其用途。它将不是力量的源泉，而是缺点的根源。

较高的艺术训练必须从属于生活实际需要的训练。的确，只有在这个基础上，较高级的训练才能繁荣兴旺起来。艺术的才能在任何情况下都主要地依靠对五官的全面的训练。当然，完善的经验是必不可少的。

实践技巧的智力基础

81. 在智力方面，艺术才能也要求训练思维能力，要求有数目和形状的知识，以及有效的语言才能。在"要素"路线指导下，他已学习了测量、计算、绘画，他已经得到了实践技巧的智力基础。剩下来的工作只是去训练他渴望掌握的专门艺术所需要的外部灵巧。这对音乐与绘画两者都是真实的。……训练一切机械式的灵巧的过程，都要经过四个阶段：第一，关心正确理解其形式；第二，能够复现它们；第三，微妙地表演；第四，自由而独立地运用它们。经验向我们表明，这一点对于书写、绘画、唱歌以及演奏钢琴……都是真实的。

实践技巧和生活

82. 已经掌握了形状和数目要素的儿童，也具有履行其家庭和职业责任的智力基础。但是，生活教育的原则对于富人阶级来说，比起穷人阶级更不适用。穷人阶级的儿童从摇篮时起就实行着生活所需要的机械式计划。手工业者的孩子总是亲切地接触他们父亲的劳动，并从中受到巨大的启发。他们参加劳动，并掌握了许多细仔的技能。但是，在富有阶级中却不可能提供这种机会。他们的孩子说："我们是富人，我们不需要这些东西。"他们从未想过要帮助自己的双亲，以减轻生活负担，也不认为所有幸福的果实都是与这种想法相联系的。啊！对于那些满足于羡慕富有邻居的人们的孩子们来说，情况也是如此……

84～90. 我们需要填补富家儿童教育中的这个缺陷，把他们从当前的社会罪恶中挽救出来，把用于贫穷儿童教育的同一原则也用在他们身上。

91. 我们的目的是对所有阶级恢复双亲式的兴趣和双亲式的力量。在我的童年时代，我常听到有的男孩子从幼年起父母就培养他去祈祷、思考和劳动，这已经是受了一半的教育了。事情不能再真实了，这恰恰就是我们心中的"要素"教育的目标。

它是帮助大自然发展我们的体力、智力和道德力量的心理学手段。一位明智的来访者在观察了一堂数目教学课后评论说："这是能力的问题，而不是知识的问题。"他们评论正确而清楚地表述了这种见解和"要素"方法与一切其他方法之间的差别。

92. 这种方法适用于我们的知识和技巧的全部领域。每一知识和技巧部门都有其特殊的性质，不同于其他部门。教这些技巧的教师当然必须具备专业知识和其所包含的特殊能力。他不仅必须对才能的"要素"训练完全熟悉，而且，也必须完全熟悉要介绍给学生的特殊部分的知识或艺术。这并不像所看起来的那么难，因为，当教师认识到为了教学的目的，绝对需要谨慎地把所教的科学分成渐进的等级时，他也将认识到，在原则上，"要素"方法与他的从初步开始教学的需要是相同的。因此，他也必定认识到，<u>生活教育</u>的原则决定他的科学教学工作的目的和范围……

94. 95. 只有在这种时候，即对社会各阶级的环境和需要给予应有的注意的时候，我们才可以有把握地认为我们的教育方案是对民族文化作出了贡献。如果在这一点上加以留心，它对上层阶级的特殊影响和对一切需要高等科学教育的职业者的影响将是好的。一方面，它为他们的职业给予充分而适当的训练；另一方面，它使他们有能力去追求和运用自己的方法从事专门研究。

96. 它在手工业者和劳动阶级中的影响也是令人愉快的。如果它被采纳为国家的制度，它将一方面使那些有野心的人冷淡下来，那些人尽管极其适合他们的特殊地位，却完全不适合任何高级职位；另一方面，将使有特别天才的人在他们的行业中施展力量，以取得他们自己的和公共的利益。

感官经验与高级劳动和
自然界历史的关系

要考虑感觉经验的基本练习,并通过语言练习使它过渡到严格意义上的思维。如果感觉基础是充分的和健全的,我们就可领导我们的小学生通过循序渐进的步骤获得明确的概念。我们在数目与形状教学的课堂上引导他们进行抽象思维,为科学观点逐渐铺平道路。要考虑把自然界的历史作为一个范例。无论怎样限制一个孩子的经验,他也肯定地熟悉半打以上的哺乳动物,就像熟悉许多鸟、鱼、昆虫、两栖动物和蚯蚓等。如果他从摇篮时起就学会认识它们以及它们的主要情况,又如果他已学会自己清楚地表述它们,就像"要素"方法教他的那样,那么,这样的一个孩子就是获得了动物学家、鸟类学家等人的可靠的和自然的介绍的观点。如果环境许可,他能从事这类研究并有相当多的成功机会。其他科学也是这样。……的确,如果要素方法不是意味着这一些,它就是无用的。它的价值部分地依赖于我们自己,也部分地依赖于环境,而这种环境决不会是完全没有意义的。任何儿童只要已经学会了细心地观察在静止和运动状态下的水,或者水的多样形式——露水、雨、雾、蒸气、冰雹、雪等——并且又学会了观察水对其他物体的多样作用,能清楚地表述它们,那么,他就已经获得了物理学家观察事物的方法的基础。与此类似,孩子也熟悉了这类现象,如盐和糖的溶解,经过蒸发和结晶它们又恢复原状,大理石转化为白垩,打火石转化为玻璃,这就很好地为科学地研究这些事物做好了准备。这也就如同一个农村的小伙子透彻地了解了一些茅屋,并能从细节上来描述它们,仔细到像要学习如何去盖这些茅屋一样。如果这个小伙子有才能，他只需要形状和数目的"要素"训练，就可以用更广泛的方法去研究建筑。

98. 当一个儿童从摇篮时起就用这种方法受到培养时，很难说其感官能力的仔细训练会使他达到何种深远的程度，特别是假如他在抽象处理他的经验方面受到了充分训练的话。能量大的地方，方法就容易被运用，而且影响深远。

地理和历史

99. 但是，这种先进的工作在今天所流行的混乱的词语教学中是无法进行的。我们坚持生活教育的原则。我们总是诉诸儿童的整个本性，即使在课题被认为是不真正适合儿童时，要素方法也应使教学合理，并尽可能地摆脱这种局面。以地理和历史为例，虽然我根本不认为它们是初学课程中的适当学科。如果一个孩子必须学习地理，要素方法将提供一种简单的练习课，学习山、河、城镇名称，并用普通的地理仪器，通过"人为的经验"教学生认识这些地方的有关位置。

100. 有两种类型的练习适合儿童。记忆力与感官活动在儿童时期特别强。我尽可能利用邻近地区来教儿童识别地理位置及关系。在第一节阅读课上，我应当训练我的学生大声拼读邻近的地名，例如，一条河的流域。我应当把这一流域分成上游区、中游区和下游区，让儿童反复练习重要地方的名称和位置。在第二课上，儿童们必须学习与第一课中有关的小地方的名称和位置。……儿童们还必须学习这个地方在这一方向与某地相距多少里。

101. 102. 这一课程将形成合适的地理科学研究的入门,在这一课程中将教给学生科学术语。无论如何,它不是别的,只是日后将要建造一间房子的一些材料。

103. 至于历史,我们不能做更多的事情。如果我们不愿意永远损坏一个孩子理解历史的机会,我们就不必企图在他很小的时候去教他历史知识。要想使人在他们对其生活的现实世界还未曾有任何真正认识的情况下,去认识很久以前的某一时代的精神,这是绝对无意义的。我们只需教他们有用的人名和地名,而不要超过这些。

104. 因此,我认为这种工作在地理和历史课上的可能性几乎和学习说话的机械式练习一样,尽管我已经说过,我认为这种练习是非常重要的。

105. 106. 学习新语言的最大好处之一是,它能给予修正和更新我们的知识的机会。很多我们已学会的与母语发展有关的知识已经衰变了,现在是使它回复到生活中去的时候了。①所有这些,极其需要有一种适合标准形式的教科书。但是,我必须着手把要素教育的观念作为一个总体来考虑,并把我对它的各个孤立方面所说过的话总括起来。

必须培养完整的人性

107. 虽然我未曾这样说过,多种多样的培养计划如发展我

---

① 裴斯泰洛齐看起来已经想到夸美纽斯在语言入门中发现的练习形式——《世界图解》、《语言入门》等等。他特别谈到了拉丁语。

们的感官能力、说话和思考的能力以及我们的实践经验——这一切都是促进满足人类本性作为一个整体的需要。但是，孤立地培养这些能力的某一方面是不够的。过分强调这一方面或那一方面总是危险的，这会带来内部发展的不和谐。然而，在我们尚未解决什么是人类本性的特殊性格之前，无论如何不能回答出怎样使教育和教学完全地成为自然的这样一个问题。这样，我们就又被带回到早先那些篇章中所讨论的问题了。在那里我们发现这个问题的特点在于：人具有超过和高于他与动物共有的那些性质。牛有它自己的灵魂和生命，但它不是人类的。……狗有比人好的嗅觉，鹰有比人好的视力；不仅如此，它们还能很好地利用这些器官。我们不能指望达到他们那样的技巧，尽管那种技巧是那么精巧，但不是人类的。它仅仅意味着本能力量的运用。它与人的思维和活动才能之间的差别，不管怎么说，它是低级的，这是明显的。当我听到这样的说法："你使我们仅稍低于安琪儿"时，我确实感到震惊。我记起那种同样真实的话："你已经无限地使我们在地球上的血肉之躯抬高了；你已经使我们无限地高于田野上的野兽。"……人类的思维是与肉体器官毫无关系的。它是使身体成为心智的奴仆的神性的工具；只有这才是真正的人性，而且绝对地与低级动物的思维能力相对立。为了充分地掌握我们所指出的"依据大自然"的意义，我们必须牢记我们的一切工作都是设计来影响各种能力处于统一的人的整个本性的。它依靠我们各种能力的和谐——这种和谐一旦建立起来，就将影响我们整个的实际生活……

111. 每一事物都依靠爱心和忠诚意向的成功建立①……

---

① 裴斯泰洛齐重述了他在前面几段中已说过的许多细节。也可参看《见解与经验》中关于道德思想部分（第三封信）。

不同阶级需要的不同教育

119. 在"要素观点"要求把人类本性看作一个整体的同时，并没有忘记有必要处理人们中间存在着的不同社会地位这个问题的必要性。教育和家庭环境之间的和谐是它的首要原则。要教育孩子热爱他周围环境中一切可爱的东西。他学习思考有关的能激发他思考的事物；他学习做、希望、期待、信任，并且奋斗在有关他的生活实际中。他的能力和他的生活的需要和谐一致地发展。他父亲的家，他父亲的社会地位等，对于他都是可贵的，他乐意分担他们的负担。他不觉得这是加在自己身上的约束；这些已经形成了习惯。我们不要把他造就成一个梦想家——失去现实性的人是没有能力去履行他的职责的。无论上述的事是多么微不足道，都要把孩子造就成内心善良的幸福的工作者。

120. 121. 首先我们需要一种将考虑这些差别的教育制度。需要对不同的阶级提供不同的教育。城镇公民当然不比一个乡下人在初级知识方面需要更坚实的基础，但是，还是有必要用不同的方法去发展他们的能力，并且应当鼓励用不同的形式。如果乡下人的教育是这种情况，即不需要请求一个木匠来为他规划每块木板的制作，或请求一个铁匠来随时帮他往墙上钉钉子的话，那么城镇居民却必须做好这种特殊需要的准备。他必须获得用于地方工业的各种材料的全面知识，并受到算术和美学之类的训练，因为那将引发出他的创造才能。

122. 上层阶级儿童的情况则完全不同。他们不需要这种教育，他们的环境也不提供这类训练机会。他们永远不需要为生活的手段而担心。他们的智力的和道德的生活不需要通过体力劳动来激发,而是通过其他的途径——智慧和心灵将支配双手。

123. 如果在发展能力、知识和技巧中遵循大自然的次序的话,那么,这一观点就必然带来标志着各种不同阶级的教育安排上的差别。……挣工资阶级的幸福完全依赖于他们的实践能力。广泛的知识也不会多给他们什么。上层阶级需要更多的知识,但也只不过是牢固建立在实际经验基础上的知识。他们的实践能力本身依赖于熟悉各种事物和他们的待遇,尽管实际上它们掌握在别人手中。知识阶级需要研究方法方面的较为深广的训练。

124. 除了将被培养为从事特殊的科学工作的人以外,大自然本身为每一阶级的教育需要提供了必要的环境……

作为教育者的双亲和家庭教师

135. 当我假定并提出这种设想时,我很清楚我的想象将受到嘲笑,就是说,当我的要素教育理论被理解的时候,那些双亲们将不是被迫地而是真诚地放弃自己对孩子们的教育。我确实相信在大多数情况下会发生这种事情,我知道这是这个阶级中大多数父母们的习惯——真的,假如他们不是根据某些原则这样做的话——坦白地承认他们对于教育一无所知。他们说他们只好把孩子委托给受聘的教育者,他们既不吝惜时间也不吝惜金钱地去寻求合适的人。他们显得非常慷慨,并经常获得意外成功。发现一个真正的好教师,就像获得一张头彩奖票那样幸运。像谚语所说的:"一条盲牛可能找到一块马蹄铁。"尽管如此，这类幸运的事是不会经常发生的。许多希望通过付巨额薪金而聘到一流教师的人，恰恰可能得到一个不胜任的人，仿佛出于吝啬的动机而选择了一件最劣质的物品一样。这类不幸的事常发生在上层阶级和富有者之中。这种严重的不幸明显地是由于一部分人因为我们错误有害的教育体系而付出了巨大的代价，并为这种错误的后果而悲叹。然而，光明的日子必将到来。当各阶层的显贵者们，特别是那些最上层的人物们在教师必备的素质上进行了严肃的反省之后，在这个课题上将得出正确的结论。为双亲们对要素教育的热情所激励，他们可能尽力帮助用一个较好的方法，取代现在出于无知而产生的做法。

附 录

附录 1

《裴斯泰洛齐著〈葛笃德如何教育她的子女〉及裴斯泰洛齐教育著作选》序言

[美] 丹尼尔·恩·罗宾逊

> 我们生来是虚弱的,所以我们需要力量;我们生来是无助的,所以我们需要帮助;我们生来是愚昧的,所以我们需要理性。所有那些我们生来所没有的,所有那些我们在成长为人时所需要的,都是由教育所赐与我们的礼物。
>
> ——卢梭:《爱弥儿》

没有一个卓越的教育家在教育问题上保持缄默,也没有一个发达社会过于谦虚,以致否认它的教育体系优越于它以前社会的教育。我们只要先把那些仅仅是自我庆幸的和虚幻的东西放在一边,只要我们先不去管那些技术上的或行政上的细微的历史差别,就会从整个西方历史中发现,教育理想是由两种相互冲突的人生,两种不同的社会见解,两种相互抵消的形而上学观来丰富的。其中,一种是和谐观,一种是进步观。前者是古代希腊人的思想范畴；后者则是现代文艺复兴运动和启蒙运动的思想范畴。

"希腊观点"，在西方世界是从古代的哲学家和戏剧家那里接受来的，是由等级制、秩序、地域和季节等要素来制约的。人们对突发的和莫名其妙的现象只能从人类对宇宙的有限理解、不发达的智力和易受蒙蔽方面去解释。在苏格拉底与柏拉图之前很久，一种无形的哲学已由海伦（Hellens，即古希腊人——中译者）所采用。这就是包含在伊索与荷马的史诗著作中的"哲学"。的确，在古希腊年代，在文学与智力上的成就无不深受它的古老而全盘的影响。它的痕迹很容易从爱奥尼亚（Ionia）的前苏格拉底自然哲学家的物质四因说中看到，也可以从毕达哥拉斯的问答教学法中看出来。但是，它也同样能在柏拉图与亚里士多德的系统著作中看到，虽然与前苏格拉底和毕达哥拉斯多少有所区别。

柏拉图与亚里士多德的伦理与政治著作显示出的人类中心说的思想，在爱奥尼亚的早期哲学家们那里刚刚触及到。而柏拉图、亚里士多德比毕达哥拉斯主义所发现的一切都更为实际——至少在我们了解后者的有限范围内是如此的。然而苏格拉底和亚里士多德的分析保留了作为生活目的的和谐的传统的信条，而且，在许多重要方面，这种信条是和进步观点针锋相对的。根据古人的理解，和谐是生存的一种条件，是生命连续体上的一个固定点；越过这一点——即走向"进步"——那就是退回到罪恶和无知。

只有在我们之前保存了这种荷马主题，我们才能够把柏拉图和亚里士多德体系中的"世俗"与他们坚持的怀疑以及轻视"感觉的事实"统一起来。经验不能揭示永恒和不变，同样，事实也不能用来证明生存的条件。没有人看到过和谐，人只是推断它。因此，所有真实的哲学都是理性的结果，而不是经验的结果。但是，理性花朵的绽开并不是无条件的。如果一个人要达到有理性的状态，通过这种状态，生活的各种事情就会被智慧、意志和热情之间的和谐关系所支配，那就必须从幼年时期就加以修养。一个人的个性养成必定要受到奖励和惩罚。他必须感受到音乐中和谐的例子和必须通过军事训练，学习那些能反映和谐的习惯。受到这种教育之后，青年人就能正式进行哲学分析了，这种分析准确明白地证明那些至今仅为前人所阐述的原则。

对雅典青年的教育强调纪律和约束。这种教育把青年的本来是自然的倾向理所当然地视为邪恶和堕落。这种教育的目的就是控制那些一旦时机成熟、心灵可能受到引诱的自然欲望。所以，教育并不是用来推进某些假定的"自然的进步"，而是保证去克服那种"自然的停滞"。对于希腊人来说，在生命的每一时期——婴儿期、幼儿期、儿童期、青春期、成年期、衰老期——都有固定的才能和癖好。亚里士多德在他的《修辞学》中精心地描述了这些阶段，并且指明了每一阶段所具有的身心优势和倾向。这些阶段本身是自然的，但并不一定是短暂的。任何阶段，不受教诲之益，我们就没有丰满的理性。反之，在每一年龄阶段，人都会遇到新的和更严峻的挑战，威胁着他，要毁掉那个年龄阶段已经培养起来的那一点和谐。仅受自然的施舍，我们就变成畜类——成为亚里士多德所说的"自然的奴隶——只能理解理性的辩论，不能用来为我们自己谋利益。"

在西方基督教霸权的千年历史中，古希腊教育思想被全盘采用了，并因罗马的斯多噶和伊比鸠鲁学说而得到加强。就基督教徒而言，世界的建立是一种试验和一种讲台；这种讲台是合法的、和谐的，受无形的但却是理性的约束的。与此同时，每个人自由选择他的活动过程，但却背着由他的"原罪"（生而带有的罪过——中译者）所形成的重负，这种重负无所选择。通过纪律、管束、儆戒和规劝，一个儿童才可能成长为这样的人，他使自己的全部生命服从于"理性与上帝的意志"。于是，只有两种生存的条件：罪孽的条件和得救的条件。前者引向永恒的受苦；后者引向永恒的和平（和谐）。在最重要的方面，个人和集体的"进步"是一个没有意义的概念。这并不是说，好的习惯不是来自实践的结果，也不是说，一个人将来不会成为一个比现在更好的基督徒。它的意思是说，进步本身并不是目的；进步甚至不是方法。进步仅仅是不重要的引导理性和完善理性的信仰的偶然关联。

当基督教从它的教父学阶段过渡到经院哲学阶段时，当亚里士多德的理性主义开始取代更具有经验主义特征的新柏拉图主义的学说时，就开始了"宗教科学"的传统。这个传统在13世纪到16世纪时，产生了文艺复兴的"自然的魅力"和"精神的魅力"，也产生了17世纪的巫术和自然科学。但在这两种表现形式中，"宗教科学"给西方社会引入了进步的观念——首先是以影响与操纵自然的希望形式出现的，然后是以控制和反对自然为目的出现的。具有讽刺意味的是，正是在这个世纪中，我们发现教堂把它重建在亚里士多德主义基础之上，我们发现一种离开正统的希腊约束的倾向和永恒的荷马式的对宇宙的外观的怀疑。这并不是说，经院主义哲学家们曲解了亚里士多德，或者他们抛弃了柏拉图；相反，在有较多的安全感和经济发展的年代中，西方社会古代的原则和说教与正在出现的信赖和希望更为合拍。而且，随着改革的展开，知识分子思潮中相对孤立、游移的观点，现在变为一种更为普遍的、文化的现象了。在反独裁主义的风暴之中，甜蜜的和谐被置之一旁，而进步的思想被看作人道主义的新宗教。

这种倾向达到了——或者说接触到了它的第一个高原——启蒙运动。后来,1848年的革命具有根本不同的性质,这些革命甚至可理解为启蒙运动活力的延续,而不是原则和哲学的更新的战斗。1848年的著名人物是平凡的人;而1789年的著名人物则是哲学家和他们的最大的子女。在这两次激变之间,我们发现古典价值的复活和急于朝启蒙运动目的进军的加速推动力。在教育领域之中,随着19世纪初的开始,紧张状态存在于民族主义与兄弟情谊、自由与道德、科学唯物主义与人类精神、功利主义与自然主义之间。当然,每一对矛盾都是针对其他矛盾来说的,而且所有这些矛盾都受后来很快称之为时代精神的制约。

约翰·裴斯泰洛齐的生活经历了上述许多类似的事变,受到了它们的独到的影响。他在16岁时正逢卢梭的《爱弥儿》出版(1762年)。他自己于1781年首次发表了《葛笃德》一文。弗里得利克大帝(Frederick the Great)死时,裴斯泰洛齐40岁;而裴斯泰洛齐死时(1827),马克思才9岁。赫尔巴特(Herbart)是裴斯泰洛齐的崇拜者兼评论者之一。而福禄倍尔(Froebel)是裴斯泰洛齐的学生之一。裴斯泰洛齐曾在普鲁士战争中英勇地战斗过,在和平期间则遭受冷遇。更有甚者,世事变得比以往更为反复无常,他自己的命运使他毫无预料地辗转流徙各地,但他的决心却更加坚定和坚强了。有半个世纪,他为了年轻一代的教育利益而努力,寻求使他们适应现实世界,同时保护自然已经授予他们的东西的方法。但是,它们却比预料的少得多,就连他,尤其是他所认识到了的他的"理想",也永远不能实现。因为那毕竟是希腊式的理想。

> "每一研究人类本性的哲学家最终都不得不承认，教育的唯一目的是才能与气质的和谐发展，蒙上帝的恩典，才能和气质构成人的个性。"
>
> ——裴斯泰洛齐：《见解与经验》

在有些方面，现代读者很可能会感到更多地熟悉由裴斯泰洛齐推进的教育哲学，虽然这种哲学已有两个世纪之久了。西方人，特别是西方有知识的人，一直生活在卢梭的思想遗产中，继续为他的习惯和向往辩护，首先是以哲学家的术语，然后则是以19世纪具有自由教育传统的有才能的散文家的术语为之辩护。当然，在美国现代大学中有更多的学者同意裴斯泰洛齐所不倦重述的"生活即教育"的主张。今天只是有不同意见的人才反对裴斯泰洛齐关于去教育"完整的人"的论断。裴斯泰洛齐提出只有当教育求助于"头、心、手"时，人才能成为"完整的"。此外，这里还有一种普遍的、不断增长的对实际的、现实的教育的热情，和一种普遍的、虽然是牢固的、怀疑目的在于高压的、"离题的"古典教育。难道不会有更多的人比一个一知半解的人更赞成下面的主张吗？

> "上层社会享有特权，下层社会遭受苦难，这种贫富的不协调毁坏了人的心灵，或者说导致这种严重失调的开端是印刷术的发明……我几乎也可以说，这种万能的工具被迫变成了单纯的认字眼，并把我们变成了单纯的认字人。"
>
> ——裴斯泰洛齐：《葛笃德如何教育她的子女·第十封信》

裴斯泰洛齐对书本的抱怨，正像现代教师对电视的害怕一样，认为它们都是使消极被动的东西被看成必要的规则，而把自主的活动视为异常。当世界用经济和技术的手段变得更易管理时，早已形成的阶级分化和阶级的巨大差别更加扩大了，有文化的人主宰文盲。更坏的是，主宰者用文字而不是用实际来统治。

我们在《爱弥儿》中能发现同样的观念，或者在马克思的著作里也可以找到关于这个问题的这种观念。将意识形态搁置一旁，在裴斯泰洛齐那里，这些观念是从教育系统的哲学中萌发出来的，这种教育哲学决没有过时，也没有陷入绝境。由于受卢梭的影响，加上自己的深思熟虑，裴斯泰洛齐坚持认为，大自然是我们的学校，生活是我们的主要导师。所以，正规的学校教育能够预期生活和大自然加给我们的要求，就是成功的；牺牲现实去追求抽象，牺牲实践去追求遐想，就是失败的。而生活，归根结蒂就是经验和活动。

在认识论的基本问题上，裴斯泰洛齐的观点是毫不踌躇的：我们的一切认识是通过感觉的机制去认知的。可知世界是经过感官进入我们的内心世界的，在进入内心世界之前，我们是一无所知的。但是，感觉只能传递无联系的混沌的经验。经过训练的心智则将感觉印象锻炼成思想。在这里，语言的作用是重要的。通过语言，感觉转变为思想，并组成连贯的概念与记忆。

> "我的教学方法尤其在这方面与众不同——它比以前更多地使用语言作为一种工具，将儿童的认识从模糊的感觉印象上升到清晰的观念。同样，我的教学法不同于别人，在于它从最初的基本教学中排除了以对语言

或语法的实际知识为前提的词汇。"
——裴斯泰洛齐:《葛笃德如何教育她的子女·第七封信》

在这一段里强调了两点:一点是关于语言在思想的形成中的首要地位;另一点则是将语言教学限制在可感知事物的具体范围内。低层阶级的真正束缚在于他们不理解律师、牧师和企业家。由于他们的学校教育只把他们引进烦琐的词藻之中,不教给他们与日常经验相符的东西,他们只是供人取笑的笑柄和被剥削的对象。所以,

"……定义先于感觉印象会使人们自以为是地高谈阔论,对德行和信仰的口头说教,如果先于生动的感觉印象的现实,就会把人们引入歧途,造成混乱。"
——裴斯泰洛齐:《葛笃德如何教育她的子女·第十三封信》

每一清晰的观念总是对某一事物的看法。这就要求感觉在心灵能形成关于某一事物的观念之前先要与这一事物有所接触。这在道德领域中并不比在事实领域、科学领域或工艺领域中少。纯粹用语言进行的教学——缺乏具体可见的事例——这是一种字面上的无意义的胡说,只能迷乱青年的心智。正像卢梭所说的,儿童必定"不是向书本而是向实物"学习。(我必须说明,在《爱弥儿》一书中提出这一论断时,卢梭正是受到《鲁宾逊漂流记》这本书的启发的)

如果裴斯泰洛齐在这里停止他的分析,他将不会比一种更时髦的经验主义提供更多的东西,不会比爱尔维修或拉美特利(La Mettrie)所倡导的有所不同。但是,裴斯泰洛齐是一个经验

主义者而不是一个环境决定论者,是一个自然主义者而不是一个激进的唯物主义者。请注意,在裴斯泰洛齐自己的哲学发展中,他发现需要冷静地对待在传统智慧阴影笼罩中关于启蒙运动的沾沾自喜的自信。因此,他的经验心理学是走向认知心理学的第一步,而且,这也是走向实践的(道德)社会学的第一步。停止在经验心理学的这一阶段——并从这一点去寻找展示各种形而上学的和伦理学的口号——这就是启蒙运动错误的复活:

>"这将导致所有人性从政治制度上消失;也导致几个已不再讲人性的政治制度的解体。但不幸的是这一些并没有为人性作出贡献……欧洲教学的缺点……已将这部分世界推到了现在这个局面……除了从我们的民众教学的肤浅性、不完善性和轻率的状况中悬崖勒马,并认识到感觉印象是所有知识的真正基础之外,已经没有对当前社会和未来社会、道德和宗教的其他的补救办法。"
>——裴斯泰洛齐:《葛笃德如何教育她的子女·第十封信》

但是,既然它是全部知识的基础,它就不是我们认识事物的极限。相反,它是形成清晰观念的第一步,清晰观念又是我们的责任感的开始。于是我们从事实进而到原理,再进而到行动,遵循这一顺序接受教育,就可以使我们所有的行动都与所处环境的实际相一致,都与适用于这些事实的原则相一致。在《测量的艺术》* 一文中,我们看到对这一观点最清楚的例证。文

---

* 《葛笃德如何教育她的子女·第八封信》。

中阐明了几何图形和比例教学，使（仅仅是）观察能力提高到对法则的认识。这同样适用于道德教育，道德教育中教师的爱和公正——表现在一些个别的事例之中——以非常可靠而概括的方式体现出来，使儿童开始认识构成行为基础（公正）的道德原理。

裴斯泰洛齐具有弗洛伊德式的敏锐，始终坚持认为全部教育都发端于家庭内部，教育的最重要的特征是那些最初而又最完整地掌握在家庭成员手中的——特别是母亲手中的。他早年创办的孤儿学校使他看到了失去父母的童年所带来的破坏性的不良后果，他毫不掩饰自己对政府失去信心，这使他确信儿童最好的教育是由那些身体力行、感情倾注的人所承担的。在他的《直观ABC》中，他提醒母亲们注意与今后生活不相称的早期影响。正如格林教授在1912年版的《著作选》导言中指出的那样，裴斯泰洛齐清楚地认识到华兹华斯（Wordsworth）*的"今日儿童明日父"的说法。儿童必须从他母亲那儿习得的东西是纯粹的感觉印象，是不可能转达的东西。我在这儿所说的是道德原则和有关上帝的意识。这些原则和这种意识从根本上说是先验的东西——或者至少说是超宇宙的上帝所赋与的——但是它们又必须由经验引发并以经验为基础。那就是说，如果要确立一个有关这些原则和意识的清晰观念，那么它们就必须通过感觉首先感染儿童的心灵。在这一过程中，母亲就是必不可少的楷模，是不可替代的教师。母亲和孩子之间互相交流的爱成为上帝爱人的典范。母亲的公正和关怀也是世界较普遍的特征的实例。在大自然的膝前是不能获得这些教益的。

---

* 华兹华斯（1770—1850），英国诗人。

> "不是上帝的最初创造物,而是这个世界引诱儿童在地狱的漩涡中使人眼花缭乱地摇摆不定,它的深渊就是无爱和道德堕落之源。不是上帝的创造物,而是导致它自身毁灭的兽性的力量和艺术是这个世界展现在儿童眼前的东西。"
>
> ——裴斯泰洛齐:《葛笃德如何教育她的子女·第十四封信》

卢梭那崇高的野蛮人如果还活着的话,那么在他的周围将再也找不到像他的母校(alma mater)那样没有污染的自然界。这个现实的世界是一个穷兵黩武、尔虞我诈、虚情假意、弱肉强食、道德沉沦的世界。儿童意欲摆脱这个世界的网罗,意欲作为一个完整的人、一个有道德的人在这个世界中生存下来,他就必须借助于人的干预和人的榜样来作为准备。我们发现有关算术教学、画图、体操、语言训练以及手工劳动等方面内容的许多篇幅都是围绕这一点阐述的。我们看到裴斯泰洛齐计划所追求的目标不是培养仅仅有技能的工匠或训练有素的职业者。这个目标用裴斯泰洛齐自己的话来说是这样的:

> "……保持心灵的纯洁,不为谬误与偏见所惑,以此防止理性的偏私;而最重要的是,使我的感觉印象服从于我所确信的东西;使我的渴望服从于我的善行,并使我的善行服从于正义的意志。"
>
> ——裴斯泰洛齐:《葛笃德如何教育她的子女·第十四封信》

我早先曾暗示过,如果用现代眼光来评价的话,裴斯泰洛齐的教育观点很可能会得到赞同。当然这并不是说这一赞同所依据的与裴斯泰洛齐提出教育观点的依据是同一回事。这也不意味着现代的读者将会赞同裴斯泰洛齐所认为的他的体系会产生的一切。

在裴斯泰洛齐的理论中，他偏袒经验，崇尚"生活"，视二者为最有效的教师，未能摆脱他的阶级所决定的社会观念的束缚。他能看到没有正当理由去强迫农夫的儿子掌握拉丁语词组或玄学家的假想。他公开地悲叹那不顾社会背景、发展前途、天赋才能、个人爱好等差异的普及教育制度。在裴斯泰洛齐看来，头脑、心灵和双手的训练必须齐头并进，这基本上是因为儿童不仅可能，而且会看到一生中大部分时间是用双手工作的。而比这更重要的是，裴斯泰洛齐相信心理发展是感觉—运动相结合的问题，而早期操作性训练对于最终认知技能的形成是必不可少的。那么请注意，力主"做"是皮亚杰的观点，也是卢梭的观点。那就是说，它是以认知发展的理论为基础的，而不仅仅根据那些公认的手工劳动的功德！

还必须看到，教育是由生活所提供的，裴斯泰洛齐将这种教育给予那些已经在智力和道德方面训练有素的人。作为一个教育家，他所关心的是把由日常生活提供的各种混杂的机会变为有用的教育，确保儿童进入这个现实世界时不会被一系列感觉印象所腐蚀，变得"头晕目眩"。同样，儿童从早期岁月起，就要由其家庭成员树立的道德榜样来塑造，而他的思想则是通过那只是可以称为"严格有素训练"*（regimental）的教育计划进一步锤炼。所以，欲在裴斯泰洛齐的著作中寻找现代"经验的"教育的辩护词那是危险的。当代所谓的自由主义派的作家

---

* regimental 意为 forcing disciplineson，源于拉丁语，意为 rule。

中，几乎没有人提出课程改革是以裴斯泰洛齐称之为自己的理论的东西来作基础的——或者，就此而言，以裴斯泰洛齐可能领悟到的东西为基础。他会认为夺走典型的现代家庭的产儿，把他甩到生活经验的汪洋之中，这从心理学角度来说就是一种自杀。正如他对我们说的，人"必须从他各种原始本能的废墟中积聚经验，这种经验将使他相信他的动物天性是错误的，没有价值的，并引导他去认识道德的价值"（《早期著作》，第242页）。那么，中肯而有建设性的经验只能产生于那些带到这个世界上来的完全未受熏陶的心理资质的"废墟中间"。

鉴于同一认识，裴斯泰洛齐倾向于强调儿童的社会经济"地位"，将它看作需要用特殊的方法给以特殊关心的因素。虽然他的眼前时刻不忘儿童将要生活的那种生活图影，经常看到那表面上看来似乎与儿童的家庭背景密切相关的独特的职业需求，但他还是坚定不移地坚持这个信息，即心理才能人所共有，而培育这些心理才能是教师的首要职责。在《1818年对我校师生的讲演》一文中，他明确地得出了这样的结论：

"在我人生的沉浮的经历中，我很快发现教育问题从本质上说，不管儿童的社会地位如何都是一样的，不在于传授专门的知识或专门的技能，而在于发展人类的基本能力（人类的基本能力当然是不分穷富的）。"

要发展这些才能，教师必须一步步地引导儿童通过语言、数和形的错综复杂的学习。他必须做到使形成和记忆感觉印象的机制服从于认知规则，继而这些规则又对行动提出要求。这些步骤对于农夫、手工业者或将军来说都是必不可少的。因此不管背景如何，个人都必须发展他的能力，以此作为在生活的各个阶段接受教育的条件。

正如语言、数和形不是儿童教育唯一的正式要素——仅仅是最基本的要素一样，家庭也不是培养生活道德尺度的唯一环境。在《见解和经验》的第五、第六、第七封信中，裴斯泰洛齐向我们提供了一些假设，这些假设同时又类似于弗洛伊德、皮亚杰、华兹华斯的观点。他注意到幼儿以我为中心的眼光；这种眼光是新生儿的物质需要和感性与运动的局限所致的。然而，不久儿童就开始认识到他自己是几个人中的一员；继而又认识到是许多人中的一员。他的社会圈子扩大了，由纯粹依赖和自私自利转变为互相依靠和社会的意识。大自然也是一名伟大的教师。儿童了解了浪费和死亡；了解了劳动的成果和懒惰的报应；了解了上帝的创造物中存在着本质上的和谐。于是，我们看到裴斯泰洛齐的"体系"(system)——赫尔巴特认为全是练习和训练——只是将自然主义运用到教育上。这是那种在文学领域中支配着湖畔派诗人*的、在美术界支配着自然风景和海景大师们的、在音乐界支配着浪漫主义者的那些情感在教育学领域中的翻版。当然这种情感为和谐的思想所推进和强化了，且是古希腊人的见解的再现，是背离了进步主义。这只是我们现代的讽刺的又一例子，因为我们今天一般所说的"进步"教育——以"做中学""经验""实际生活"为基础的教育——实际上是一种起反作用的想法，是一种针对地地道道"保守的"证书制度而提出的观点。

在阅读裴斯泰洛齐的这些论文时，读者会深受感染，自觉追随作者的心理学的思路。他没有打算要提供一种教育哲学，而

---

* 指 Wordsworth、Coleridge 和 Southey 等新英格兰诗人。

是提出了一种教育心理学。他在各个时期的计划都从那些已知或假设的学习、记忆、认知动机原理中寻找佐证。作为一个心理学家，裴斯泰洛齐汇编了一份混杂的然而饶有兴味的记录。在语言学习问题上，他明显地因袭了联想主义主张拟声的传统。由于这一原因，他的主张是过时的、枯燥的。他分析了感觉印象和"清晰观念"的关系，看来不愿用同样的方法来分析语言对于感觉印象和清晰概念的关系，他采纳了这样的见解，认为固定的心智才能或能力可以组织各种感觉，受过训练或有基础的头脑接着可根据规则和原理对感觉印象进行加工，这样一来，那些至今为止还只不过是点滴的经验就成了连贯的概念整体了。然而就语言而论，他满足于让模仿和应答性练习去施展它们的魔力，并在一定程度上将只言片语转换成符合语法规则的话语。那么很清楚，裴斯泰洛齐虽然预期了皮亚杰教授的理论胚芽，却没有预见到乔姆斯基（Chomsky）教授的那些理论。

在承认教育的社会的与社会化的性质时，裴斯泰洛齐明显地走在时代的前面，甚至从卢梭的影响来看也是如此。他在这一点上的讨论中不时提到同侪、攀比、"楷模作用"、角色扮演等等。他已清楚地认识到"发展关键期"这一现象，虽然他从未使用过这个术语或它的相应词。他处处强调学习者的"准备状态"，将其作为教育的关键因素。

在教育的心理学这一更为有限的领域，裴斯泰洛齐既是一位先知者，又是一位领导者。他极力主张建立致力农业科学的乡村学院，旨在培育优秀手工业者的职业学校，训练教师的专门学院。他坚持认为应为父母和教师提供一套手册——《如何去做》的书，在这套手册中清楚地讨论那些在自己的学校中发展起来的具有实践倾向的心理学方法和原则，那么教育中的一些主要问题就可以得到解决。他进一步争辩说，对那终将成为教育科学的东西，只是谈到了一点皮毛，而未来的工作者将不得不担负起有关学习、记忆、儿童发展等严肃的试验性研究。对此，他建议创办实验学校，以致力于探究那些他已经指出的问题和假设。

同样令人感兴趣的是，一个如此急切地维护和提高裴斯泰洛齐称之为"国民教养"的教育的人——一个急于希望看到受过良好教育的儿童将会有益于国家的人——竟然会被政府控制着的学校而弄得心神不定。他的一生经历了一些悲剧性的政治事件，他的保留态度当然是可以从这儿来理解的。他在许多场合告诉我们，全面权衡的话，有许多事情个人比政府办得好些。但在更为深刻的、基本上是非历史的水平上，裴斯泰洛齐似乎担心没有一个政府会面对道德上开化的公民袖手旁观；而总体上来说，政府又不会推行一种可能产生这种公民的教育制度。而且他还担心人们各种组合和社团表现出来的道德平庸的趋势，它与那种在个体交往中所看到的普遍高尚情操适成对照（《葛笃德如何教育她的子女·第十三封信》）。他不信任乌合之众，宁愿他们都没有受教于共同的教师，特别是国家。

我们从格林教授为1912年版《著作选》写的《导言》中知道，"几乎没有一个欧洲国家不受（裴斯泰洛齐的）影响。"虽然他的工作重点放在教育的初级阶段，但他的影响必然波及到高等教育。有哪一所现代学院或大学没有宣称它的职责是面向"整个人类"？有哪一所现代学院或大学在这面向"整个人类"的教育中降低了体操和竞技的作用？虽然他们几乎都不愿赞同裴斯泰洛齐关于教育妇女的全部主张，但大多数大学的官员会同意的。

<blockquote>认为获得知识和培养智力必定要么是不</blockquote>

巩固的、不全面的；要么是与具有单纯的和有真正温和性格的特征的女性无缘，这纯粹是一种偏见。

《致格瑞夫斯的信·第二十七封信》

但是，我们要注意不可把太多的现代东西都归咎于我们的作者。当代教育确实在许多方面具体体现了裴斯泰洛齐提出和推进的建议。在我们的学校中，关心学生身体、心灵和"人与人之间的关系"的大有人在。公开宣称"自由活动"，而且每一个真正"进步的"学校现在都向"开门教学"（open classrooms）看齐，在开门教学中学生探究与日常生活最为贴切的问题。然而所有这些也仅仅是裴斯泰洛齐计划的一部分。他的计划的另一部分——第一部分——是语言、数和形；这三种心理能力的和谐结合是那些我们称之为理性活动的曲调所必不可少的前奏。

在某种意义上说，现代教育已超越了裴斯泰洛齐。它已直接深入到生活的目标，并且已趋向于抛弃那些达到这种目标的方法。裴斯泰洛齐在很大程度上具有中世纪哲学家的风度，认为发达的人是通过经验获得关于世界的知识的人，是通过知识与实际行动相互严密关联来形成判断能力的人，是由知识、行动和意志的结合来养成道德品质的人。在裴斯泰洛齐看来，就像中世纪的学者所见一样，如果缺乏某些较高级的原则，所有这些都是不可想象的。根据这种高级原则，人——作为一个积极的、有道德的存在——已适应于他所生活的这个世界。那么，这是自然主义的成分，这就是这样的观点，根据这一观点真正的教师就如园丁一样，

"……在园丁的照管下,成千上万棵树木开花、成长了。园丁对树木的实际生长并不有所作为;生长的原理存在于树木本身。……他既没有提供生命,也没有提供呼吸。他只是看守着,以防止外部力量的伤害或干扰。……但他必须充分认识人类心智的特殊构造,这一构造适于将人的各种能力结合起来,以利于实现人的最终使命。"

——《1818年对我校师生的讲演》

附录 2

《裴斯泰洛齐教育著作选》介绍

—— [英] J. A. 格林

裴斯泰洛齐完全可以被看作是现代教育理论和实践的起点。虽然他没有从他那个时代所流行的官能心理学中摆脱出来，虽然他对自己所办的学校的工作实践的文字表述没能像他理想中的那么清晰，但是，20 世纪的教育工作者都直接或间接地从他那里了解到，教育问题乃是一种完整灵魂在和生活的各种问题相接触中自发地发展的问题。他教导我们，生活是伟大的教育者，我们的首要任务是学习生活方法的奥秘，并把它应用于教室里的各种问题。

如果我们简要地考虑一下那些教育改革家，诸如夸美纽斯、弗兰克林、卢梭和巴西多，我们将能更好地了解裴斯泰洛齐的立场。上述这些教育改革家与裴氏的思想有密切的联系。

裴斯泰洛齐是否真正熟悉夸美纽斯的学说尚属可疑，但这两个人的教育学和经历在许多方面有共同之处。两个人都走在他们各自时代的前面；两个人都长期遭冷遇或被遗忘。夸美纽斯主要关心外部教育，裴斯泰洛齐则力图接触人的灵魂深处。两个人都特别对一小部分人的教育感兴趣。夸美纽斯为波希米亚人勾划了一种教育体制和一种按科学体系排列的学说,该学说现已成为一种经典学说。与夸美纽斯相比,裴斯泰洛齐的思维条理要差一些。他被瑞士穷人的低微生活条件所感动,并认为未来的唯一希望在于提高穷人的道德。这是永久性的平民教育的主要目的。他所讨论的不是外部机制,而是以穷人的问题能够得到解决为基础的精神条件。夸美纽斯对道德教育也提出了许多美好的设想,但他的兴趣主要放在培根所提出的反对拘泥于文学的主张之上,因此才产生了他的著作《世界图解》。他要求母语学习必须先于拉丁语的学习,要求学习实物必在学习规则之前。他的方法的原则不是建立在人的本性之上,而是建立在对《圣经》的引证或对外部自然的比拟之上。

"夸美纽斯的出名,在于他在《大教学论》的思路开阔的论述中,发现、运用和采纳了下述基本原则:

1. 所有的教学必须认真分级;

2. 在把知识教给儿童时,教师必须最大限度地依靠他们的感觉能力。"

基亭治(Keatinge)先生在他以学术性的眼光编辑《大教学论》时也是如此写的,而且到目前为止确实可以说,夸美纽斯预见到了裴斯泰洛齐;但是,我们可以看到,裴斯泰洛齐对上述两个原则掌握得更牢,并且他的名声必定建立在更高的基础之上,虽然他经常用"无能"这个词来表述他的思想。

夸美纽斯的教育思想实际上从它们被写出来时就几乎立即成为僵死的文字。在英国和国外,主要的教育潮流仍继续沿着一条腐朽的人文主义旧路线进行着,虽然在18世纪德国出现了学习古典作品的勇敢斗争,但还是应当特别感谢翟·米·盖斯纳(J. M. Gesner, 1691—1761)和弗·阿·沃尔夫(F. A. Wolf, 1759—1824)的劳动和热情。但是,学习古典作品的兴趣的衰落已由虔信派教徒的工作和影响所推动了。他们的教育学领袖海因里希·弗兰克（Heinrich Francke，1663—1727）主要对宗教教育感兴趣，而不对正规的、更严格的路德教的教义感兴趣，因为路德写的《学习教义问答手册》是以学校生活为主要目的，从较深的精神原则上讲，他与裴斯泰洛齐的思想联系密切。而虔信派反对学习古典学科的思想如何不同地用于实践，将通过比较下面关于位于哈勒的具有裴斯泰洛齐精神和实践的弗兰克学院的叙述得到最好的了解①：

"教师抱怨学生，弄些令人讨厌的名字强加给学生，像牛、猴子、傻子、小牛仔、野兽、暴徒等。经常用棍棒、藤条和鞭子在大庭广众之中抽打他们赤条条的身子。为了使惩罚更厉害，教师们使用鞭杆打学生的肩膀、手臂和头，学生身上常被打伤打肿。教师们常常抓住学生的头发，或用拳头击他们的脸，把他们的鼻子和嘴打得流血不止。孩子们被命令不许高声哭喊。为了防止社会上的人们对这种惩罚产生反感，学校规定在朝街的房子里禁止公开惩罚；在有外人来校参观时，不许惩罚学生。当访问者来到教堂时，教师手里不许拿打人的藤条，这是一条规定。要把藤条收起来，放在别人看不见的地方，不准对孩子们说难听的话。"

这与斯坦兹、伊佛东的纪律是多么的不同啊！裴斯泰洛齐不是不赞成体罚，而是坚持不要给人留下不公平的感觉。体罚必须从给儿童以爱出发。父母的惩罚通常不带有恶意，裴氏的体罚也不带恶意。"在我被迫抽打他们以后，当我把手伸给他们时，我的孩子们该是多么高兴啊！"②

---

① 参见裴斯泰洛齐关于他在斯坦兹工作的信件。
② 塞法兹引自埃克斯泰因博士（Dr. Eckstein）的报告。

在另一方面，弗兰克及其追随者们至少在表面上接近裴斯泰洛齐的教育学见解。他们复活了旧的思想并给予新的意义，如把"不是为学校"解释为"而是为生活而学习"。而且弗兰克在哈勒的同事克里斯托弗·瑟姆勒（Christopher Semler）通过组织他所命名的实科中学（Realschule）而赋予它以形式。在这所学校中，不教拉丁语，重点教数学、地理、自然科学、农业，等等。瑟姆勒曾两次开办了这种学校（1708年和1738年），但每一次都只维持了两年。第二次停办是由于他的逝世。然而他的思想并未死去，他的学生和其他人于1747年在柏林以更成功的努力把他的思想付诸实践。所以，通常说虔信主义者发动了"现代学校"所兴起的一种运动的说法，是不无道理的。是瑟勒姆第一次使用"实科学校"这一术语；但是，他与裴斯泰洛齐的类似，仅停留在表面上，而没有深入下去。在全世界，"生活教育人"和坚持由未来生活的需要决定课程两者之间都存在着巨大的分歧。当然，裴斯泰洛齐说过，学校必须考虑儿童可能的未来。但对他来说，它是儿童正在过的生活——他感觉的东西，他按照自己所知而做的事，他为了能做的事而寻求知道的东西——正是所有这些东西具有教育意义。至于裴斯泰洛齐所说的"穷人必须被训练得安于贫穷"，以及把穷人放在一个机构中，这里每一件事都是为他们而做的，这种说法是一种严重的教育上的错误。①

我们可以发现裴斯泰洛齐与其前辈之间的任何相似都是偶然的。说他曾读过《大教学论》或很熟悉虔信派的教育思想是不大可能的。但这种情况不能说明裴斯泰洛齐与卢梭的关系。裴

---

① 参见《天鹅之歌》以及《1818年对我校师生的讲演》。

斯泰洛齐在《天鹅之歌》①中谈到,卢梭的著作曾经影响过苏黎士的学生和他自己。他的政治的和教育的见解深刻而持久地受到了卢梭著作的影响。他最早的教育活动和他对此的评论,经常使人想到《爱弥儿》一书。我们发现裴氏夸大了让儿童过早熟悉"单词"的危险,他认为单词是不明确的判断,因而经常是早熟的。贾奎里(Jacqueli,裴氏之子的名字——中译者注)通过活动获得思想;他睁着眼睛和竖起耳朵,但却紧闭着嘴;他发现一切他能发现的;他的教师就是记住大自然是最好的老师。他必须把儿童领向大自然,并把他留在那里,让他尽可能听其自然地发展。所有这些纯粹是卢梭的观点。但是,甚至在早期的教学努力中,裴斯泰洛齐也表现了他的独立思想。他做了自己的试验(例如,用"直接的"方法教他的 4 岁儿子学拉丁文),他有目的地放弃卢梭关于儿童顺从问题的观点。卢梭要求从儿童的词汇里除掉这样一些词,如"命令""职责"和"顺从"等。裴斯泰洛齐则认为自由和顺从对儿童来说是基本的经验。他要把卢梭曾经分开的东西结合起来。

但卢梭对裴斯泰洛齐的影响不限于实际的工作。在裴氏的著作中我们到处可以听到卢梭的"自然人"的回声。"大自然的途径""大自然之书""自然的人",是裴斯泰洛齐的典型说法。在这一方面这位学生也优于他的老师。他关于在原始人和道德人之间的关系、从一种人向另一种人的转变等概念,与卢梭是根本不同的。②

其次,虽然他们两人都承认教育的社会根基,都承认教育的社会目的,但裴斯泰洛齐并不像卢梭那样是一个梦想者,至

---

① 参见《天鹅之歌》自传部分的开头几段。
② 见本书中的《早期著作》。

少不是一个闲逸的梦想者。他以在新庄和斯坦兹建立孤儿院,在布格多夫和伊佛东进行伟大的教育试验而取代写作梦幻式的书。

裴斯泰洛齐像卢梭一样深信社会是腐败的,但他比卢梭更清楚,在某种程度上更为坚决,或许他看到了教育可以救世,并且是国家所办的教育①。就这个字眼的最好意义来说,从青年时代开始,裴斯泰洛齐就已经是一个热心的政治家了。他看到,除了世上的人之外,任何事物都带有罪恶,这些罪恶是世界正在受苦的根源,特别是那些过去不像今天这样广为谈论的罪恶。他充分理解那个时候的瑞士劳动人民的观点。《林哈德与葛笃德》一书对这种观点给予了极好的说明。他认识到首要的事情是人民缺乏独立性。瑞士旧社会的秩序是一个农业共同体——包括地主、农民和劳动者——在共同体中个人之间的联系一般超过雇佣关系。富有阶级爱好奢侈虚荣,给乡村的人民带来毁灭。村民们被扔给了那些富有阶级的道德败坏的代理人,由他们来怜恤这些穷人。裴氏被所看到的周围的不幸和堕落所感动,试图从两方面去改善多数村民的境况——(1)通过教育(从其最完满的意义上说);(2)通过将一两种新工业(如棉纺)引入农村。

但对他来说,教育并不只是也不主要是教学。他考虑的是

---

① 爱弥儿被从社会中分离出来,由他的导师在与世隔绝的条件下教育他。这一事实表明了一种厌恶社会的观点。如果卢梭在写作《爱弥儿》时激起的是这样一种感情,他在写作这一教育著作前后的观点就是不一致的。例如比较一下他为《百科全书》(1775)所写的"政治经济学"辞条和《波兰政府计划》(1773)中的观点。事实上,决不是他把爱弥儿与社会切断的那种观点,难道他真认为应把教育从父母手中拿过来么? 这只是他对社会腐败和对母亲无能的一个强有力的反抗而已,并不是要把它作为典型的教育程序。正像博依德(Boyd)先生所指出的,甚至卢梭自己也倾向于接受对他这本书各抒己见地进行解释,那么他对这件事的疑虑就不是长存的了。他在1764年写道:"你说得很对,不可能塑造出一个爱弥儿,但你肯定没有想到那是我的目标。"究竟是否值得为指责卢梭前后矛盾而进行辩护,这不是本书所要做的工作。

将人们现在的堕落状况提高到人性的高度。并不是他在周围看到的贫穷打动了他的灵魂深处,而是穷苦人民所过的那种卑微的生活。他们胸无大志,缺少目标和主动性,完全缺乏人类尊严等种种情况刺痛了他。所有这些弊病用正确设计的教育体系能够得到根治。归根结底这个问题是培养个性和道德:"帮助人民起来自助";"教他们懂得诚实劳动的价值和尊严"。他使人民感到愉快并得到满足,这不是通过给他们以慈善的救济,而是使他们感觉到并珍惜他们的独立性。①

再没有什么比激起其教育活动的动机更能表现裴斯泰洛齐的特征了。他的想象力从不受教室的四壁所封闭。教育与生活对他来说只是看待同一经验过程的两条途径。在《林哈德与葛笃德》中,他太强调教育的职业方面了;但即使如此,他也没有忽略首先是人的发展的需要,然后是受过训练的手工业工人。在《葛笃德如何教育她的子女》中,职业教育退居次要地位,而在《天鹅之歌》中,则恢复了人性发展与职业教育的合理平衡。

拯救人民是裴斯泰洛齐的主要动机。但如何实现呢?如果没有教育,普遍改进住房条件和颁布更公正的法律则收效甚微,但是,教育必须是一种密切联系实际和生活需要的教育。"只传授知识而不培养实际技能"的学校教育对他来说是没有吸引力的。

通常来说,裴斯泰洛齐并不是一个心理学家,并且就这个名词的严格的科学意义来说,我们可以接受这一断言。而在读了《见解与经验》中的信件之后,有谁能不承认裴斯泰洛齐是一个高明的儿童智慧的观察者呢?如果我们说,现代心理学家可以用不太通俗的术语写出像裴氏在《见解与经验》中所写的

---

① 见本书中的《早期著作》、《1818年对我校师生的讲演》、《天鹅之歌》等。

第5封信和第6封信来，如果我们可以这样说的话，我们可能会怀疑他是否能更准确地解释早期幼儿的智力生活。而在裴斯泰洛齐的所有著作中，有许多类似的段落显示了他的心理学见识远远超出了他的许多后继者。裴氏关于人类本性的成熟形式的知识也不是不够深刻——用"知识"这个词去概括"感情、本能和以直觉的方法得出的结论"，如法国哲学家亨利·柏格森（Henri Bergson）就曾经有力地为之辩护过的那些结论。我们可以不把裴氏的《探索与研究》和《隐士的黄昏》作为哲学著作，但是，这两本书比许多其他有关教育和社会学的更加富于哲理的论文更有人性。

在裴斯泰洛齐的时代，他常被指责为窃取了巴西多和博爱主义者的观点。裴斯泰洛齐极力为自己辩解。对这场争辩莫尔夫（Morf）描述得很详细。必须承认，裴斯泰洛齐与他们之间有共同点，但是，相似之处是表面上的而不是本质上的。巴西多的教育著作首先局限于富有阶级，他只对这些阶级感兴趣，他的目的是广泛意义的实用主义的，但他的方法强调外部和机械，而不强调内心和精神。他的方法的基调是"诱导"而不是教育。他让他的小学生过着有用的、爱国的和快乐的生活。他达到此目的是通过给学生传授有用的知识，将知识建立在对事物的认识之上，而不是只熟悉字词。当前的需要在他的心中占优势地位。古典的学习在这方面不能提供任何东西，所以，在他的学校里得不到支持。学习要轻松；刻苦与紧张必须从学校生活中废除；作业必须尽可能地转化为游戏。艺术与诗歌在他的教学方案中没有地位。他的一位著名的追随者卡姆普（Campe）曾说过："一架新的纺纱机的发明者是一个比荷马及其全部诗篇对人性发展更有贡献的伟大恩人。"至于宗教，博爱主义者们认为，尽管它不是培养道德的唯一途径，但却是最快和最有效的途径；

再者，一个公开信仰宗教的人，在世界上要比不信仰宗教更值得尊敬——所以他们必须传授宗教。

博爱主义者对宗教的态度最大限度地缓解了他们与裴斯泰洛齐①之间的差异，但这只说明了贯穿在他们教育学中的区别。裴斯泰洛齐的独创性更经常地在"通过感觉教学"的问题上受到挑战。从更明显的形式来看，这一原则在裴斯泰洛齐之前就被提出来了。正如我们已经看到的，它是夸美纽斯教育学中的一个主要特征，而且也为巴西多再次明确表述过。但是，"通过感觉教学"只是描述裴斯泰洛齐见解的一部分，它只是描述裴斯泰洛齐的"直观原则"的一个很肤浅的方面，它的充分的意义或许用"具体原则"可以更好地表达出来。从布格多夫和伊佛东访问回来的许多人没有透过他们在这些地方看到的裴氏实践的并不完美的表面现象，认识到这一表面现象背后的真实思想。这并不完全是他们的错误，而是由于裴氏本人的原因。部分地因为他对心智基本活动的错误分析，部分地因为他那个时代通用的对词语本身的见解被引入歧途了。② 一个词本身对儿童来说是被感知到的一件东西，正像被人的眼睛所看到的一些东西一样，甚至不考虑对它们的经验，它应当被认为暗示词本身的意义和对这个词的或多或少的适当反应（例如，儿童第一次看到狗时常常会畏缩不前）。所以，单词的发音唤醒一种民族的记忆，这种记忆在儿童的智力生活中给他以最初的价值。

但是，直观③的意义还不止这些，它深入到心灵的深处，而不满足于感觉外表。这个词内涵广泛，有损于原义，因为裴斯

---

① 见本书中的《早期著作》等。
② 见《葛笃德如何教育她的子女》。
③ 德文为 Anschauung，英文译为 Concreteness. ——中译者注。

泰洛齐用它说明"内部的感觉",也说明"内部的智慧过程"。但这丝毫不意味着一个教师用装备完全的物体上物体课,就是在完成裴斯泰洛齐原则意义上的教学。孩子们的心灵可能未被调动起来,这并不是不专心的问题,而可以说是专心质量的问题,专心的质量是儿童所给予的。在回答老师的问题时,他们可能列举摆在面前的物体的特征,不想别的东西,但不是整个身心都投入了。在他们的活动中缺少有认识的目的,这使他们的活动变得正式和抽象,而没有人情味和生活气息。而这不是裴斯泰洛齐意义上的"具体的"(富有意义的)。

裴斯泰洛齐见解的深度使他远远超过了夸美纽斯和巴西多,不管我们如何赞美他们关于教育中的"现实性"的学说。感觉的现实只是现实的一半——这种真理仍要通过学校实践。裴斯泰洛齐看到了这一点,但在布格多夫,无论如何,他的实践是做偏了。在伊佛东,他则更接近于认识到他的理论见解了。

或许,他的观点的更为清楚的表述在他关于家庭是教育的最好场所、好的母亲是永久的教育者这些意见之中。为什么这样说呢?精确地说是因为家庭是儿童的最基本的"现实"。在这里,他的活动有"现实"背景。事实上,相互帮助,人际关系,他的全部经验,从"现实"一词的全部意义来看,都是具体的。这是笼罩家庭的生活,这是教育人的生活。在这里,内心的情感被转化为仁慈的服务行为,整个的环境在儿童的内心建立起对家庭的神圣之爱,这种爱是伟大的生活"现实",它保留在我们大多数人的身上。内心变成了外部,外部变成了内心,这是裴斯泰洛齐的说法[①],是在福禄倍尔把内心和外部这些名词神秘化之前的说法。

---

① 见《1818年对我校师生的讲演》、《葛笃德如何教育她的子女》。

裴斯泰洛齐作为教师，以他的《葛笃德如何教育她的子女》一书获得了声誉。在书中他主要研究了教学问题。被称为"裴斯泰洛齐方法"的多少是教学手段的一种忠实的模仿，但这些手段一旦脱离了教师的精神，就会退化到他所极力反对的那种拘泥于文字的夸夸其谈上。的确，他和他的助手们常常陷入形式主义的实践的指责之中，对这种指责难以辩解，然而批评家们毫不犹豫地指责这种实践——这些指责尤其对着《母亲的书》，而这本书裴斯泰洛齐只负有部分责任。

如果我们要了解裴斯泰洛齐对教育思想与实践的永久性贡献，我们就必须在读他的基本著作之外再读其更深刻的著作。这种基本著作只是他将实践与他所感到的那些不容置疑的思想结合起来的初步尝试。这些书是他把教育简化为简单的"机械的"过程的努力的结果，目的在于让没有知识的母亲也能利用这一过程。所有这些早已被淘汰了，理由是这些书本身不是以其主人的精神构思出来的，它们仅是对"要素教学法"的最不理想的特征的机械解释——从简单到复杂，从近到远，以几乎觉察不到的步骤进行分级教学等，而"生活教育人"的原则却被遗忘了。

裴斯泰洛齐方法的基本特征是在《1818年对我校师生的讲演》和《天鹅之歌》中表现出来的。在这两篇文章中，他明白无误地阐明了自发性原则。教师的工作像园丁一样，他可以保护植物和为植物施肥，为植物创造最适宜的环境，但他不能有更多的作为。①"发展的推动力在人的内部"，智力的发展是这

---

① 园丁和教师的类比不能被过分夸大。裴斯泰洛齐自己看到了在植物与儿童之间的区别很大。儿童具有自由意志，人是自己的环境的主人。参见《1818年对我校师生的讲演》和《探索与研究》。如果过分夸大的话，在人的环境中的精神因素也会使园丁的类比令人迷惑。

样，道德力量的发展是这样，实践能力的发展也是这样，尽管对道德来说尤其如此。各种感情（内在的直观形象）是道德发展的萌芽，我们的感情特别富于个性，而且是自生自长的。然而，我们决不能认为我们的智力发展缺乏自发性的根源。时间、空间和数目本身都是心智对经验做出的贡献，通过心智使五花八门的印象获得秩序，这时儿童已经具有整理他的经验的冲动力和才能了；教师的职责就是为儿童安排环境和需要，把他的冲动力和才能引入活动之中。

与此相类似，裴斯泰洛齐在这两篇文章中，坚持要求和谐地发展儿童的三重能力。他害怕任何方向上的片面性①，而试验的成功则具有社会效益。在《见解与经验》的头两封信中，最清楚地应用了这一试验，但社会原则是他的著作以及他从新庄起直到他逝世为止的实际活动中的一个明显的特征。家庭生活是伟大的社会教师，而学校则更能在它接近家庭精神与特征时完成教育作用。构成《给双亲的报告》的最深刻的主旋律是伊佛东学校的生活。

裴斯泰洛齐对人类教育思想和实践的发展的奉献很难被人过分估价。由官方当局派到伊佛东去的11个普鲁士学生——他们被称为"普鲁士11人"——回国时已变成教育行政管理人员。如果莫特克（Moltke）可以说是格瑞夫洛特的校长获得了成功，那么许多成功则应归功于裴斯泰洛齐。在欧洲几乎没有一个国家不受到裴斯泰洛齐的影响。英国的教育活动主要表现为贝尔和兰卡斯特两人的支持者之间的斗争，或者表现为对教育完全是国家的事业还是在某种程度上是国家的事业这一问题的争论。裴斯泰洛齐的方法也在梅约（Mayo）博士和梅约小姐的活

---

① 见《见解与经验》、《天鹅之歌》等。

动中,在拜贝尔和其他人为父母和教师所写的书里得到了阐述。

在访问布格多夫的人当中,赫尔巴特和福禄贝尔都承认他们受惠于裴斯泰洛齐。赫尔巴特一直是裴斯泰洛齐思想的一位辛勤的解释者和善意的批评者。当然,他也是一个心理学家和哲学家,又是一个数学家。他能够突破形式主义的外壳,触及到裴斯泰洛齐的实践中因形式主义而导致的失败,并把隐藏于逻辑体系后面的健全的直观知识简化为逻辑体系。但是,赫尔巴特的观点和裴斯泰洛齐的精神实质上是不同的。在裴斯泰洛齐的心中,始终有一个活生生的生长着的灵魂,而赫尔巴特则代之以一个外部的机械形式的心灵。

福禄贝尔理论的秘密在很大程度上会在裴斯泰洛齐的思想中找到。福禄贝尔的"自动性"差不多就是裴斯泰洛齐的"自发性"。与福禄贝尔的名字相联系的那些词组,裴斯泰洛齐都用过了,如"通过做来学"、"为我们的孩子而生活","使内心外在化"等。福禄贝尔在性格上是一个有神秘色彩的人。他在论述儿童时不可能像裴斯泰洛齐在《见解与经验》第六封信中所写的那样简明,而且他的儿童心理学由于掺入了神秘色彩而大为失色。

然而,赫尔巴特与福禄贝尔对最近五十年来职业教师的影响远比裴斯泰洛齐明显。这部分地是由于实践的形式,他们或他们的追随者已经将教学简化成了这种形式。福禄贝尔的"恩物"与赫尔巴特的"教学阶段"是直接地、容易地应用于课堂教学实践的公式。它们在应用中是否反映了发明者的精神实质这是另一回事。裴斯泰洛齐所进行的使教学"机制化"的尝试太笨拙了,不值得赏识,他的思想主要是由"实物教学"来体现的,这种教学是梅约博士和梅约小姐在这个国家普及推广的。

然而,裴斯泰洛齐的原则过于基本性了,实际上不可能建成这样的学校。他脱离派别并超越其上。他的思想是所有后来的思想家和实际教育工作的真正生命。"回到裴斯泰洛齐"是现代德国教育学中的一个普遍呼声。主要感谢那托尔普(Natorp)教授、韦特·勒塞尔(Wight Leser)博士,他们使人们听到了更为深刻的裴斯泰洛齐的想法。无论从什么方面来看裴斯泰洛齐,无论带着什么问题来面对他,裴斯泰洛齐都展示了一种教育学见识和属于任何流派的观点的宽度,但它们将永远是有益的。①

---

① 为充分了解裴斯泰洛齐的学说,我推荐我写的《裴斯泰洛齐的生活和工作》一书(克利夫公司出版)。

附录 3

裴斯泰洛齐年表

1746	生于苏黎世。
1751—1765	在家乡读中学与大学。
1762	卢梭的《爱弥儿》出版。
1765	首次在一个不知名的小报社当记者,致力于社会和文学主题的写作。
1769	赴埃孟斯尔(Emmenthal)学习农业。
1769	与安娜·舒尔特斯(Anna Schulthess)结婚;定居新庄。
1774	这一年的日记中记载了教育他的儿子的片断。
1774—1779	在新庄建立职业学校。
1780	写作《隐士的黄昏》。
1781	写作《林哈德与葛笃德》(第一卷),并于1783、1785和1787年连续出版第二、三、四卷。
1782	经营一家报纸。
1797	出版《关于人类发展的自然进程》。
1798	应政府的邀请在斯坦兹开办孤儿院。
1799—1804	任布格多夫学校校长,致力于教学方法问题的研究。出版《葛笃德如何教育她的子女》,产生写作《教学方法ABC》一书的设想。
1804—1805	短期领导慕亨布西学校,写作《见解与经验》。

1805	移居伊佛东,所办学校赢得全欧赞誉。
1807—1810	学校发行《人道主义周刊》,周刊中登载过描述裴氏在斯坦兹的工作情况和裴氏所写的《对双亲的报告》的信件。
1819	在克伦第(Clendy)开办贫儿学校,次年与伊佛东学校合并。
1825	由于学校内部多年来存在同事之间的争执与不和,伊佛东学校停办。
1826	《天鹅之歌》与《生活之命运》作为一书发表。
1827	逝世。